Zu diesem Buch

In der Bundesrepublik hat sich in den letzten Jahren eine überaus vielgestaltige Folk-Landschaft herausgebildet. Interpreten aus dem angloamerikanischen Raum und auch aus anderen Kulturkreisen gaben wichtige Impulse, und im hiesigen Folk-Revival wurde die eigene, lang verschüttete Liedtradition neu entdeckt. Das Folk-Lexikon dokumentiert repräsentativ die Bewegungen und Geschehnisse innerhalb der nationalen und internationalen Szene und verweist darüber hinaus auf die wichtigsten entwicklungsgeschichtlichen Zusammenhänge. Dabei wendet sich das Buch nicht nur an Insider, es versucht vielmehr, das darzustellen und zu vertiefen, was über einen kleinen Kreis hinaus bekannt geworden ist.
Das Lexikon gibt detailliert Auskunft über Person und musikalisches Schaffen der wichtigsten Interpreten. Da aber gerade die Folk Music vergleichsweise wenig vom Starkult lebt, dafür um so mehr aus dem Bewußtsein ihrer Traditionen, finden sich in diesem Buch gleichwertig Sachbeiträge zu den verschiedenen Stilrichtungen und ihrer Geschichte. Die Beschreibung von Instrumenten, wichtigen Ereignissen und den Personen und Institutionen im Hintergrund der Szene runden das Bild ab. – Die Anordnung dabei ist rein alphabetisch, viele Querverweise erschließen Zusammenhänge.

Kaarel Siniveer, geboren 1947, lebt in Bielefeld. Er ist Musiklehrer, unterrichtet an Volkshochschulen populäre und Folkmusik, ist Gitarrenspieler und Liedermacher. Wichtigste Veröffentlichungen: Liedersammlung «Schlapphut» (Bonn-Bad Godesberg 1978), «Kaarels Liederkalender» (Gütersloh 1979), «Musik und Maloche» in: Jürgen Frey (Hg.): «Das haben wir draus gelernt» und «Ruhrgebietsblues» in: «Rock Session 3» (beide Reinbek 1979).

Kaarel Siniveer

Folk Lexikon

rororo

Rowohlt

Originalausgabe
Redaktion Jürgen Frey
Umschlagzeichnung Berndt Höppner

Veröffentlicht im Rowohlt Taschenbuch Verlag GmbH,
Reinbek bei Hamburg, März 1981

Satz Times (Linotron 404)
Gesamtherstellung Clausen & Bosse, Leck
Printed in Germany
1080-ISBN 3 499 16275 X

Im Text verwendete Abkürzungen

acc	Akkordeon
b	Baß, Kontrabaß
bg	Baßgitarre
bj	Banjo
cl	Klarinette
dr	Schlagzeug
eb	Elektrobaß
eg	Elektrogitarre
ep	Elektrisches Klavier
f	Fiddle, Fiedel, Geige
g	Gitarre
gbj	Gitarrenbanjo (sechssaitiges Banjo)
harm	Mundharmonika
keyboards	Tasteninstrumente
LP	Langspielplatte
mandolin	Mandoline
org	Orgel
p	Klavier
perc	Schlaginstrumente
sax	Saxophon
steel-g	Stahlgitarre
tbj	Tenorbanjo
tp	Trompete
vi	Violine, Geige
voc	Gesang

Vorwort

Die Folk-Szenerie in der Bundesrepublik hat in den vergangenen Jahren eine bemerkenswerte Entwicklung genommen und ist zunehmend dabei, sich einen festen Platz innerhalb der hiesigen Musiklandschaft zu sichern.

Das Folk Lexikon bemüht sich, diese Entwicklung festzuhalten und zeigt an Interpreten, verschiedenen Stilrichtungen und typischen Instrumenten die ungemeine Vielfalt an volksmusikalischen Formen und Inhalten, die bei uns inzwischen geläufig sind.

Gerade in der Bundesrepublik hat sich, bedingt durch die gebrochene eigene Tradition, eine breitgefächerte folkloristische Plattform gebildet, die (im internationalen Vergleich) nur wenig aus der eigenen Vergangenheit schöpfen kann, sondern einen wesentlichen Teil ihrer Lebendigkeit aus der Vielzahl an ausländischen Interpreten und fremden Kulturen bezieht. Allerdings wird die deutsche Volksliedtradition in verstärktem Maße wiederbelebt und auf verschiedenen Ebenen fortgeführt.

Das Lexikon wendet sich nicht nur an Insider, es versucht vielmehr das darzustellen und zu vertiefen, was über einen kleinen Kreis hinaus bekannt geworden ist. Dabei hat die getroffene Zusammenstellung nicht den Anspruch, vollständig zu sein dies wäre unmöglich zu leisten –, aber sie soll repräsentativ die Bewegungen und Geschehnisse innerhalb der Folk Music dokumentieren. Ein besonderer Aspekt sind die Darstellungen traditioneller Musiken, die zum Verständnis nötige Informationen liefern und auch Kennern der jeweiligen Kulturbereiche eine aufschlußreiche Materialsammlung bieten sollen. Um diesem Anspruch zu genügen war es notwendig, auch Stichworte über Interpreten, Stile und Instrumente aufzunehmen, die bei uns augenblicklich weniger bekannt sind. Erst die Zusammenfassung von Tradition und zeitgenössischen Interpretationen ermöglicht ein Resümee für die beginnenden 80er Jahre.

Die verschiedenen volksmusikalischen Formen werden stichwortartig erklärt und durch Biographien der wichtigsten Vertreter faßbar und

begreiflich gemacht. Bedingt durch unsere Entwicklungsgeschichte kommt dabei dem angloamerikanischen Raum ein besonders aufwendiger Teil zu, da dieser Bereich unsere Hörgewohnheiten übermäßig geprägt und beeinflußt hat. So ergibt sich hier, um ein Beispiel zu nennen, aus den Sacherklärungen zu Blues oder Country Music eine Vielzahl von Artikeln, welche diesen Einfluß belegen können.
Das Folk Lexikon beschränkt sich auf jene Länder und Regionen, deren Volksmusiken auch hierzulande in die Medien, Folk Clubs, Festivals u. ä. Eingang gefunden haben. So ist die bretonische Folklore ebenso vertreten wie die griechische, katalanische oder chilenische, nicht aber beispielsweise Rumänien, Indien oder Japan. Selbstverständlich sind deutschsprachige Interpreten in entsprechend großem Umfang vertreten, da diese seit den Waldeck-Festivals wesentlich zum Charakter der Folk Szene in der Bundesrepublik beigetragen haben. Erwähnenswert in diesem Zusammenhang ist, daß der Einfluß des Kabaretts berücksichtigt worden ist und daß ebenso neuere Entwicklungen wie etwa der Folk Rock ihre Würdigung finden.
Die Anordnung im Lexikon ist rein alphabetisch. Die Instrumente werden in ihrer Funktion beschrieben, wichtige Vertreter werden genannt und weiterführende Bücher und Schallplatten aufgelistet. Bei den Sachbegriffen wird weitgehend darauf verzichtet, neue Definitionen zu liefern oder altbekannte zu wiederholen, vielmehr werden Geschichte und Gebrauch der einzelnen Musiken beschrieben. Dabei erübrigen Stichworte wie Folk Song oder Volkslied ein eigenes Einführungskapitel zum Thema dieses Buches.
Die Interpreten, die den größten Teil im Lexikon ausmachen, werden zunächst in aller Kürze in ihrem Wirkungsgrad dargestellt, und die jeweils folgende Biographie hält die wichtigsten Stationen im Leben und Schaffen der Musiker fest. Die Discographien listen weitgehend alle Langspielplatten auf, die bei Redaktionsschluß dieses Buches lieferbar waren; da viele Platten bei kleinen oder hierzulande wenig bekannten Firmen erschienen sind, finden sich unter dem Stichwort Schallplatten die Adressen der wichtigsten Bezugsquellen, die als Spezialisten auf diesem Gebiet gelten. Es sollte aber erwähnt werden, daß innerhalb der Folk Music Schallplattenzahlen und Verkaufsumsätze nicht das Wesentliche sind, daß vielmehr der lebendige Gebrauch an erster Stelle steht.
In der Entstehung dieses Buches kommt einigen «Forschungsreisen» (etwa 30000 km) und unzähligen Gesprächen und Telefonaten mit Musikern besondere Bedeutung zu. Meine langjährigen persönlichen Erfahrungen als Aktiver in dieser Szene mögen verdeutlichen, daß das Lexikon mit viel Engagement geschrieben wurde. Bei aller Subjektivi-

tät, die sich hieraus ableitet, ist der oberste Grundsatz gewesen, ein sachlich einwandfreies, jederzeit begründbares und einleuchtendes Bild herauszuarbeiten. Dies trifft insbesondere auf die Biographien zu, die nicht den Starkult um irgendwelche Personen fördern sollen, sondern die Lebendigkeit der Musik an ihren Vertretern darstellen.

Danken möchte ich zunächst den vielen Musikern, die zu Informationen bereit waren. Besonders hilfreich waren Sonja Kappel vom Pläne Verlag, Elke Hiel von Eigelstein und Hansi Dobratz von Stockfisch, die mit viel persönlicher Motivation das Projekt unterstützt haben. Tom Schröder war in vielerlei Bereichen eine wichtige Stütze und ebenso eine Ermutigung weiterzumachen wie Manfred Miller, ohne den der Bluesbereich sicherlich wesentliche Lücken aufzuweisen hätte. Die inzwischen sprichwörtliche Hilfsbereitschaft der Mitarbeiter des Deutschen Volksliedarchivs sollte an dieser Stelle erwähnt werden, wie auch Reinhard Hippen vom Kabarett-Archiv in Mainz, der großzügig Unterstützung leistete. Für den irischen und schottischen Raum waren Rainer Hengst, Gabi Nendel und Carsten Linde von Folk Freak die notwendigen Anlaufstellen, und der schwierige englische Teil hatte fachliche Unterstützung durch Alex Atkins vom Folk Club Siegen und mit Jean Davenport in London eine ausgezeichnete Quelle für biographisches Material. Die volksmusikalischen Besonderheiten Kataloniens erläuterte Tilbert Diego Stegmann, und für die bretonische Folklore war Karola Kramm mit Übersetzungen und Gesprächen hilfreich. Besonders bedanken möchte ich mich für die großzügige Überlassung von Material durch Music Sales in Köln, durch Volker Wilmking von der Musikiste in Gütersloh und die Schallplattenfirmen Intercord, DGG, Deutscher Kleinlabel Vertrieb.

Schließlich will ich den Redakteur dieses Buches, Jürgen Frey, nicht unerwähnt lassen, der mit Engagement und Tatkraft der wichtigste Mitarbeiter am Folk Lexikon war. Es bleiben noch die vielen Ungenannten und die Rücksicht und Hilfe von Barbara und Leena hier zu Hause, die dieses Buch möglich gemacht haben.

Am Schluß des Bandes befindet sich ein Literaturverzeichnis, in dem wichtige Buchveröffentlichungen zum Thema aufgelistet sind. Ein alphabetisches Personen- und Gruppenregister ermöglicht es Informationen über Musiker zu finden, die kein eigenes Stichwort haben. Die Periodika werden unter dem Stichwort Zeitschriften der Folk Music vorgestellt. Ein Abkürzungsverzeichnis befindet vor dem Vorwort. – Über Informationen und weiterführendes Material von jeder Seite wäre ich ganz besonders erfreut.

Bielefeld, September 1980 Kaarel Siniveer

A

a capella ist die klassische Bezeichnung für einen mehrstimmigen Gesang ohne Instrumentalbegleitung («in der Art einer Kapelle»). In der Folk-Szene hat es sich eingebürgert, den Begriff «a capella» auch auf den unbegleiteten Gesang eines Solisten anzuwenden. In der deutschsprachigen Tradition war der Vortrag einer unbegleiteten Ballade durchaus üblich, ist aber inzwischen fast vollständig verschwunden. Lediglich in den sogenannten Männerquartetten, den Vereinen des Deutschen Sängerbundes und den Arbeitergesangsvereinen hat sich eine Kunstform des a capella-Gesangs behauptet. Anders auf den Britischen Inseln, wo sich in der «Singing Tradition» mündlich überlieferte Lieder der verschiedensten Arten erhalten haben. Experten

Musiker der französischen Folk Rock-Gruppe Malicorne beim A-cappella-Gesang. Foto: Lothar Kräussl.

sind dabei in der Lage, am Vortragsstil die Region auszumachen, aus der der Sänger oder das Lied stammt. Erwähnenswert sind in diesem Zusammenhang die →WATERSONS und die YOUNG TRADITION um Peter Bellamy, die im →Folk Revival zu den exponiertesten Vertretern dieser Sparte zählen. Aus Schottland, dem Land mit der bedeutendsten Tradition an Sängerinnen, ist es bei der gewaltigen Anzahl großer Persönlichkeiten kaum möglich, eine Auswahl zu treffen. Jeannie Robertson, →Jean Redpath, Alison McMorland, Flora MacNeil, →Cilla Fisher, Ray Fisher und →Dick Gaughan sind nur einige wenige Namen. Ein ebensolches Aufgebot findet sich in Irland, wo Sarah und Tommy Makem, Joe Heaney, Willie Clancy, Miko Russel, Robert Cinnamond und Paddy Tunney unter vielen anderen zu nennen sind.

Hingewiesen sei auf die besondere Chortradition der Waliser (→AR LOG), auf die bretonische Eigenart des Kan ha Diskan (→Bretonische Folklore) und auf den Fado-Gesang in Portugal.

● Auf Topic: Sound, Sound Your Instruments of Joy (12 TS 346); Mike Waterson (12 TS 274) ... auf Transatlantic: The Young Tradition (TRA SAM 13); Galleries Revisited. The Young Tradition (TRA SAM 30) ... auf Folkways: Ewan MacColl. The English and Scottish Popular Ballads, Vol. 1–3 (FG 3509, FG 3510, FG 3511)

Acuff, Roy, kann als Symbolfigur gelten für die Entwicklung der →Country Music zu einem riesigen Industriezweig mit ihrer Zentrale in →Nashville, Tennessee. Der «König der Country Music» hat ca. 25 Millionen Schallplatten verkauft und mit seinem Musikverlag maßgeblichen Einfluß auf die Entwicklung dieser Szenerie genommen.

Roy Acuff wurde am 15. September 1903 in Maynardsville, Tennessee, geboren. Die religiöse Erziehung in seinem Elternhaus – der Vater war Baptist – ist in seinen unzähligen Klassikern der Country Music deutlich zu erkennen. Anfang der dreißiger Jahre schloß Acuff sich der DOC HOWERS MEDICINE SHOW an und lernte dort das Handwerkszeug für seine Bühnenshow vom Old Time Banjospieler →Ashley Clarence Tom. 1936 unterschrieb er einen Schallplattenvertrag bei Columbia, und bereits auf seiner ersten Platte spielte er den *Wabash Cannonball* ein, ein Lied über den Mut und die Tatkraft der weißen Siedler. Unterstützt von den Country-Sendern der Region wurde der Song zu einem riesigen Erfolg, und Acuffs Popularität wurde so groß, daß er 1938 als erster Solosänger in der →Grand Ole Opry auftreten konnte.

In den folgenden Jahren wurde Country Music in den USA immer mehr zum Big Business. Acuff zählte mit zu den ersten, die dies erkannten und gründete 1943 mit 25000 Dollar die Rose Acuff Publications Inc., deren kaufmännische Leitung Wesley Rose übernahm. Die Gründung dieses Verlagshauses in Nashville war der Ausgangspunkt für die Entwicklung der Stadt zum Zentrum der kommerziellen Country Music. Als stark konservativ geprägter Musiker beeinflußte Acuff auch die politische Entwicklung der Szenerie, und in seinen Liedern, die er mit der typisch nasalen Stimme der klassischen →Hillbilly-Sänger vortrug, beschrieb er eine schöne heile amerikanische Welt mit besonders erfreulichen Erwartungen auf ein noch besseres Aufwachen im Himmelreich. Acuff (mitsamt der Rose Acuff Publication) wurde im folgenden ein erbitterter Gegner der Elektrifizierung der Country Music, konnte aber seine Vorstellung einer «reinen» Musik in Nashville nicht durchsetzen. «Acuff, Hank Snow, Ernest Tubb und Webb Pierce sangen immer noch vom Mütterlein und der Heimat» (Paul Hemphill), während andere erkannt hatten, daß das große Geld mittlerweile von einer anderen Generation kam – und diese Generation wollte Rock 'n' Roll hören.

Im August 1971 lud die →Nitty Gritty Dirt Band zu einer Aufnahmesession in Nashville neben fast allen lebenden Größen von →Bluegrass und Country auch Roy Acuff ein. Daß Acuff zu diesem «Rock 'n' Country»-Projekt zusagte, wurde als Sensation bewertet, denn er hatte sich in den Jahren zuvor wegen besonders abfälliger Bemerkungen über Hippies und Langhaarige einen weiteren Namen gemacht. Auf dem Dreifach-Album «Will the Circle be Unbroken», das dann eingespielt wurde, ist der historische Kompromiß der traditionellen Linie aus Nashville mit der durch Rhythm & Blues geprägten Generation der Nitty Gritty Dirt Band bei vielen der 36 Titel zu hören.

Es mag ein Gerücht sein, aber aus der Schlacht von Okinawa im Zweiten Weltkrieg vermeldet der Feldbericht folgenden Kampfruf der Japaner: «Zur Hölle mit Roosevelt, zur Hölle mit Babe Ruth, zur Hölle mit Roy Acuff!»

● Auf Capitol: Roy Acuff and the Smoky Mountain Boys (DT-1870) ... auf Columbia: Night train to Memphis (HS-11403); Waiting for My Call to Glory (HS-11334); Great Speckled Bird and Other Favourites (HS-11289); Greatest Hits (CS-1034) ... vertreten auf United Artists: Will the Circle be Unbroken (3 LPs. UAS 29461-3 XE)

Adams, Derroll, ist als «Amerikaner in Europa» eine der bekanntesten Persönlichkeiten des amerikanischen →Folk Song hierzulande und regelmäßig auf Tour durch Clubs und Folk Kneipen. Seine Erscheinung mit Five String Banjo und obligatorischem Cowboyhut ist durch ihre Ausstrahlung und Ehrlichkeit eine lebendige Korrektur zu den sonst bekannten Kitschfiguren der Country & Western-Ideologie. Mit seiner außergewöhnlichen Baßstimme ist Adams zudem ein musikalischer Leckerbissen und ein phantastischer Geschichtenerzähler.

Earnest Thompson, wie Derroll Adams mit bürgerlichem Namen heißt, wurde am 27. November 1925 in Portland, Oregon, geboren. Er wuchs mit seiner Mutter in der Nähe von Los Angeles auf, wo er auf →Woody Guthrie und →Ramblin' Jack Elliot traf, die ihn nachhaltig beeinflußten. Mit Elliot zog er nach dem Zweiten Weltkrieg durch die USA und folgte ihm 1957 nach England. Dort spielten die beiden mehrere LPs für Topic ein, von denen «Roll on Buddy» aus dem Jahre 1967 besonders hervorzuheben ist. Ein Jahr später trat Adams auf den Essener Songtagen auf, wodurch er hierzulande seinen Ruf begründete. Er ließ sich in England nieder, traf mit →Donovan zusammen, der das Lied *Epistle to Derroll* über ihn schrieb, und tourte regelmäßig durch Europa. Seinen Konzertreisen folgten in den siebziger Jahren Zwangspausen, die durch übermäßigen Alkoholkonsum bedingt waren; von den schweren körperlichen Folgen konnte Adams sich jedoch immer wieder erholen. Er zog nach Antwerpen, Belgien, um und war 1978 bei der Einspielung der LP «Folk Friends» in der Mühle von →Hannes Wader dabei. Auf dieser Platte ist auch das Lied *Derroll in the Rain* zu hören, das Fin-

bar Furey (→The Fureys) über ihn geschrieben hat: «Derroll war sein Name/ so weise und freundlich wie einer nur sein kann./Er spielte seine Musik überall/sang seine Lieder für dich und für mich.»
Anfang 1980 wurde eine Tournee von Derroll Adams abgesagt, weil er nach einem Herzanfall eine längere Ruhepause benötigte. Bereits im Herbst 1980 nahm er jedoch seine Konzerttätigkeit in alter Frische wieder auf.

● Auf Village Thing: Feelin' Fine (VTS 17)... auf Intercord: Movin' On (INT 161014)... mit Ramblin' Jack Elliott auf Topic: Roll on Buddy (12 T 105); vertreten auf Folk Freak: Folk Friends (FF 3001-2); vertreten auf Intercord: Chanson und Folksupersession (2 LPs, INT 151000/01; Folk '78 (2 LPs, INT 155028)

Afonso, José, ist neben Luis Cilia der portugiesische Volksmusikant mit dem größten Bekanntheitsgrad hierzulande. Dabei ist sein Vortrag keineswegs besonders typisch für die Folklore Portugals, sondern bietet eher eine Vermischung afrikanischer und lateinamerikanischer Rhythmen und Musiken mit den traditionellen portugiesischen Fado-Gesängen. Innerhalb seiner Heimat hat José Afonso denn auch eine Art «Afrikanisierung» dieser Musikszene eingeleitet und damit die Entwicklung der heutigen portugiesischen Volksmusik geprägt. Diese Verbindung vom klassischen Balladenstil der Fado-Sänger und Rhythmusstrukturen überwiegend aus Moçambique eröffnet eine neue musikalische Dimension und weckt Erinnerungen an die Commedia dell'arte. José Afonso ist seit dem 25. April 1974, als das von ihm verfaßte Lied *Grandola, vila morena* das im Radio gesendete Signal für den Sturz der Caetano-Diktatur wurde, zu einer Symbolfigur auf internationaler Ebene geworden.
José «Zeca» Afonso wurde am 2. August 1929 geboren, verbrachte seine Kindheit in Angola und Moçambique, besuchte das Gymnasium in Coimbra und begann dort zu singen, begeistert von dem bekannten Fado-Sänger Flavio Rodrigues. In seiner Studienzeit kam es, gefördert von der Vereinigung der studentischen Fado-Chöre Coimbras, zu ersten Auftritten und zu ausgiebigen Reisen durch die portugiesischen Kolonien in Afrika und durch Portugal selbst. 1958, nach dem Abbruch des Studiums aus finanziellen Gründen, hielt sich Afonso als Lehrer an Privatschulen in der Provinz über Wasser und bezahlte auf seinen Ausflügen durchs Land «mit Fados und Liedern die Gastfreundschaft, mit der mich die Leute in ihren Häusern aufnahmen – Arme, Reiche und ruinierte Adelsabkömmlinge» (Afonso). In dieser Zeit schrieb er erste eigene soziale und politische Lieder, war von 1964 bis 1967 Lehrer in Mozambique und kehrte dann nach Portugal zurück. Seit dieser Zeit erschienen regelmäßig Liedersammlungen von José Afonso, die illegal vertrieben werden mußten, und er wurde in den folgenden Jahren zu dem Liedermacher des Widerstands, dessen Popularität zu regelmäßigen Verhaftungen vor fast jedem 1. Mai-Feiertag führte. Nach der veränderten Situation seit dem April 1974 hatte Afonso zunächst uneingeschränkte Auftrittsmöglichkeiten, die aber durch den Rechtsputsch am 25. 11. 1975 für kurze Zeit wieder gefährdet waren. Im selben Jahr erschien die erste LP von ihm in der BRD, «Grandola Vila Morena» (Pläne Verlag), die 1976 den Deutschen Schallplattenpreis erhielt und deren Titellied in einer deutschen Version von →Franz Josef Degenhardt bekannt gemacht worden ist. Außer den Pläne-LPs werden weitere Alben von ihm bei Eigelstein vertrie-

ben, so die Platte «Aluta continua», ein Mitschnitt eines Solidaritätskonzerts zur Unterstützung einer Kooperative portugiesischer Landarbeiter. José Afonso ist seit 1978 aktiv in der «Era Nova», einer kulturellen Vereinigung in Lissabon, die es sich zur Aufgabe gemacht hat, vorwiegend in den Provinzen zu arbeiten, aber auch über die Grenzen Portugals hinaus zu agieren. 1980 erschien in der «Druckwerkstatt im Grün» in Freiburg eine von Heidi Bergmann und Dieter Offenhäuser übersetzte Sammlung einiger Texte von José Afonso unter dem Titel «Eh, Zeca Afonso», die einen Überblick geben kann vom Schaffen einer der größten Liedermacherpersönlichkeiten und Volksmusiker, vergleichbar mit →Victor Jara, →Mikis Theodorakis oder →Violeta Parra. – «Alter Wein, Neuer Wein, / alles kann die Erde geben. / Gebt die Fässer nur dem Volke, / es allein kann damit umgehn» (José Afonso, *Viva o Poder Popular*, 1976).

● Auf Pläne: Grandola Vila Morena (S 88 115); Mein schönes Portugal (S 88 120) ... Auf Orfeu/Eigelstein: Coro dos Tribunais (ES 520); Enquanto há Força (ES 521); A luta continua (ES 414)

Akkordeon. Das Volksmusikinstrument Akkordeon, auch Ziehharmonika oder Schifferklavier genannt, saugt durch ein System von durchschlagenden Zungen den Wind mit Hilfe eines Laternenbalges an. Seit etwa 1820 hat das Akkordeon eine Klaviatur auf der einen Seite und Knöpfe für die Bässe auf der andern. Durch verschiedene Register ist es möglich, Tasten und Knöpfe zu Akkorden zusammenzustellen, daher der Name. Die Ausstattung der Instrumente ist ausgesprochen unterschiedlich, so finden sich Modelle mit 25 Tasten und 12 Baßknöpfen für den Anfänger bis hin zu Instrumenten mit 41 Tasten (mit elf Registern) und 120 Baßknöpfen (mit sieben Baßregistern). Die Ziehharmonika wurde angeblich 1822 von dem Berliner Buschmann erfunden und 1825 in Wien erstmals als Akkordeon vorgestellt, obwohl es im Hornimann-Museum in London ein französisches Modell mit einer Art Tastatur gibt, welches auf 1820 datiert wird. Aus der Gruppe der Handharmonikas sind besonders erwähnenswert das Bandoneon, ein Knopfakkordeon, welches hierzulande eine Tradition im Ruhrgebiet hat, das Melodeon und die →Konzertina.

Besonders wichtige Interpreten sind →John Kirkpatrick, der englische Spezialist, Tony MacMahon aus Irland, Clifton Chenier als Cajun-Musiker aus den USA und hierzulande →Frank Baier, →Werner Worschech, →Tom Kannmacher und Max Rosenzopf. Im übrigen ist die Handharmonika Bestandteil einer stattlichen Anzahl von Folk Gruppen.

● Auf Chant du Monde/Pläne: L'Accordéon Diatonique (LDX 74 549); Tit Galop Pour Mamou (LDX 74 665); Le Roi de l'accordéon (LDX 74 534); Les Cajuns, Les Balfa Frères (LDX 74 553) ... auf Gael Linn: Tony MacMahon (CEF 033); Cooley (CEF 044) ... auf Topic: West Country Melodeon (12 TS 275); The Rose of Britain's Isle (12 TS 247); Shreds and Patches (12 TS 355); The Singing Molecatcher of Morayshire (12 TS 263); Davie Stewart (12 TS 293) ... auf Folkways/Pläne: Cajun Home Music (FA 2620)

□ Curt Mahr, Das neue Akkordeon ABC (Edition Schott 1948); Hans Lüders, Die Akkordeon Fibel (Edition Hohner, 17. Aufl. 1979)

Alexander, Texas Alger. Die regionalen Besonderheiten des Blues, die in Texas entstanden, lassen sich nicht mehr eindeutig landschaftlich zuordnen. Es fand früh ein Austausch der verschiedenen Stile innerhalb dieses Gebiets statt. Gleichzeitig hielten sich die typischen Field Holler der Sklavengesänge (→Blues), die erst um 1850 in Texas aufgetaucht waren, hier länger als anderswo in den Vereinigten Staaten. Texas Alger Alexander, der nie ein Instrument spielen lernte, kommt vermutlich den Ursprüngen des →Texas-Blues am nächsten. Obwohl seine Art zu singen in den zwanziger Jahren sicherlich einigen Glättungen unterzogen wurde, um den «Markterfordernissen» der damaligen Zeit zu entsprechen, kann er mit seiner kraftvollen Stimme die Holler authentischer vermitteln als andere Vertreter des Texas Blues wie beispielsweise →Blind Lemon Jefferson oder Henry Thomas («Ragtime Texas»). Eine ähnliche Ursprünglichkeit wie bei Alexander findet sich nur noch in der Vortragsart des religiösen texanischen Bluessängers Blind Willie Johnson.

Texas Alger Alexander wurde vermutlich 1896 in Houston geboren. Er traf als Straßensänger auf Blind Lemon Jefferson, spielte eine Zeitlang mit ihm zusammen und nahm am 11. August 1927 mit dem Gitarristen Lonnie Johnson für die Firma Okeh seine erste Schallplatte auf, mit *Range in My Kitchen* und *Long Lonesome Day Blues*. Texas Alexander spielte bis 1934 über sechzig Aufnahmen ein und wurde dabei von Musikern wie Eddie Lang, Little Hat Jones, Willie Reed und King Oliver unterstützt. Auf einer seiner letzten Aufnahmen aus dieser Zeit, die im September 1934 eingespielt wurde, ist →Lightnin' Hopkins der Gitarrist, der durch den damals sehr bekannten Bluessänger Alexander zu seiner ersten Einspielung kam.

Mitte der vierziger Jahre kehrte Texas Alexander nach einer längeren Gefängnisstrafe wieder in die Bluesszenerie zurück. Sein Gesang war durch die Erfahrungen der Haft um die dunklen Gefängnisgesänge und Worksongs erweitert und um vieles aggressiver und bitterer geworden. Seine Art verschreckte eine Agentin der Alladin Records derart, daß eine 1947 geplante Aufnahmesession nicht zustande kam. Er spielte seine letzten Aufnahmen 1950 für Freedom Records ein, begleitet von Leon Benton (g) und Edwin Pickins (P): *Bottoms Blues, Crossroads, Benton's Busy Bees*. Texas Alger Alexander starb 1952 in Houston.

● Vertreten auf Columbia: The Story of the Blues (G 30008) ... auf Historical: Masters of the Blues 1928–1940 (Historical 31) ... auf Roots: Texas Country Music, Vol. 2 (RL 315); Texas Country Music Vol. 3 (RL 327) ... auf Yazoo: Tex-Arkana-Louisiana Country, 1927–1933 (L 1004)

The Almanac Singers, eine kurzlebige Gruppe, die 1941 von →Pete Seeger gegründet wurde, machten eine Musik, «die nicht zum Geld verdienen geschrieben war» (Tony Palmer). Sie waren in der Zeit ihres Bestehens die wirkungsvollste und populärste Musikgruppe der damaligen amerikanischen Arbeiterbewegung und schrieben und sangen Lieder, die zur «direkten Unterstützung ökonomischer und politischer Kämpfe» (Geschichte der Popmusik) dienen sollten.

Mit Lee Hays und Mill Lampell zusammen nahm Pete Seeger Anfang 1941 einige Gewerkschaftslieder auf. Nach einem Vorschlag von Hays nannte das Trio sich THE ALMANAC SINGERS: «In einem Farm House gibt es zwei Bücher, eine Bibel und einen Almanach. Das eine hilft uns ins Jenseits, und das andere hilft uns, in diesem Leben zurechtzukommen.» – Im Juni 1941 wurde →Woody Guthry Mitglied der Gruppe, und sie machten sich mit einem neun Jahre alten Buick für 125 Dollar von New York aus auf den Weg nach San Francisco. Unterwegs sangen sie bei verschiedenen Gewerkschaften vor Tausenden von Arbeitern ihre Agitprop-Lieder und besorgten sich durch anschließende Sammlungen das Spritgeld für die Weiterfahrt. In Los Angeles verließen Hays und Lampell die Gruppe, und Seeger und Guthry zogen allein als ALMANAC SINGERS weiter, «im Zickzack durch die USA». Ende 1941 kamen sie wieder in New York an und gründeten in →Greenwich Village eine Art Haus der Offenen Tür, das «Almanac House». Hier fanden an den sonntäglichen Nachmittagen die ersten regelmäßigen →Hootenannies statt, bei denen die Besucher 35 Cents Eintritt bezahlten – dadurch brachten die ALMANACS einen Teil ihrer Miete zusammen. Anfang 1942 machten sie einige Radiosendungen mit ihren Liedern gegen den Hitlerfaschismus – u. a. *Reuben James*, ein Lied, das Woody Guthrie auf die damals sehr populäre Melodie von *Wildwood Flower* (→Carter Family) geschrieben hatte, und *Round and round Hitler's Grave*. Zeitweilig wurde die Gruppe von Sis Cunningham, Butch Hawes, Bess Lomax, Arthur Stern und →Cisco Houston verstärkt. Das Lied, mit dem sie am häufigsten assoziiert wurden, war das wichtigste Lied der damaligen Gewerkschaftsbewegung, *Which Side Are You On*, geschrieben von Florence Reece in einem Streik der Bergarbeiter Kentuckys im Jahre 1932.

Die ALMANAC SINGERS lösten sich 1942 auf, als die einzelnen Mitglieder bei Eintritt der USA in den Zweiten Weltkrieg einberufen wurden. Sie werden als die Vorläufer der →WEAVERS, des →KINGSTON TRIOS und auch von →PETER, PAUL & MARY bezeichnet. Allerdings arbeiteten die ALMANACS im Gegensatz zu diesen Gruppen ohne große Arrangements und waren «die einzige Gruppe, die erst beim Auftritt ihre Lieder einstudierte» (Woody Guthrie).

● Auf Folkways: Talking Union (FF 5285)

American Folk Blues Festival. Einen wesentlichen Beitrag zur Verbreitung und Popularisierung authentischer Bluesmusiken in der europäischen Konzertlandschaft lieferten die Frankfurter Konzertagenten Horst Lippman und Fritz Rau, die von 1962 bis 1972 (mit Ausnahme von 1971) alljährlich eine stattliche Anzahl an Bluesgrößen mit dem AFBF auf eine Tournee durch Europa schickten. Überwiegend mit Künstlern aus der Chicago Bluesszenerie bestückt, bot das Festival jedoch eher ein Spektrum der Rhythm & Blues-Giganten, als daß es repräsentativ für die Vielfalt der verschiedenen Interpretationen der schwarzen Volksmusik sein konnte. Unter den Musikern waren →John Lee Hooker, T Bone Walker (1962); →Sonny Boy Williamson Nr. 2, Muddy Waters (1963); →Lightnin' Hopkins, Howlin Wolf (1964); →Eddie Boyd, Big Mama Thornton (1965); →Reverend Gary Davis, Junior Wells (1966); →Skip James, →Son House (1967); →Sleepy John Estes (1968); →Sonny Terry & Brownie McGhee (1969); Juke Boy Bonner, Clifton Chenier (1970); →Bukka White, Roosevelt Sykes (1972). Die Tournee der «Blues Giants and Rock Creators» wurde von folgenden Labels dokumentiert: Brunswick (1962), Fontana (1963–67), CBS (1969/70), Atlantic (1972). – 1980 fand nach langer Pause eine Wiederbelegung des AFBF statt mit u. a. Sunnyland Slim, Louisiana Red und Willie Mabon.

Anderson, Eric, geb. am 14. Februar 1943 in Pittsburgh, Pennsylvania, tauchte Anfang der sechziger Jahre in der Folk-Szenerie von →Greenwich Village auf. Er überraschte durch seinen Mut, eigenes Material vorzustellen und nicht, wie damals üblich, die Lieder anderer Interpreten nachzuspielen. Im Februar 1964, nach wenigen Auftritten in Gerde's Folk City und im Gaslight, bekam er in der New York Times eine fantastische Kritik, bald darauf einen Plattenvertrag bei Vanguard. Sein erstes Album «Today is the Highway» (1965) blieb ein reiner Insider-Tip, aber schon mit seiner zweiten LP «Bout Changes 'n Things» (1966) hatte er einen weit beachteten Erfolg. Eines der Lieder, *Thirsty Boots*, ein bilderreicher und melancholischer Song zum Thema «unterwegs sein», wurde durch die Version von Judy Collins populär; noch bekannter wurde *Violets of Dawn*, das von Interpreten der verschiedensten Genres übernommen wurde und Anderson «als Meister der lyrischen und romantischen Ballade etablierte» (Roxon).
Nach dem mißglückten Album «Avalanche» (1968), an dem Eric Clapton mitgewirkt hatte, zog sich Anderson eine Zeitlang zurück. 1972 nahm er mit «Blue River» eine sehr ruhige und ausgeglichene LP auf und fand in der Folgezeit zu seinem Stil zurück. Seine Lieder «zeigten wieder seine philosophische Anschauung bei der Frage nach der Wahrheit über Liebe, Zeit und Identität» (Folk Music Encyclopaedia).

Andrews, Harvey, nimmt eine ganz und gar außergewöhnliche Stellung innerhalb der englischen Folk-Szene ein. Er ist beeinflußt durch Brecht und Weill – ein Einfluß, der für die Britischen Inseln sehr fremd ist – und durch Jacques Brel und →Georges Brassens. In literarischer und kabarettistischer Weise beschreibt Andrews seine Beobachtungen über die Situation der Arbeitenden, die sexuellen Neurosen der Mittvierziger und die alltäglichen Ungereimtheiten.
Harvey Andrews wurde am 7. Mai 1943 geboren. Er genoß eine musikalische Erziehung und entdeckte Anfang der sechziger Jahre seine Liebe zur Folk Music über →Bob Dylan und →Woody Guthrie. Er schloß sich mit seiner Gitarre einer Folk-Gruppe an, begann seine ersten eigenen politischen Lieder zu schreiben und beschäftigte sich mit den verschiedenen politischen Musikrichtungen in Europa. 1965 begann er professionell mit eigenem Programm aufzutreten, wurde ein gefragter Interpret in der britischen Szene und 1973 von Transatlantic unter Vertrag genommen. Im selben Jahr spielte er mit Graham Cooper zusammen die LP «Fantasies From a Corner Seat» ein, der sein Soloalbum «Someday» folgte, welches von vielen als seine gelungenste Schallplattenaufnahme bezeichnet wird.
Andrews, der nach seinem eigenen Selbstverständnis erst aus der vollständigen Kommunikation mit den Zuhörern lebt, weshalb seine LPs ihn nur unzulänglich darstellen können, spielt in der Regel mit John Dunkerley, einem ehemaligen Mitglied der Ian Campbell Folk Group zusammen. Er ist mehrfach in der BRD aufgetreten und gilt als ein besonders aufgeschlossener Folk-Musiker, wie seine Zusammenarbeit mit mehreren Rockgruppen zeigt.

● Auf Transatlantic: Fantasies from a Corner Seat. Harvey Andrews and Graham Cooper (TRA 298); Someday Harvey Andrews (TRA 329) ... auf Intercord: Friends of Mine (INT 146302); Writer of Songs (INT 126304)

Appalachen. Das reich bewaldete Mittelgebirge der Appalachen zieht sich über eine Länge von 2600 Kilometer vom nördlichen Alabama bis nach West Virginia. Es gilt allgemein als Ausgangspunkt der weißen amerikanischen →Country Music, für →Hillbilly und →Bluegrass. Das noch bis ins letzte Jahrhundert hinein kaum zu überwindende Hindernis für die Siedler auf ihrem Weg nach Westen wurde hauptsächlich von Engländern, aber auch von Iren, Schotten und Deutschen bevölkert, die aus den überfüllten Staaten an der Ostküste in die «lieblichen» Täler des Shenandoah River gekommen waren. Die Berggesellschaft, die hier inmitten blutiger Kämpfe mit den Indianern entstand, entwickelte eine Kultur, die sich an die Volkskultur Englands anlehnte, aber auch – «die Bibel in der einen Hand und das Gewehr in der andern» (Alan Lomax) – die neuen, oftmals harten Bedingungen in den Bergen mit einfließen ließ. Wie stark dabei die Traditionalisten waren, mögen die Ergebnisse des englischen Volksliedforschers Cecil Sharp zeigen, der von 1916 bis 1918 jedes Jahr eine Reise in die Appalachen unternahm. Sharp sammelte hier in Amerika wesentlich mehr original englische Volkslieder (274 Lieder mit 986 Melodien) als zu dieser Zeit in seiner eigenen Heimat: «Ich war in eine Gesellschaft gekommen, in der das Singen als eine ebenso natürliche Lebensäußerung galt wie das Sprechen.»
Sharps Arbeit zeigt aber fast ausschließlich nur *eine* Seite der Volkskultur, und zwar die der strenggläubigen Methodisten, Baptisten und Presbyterianer, deren Familientradition und Bewußtsein sich in der Ideologie der →Carter Family wiederfindet und letztlich bestimmend für die Inhalte der kommerziellen Country Music aus →Nashville und der →Grand Ole Opry werden sollte. Als Qualitätsmerkmal in den Veranstaltungen der Opry galt denn auch die Ankündigung, daß es sich bei diesem oder jenem Sänger um einen «Original Bergbewohner» handle. Die Hillbillies, wie die Musiker aus den Appalachen genannt wurden, waren aber längst nicht nur harmlos wimmernde Musikanten, die zu Hackbrett, Autoharp oder Dulcimer von der Schönheit des großen Tales und der Liebsten in den Bergen sangen, sondern ebenso auch die verrückten Bergbewohner, die voll mit «Moonshine Whiskey» zu Fiddle, Banjo, Gitarre und Mandoline ihre stampfenden Square Dances veranstalteten und deftige Lieder sangen. Bei der Suche nach der «guten» und «reinen» Volkskultur hatte Sharp auch geflissentlich jenen Teil außer acht gelassen, der sich mit den sich wandelnden Verhältnissen in diesem rohstoffreichen Gebiet befaßte, die Lieder über Unterdrückung und Ausbeutung, über Streiks und Arbeitskämpfe (*Joe Hill*) und über die bedenkenlose Zerstörung der Landschaft für die Gewinne der Bergwerksgesellschaften. – «Vater, bring mich zurück nach Muhlenberg County / Zu den Flüssen, wo mein Paradies liegt / Tut mir leid, mein Sohn, du fragst zu spät / Die Kohlenzüge von Mr. Peabody haben es weggefegt.» (John Prine, *Paradise*)

Arbeitervolkslied. «Die Welt die ist jetzt eingericht / noch schlimmer als die Feme / wo man nicht erst ein Urteil spricht / das Leben schnell zu nehmen» (Weberlied, 1844). Allgemein wird der Beginn des Arbeitervolksliedes mit dem *Blutgericht*, entstanden im Aufstand der schlesischen Weber im Juni 1844, verbunden. Dieses Spottlied auf den Fabrikanten Zwanziger, der sich durch besondere Härte gegenüber den Webern ausgezeichnet hatte, sangen die Aufständischen nach einer damals sehr bekannten Volksliedmelodie und fügten immer neue Strophen zur Unterstützung der Aktionen hinzu. Von diesem Ausgangspunkt läßt sich die Entwicklung des Arbeiterliedes in den folgenden Auseinandersetzungen sehr gründlich nachvollziehen, da sich die Gerichte mit dieser Musik überaus viel beschäftigt haben und durch ihre Aufzeichnungen eine Übersicht möglich machen. In der Zeit des Vormärz bis 1848 entstand eine Reihe Lieder, die in den entstehenden Arbeitervereinen bis in unser Jahrhundert hinein gesungen wurden. Dabei waren die Texte dieser Zeit bestimmt von den bürgerlich-demokratischen Sehnsüchten nach einer Republik, wie im *Bürgerlied* oder in *Die Gedanken sind frei*, um die vielleicht bekanntesten zu nennen.

Erst mit dem wachsenden Selbstbewußtsein der Arbeiterschaft, das sich in der Zunahme von kämpferischen Aktionen und im Ausbau der Organisationen, Gewerkschaften, Sozialdemokratie äußerte, entstanden mehr Lieder, die einen direkten Bezug zu den Auseinandersetzungen hatten. In der Regel waren es Streiklieder, deren Grundlage fast immer eine bekannte Volksliedmelodie war, zu der die Arbeiter lediglich den Text auf ihre besondere Situation hin umänderten: «In Sachsen liegt ein Städtchen, / Das kennt fast jedermann, / Da gibt's ein Arbeitsvölkchen / von siebentausend Mann.» In diesem *Crimmitschauer Streiklied* von 1903, entstanden in einer der bedeutsamsten Aktionen im Aufbau der organisierten Arbeiterbewegung, ist der Schritt zum Massengesang bei Großveranstaltungen, welcher sich in den folgenden Jahren vollzog, noch nicht geschehen.

Unterbrochen vom Ersten Weltkrieg mit der folgenden Novemberrevolution – «O Tannenbaum, o Tannenbaum, der Kaiser hat in'n Sack gehaun» – entstand in den zwanziger Jahren das in Arbeiterchören gepflegte und sehr disziplinierte Arbeiterlied einerseits, zum anderen eine Art politische Revue in sogenannten Agitpropgruppen wie «Das rote Sprachrohr» und «Der Rote Wedding». Zunehmend wurde in dieser Zeit die Produktion von Texten und Musik von Professionellen übernommen, von denen Brecht, Eisler und Weill besonders erwähnenswert sind. Ernst Busch, als «Tauber des Arbeitervolksliedes» bezeichnet, hatte vor der Machtübernahme Hitlers durch seine Interpretationsweise solcher Klassiker wie *Solidaritätslied*, *Der rote Wedding* u. a. die wesentlichen Stilelemente und Charaktere beim Vortrag dieser Lieder geprägt. Bezeichnenderweise fanden in der Zeit des Faschismus sehr viele der populären Arbeiterlieder Umdichtungen und wurden mit den veränderten Texten in das Liedgut von SA und SS übernommen (*Horst-Wessel-Lied*).

Innerhalb der bundesrepublikanischen Geschichte fand das Arbeitervolkslied erst in den siebziger Jahren wieder merklich Interesse – obwohl es in der →Waldeck-Ära bereits hervorragende Vertreter wie →Peter Rohland, →Hein und Oss Kröher gegeben hatte – und wurde von Liedermachern wie →Hannes Wader einer breiteren Öffentlichkeit vorgestellt. Eine besondere Bedeutung in der neueren Geschichte kommt dabei dem Industrierevier an der Ruhr zu, in welchem die Traditionspflege in Arbeitervereinen für den Erhalt dieser kulturellen Ausdrucksform sorgt. Erwähnenswert sind aus diesem Gebiet →Frank Baier und →Werner Worschech, die als Lieder-

macher und Volksliedsammler eine der wesentlichen Verbindungen zwischen der traditionellen Musik ihrer Region und dem zeitgenössischen Lied im Ruhrgebiet darstellen.
1979 erschien bei 2001 ein kompletter Nachdruck der wichtigsten kommentierten Sammlung dieser Musik: Wolfgang Steinitz, «Deutsche Volkslieder demokratischen Charakters aus sechs Jahrhunderten» (siehe auch →Volkslied).

● Auf Pläne: Ernst Busch 1–3 (S 77101, S 77102, S 77103); 100 Jahre Deutsches Arbeiterlied. Eine Dokumentation (810015-016)

Archive: Volkslied, Populäre Musik, Kabarett: «*Das Deutsche Volksliedarchiv* (DVA) in Freiburg i. Br. ist das Zentralinstitut für die Sammlung und Erforschung des deutschsprachigen Volksliedes und seiner fremdsprachigen Parallelen. Es wurde am 1. Mai 1914 von dem Germanisten und Volkskundler Prof. Dr. John Meier im Auftrag des damaligen Verbandes deutscher Vereine für Volkskunde gegründet» (DVA 1977).
Diese Sammelstelle für die verschiedensten Volksliedgattungen ist für jeden Wissenschaftler auf diesem Gebiet und für alle weiteren Interessenten durch ihr umfassendes Material eine unerschöpfliche Quelle, deren Wert unschätzbar ist. Im Institutsgebäude in der Silberbachstraße 13 befinden sich über 300000 Liedaufzeichnungen, welche nach den verschiedenen Systematiken, die im Archiv entwickelt worden sind, trotz der ungeheuren Anzahl jederzeit griffbereit sind und dadurch die vielfältigsten Informationen liefern können. Die bei den Kennern bereits sprichwörtliche Hilfsbereitschaft der Mitarbeiter des Hauses ermöglicht es jedem ernsthaft interessierten Besucher, Antwort auf vielerlei Fragen zu bekommen, die er anderweitig nirgends erhalten kann. Erwähnenswert ist das Tonarchiv mit über 11000 archivierten Schallaufnahmen auf Walzen, Schallplatten und Tonbändern und die Handbibliothek, in welcher man vermutlich fast jedes bisher gedruckte Wort oder Lied, das im weitesten Sinne mit Volksliedern in Berührung steht, findet. Von besonderem Vorteil ist das Selbstverständnis der Mitarbeiter im Archiv, bei ihrer Sammeltätigkeit keine subjektive Auslese zu treffen, sondern auch Volksliedgattungen wie das politische Lied, z. B. heutzutage Lieder aus den Bürgerinitiativen, und die vernachlässigten erotischen Lieder ebenso zu sammeln wie Gassenhauer und Bänkelsongs. Außer dem deutschsprachigen Material, welches den Schwerpunkt bildet, steht dem Besucher auch reichhaltiges aus der internationalen Folklore zur Verfügung.
Archiv für Populäre Musik. Dieses wichtige Archiv befindet sich in Bremen (Ostertorweg 3) und ist als gemeinnützige Gesellschaft von Manfred Miller, Klaus Kuhnke und Peter Schulze gegründet worden. Es dürfte die umfangreichste Sammelstelle von Schallplatten und Büchern über Rock- und Jazzmusik Hierzulande sein, hat aber auch für den Folk-Bereich vor allem zum Thema Blues reichhaltiges Material zu bieten. Das Archiv steht seit Dezember 1975 teilweise der Öffentlichkeit zur Verfügung, eine vorherige Anmeldung ist sinnvoll. Die wichtigste Veröffentlichung der Archivare ist die «Geschichte der Popmusik» (nach einer gleichnamigen Rundfunkreihe), die unter ähnlichen Publikationen einen herausragenden Platz einnimmt. Von entsprechender Qualität ist die Schriftenreihe des Archivs für Populäre Musik, «Anschläge», ei-

ne Art Zeitschrift, die seit Frühjahr 1978 erscheint und bisher in sechs Ausgaben vorliegt.
Deutsches Kabarett Archiv. Dieses in Europa einzigartige Archiv befindet sich an der Rheinstr. 48 in Mainz und wird von Reinhard Hippen nebenberuflich geleitet und zum großen Teil finanziert. Es wurde 1958 von ihm gegründet, wird seit 1975 von einem gemeinnützigen Verein «Förderkreis Deutsches Kabarett Archiv e. V.» unterstützt und ist in Räumen untergebracht, welche die Stadt zur Verfügung gestellt hat. Das Archiv, in dem sich außer kabarettistischen Materialien auch Informationen zu Liedermachern u. a. finden, besteht aus einer Bibliothek mit etwa 10000 Bänden, 3000 Schallplatten, 500 Tonbändern, einer Videothek, einem Plakat-Archiv und einer Noten- und Zeitschriftensammlung. Das «Herz» des Archivs sind 2000 Aktenordner, in denen Material zu ungefähr 60000 Namen in Zeitungsausschnitten, Briefen, Programmheften u. a. dokumentiert ist. Das in seiner Existenz immer wieder gefährdete Lebenswerk Hippens steht der Öffentlichkeit kostenlos zur Verfügung, eine vorherige Anmeldung ist ratsam.

Ar Log. Die walisischen Musiker der Folk-Gruppe Ar Log sind die einzigen Vertreter der kulturellen regionalen Eigenheiten ihrer heimatlichen Musik, die über die Grenzen von Wales hinaus bekannt geworden sind. Sie zählen aber auch zu den wenigen keltischen Musikgruppen, die im Westen der englischen Insel traditionelles Material vorstellen. In ihrer eigentümlichen Sprache liefert Ar Log zwar Lieder, die nach der ehrwürdigen und großen walisischen Chortradition einstudiert sind, läßt aber nichts an der solchen Chorgesängen oftmals fehlenden Spontaneität vermissen. Ihre Tänze, von denen einige bei oberflächlicher Betrachtung an bayrische Musik erinnern könnten, spielen sie zu Triple Harp (walisische Harfe), Knieharfe und schottischer Harfe (Clarsach), ergänzt um Gitarre und Fiddle. Einen Höhepunkt bildet dabei der Clog Dance aus den Schiefergruben des Landes. Die walisisch-keltische Kultur, enger verbunden mit Cornwall und der Bretagne als mit Irland oder Schottland, ist über lange Zeit in großer Isolation gewesen, und die wenigen, welche diese Kultur vor dem Aussterben bewahrt haben, haben erst im →Folk Revival ihre introvertierte Position zu verändern begonnen. Innerhalb dieser Entwicklung hat Ar Log eine überragende Bedeutung.
Schon die Gründung der Gruppe gibt über die Situation in Wales Aufschluß. Das walisische Komitee «Festival interceltique des Cornemuses» wurde von dem bretonischen Festival in Lorient 1976 gebeten, eine walisische Gruppe, welche die traditionelle Musik repräsentieren sollte, aufs Festival zu entsenden. Aus Mangel an einer derartigen Formation wurde das Duo Gwyndaf und Dafydd Roberts gebeten, kurzerhand eine solche Gruppe zu gründen. Verstärkt um Iolo Jones und Dave Burns trat die Gruppe in Lorient auf, beschloß, es «professionell zu versuchen» und nannte sich Ar Log, was soviel bedeutet wie «zu vermieten». Iolo Jones (f) kam über eine klassische Musikausbildung direkt aus der Universität an die Gruppe. Dave Burns (g, mandolin) stammt aus einer irischen Familie, die sich vor zwei Generationen in Wales niedergelassen hatte. Gwyndaf (knieharfe, clarsach, voc) und Dafydd Roberts (triple harp, fl, clog dance, voc), hatten als Duo erste folkloristische Versuche bereits hinter

sich und von der «Queen of Welsh Harp» Nansi Richards Unterricht bekommen. Nach dem Zusammenschluß zu Ar Log wurde die Gruppe in kürzester Zeit zum Markenzeichen walisischer Folk Music und spielte 1978 ihr erstes Album «Ar Log» für Dingles ein.

Ende 1978 verließ Iolo Jones die Formation, und es ging eine Zeitlang als Trio weiter, bis es 1979 durch den Ausstieg von Dave Burns zur Auflösung zu kommen schien. Inzwischen hatte sich aber auch die Folk-Szene in Wales weiter entwickelt, so daß es nach kurzer Pause ein neues Ar Log-Quartett gab. Geraint Glynne Davies (g, voc), der eine gesicherte Stellung als Gehörtechniker aufgab, und Graham Pritchard (f, mandolin, voc), der die traditionellen Fiddle-Stile im Welsh Youth Orchestra erlernt hatte, machten die neue Besetzung mit Gwyndaf und Dafydd Roberts komplett. 1980 erschien das zweite Album von Ar Log, «Ar Log II» (Dingles), und eine erfolgreiche neunwöchige Tournee auf dem Kontinent, hauptsächlich durch die BRD, beweist die Nachfrage nach dieser Folk-Gruppe, bei der sich durch die Umbesetzung im übrigen die vokalistischen Möglichkeiten der Mehrstimmigkeit angenehm bemerkbar machen.

● Auf Dingles: Ar Log (din 305); Ar Log II (din 306)

Asch, Moses, ist unter den Schallplattenproduzenten, die sich mit der Aufzeichnung von folkloristischem Material beschäftigen, durch eine kontinuierliche Aufnahmetätigkeit seit Ende der dreißiger Jahre eine der glaubwürdigsten Persönlichkeiten. Innerhalb seiner Tätigkeit hat er bis auf den heutigen Tag nie einen Zweifel an seinen Selbstverständnissen, die ganz im Gegensatz zur industriellen Verwertung von Musik stehen, aufkommen lassen. Seine ausgesprochen guten persönlichen Kontakte zu den Folk-Musikern, mit denen er Aufnahmen gemacht hat (in der Regel in seinem Wohnzimmer), sind die Voraussetzung gewesen, um mit solch schwierigen Persönlichkeiten wie →Woody Guthrie oder →Leadbelly lebendige Volksmusik zu dokumentieren. «Das Material wird nie von uns manipuliert, jeder Künstler oder Wissenschaftler hat freie Hand» (Moses Asch). Unter diesen Bedingungen wurde das «Studio» von Moe Asch zu einem Treffpunkt für Musiker, welche die Situation der amerikanischen Folk Music repräsentieren konnten, und es wurden in der Zeit des Zweiten Weltkriegs und danach wahre Wiedersehens-Sessions gefeiert.

Moses Asch, «der keine Musik aufnimmt, sondern Inhalte» (Israel Young), wurde 1905 als Sohn des bekannten jüdischen Literaten Sholem Ash in Warschau geboren. Seine frühe Kindheit verbrachte er in Paris, kam 1914 in die Vereinigten Staaten, Anfang der zwanziger Jahre dann in die Nähe von Wiesbaden, wo er eine Ausbildung als Elektroingenieur machte, und kehrte schließlich 1926 in die USA zurück. 1935 nahm er in seinem eigenen Studio seine erste Schallplatte mit Kinderliedern auf – sein Lieblingsgebiet bis auf den heutigen Tag. 1939, ermuntert durch Albert Einstein und andere jüdische Freunde, gründete er in New York die Asch Recordings. Seit seiner ersten «kommerziellen» Einspielung, «Jewish Folk Songs» von den Bagelman Sisters (1939), ist eine ausführliche Textbeilage bei allen Schallplatten üblich. 1941 kam es zu den ersten Aufnahmen mit Leadbelly, der sich in der Bindung zu Moe Asch wesentlich

mehr entfalten konnte als bei der Zusammenarbeit mit →Alan Lomax, ebenso wie Woody Guthrie, der kurz darauf erstmals mit ihm zusammentraf. Im folgenden Jahr spielte →Pete Seeger seine ersten Titel für ihn ein (es sollten insgesamt bis heute noch mehr als 60 LPs mit Moses Asch folgen), und in den Jahren darauf entstanden Aufnahmen unter dem Disc Label mit →Sonny Terry, →Brownie McGhee, →Cisco Houston, →Josh White und vielen anderen.
1947 mußte Moe Asch nach einem finanziellen Mißerfolg mit Nat King Cole Konkurs erklären, gründete aber im selben Jahr *Folkways*, deren wichtigster Grundsatz es ist, jede produzierte Schallplatte immer wieder neu aufzulegen. So ist es tatsächlich möglich, von den etwa 2000 Folkways-LPs fast alle noch zu erhalten. Das breitgefächerte Programm beinhaltet dabei nicht nur amerikanische Folk Music, sondern volkskundlich wichtige Feldaufnahmen aus aller Welt, Instrumenten-Serien ebenso wie Lieder aus der Frauenbewegung und sprachliche Dokumente der Zeitgeschichte. So unter anderem eine LP über Bertold Brecht vor dem Ausschuß für Unamerikanische Umtriebe in der McCarthy-Ära, die 1979 auch bei Pläne veröffentlicht wurde: «Bertold Brecht before the Committee on Un-American Activities» (FD5530).

Ashley Clarence Tom blieb als Old Time Country Banjospieler Zeit seines Lebens der Tradition der weißen Siedler verhaftet. Er gab wichtige Impulse für die Bluegrass-Techniken von Musikern wie →Earl Scruggs, →Doc Watson oder Lester Flat.
Ashley Clarence Tom wurde als Clarence Earl McCurry am 29. September 1895 in Bristol, Tennessee, geboren und von seinem Großvater Ennoch Ashley aufgezogen. Er begann schon früh, sein Geld mit Straßenmusik zu verdienen und lernte dabei die Vorzüge des lautstarken Banjos gegenüber der leiseren Gitarre kennen. 1911 schloß er sich der Dr. Howers Medicin Show an, bei der «Doktor» Hower sein Mokiton Tonic als Universalheilmittel feilbot. Ashley Clarence Tom trat in dieser Show als Entertainer und Spaßvogel auf und entwickelte auf dem Banjo die Voraussetzungen der Dreifingertechnik. (Earl Scruggs führte diese Technik weiter und wurde dadurch zum bekanntesten Banjoartisten überhaupt.) In den zwanziger Jahren spielte Ashley für diverse Firmen über 35 Schallplatten ein, darunter auch seine beiden bekanntesten Titel, *The Coo Coo Bird* und *The House Carpenter*. Dabei spielte er mit den verschiedensten Formationen zusammen, u. a. mit den Blue Ridge Mountain Boys und den Carolina Tar Heels, der damals bekanntesten Old Time String Music-Band.
Bei all diesen Aktivitäten blieb Ashley bis 1940 bei Howers Medicin Show. Er war dann eine Zeitlang bei Charlie Monroes Kentucky Pardners, wurde aber erst mit dem →Folk Revival in den sechziger Jahren wieder bekannter, als →Moe Ash von Folkways drei Langspielplatten mit ihm produzierte. Kurz vor seinem Tod am 2. Juni 1967 war Ashley Clarence Tom auf dem Newport Folk Festival zu hören.

● Auf Folkways: Old Time Music at Clarence Ashley's, Vol I und II (FA 2355, FA 2359); Tom Ashley and Tex Isley (FA 2350)

Austin, Ray. «Unser Mann aus Halifax» (Titel eines Porträtfilms fürs deutsche und schweizer Fernsehen) trägt selbstverfaßte Lieder, zeitgenössische

Folk Songs und Traditionals mit gradliniger Melodienführung und mit überzeugender Intensität vor, so daß er von der Frankfurter Rundschau als der europäische →Tom Paxton bezeichnet worden ist. Seine durchschaubaren musikalischen Strukturen, die der stimmgewaltige Wahl-Freiburger aus England in angenehm ausgeglichener Weise serviert, haben ihn zu Beginn der «Amerikanisierung» der bundesdeutschen Folk-Szene Anfang der siebziger Jahre zu einer einflußreichen Persönlichkeit hierzulande gemacht.

Ray Austin wurde am 17. Februar 1943 in Thorne, Yorkshire, geboren, kam 1949 nach Halifax und hatte dort Ende der fünfziger Jahre seine ersten musikalischen Erfahrungen als Trompeter in einer Jazzband. In seiner Studienzeit von 1965 an begann er seine folkmusikalische Tätigkeit, gründete in Bradford «Mac's Folk Club», hatte seine ersten Auftritte als Folk Sänger und kam schließlich nach Essen, wo er kurze Zeit als Englischlehrer tätig war, bevor er sich 1970 entschloß, Freiburg zu seiner neuen Heimat zu machen. Im selben Jahr gründete er hier einen der ersten bundesdeutschen Clubs, den «Freiburger Folk & Blues Club», sorgte durch rege Tourneen für seine Popularität und spielte 1973 seine erste LP, «You & I in Words», für Intercord-Xenophon ein. Sein zweites Album «For a While» (1974) wurde ebenfalls ein Erfolg, und Ray Austin wurde eingeladen, eine der ersten Fernsehserien über Folk Music, «Hi Folks», zu moderieren und sich an der Serie «Elfeinhalb» in der ARD zu beteiligen. In dieser Zeit hatte sich Ray Austin innerhalb der in Frankfurt entstehenden Bluegrass-Szenerie um Edison Way einen weiteren Namen gemacht, spielte mehrfach mit dieser Gruppe auf Sessions zusammen und wurde auf seiner folgenden LP «New Horizons» unter anderem von Mitgliedern der Edison Way (Matthias Raue, f; Martin Feih, bj; Mike Raum, b) begleitet, mit denen er für kurze Zeit gemeinsam auf Tournee ging. 1977 gründete er, inzwischen verheiratet, in Gottenheim bei Freiburg die Musik- und Kleinkunstkneipe «Halifax», die inzwischen durch ihre große musikalische Bandbreite zu einer der renommiertesten Musikkneipen in der Bundesrepublik geworden ist. Ende 1979 nahm Austin ein weiteres Album auf, bei dem im wesentlichen Elemente des Country Rock dominieren; es erschien 1980 unter dem Titel «Erinnerungen an Freiburg».

● Auf Intercord: You & I in Words (INT 161003); For A While (INT 161009) ... auf Stockfisch: New Horizons (SF 5004) ... Vertreten auf Intercord: Chanson und Folksupersession (2 LPs, INT 151000/01); Folk '78 (2 LPs, INT 155028)

Autoharp. Dieses Instrument wird in einem Atemzug mit den →Appalachen genannt, obwohl es keineswegs besonders typisch für die Musik aus diesem Gebirge ist, nur in der Entstehungsgeschichte verwurzelt mit der «einfachen» ländlichen Volksmusik. Diese Art einer vereinfachten mechanischen →Zither wurde am 10. Dezember 1881 von Charles Zimmermann, der im Jahre 1865 aus Deutschland nach Philadelphia gekommen war, unter der Nummer 257808 beim amerikanischen Patentamt angemeldet: «Es sollte bekanntgemacht werden, daß ich, Charles F. Zimmermann ... eine sicherlich neue und nützliche Verbesserung der Harfe erfunden habe ... Eine Harfe auf diese Art hergestellt hat das Format einer Zither, welche ich eine ‹Autoharp› nenne, und die Art, in der dieses Instrument gespielt wird, ist

vollkommen neu» (Patenteintragung, Washington 1882).
Das «transportable Bergklavier» wurde von 1885 an in der Fabrik von Zimmermann gebaut. Bis 1888 waren bereits über 50000 Instrumente verkauft; es gab verschiedene Modelle, so das einfachste Modell mit 21 Saiten und drei Akkordmöglichkeiten der C-Dur Tonart, ein weiteres mit 32 Saiten und 6 möglichen Akkorden und das Spitzenmodell mit 54 Saiten und 72 Akkorden. (Maybelle Carter, eine der bekanntesten Autoharpspielerinnen: «Ich werfe das Ding weg, bevor ich einen ganzen Satz Saiten aufziehe.») Ende des letzten Jahrhunderts schien das Instrument einen wahren Siegeszug unter der Parole «America's most favorite instrument» zu machen, wurde jedoch schon bald von der wesentlich einfacheren Handhabung des Phonographen verdrängt, war aber immerhin bis zum Jahre 1897 bereits eine halbe Million mal verkauft worden.
Am 1. September 1924 wurde die erste Autoharp-Musik auf Schallplatte genommen. *The Face That Never Returned* und *The Sinking of the Titanic* (Okeh). Für weitere Verbreitung sorgte dann die →Carter Family, hauptsächlich Sara Carter, die neben → Mike Seeger zu den profiliertesten Vertretern auf diesem Instrument zählt.
Das Prinzip ist bei allen Autoharps gleich und denkbar einfach. Die Saiten werden angeschlagen; jene, die nicht mitklingen sollen, werden durch dünne hölzerne Riegel mit verschieden angeordneten Filzstückchen abgedämpft. Neben dem begleitenden Akkordspiel ist auch ein Melodiespiel durch eine Art Fingerpicking möglich, das allerdings als ausgesprochen schwierig gilt.

□ Harry Taussig, Folk Style Autoharp (Oak Publications 1967)

B

Baez, Joan. Seit Joan Baez auf dem ersten →Newport Folk Festival 1959 von Bob Gibson auf die Bühne geholt wurde – sie war nicht offiziell eingeladen gewesen – und einen sensationellen Erfolg verbuchen konnte, gilt die «Queen of Folk Music» als erfolgreichste weibliche Interpretin der amerikanischen →Folk Songs. Joan Baez, die «Verkörperung sozialer Sensibilität und Tatkraft» (Folk Music Encyclopaedia), hat als Sängerin stets in Verbindung mit politischen Aktivitäten gestanden und sich dabei von einer nicht immer widerspruchsfreien Emotionalität leiten lassen. Im Gegensatz zu →Bob Dylan, als dessen weibliches Gegenstück sie oft bezeichnet wurde,

Joan Baez auf dem Newport Folk Festival, 1965. Foto: Joe Alper.

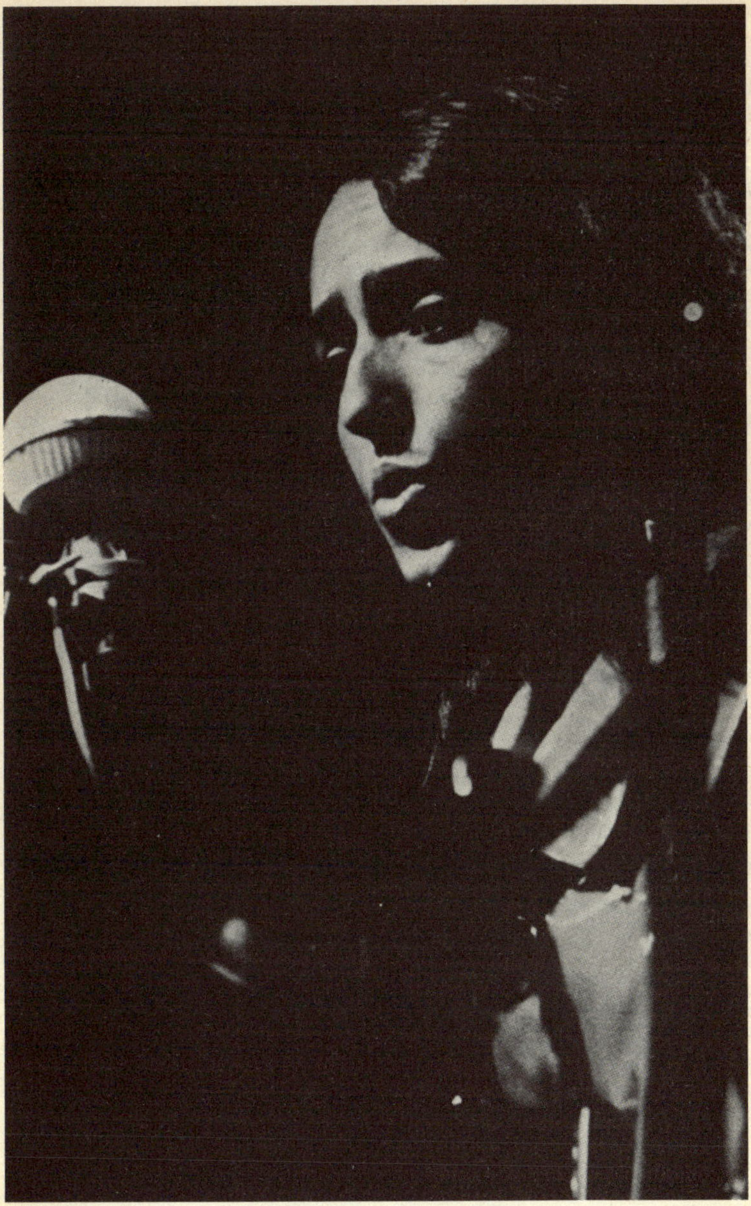

hat sie sich allerdings nie aus ihrer engen Bindung an die Aktionen der Bewegung für gewaltlosen Widerstand und zivilen Ungehorsam gelöst, sondern «deutlich gemacht, daß sie beabsichtigt, das Gesicht der Gesellschaft zu verändern oder bei dem Versuch draufzugehen» (Roxon).

Joan Baez wurde am 9. Januar 1941 in Staten Island, New York, geboren. Ihre Mutter stammt aus einer schottischen Pfarrersfamilie und hatte ein ausgeprägtes Rechtsbewußtsein. Ihr Vater, mexikanischer Abstammung, war Doktor der Physik, trat, als Joan sechs Jahre alt war, der Sekte der Quäker bei und brachte deren Prinzipien der Gewaltlosigkeit in die Familie ein. Durch ihre dunklere Hautfarbe lernte Joan Baez die Rassenproblematik schon früh am eigenen Leib kennen. Nachhaltige Eindrücke über Armut und Ungerechtigkeit sammelte sie, als ihr Vater im Auftrag der UNESCO 1950 für einige Jahre nach Bagdad ging. 1958 kam sie nach Boston und hatte zu dieser Zeit begonnen, zu Ukulele und Gitarre Lieder zu singen. Ein Jahr später hatte sie ihren Erfolg in Newport und spielte 1960 für Vanguard ihre erste Langspielplatte ein, «Joan Baez», die zur meistverkauften Folk-LP des Jahres wurde.

In dem sich zur gleichen Zeit politisierenden Folk Revival wurde sie in kürzester Zeit eine der zentralen Figuren, die die Verbindung zwischen den Folk-Sängern und der Bürgerrechtsbewegung mit ihren gewaltfreien Aktionen herstellten. Innerhalb von zwei Jahren, in welchen sie an verschiedenen Demonstrationen und Märschen teilgenommen und die Brutalität der Staatsorgane kennengelernt hatte, wurde aus Joan Baez, der Folk-Sängerin, die Balladen und harmlose Volkslieder gesungen hatte, eine politische Aktivistin, die auch auf ihre Schallplatten Lieder mit sozialkritischem Inhalt mit aufnahm.

Ihre Freundschaft mit Bob Dylan, für dessen Karriere sie eine äußerst wichtige Station war und dem sie in der Folk-Szenerie Tür und Tor öffnete, war ein zentrales Thema in den Klatschspalten der Musikzeitschriften und führte zu Spekulationen und Interpretationen von Texten, die nach dem Bruch im Jahre 1965 geschrieben wurden. Es war sicherlich auch das politische und menschliche Selbstverständnis von Joan Baez gewesen, das zur Auflösung dieser Verbindung geführt hatte. Joan hatte sich aus Solidarität zu →Pete Seeger, der auf der «Schwarzen Liste» stand, geweigert, in der Fernsehsendung «Hootenanny» aufzutreten, und ab 1964 behielt sie ihre Steuern aus Protest gegen den Vietnamkrieg ein.

Im Oktober 1964 erschien das «Joan Baez Songbook», eine umfangreiche Sammlung traditioneller Folk Songs aus ihrem Repertoire, welches die erste Entwicklungsphase von Joan Baez, die zu diesem Zeitpunkt abgeschlossen war, verdeutlichen kann. Von nun an legte sie ihr Schwergewicht auf die Interpretation von zeitgenössischen Liedern, denen in der Sammlung bezeichnenderweise das letzte Kapitel gewidmet ist, und hatte angefangen, eigene Stücke zu schreiben. Nachdem sie in Kalifornien ein «Institut zum Studium der Gewaltlosigkeit» gegründet hatte, 1967 nach einer Demonstration gegen den Vietnam-Krieg mit ihrer Mutter zusammen für zwei Monate im Gefängnis war, heiratete sie 1968 den Wehrdienstverweigerer David Harris, den eine dreijährige Gefängnisstrafe erwartete. Im selben Jahr schrieb sie ihre Autobiographie «Daybreak».

Die siebziger Jahre zeigten Joan Baez als profilierte Songschreiberin mit engagierten analytischen Texten, wie eines ihrer schönsten Alben «Come from the Shadows» zeigt, welches sie 1972 mit hervorragenden Studiomusikern (→Charlie McCoy, Grady Martin, Norbert Putnam, Pete Wade u. a.) in Nashville einspielte.
Joan Baez war mehrfach in der Bundesrepublik zu hören, schloß sich 1975 noch einmal Bob Dylan mit seiner «Rolling Thunder Revue» an und ist mit ihrer «kraftvollen, unerzogenen» Sopranstimme und einer flüssigen Fingerpickingtechnik auf der Gitarre immer noch weit davon entfernt, ihre eigene Legende zu werden.

● Auf CBS: Gracias A La Vida (A&MAMLH 63614); From Every Stag (A&MAMLM 63704); Come from the Shadows (A&MAMLH 64339); Diamonds & Rust (A&MAMLH 64527); Gulf Winds (A&MAMLH 64603); Greatest Hits (A&MAMLH 64668); Blowin' Away (PRT 82011); Honest Lullaby (PRT 83474) ... auf Chrystal: An Introduction To Joan Baez (2 LPs; 1 C 172 – 92665/66); Any Day Now (2 LPs; 1 C 172 - 92426/27); Blessed Are (2 LPs; 1 C 172 – 92753/54); David's Album (1 C 064 – 91314); The First Ten Years (2 LPs; 1 C 172 – 92057/58); Greatest Hits (1 C 244 – 93522); Hits – Greatest and others (1 C 264 – 94607); Joan Baez (2 LPs; C 178 98 079/80); Joan Baez (056CRY 60581); The Joan Baez Ballad Book (2 LPs; 1 C 148 94 006/07); The Joan Baez Lovesong Album (2 LPs; 176 CRY 97 996/97); Live in Italy (2 LPs; 1 C 172 93 560/61); Profiles of Joan Baez (1 C 054 95 128); Starportrait (1 C 054 – 98754); Two Originals of Joan Baez (4 LPs, 134 CRY 62241/42, 250/251) ... auf MFP/Chrystal: The Contemporary Ballad Book (2 LPs; 1 M 176 96 152/53) ... auf RCA: Sacco and Vanzetti (26. 21 150) ... auf Electrola: Country Music Album (2 LPs; 134 – 63214/15); Supergold (2 LPs; 134 – 63451/52)

Baier, Frank, lebt, singt und arbeitet im Ruhr-Revier, wo es nach seinen eigenen Worten ein Defizit in der Umwelt, härtere Belastungen, schlechtere Lebensbedingungen als anderswo gibt, «die von den Leuten hier durch ihre menschliche Stärke wieder wettgemacht werden» (Frank Baier). Baier gilt als der profilierteste Liedermacher der neueren Ruhrgebietskultur. Dabei entstehen seine Lieder aus seiner «Beziehung zu den Menschen hier» und deren Problemen, wie beispielsweise «Sanierung» alter Zechensiedlungen, Betriebs- und Zechenstillegungen, Umweltverseuchung und Widerstand gegen das in der Nähe geplante AKW in Kalkar. Aus Bündnissen mit den Betroffenen entwickelt er Lieder, die in ihrer politischen Kraft und Eindeutigkeit bemerkenswert sind.
Frank Baier wurde am 12. Dezember 1943 in Braunschweig geboren und kam als Sechsjähriger ins Ruhrgebiet nach Essen-Frohnhausen, wo er zusammen mit Bergarbeiterkindern aufwuchs. Nach einer Lehre bei Krupp und seinem Studium begann er zunehmend mit Bernd Witthüser und Walter Westrup Texte aus dem Ruhrgebiet zu vertonen, nachdem er bereits vorher seine ersten Bühnenerfahrungen mit der SAINTS RAMBLER SKIFFLE GROUP gesammelt hatte und maßgeblich an der Einspielung einer außerordentlich interessanten LP «Gitarre vorm Bauch» (Schwann Studio, Düsseldorf 1971) beteiligt war. Auf diesem zeitgeschichtlichen Dokument über die kritische und soziale Bewegung innerhalb der katholischen Kirche der damaligen Zeit ist er zusammen mit Rolf Hucklenbruch und Harald Goldbach zu hören, mit denen er bis 1973 die Gruppe KATTONG hatte, eine der ersten radikalpolitischen Formationen, die von offiziellen Institutionen mit einer Reihe von Auftrittsverboten belegt wurden. In der Folgezeit spielte er mit Walter Westrup zusammen, vertonte viele Texte von Thomas Rother und war gleichzeitig in einer Skiffle Formation, WALTER H.C. MEIER PUMPE. Mit

dieser Gruppe spielte er 1976 für Pläne eine LP ein, auf der sich sein bekanntester Titel findet, *Dat muß doch auch wat Späßken bringen* (Titelsong). Seit dieser Zeit arbeitet Frank Baier, ein Könner auf dem →Bandoneon, vorwiegend als Solo-Interpret. Er ist einer der ganz wenigen profilierten Liedermacher, die täglich Lohnarbeit versehen (als Ingenieur bei der Post). Bei alledem findet er Zeit für seine aktive Gewerkschaftstätigkeit, für die Menschen, die um ihn herum leben und kämpfen (zum Beispiel beim Hungerstreik der Bewohner von Rheinpreußen, Duisburg, um den Erhalt ihrer Siedlung), er arbeitet das Werk des Bergarbeiterdichters Heinrich Kämpchen auf und ist auf der Solidaritäts-LP «Bauer Maass» gegen das AKW Kalkar vertreten.

● Auf Pläne: Dat muß doch auch wat Späßken bringen. Baier-Westrup (S 66601) ... Vertreten auf: Mein Vater war Bergmann (88154); auf Pass-Op: Bauer Maass – Lieder gegen Atomkraftwerke (pass-op 2002); auf Doppel-LP des Spanischen Kulturkreises Essen: Leben, Kämpfen, Solidarisieren (über Trikont) ... auf: Lieder aus dem Ruhrgebiet von und vonne Maloche (Vorwärts Verlag)

Balalaika. Das bekannteste russische Volksmusikinstrument mit dem typischen dreieckigen Korpus, welches erstmals um 1700 erwähnt wird und in sechs verschiedenen Größen zu finden ist, hat eine Bespannung von drei Saiten, die in der Regel gezupft werden. In den sogenannten Balalaika-Orchestern werden die unterschiedlichen Größen zu einer musikalischen Einheit zusammengefaßt. Von den Ensembles sind Pierre und Vladimir Swetlanow mit dem Sania Poustylnikoff Orchestra besonders erwähnenswert.

● Auf Fontana: Balalaika (6430026)

Ballade. Die Ballade war ursprünglich ein Tanzlied (etwa 12. Jahrhundert) und wurde um das 15. Jahrhundert zu einer streng geordneten Kunstform mit Einleitung und Kehrreim. Vom 18. Jahrhundert an wird der Begriff Ballade angewendet auf ein mehrstrophiges erzählendes Gedicht, zunächst bezogen auf die alten englischen Volkslieder, zumeist mit düsteren und unheimlichen Geschichten. Heutzutage hat die Ballade Eingang gefunden in die verschiedensten Musikrichtungen wie →Folk Song, →Blues, →Country Music und auch in Pop und Jazz, wo sie thematisch breitgefächert auftaucht, angefangen beim Liebeslied bis hin zum →politischen Lied.

Bandoneon →Akkordeon

Bandurria. Die Bandurria ist eine kleine spanische →Mandolinenart mit flachem Korpus und sechs Doppelsaiten. Sie findet ihre Verwendung als Melodieinstrument in der spanischen Volksmusik.

Banjo. Das nach dem Handbuch der Musikgeschichte als «Negergitarre» bezeichnete Instrument ist mit seinem afrikanischen Ursprung zunächst das Hauptinstrument der schwarzamerikanischen Bevölkerung gewesen. Innerhalb seiner Entwicklungsgeschichte hat es sich auf drei Formen standardisiert, auf das 4-, 5- und 6-saitige Banjo. Jede Form findet in unterschiedlichen Musikrichtungen ihren Einsatz. Erwähnenswert ist, daß sich nur das viersaitige Banjo in verschiedenen Jazzmusiken als Instrument der schwarzen Musiker halten konnte, während die für die Folk Music entscheidende Form des Five String Banjo bereits in den zwanziger Jahren ein Musikinstrument der weißen Siedler (vorwiegend in den →Appalachen) geworden war. Bereits 1831 hatte ein Weißer, Joel Walker Sweeney, seine ersten Auftritte mit dem Banjo gehabt, und in den sogenannten Minstrel Shows wurde das Instrument in ganz Amerika rasch populär. In den Appalachen entstand nach der Jahrhundertwende über die Old Time Mountain Banjo-Technik mit Persönlichkeiten wie →Ashley Clarence Tom, →Uncle Dave Macon u. a. im Laufe der Zeit die berühmte Fingerpicking-Spielweise, als deren herausragender Vertreter →Earl Scruggs gilt. Dieser auch Clawhammer genannte Stil fand ebenso wie das «Frailing» den Einstieg in den Vortrag vieler Interpreten (→Pete Seeger, →Derroll Adams, →Hedy West). Im →Bluegrass wurde das Five String Banjo eines der Hauptinstrumente, fand im →Folk Revival seinen Weg nach Europa und ist in den verschiedenen offenen Stimmungen ein beliebtes Begleit- und Soloinstrument geworden. Das viersaitige Banjo, welches in jeder →Skiffle-Gruppe anzutreffen ist, ist Bestandteil der meisten irischen und schottischen Gruppen und gilt dort inzwischen ebenfalls als traditionelles Instrument. Der Einsatz des sechssaitigen Banjos, auch Gitarrenbanjo genannt, ist ausgesprochen selten.

● Auf Folkways / Pläne: How to play the 5-string Banjo, Pete Seeger (CRB 2) ... auf Chant du Monde / Pläne: Le Banjo Americain, Steve Waring (LDX 74472) ... auf Folk Legacy: Frank Proffit (FSA 1); Hobart Smith (FSA 17) ... auf Kicking Mule: Art Rosenbaum (SNKF 101); Art of the Mountain Banjo, Art Rosenbaum (SNKF 113) ... auf Rounder: George Pegram (0001); Things in Life. Don Stover (0014); Johnny Whisnant (0038); Heartlands, Tony Trischka (0062); Tony Trischka (0048); A Banjo Galaxy (3005); High Atmosphere (RR 0028) ... auf Intercord: Derroll Adams, Movin' On (INT 161014)

□ Pete Seeger, How to play the 5 String Banjo (Oak Publications, 3. Aufl. 1962); Earl Scruggs, Earl Scruggs and the Five String Banjo (Peer International 1968); Art Rosenbaum, Old Time Mountain Banjo (Oak Publications 1968); Miles Krassen, Clawhammer Banjo (Oak Publications); Klaus Buhe, Tenorbanjo Schule (Edition Schott 1962); Emile Grimshaw, Plectrum Banjo Playing (Clifford Essex)

Bänkellied. Als Bänkellieder gelten die Moritaten der fahrenden Leute, die auf einer Bank oder sonstigen Erhöhung standen und Neuigkeiten, Schauergeschichten und Räuberballaden zum besten gaben und in politischen Auseinandersetzungen eine wichtige Funktion als Übermittler von Nachrichten hatten. In den sechziger Jahren dieses Jahrhunderts wurde der Begriff sehr mißverständlich auf die meisten «Chansonsänger» wie →Degenhardt, Schobert Schulz oder →Peter Rohland angewandt und im Verlauf der →Waldeck-Ära auf Landstreicherballaden und Schauergeschichten reduziert, mit denen der heute ansonsten kaum noch gebräuchliche Begriff verbunden wird.

Baß. Als Instrument wird ein Baß in der Folk Music ausgesprochen selten eingesetzt. Als Kontrabaß oder Elektrobaß findet er sich aber in fast jeder →Folk Rock-Gruppe. Auf der traditionellen Seite ist der akustische Baß Bestandteil der irischen und schottischen →Ceilidh-Bands.

Battlefield ist eine Folk-Gruppe der neueren Generation aus Schottland und zeigt in ihrer lebendigen Interpretation traditioneller schottischer Lieder und Tänze ein Ergebnis des →Folk Revival, welches das Interesse am eigenen musikalischen Hintergrund hat wecken können, ohne dabei in puristische Reproduktion zu verfallen.
Die BATTLEFIELD BAND wurde 1969 an der Strathclyde Universität in Glasgow von Brian McNeill (f, mandolin, g, bj,

voc) gegründet. In der ersten Besetzung mit Eddy Morgan (g, voc), Jimmy Thompson (g, mandolin, harp, voc) und Alan Reid (g, acc, org, voc) spielte die Formation bis 1974 zusammen. Nachdem Eddy Morgan und Jimmy Thompson die Gruppe verließen, kam Riki Stars (mandolin, whistle, gbj, harm, g, voc) dazu, und die BATTLEFIELD beschloß nach der Aufnahme ihres ersten Albums für Arfolk, professionell Musik zu machen. Nach weiteren Umbesetzungen spielte die Gruppe 1976 ein Album für Topic ein, «Battlefield Band», mit Alan Reid, Brian McNeill, John Gahagen (whistle concertina) und Jamie McMenemy (bouzouki, portugiesische g, voc). Ein weiteres beachtliches Album, «Battlefield Band Vol. 2», wurde in derselben Besetzung 1977 eingespielt, bei dem verschiedene Dudelsäcke (Highland Pipes, Uillean Pipes, Northumbrian Pipes) eingesetzt wurden; diese Platte wurde von vielen Kennern als eine der aufregendsten Folk-Platten des Jahres bezeichnet. 1978 war die BATTLEFIELD BAND erstmals auf Tournee in der BRD, allerdings hatte inzwischen ein weiterer Besetzungswechsel stattgefunden, der die stärkere Ausrichtung der Gruppe an irischer Musik andeutete: für John Gahagan war der irische Musiker Pat Kilbride (g, whistle, bodhran, voc) eingestiegen, und es erschien die LP «At the Front», die wiederum durch den ungewöhnlichen Einsatz von Tasteninstrumenten für sich spricht. Kurz danach wurde die Gruppe aufgelöst, aber im selben Jahr von Brian McNeill und Alan Reid, der inzwischen auch den Synthesizer in sein Instrumentarium aufgenommen hatte, wiederbelebt. Mit Jenny Clark (dulcimer, g, whistle, voc) und Duncan MacGillivray (highland pipes, whistle, g, harp, voc) war die Neuformation komplett. Nach einer weiteren Tournee durch die BRD hatte Jenny Clark, die mit den Strapazen nicht fertig wurde, einen Zusammenbruch, und die BATTLEFIELD BAND spielt nun in der Regel als Trio und wird zeitweise von Gastmusikern verstärkt.

● Auf Topic: Battlefield Band (12 TS 313); At the Front (12 TS 381); Stand Easy (12 TS 404) ... auf Arfolk: Battlefield Band (SB 349); Battlefield Band Vol 2 (SB 358) ... Solo Album Brian McNeill auf Burlington: Monksgate (BUR 801)

Bensusan, Pierre, kann unter den jungen Gitarristen der neueren Generation, die sich mit besonders viel Experimentierfreude an das Instrument begeben, auf eine einzigartige Blitzkarriere auf der internationalen Folklorebühne zurückblicken. Von den Kritikern seit seinem Auftreten Mitte der siebziger Jahre als atemberaubender Gitarrist bezeichnet und verglichen mit solchen Koryphäen wie →John Renbourne, →Bert Jansch, →Martin Carthy und →Dick Gaughan, vereinigt Pierre Bensusan die verschiedensten Stile wie lateinamerikanische, indische, irische, Bluegrass, Blues, französische Straßenmusik u. v. m. zu seinem eigenständigen Vortrag. In einer äußerst rasanten Entwicklung durchlief er die verschiedenen Stilrichtungen, und es kam zu Anmerkungen, daß diese Entwicklung zu schnell vor sich gegangen sei, so daß die Produkte mehr von der technischen Seite lebten denn von einer neuen gehaltvollen Dimension getragen würden.

Pierre Bensusan wurde 1957 in Oran, Algerien, geboren, kam 1962 mit seinen Eltern in die Nähe von Paris, hatte in früher Jugend Klavierunterricht und fing als Zwölfjähriger, nachdem seine Eltern das Klavier verkaufen mußten, mit dem Gitarrespiel an. Wie er selbst sagt, ist ihm bei den schwierigen Akkorden seine Ausbildung auf dem Klavier sehr dienlich. 1973 begann er als full time-Musiker, spielte in einer Jug Band und in einer Bluegrassgruppe und lernte den amerikanischen Banjospieler Bill Keith kennen, mit dem er zusammenarbeitete und auch an zweien seiner LPs beteiligt war. Mit 18 Jahren spielte er 1975 sein erstes eigenes Album, «Près de Paris», für Cézame ein, für welches er den «Grand Prix du disque Folk du Festival de Montreux» erhielt und das der Ausgangspunkt für eine explosionsartige Solokarriere wurde. Im weiteren wurde er von den englischen Gitarristen John Renbourne, Bert Jansch und hauptsächlich von Martin Carthy beeinflußt und veränderte seine ursprünglich stärker an französischer und keltischer Tradition orientierten Stücke mehr in Richtung zum Folk Baroque. Auf seinen zahlreichen Tourneen durch Europa und durch die USA sorgt Pierre Bensusan – «ich spiele auf der Bühne nur, um zu üben» – ständig für überraschend neue Stücke, in denen er sich als einer der wenigen Gitarristen beweist, die in der Lage sind, Musiken anderer Instrumente auf die Gitarre zu übertragen. Außerdem spielt er noch Bandoneon, Mandoline und Piano und plant, mit eigenen Texten seine wenigen Gesangsstücke zu erweitern.

● Auf Cézame: Près de Paris (CEZ 1004); Banjo Paris Session Vol. 1 (CEZ 1005); Banjo Paris Session Vol. 2 (CEZ 1040); Musiques (CEZ 1064) ... vertreten auf Voxpop: 6. Folkfestival auf der Lenzburg (voxpop 4005); 1. Folkfestival auf dem Gurten – Bern (voxpop 4006)

Bernie's Autobahn Band, die innerhalb kürzester Zeit zu einer der populärsten bundesdeutschen Gruppen auf dem Folkloremarkt geworden ist, zeigt durch besondere Spielfreude und ungezwungenen Umgang mit Instrumenten und Texten ein mögliches Ergebnis des →Folk Revival hierzulande. Ihr Ursprung aus der Heidelberger Folk-Szene («Grüner Zweig»-Bewegung), die ihren ersten verträumten, aber auch musikalischen Hohepunkt in →Elster Silberflug hatte, sowie Straßentheatererfahrungen aus der Good Company-Zeit sind Gründe für die außergewöhnliche Flexibilität der Gruppe, die ein Zusammenschluß hervorragender Instrumentalisten ist. Bernie's Autobahn Band ergab sich 1976 als Quartett aus Mitgliedern der beiden genannten Gruppen. Bernie Conrads (g, voc), geb. am 8. Oktober 1950 in Aachen, hatte bereits mit Bernhard Schumacher (harm, fl, flügelhorn, perc, voc), geb. am 18. August 1948 in Darmstadt, im Duo Good Company zusammengespielt. Dazu kamen die zwei Mitglieder von Elster Silberflug Hartmut Hoffmann (g, mandolin, perc, voc), geb. am 12. Dezember 1950 in Gießen, und Lutz Berger (f, g, voc), geb. am 25. März 1955, der als Fiddler an der →Hannes Wader-LP «Wieder Unterwegs» beteiligt war. In dieser Besetzung spielte die Gruppe bis Ende 1978 zusammen und ihre erste LP «Sind wir noch zu retten» ein. In der Folgezeit wurde Bernie's Autobahn Band um einen «Rockmusiker» erweitert. Bruno Schaab (b, voc), geb. am 22. Oktober 1950 in Heidelberg, kam über Formationen wie Guru Guru und Desperado kurz vor der Einspielung der zweiten LP «Wenn es Nacht ist in der Stadt» dazu und wurde festes Mitglied bei den zahllosen Konzerten dieser begehrten Folk-Gruppe. 1980 schied Lutz Berger aus und schloß sich den →Zupfgeigenhansl an.

● Auf Nature/Metronome: Sind wir noch zu retten (0060083); Wenn es Nacht ist in der Stadt 0060132)

Biermann, Wolf, ist wohl die bedeutendste Liedermacherpersönlichkeit im deutschprachigen Raum. Als «Villon unserer Tage» macht er Lieder für Kopf und Bauch, die über die bestehenden Verhältnisse hinausweisen, und liefert aufrichtige und durchdachte Interpretationen der Zeitgeschichte im privaten und öffentlichen Bereich. Dabei sind seine Lieder, in denen «selbst die Pausen komponiert sind» (Thomas Rothschild) die Dokumentation seiner persönlichen Situation und ein Ergebnis der Vielschichtigkeit seiner eigenen Motivationen. Sie äußern sich mal zärtlich-anheimelnd dann wieder schroff bis hin zur «Gemeinheit», oder beschreiben analytisch exakt politische Zustände. In seiner Zeit der Auftrittsverbote innerhalb der DDR wurde Biermann von der bürgerlichen Presse hierzulande hochstilisiert und bietet seit seiner Ausbürgerung Teilen derselben Presse breite Angriffsfläche, ebenso wie er von den dogmatischen Marxisten, denen seine sozialistischen Vorstellungen suspekt sind, scharf angegriffen wird. Dabei ist «Biermanns Bejahung der vitalen Vergnügungen» (Schwendter) in diesem Zusammenhang ebenso erwähnenswert wie seine unverblümten Ansichten zur herrschenden Sexualmoral und sein Vergnügen an der Selbstdarstellung seiner Person auf der Bühne. Biermann wird in einem Atemzug mit Tucholsky und Brecht genannt, und seine literarischen Qualitäten zeigen ihn auf den Spuren von Heinrich Heine, mit dem er außer den sprachlichen auch biographische Gemeinsamkeiten hat.

Wolf Biermann wurde am 15. November 1936 in Hamburg in einer Familie von Altkommunisten geboren, verlor 1943 seinen Vater im KZ Auschwitz und lebte nach dem Krieg für kurze Zeit mit seiner Mutter in Bayern. Nach der Rückkehr nach Hamburg nahm er 1950 am Weltjugendtreffen in Ostberlin teil, ließ sich 1953 dort nieder und studierte politische Ökonomie, später Philosophie und Mathematik an der Humboldt Universität. Von 1957 bis 1959 arbeitete er als Regieassistent an Brechts «Berliner Ensemble» und lernt Eisler kennen, die für ihn vermutlich wichtigste Begegnung. Nach Abbruch der Theaterarbeit begann er neben seinem Studium Lieder zu schreiben und zu komponieren, gründete das «Berliner Arbeiter und Studententheater» (b. a. t.) und erhielt erstmals Auftrittsverbot. 1963 wurde er aus der SED ausgeschlossen, wurde dennoch im folgenden Jahr im Kabarett «Die Distel» gefeiert, bevor er von 1965 an endgültiges Auftrittsverbot erhielt. Inzwischen hatte es einige wenige Veröffentlichungen von ihm innerhalb der DDR gegeben, und 1965 erschien sein erster Gedichtband «Die Drahtharfe» in Westberlin im Wagenbachverlag. Dort sind auch weitere Bände erschienen wie «Mit Marx- und Engelszungen» (1968) «Der Dra Dra» (1970), «Für meine Genossen» (1972) «Deutschland ein Wintermärchen» (1972).

1965 wurde Biermanns erste Schallplatte bei Phonogram Hamburg verlegt, «Wolf Biermann (Ost) zu Gast bei Wolfgang Neuss (West)». In den folgenden Jahren erschienen weitere Schallplatten, die er in seiner Zweizimmerwohnung auf Band gesungen hatte. Auf insgesamt vier «Quartplatten» bei Wagenbach stellte er Lieder vor wie *Drei Kugeln auf Rudi Dutschke*, seine *Ermutigung* (Quartplatte 3), *Die hab ich satt, Moritat auf Biermann seine Oma Meume in Hamburg* und *So soll es sein – so wird es sein* (Quartplatte 4). 1973 schloß er einen Vertrag mit CBS ab, der ihm die Kritik der dogmatischen Marxisten in der BRD einbrachte, aber auch mit Erscheinen der ersten LP «Warte nicht auf beßre Zeiten» (1973) eine ungewöhnliche Verbreitung. Im selben Jahr erschien eine Single bei CBS mit der *Ballade vom Kameramann*, deren Gewinne er kommunistischen Chileflüchtlingen nach dem Putsch zur Verfügung stellte. Mit Regelmäßigkeit erschienen weitere Alben, und besonders auf der 1975 veröffentlichten LP «Liebeslieder» läßt sich der Einfluß von →Brassens erkennen. Im Oktober 1975 kam es zur überraschenden Ankündigung für ein Biermann-Konzert in Offenbach, doch die angekündigte Ausreisegenehmigung wurde von den DDR-Behörden im letzten Augenblick wieder zurückgezogen. Erst ein Jahr später erhielt er die Genehmigung für eine Tournee in der BRD mit der Zusicherung, daß er zurückkehren könne. Nach seinem denkwürdigen Konzert in der Kölner Sporthalle im November des Jahres wurde Biermann von der DDR ausgebürgert. «Hier fallen sie auf den Rücken / dort kriechen sie auf dem Bauche / Und ich bin gekommen / ach! kommen bin ich / vom Regen in die Jauche.» (*Deutsches Miserere*). Nach Überlegungen, sich in Holland, Spanien, Griechenland oder Italien niederzulassen, entschied er sich für Hamburg, wo er bis heute wohnt. Inzwischen hat Wolf Biermann mehrfach seine Programme auf Tourneen in der BRD vorgestellt, und ein weiteres Album «Hälfte des Lebens», das in seiner Wohnung aufgezeichnet wurde, erschien 1979. Nach der Bundestagswahl 1980 erschien «Eins in die Fresse, mein Herzblatt», eine Aufzeichnung seiner Tournee: «Es grünt so grün.»

● Auf Philips: Wolf Biermann-Ost zu Gast bei Wolfgang Neuss-West (PY 843742) ... Auf CBS: Warte nicht auf beß're Zeiten (65753); Aah – ja (80188); Chausseestraße 31 (80798); Liebeslieder (80982); Es gibt ein Leben vor dem Tod (81259); Der Friedensclown (82262); Trotz alledem (82975); Das geht seinen sozialistischen Gang (88224); Hälfte des Lebens (83922); Eins in die Fresse, mein Herzblatt (2 LPs; 88502) Vertreten auf Trikont: Leben, Kämpfen, Solidarisieren (2 LPs; US 12)

Bikel, Theodore gilt als ein Vertreter der internationalen Folklore, trägt seine Lieder in 17 verschiedenen Sprachen vor und ist zwar nie zu einer der dominierenden Persönlichkeiten innerhalb der Folk-Szenerie geworden, aber durch seine ausgesprochene Vielseitigkeit und das breite Spektrum doch ein gefragter Folk-Sänger und Schallplattenkünstler.
Jüdischer Abstammung, wurde er am 2. Mai 1924 in Wien geboren, ging in der Hitler-Ära auf ein Kibbuz nach Palästina und kam 1943 an ein Theater in Tel Aviv. 1946 ging er zum Studium nach London, wo er erstmals in einem Film mitarbeitete («A Streetcar Named Desire»), und ließ sich 1954 in den USA nieder. Im folgenden Jahr begann er neben seiner Bühnenlaufbahn in Musicals wie «Fiddler on the Roof» zunehmend mit einem Programm internationaler Folklore aufzutreten, was ihm von 1958 an die eigene Radiosendung «At Home with Theodore Bikel» einbrachte und auch zu seinen LPs führte, von denen die erste bei Elektra erschien und den bezeichnenden Titel «Folk Songs from Just about Everywhere» trägt. 1960 trat er erstmals auf dem →Newport Folk Festival auf und war drei Jahre später mit Bill Clifton, Clarence Cooper, Eric Darling, →Jean Ritchie, →Pete Seeger, George Wein und Peter Yarrow zusammen Mitglied des Organisationsausschusses bei der ersten Wiederbelebung von Newport. Sein wichtigster Beitrag innerhalb der Folk-Szenerie

Amerikas dürften seine Veröffentlichungen →Jiddischer Lieder sein, die in den Staaten trotz sehr vieler Bürger jüdischer Abstammung zuvor kaum bekannt waren.

● Auf Elektra: The Theodore Bikel Collection (2 LPs, ELK 62007)

Biniou →Dudelsack

Blake, Blind Arthur, gilt als ausgezeichneter Techniker seines Instruments und damit für fast jeden Blues-Gitarristen der dreißiger Jahre als Maßstab und Vorbild. Er dürfte einer der Musiker sein, welche die Gitarre innerhalb der Bluesszenerie von einem reinen Begleitinstrument zu konzertanter Meisterschaft entwickelt haben. Die Technik, die Blake dabei im wesentlichen geprägt hat, genannt die «Rag-Time Gitarre», lebt von einem beständigen Wechselbaß, der mit dem Daumen gespielt wird und eine Übertragung der Baßfiguren vom Piano bedeutet, und von einer stark synkopierten Melodielinie auf den hohen Saiten der Gitarre. Zusammen ergibt das eine swingende, den Tanzrhythmen entsprechende Musik. Zusätzlich schafft Blind Blake durch unerwartete Verzögerungen und Tempowechsel eine große Spannung und Originalität seines Blues. Ende der zwanziger Jahre wurde er zu einem der erfolgreichsten männlichen Schallplattenkünstler.
Seine Lebensgeschichte ist reichlich undurchschaubar und besteht aus Vermutungen, aus den wenigen Informationen, die er seiner Schallplattenfirma zur Verfügung gestellt hat, und den wenigen biographischen Kommentaren auf seinen insgesamt mehr als achtzig Einspielungen. Vermutlich wurde Blake, als dessen richtiger Name Arthur Phelps angegeben wird (er selbst behauptete allerdings, wirklich Blake zu heißen), um 1890 in Tampa oder Jacksonville, Florida, geboren. Der einen Version zufolge kam er blind auf die Welt, während andere wissen wollen, daß er sein Augenlicht erst verlor, als ihm seine eifersüchtige Frau Salzsäure ins Waschwasser schüttete. Gesichert ist, daß er um Georgia herum mit Straßenmusik begann und Anfang der zwanziger Jahre nach Chicago kam. 1926 spielte er seine ersten Aufnahmen für Paramount ein, *Early Morning Blues* und *Blake's Worried Blues*. In den folgenden Jahren entwickelte er eine rege Aufnahmetätigkeit sowohl für eigene Schallplatten als auch bei Sessions für u. a. Ma Rainey und Papa Charlie Jackson. Gelungene Einspielungen kommen aus der Zusammenarbeit mit dem damaligen Banjospezialisten in Chicago, →Gus Cannon («Banjo Joe»), und auf der jazzmusikalischen Seite mit Johnny Dodds (d) und Jimmy Bertrand (Xylophon): *Hot Potatoes*, *South Bound Rag*.
Die Liedtexte Blakes sind, ganz entsprechend seiner voller Unklarheiten steckenden Lebensgeschichte, mit allerlei Merkwürdigkeiten gespickt – vor allem, was Erlebnisse mit dem anderen Geschlecht angeht. So beschreibt er beispielsweise in seinem Blues *That Will Never Happen No More*, wie er nach einem Auftritt von einer Frau mit nach Hause genommen wird, um dort von ihrem Ehemann sogleich mit Küchenmöbeln bombardiert zu werden. – Blind Blake verließ Chicago 1929 und zog eine Zeitlang mit der Show «Happy go Lucky» durch Florida. Er starb vermutlich 1932 in Jacksonville. Eine zweite Version, wonach er erst 1941 bei einem Verkehrsunfall in Chicago umgekommen sei, ist wenig wahrscheinlich, da er ein ausgesprochen gefragter Musiker war und seine letzte

Aufnahmesession (*Night and Day Blues*) Ende 1932 stattfand. – Innerhalb der bundesdeutschen Fingerpicking-Szenerie gelten die Aufnahmen von Blind Blake seit Jahren als Geheimtip, und seine Bluestitel finden sich inzwischen im Repertoire vieler Musiker.

● Auf Biograph: Blind Blake (12003); Blind Blake Vol. 2 (12023); Blind Blake Vol. 3 (12031); Blind Blake Vol. 4 (12037) ... vertreten auf Yazoo: Georgia Blues 1927–33 (L 1012); East Coast Blues 1924–35 (L 1013); Favorite Country Blues Piano – Guitar Duets 1929–37 (L 1015); Guitar Wizards 1926–35 (L 1016) ... vertreten auf Milestone: Ma Rainey (M 47021)

Blockflöte →Flöte

Bluegrass. Schon bei der Definition der Bluegrass-Musik stößt man in der deutschsprachigen Literatur auf erhebliche Widersprüche und Unklarheiten, vor allem was den Ursprung dieser Musik und ihre klassische Instrumentierung angeht. Die Herkunft des Bluegrass läßt sich mit größter Sicherheit auf die Tanzmusik zurückführen, die in den →Appalachen bei Erntefesten und Dorftänzen üblich war, und daher dürfte diese Musik in ihren frühen Formen vor allem von →Fiddle und →Banjo geprägt gewesen sein, denn dies waren die klassischen Instrumente der dörflichen Festmusik bis in unser Jahrhundert hinein. Als die Bezeichnung Bluegrass in den vierziger Jahren populär wurde, waren zu diesen Instrumenten →Mandoline, →Baß und →Gitarre bereits als gleichberechtigte Partner hinzugekommen. 1939 hatte →Bill Monroe den Begriff eingeführt, indem er seine Gruppe BILL MONROE AND HIS BLUEGRASS BOYS nannte, in Anlehnung an seine Heimat, Bluegrass State in Kentucky. Diese Gruppe prägte die «Bluegrass»-Musik in den vierziger Jahren wesentlich. Monroe entwickelte die besondere Technik der stark synkopierten Bluegrass-Mandoline und wurde neben Frank Wakefield und Bobbie Osborne zum wichtigsten Vertreter dieses Instruments. Das Five String Banjo wurde durch eine Erweiterung der Clawhammer-Technik des Old Time Mountain Banjo in vielen Fällen zum dominierenden Instrument und fand seinen Höhepunkt in der Dreifingertechnik von →Earl Scruggs. Die Gitarre trat in den Hintergrund und spielte überwiegend Akkordbegleitung und allenfalls einige wenige melodische Läufe, die bei →Doc Watson oder Lester Flatt zu einer wahrhaften Meisterschaft wurden. Die Fiddle übernahm die Melodieführung und hat ihre größte Persönlichkeit in →Vassar Clements, dem unumstrittenen Nachfolger des berühmten Russell «Chubby» Wise. Der Baß unterstützt den Rhythmus oder übernimmt ihn ganz, wie es bei Junior Huskey besonders eindrucksvoll nachzuvollziehen ist. Der Gesang schließlich lehnt sich an das typisch hohe, nasale Vokalisieren bei den Liedern aus den Appalachen an und entwickelt eine Mehrstimmigkeit, bei der die Tenorstimme die Führung einnimmt.

In den sechziger Jahren zählte der Bluegrass zu einer der beliebtesten Musikformen in den USA, hauptsächlich unter den Studenten auf dem Campus der Universitäten. Er wurde durch immer neue Gruppen zur experimentierfreudigsten Musikrichtung innerhalb der →Country Music und fand im «New Grass», benannt nach der Gruppe NEW GRASS REVIVAL, eine leicht am Rock 'n' Roll orientierte Variante. Bluegrass-Musiker versuchten sich mit neuen Instrumenten wie →Autoharp, →Mundharmonika, Pedal Steel Guitar und →Dobro, von denen sich allerdings nur das letztere durchsetzen konnte und inzwischen seinen Stammplatz im Bluegrass hat. – Auch in der

Bundesrepublik entstanden einige beachtenswerte Bluegrass-Bands, so die inzwischen aufgelöste EDISON WAY aus Frankfurt oder die BACKYARD BUSKIN BAND aus Witten an der Ruhr.

● Auf Rounder/Pläne: Country Cooking (RR 0033); Tony Trischka – Bluegrass (RR 0048); The Early Days of Bluegrass (RR 1013); Joe Val. The New England Bluegrass Boys (RR 0025); Basic Bluegrass (RR 0042); Gid Tanner and his Skillet Lickers (RR 1005); The Fuzzy Mountain String Band (RR 0035); Ledford String Band (RR 0008); Highwoods String Band (RR 0045); Howard Armstrong, Carl Martin and Ted Bogan (RR 2003); Jack Tottle. Black Road Mandolin (RR 0067) ... auf United Artists Records: Will the Circle be Unbroken (3 LPs, UAS 29461 – 3 XE) ... auf Folkways: The New Lost City Ramblers. Instrumentals (FW 2492)

Blues ist der musikalische Ausdruck bei der Suche nach Identität der Schwarzen Nordamerikas, der «wichtigste schöpferische Beitrag» dieser Bevölkerungsgruppe innerhalb der Musikgeschichte, und «alles, was vor und nach der Entstehung des Blues gemacht wurde, wird überstrahlt von diesem großartigen Durchbruch musikalischer Emanzipation» (Ernest Borneman). Dabei ist der Blues einerseits ein ausgesprochen individuelles und persönliches Erlebnis, «ein natürliches Faktum, irgend etwas, das einer lebt» (→Big Bill Broonzy), andererseits eine soziale und politische Kraft im Kampf der Schwarzen um einen gleichberechtigten Platz innerhalb der Bevölkerung Nordamerikas. Er drückt keineswegs nur «die Niedergeschlagenheit darüber aus, abseits zu stehen» (Tony Palmer). Ebenso abhängig von den gesellschaftlichen Bedingungen wie jede andere Musik auch, findet sich im Blues ein Spiegelbild der harten und unmenschlichen Lebensverhältnisse des ländlichen schwarzen Proletariats, von der Sklavenhaltergesellschaft bis hin zur zunehmenden Verelendung nach der «Befreiung» durch den Bürgerkrieg, mit ihrem Höhepunkt in der Depression der dreißiger Jahre. Der Blues zeigt in seiner Entwicklung das wachsende und gestärkte Selbstbewußtsein der Schwarzen und wird nach Borneman «Ausdruck und Werkzeug eines kolossalen Befreiungsaktes». Nicht im Widerspruch dazu steht der überragende Unterhaltungscharakter des Blues als Vergnügungs- und Tanzmusik bei Festen, Familienfeiern und Parties, wo er seine Lebendigkeit durch Witz und Lebensfreude zeigt.

Die übliche musikalische Definition des Blues als ein streng schematisches, zwölftaktiges Gebilde, unterteilt in drei Viertaktgruppen, wobei die zweite Gruppe eine Wiederholung der ersten ist und die dritte eine antwortende Figur (A A B), trifft zwar auf den größten Teil der heute geläufigen Titel zu, ist aber nichts Typisches, da es unzählige andere Formen mit Variationen und Abwandlungen gibt. Ebenso verhält es sich mit der für den Blues als wesentlich genannten «Blue Note», welche nach der traditionellen Musiklehre eine Intonation zwischen einem erniedrigten und einem natürlichen Ton innerhalb der Tonleiter ist und sich als Phänomen nach den herkömmlichen Gesetzmäßigkeiten nur unzulänglich beschreiben läßt. Sicher ist, daß durch diesen «falschen» Ton ein für europäische Ohren ungewohnter und fremdartiger Klang entsteht, der als Klage und Trauer mißverstanden wird, aber vor dem afrikanischen Hintergrund wesentlich mehr emotionale Komponenten wie Erregung, Ergriffenheit und Freude beinhaltet.

Als Ausgangspunkt für den Blues gelten in musikalischer Hinsicht die verschiedenen Formen des Gesangs der afro-amerikanischen Sklaven. So die religiösen Lieder (→Spiritual) und der Field Holler, vermutlich die «ursprünglichste Form des Blues» (Manfred Miller), der sich im Verlauf der Entwicklung von einem kommunikativen Rufen zu einem introvertierten Gesang eines Einzelnen bei der Feldarbeit verändert hat. Wichtig sind das Ruf- und Antwort-Schema (Call and Response, manchmal auch Ring and Shout bezeichnet) und allgemein die Grundzüge der Worksongs, bei denen das Lied funktional die jeweilige Tätigkeit unterstützt.

Eine der wichtigsten Voraussetzungen, um den Blues entstehen zu lassen, war die Veränderung der ökonomischen Bedingungen durch den Bürgerkrieg, der zur Folge hatte, daß die Schwarzen frei, aber gezwungen waren, «gleich allen anderen Armen dieses Landes in den wütenden Kampf um ökonomische Sicherheit einzusteigen» (Le Roi Jones). In der Regel als Sharecropper (Teilpächter) auf fremdem Besitz beschäftigt, aber nicht mehr ortsgebunden, entwickelte die schwarze Bevölkerung die nötige Mobilität, um den Prozeß der Akkulturation, den Austausch und die Vermischung regionaler Eigenheiten ihrer Musik in Gang zu setzen. Zusätzlich verbunden mit Elementen der Volksmusik des weißen Proletariats wurde der Blues das für alle Schwarzen verständliche Kommunikationsmittel.

«Bunk Johnson hat es mir auch erzählt / Dieser alte Jim Crow ist tot, was ein Glück für uns / Ich bin von einer Küste zur anderen gefahren / Überall wo ich war hab ich irgendeinen Jim Crow gefunden» (*Jim Crow Blues*, →Huddie Ledbetter. Jim Crow ist das Synonym für den rassistischen Weißen.)

Eines der Phänomene in der frühen Entwicklung ist die Übernahme der Gitarre in die schwarze Musik und umgekehrt die Entwicklung des Banjo zu einem wesentlichen Bestandteil der weißen Volksmusik. Möglicherweise schien die Gitarre geeigneter bei der Umwandlung der Ruf- und Antwort-Formel einer Gruppe hin zum Ausdruck einer individuellen Persönlichkeit, die als Solointerpret ihre eigenen Lebensverhältnisse darstellt. Wie gründlich dieser Austausch stattfand zeigt, daß es bei den unzähligen Einspielungen der zwanziger Jahre nur zwei schwarze Banjo-Vertreter gab – →Gus Cannon («Banjo Joe») und Papa Charlie Jackson.

In der Regel wird der Beginn der Bluesgeschichte unsinnigerweise mit einer Komposition aus dem Jahre 1909 verbunden, welche W. C. Handy, der sich selber als «Father of Blues» bezeichnet, 1912 unter dem Titel *Memphis Blues* veröffentlichte. Zu dieser Zeit war der Blues längst ein Bestandteil der schwarzen Volksmusik, hatte in Texas seine erste große Persönlichkeit →Blind Lemon Jefferson hervorgebracht, und im →Mississippi Delta, hinlänglich als Geburtsort des Blues genannt, gab es Musiker wie →Charley Patton und Tommy Johnson. Innerhalb der städtischen Entwicklung, in «Vaudeville» und sonstiger Vergnügungsatmosphäre, hatte der Blues zur Entstehung des Jazz beigetragen.

Das Mississippi Delta, welches mit der kräftigen und urwüchsigen →Bottleneck-Technik in Verbindung gebracht wird, gilt als Ort des aggressivsten und ausdrucksstärksten Blues. Hier entsteht über →Son House, →Robert Johnson und →Bukka White der Vorläufer des →Chicago Blues, eine der späteren Stilrichtungen des →Rhythm & Blues, ebenso wie wesentliche Elemente für den →Folk Blues durch →Mississippi John Hurt und →Skip James geprägt werden. Die texanischen Besonderheiten, vertreten durch →Blind Lemon Jefferson, →Texas «Alger» Alexander und später →Lightnin' Hopkins, erweitert um Pianisten wie →Champion Jack Dupree, Piano Red und →Blind John Davis, ergeben mit den Musikern aus dem Delta zusammen in etwa die Bandbreite der Bluesarten, die konserviert worden sind.

1920 setzte die industrielle Verwertung der Musik ein, bei welcher der Blues weniger als die Country Music ein Opfer dieser Verwertung wurde und bis auf Abstriche eine ungemeine Kreativität entfalten konnte. In der ersten Phase dominierten, nachdem Mamie Smith 1920 den ersten «Blues» eingespielt hatte, die Bluessängerinnen. Bessie Smith, Ida Cox und Ma Rainey, um die bekanntesten zu nennen, spielten dabei eine ausgesprochen ausgefeilte Form des Blues, die aus ihrer professionellen Erfahrung im «Vaudeville» und anderem Theater stammte. Erst ab Mitte der zwanziger Jahre unternahmen die Schallplattengesellschaften auch verstärkt Versuche mit männlichen Interpreten, die jedoch einige Zeit brauchten, um die weibliche «Vorherrschaft» auf dem →Race Records-Markt einzuholen. 1930 hatten sich die Bluesmen, hauptsächlich durch →Blind Lemon Jefferson, aber auch Papa Charley Jackson, →Blind Blake, →Gus Cannon («Banjo Joe») u. a. durchgesetzt. Unterbrochen von der wirtschaftlichen Depression, nach der sich wenige schwarze Musiker wieder zu Aufnahmesessions einfanden, →Blind Willie McTell, →Big Bill Broonzy als Beispiele, entwickelten sich in den Jahren darauf die konservierten Formen des →Country Blues und des Folk Blues, ebenso wie die rauhe und urwüchsige Interpretation aus dem Mississippi-Delta, die ihren ersten Höhepunkt in →Robert Johnson hatte. Von besonderer Bedeutung war der fließende Übergang von sogenannten «Feldaufnahmen» mit transportablen Geräten zur Studioproduktion mit verbesserter technischer Qualität und dem nötigen Professionalismus, um einen «salonfähigen», perfektionistischen Blues entstehen zu lassen. Dies zeigt sich zunächst im Folk Blues, welcher die deutlichste Verbindung zwischen den afro-amerikanischen Ursprüngen und der europäischen Musiktradition zu sein scheint und zu dieser Zeit eine breit gefächerte Szenerie hatte. →Blind Boy Fuller, →Brownie McGhee, →Sonny Terry, →Reverend Gary Davis, →Big Bill Broonzy u. v. a.

In den vierziger Jahren entwickelte sich in Chicago, bedingt auch durch die Elektrifizierung der Instrumente, eine Musiklandschaft, die im wesentlichen geprägt war von musikalischer Experimentierfreudigkeit und einen ausgesprochen expressiven Bluesstil entstehen ließ, zu deren herausragenden Vertretern Persönlichkeiten wie Muddy Waters, →Jimmy Rogers, Elmore James, →John Lee Hooker zählen, welche der Inbegriff für den Rhythm & Blues wurden.

Unabhängig davon, aber nicht im Widerspruch dazu, entstand in New York zu dieser Zeit, zunächst unter dem Einfluß von →Leadbelly, eine wesentlich mehr direkt politische Szene, die sich, vertreten von Brownie McGhee, Sonny Terry und →Josh White, mit weißen, gewerkschaftlich orientierten Volksmusikern wie →Pete Seeger und →Woody Guthrie verbündete und mit dem Folk Blues einen sehr starken Einfluß auf die weiße Volksmusik ausübte, was sich im →Folk Revival nachhaltig niederschlug. Im Revival erlebte der Blues eine Wiederentdek-

kung durch Forschung und Wissenschaft.
→Alan Lomax hatte sich schon in den zwanziger Jahren auf die Spuren der Ursprünge dieses Ausdrucks der Schwarzen begeben, und es entstand eine intensive Bluesforschung, die allerdings zu ausgesprochen unterschiedlichen Ergebnissen und Bewertungen führte, als Beispiel Paul Oliver und Samuel Charters, um nur die populärsten zu nennen, und hierzulande Jahnheinz Jahn und Manfred Miller im Vergleich. Diese Arbeiten brachten längst vergessene Veteranen zurück auf die Bühne, welche ein musikalisches Zeugnis der Blues History geben konnten, wie 1964 auf dem Newport Folk Festival, →Sleepy John Estes, Robert Pete Williams, Mississippi John Hurt, Reverend Robert Wilkins und →Skip James. Um diese Zeit wurde die Musik der Schwarzen mit ihren verschiedenen Interpretationsformen auch in Europa bekannter, unterstützt durch das →American Folk Blues Festival, das jährlich eine Reihe authentischer Bluesmusiker zu einer längeren Konzertreise durch den Kontinent und England zusammenbrachte, sich im wesentlichen aber auf Rhythm & Bluesleute beschränkte und dadurch ein verhältnismäßig einseitiges Bild dieser Musik lieferte. Dieses wurde von europäischen Musikern aufgegriffen, Alexis Korner, John Mayall und →*Das Dritte Ohr* und Jim Kaho Group, die bedeutendsten Formationen hierzulande.
Das verstärkte Interesse an der schwarzen amerikanischen Volksmusik zeigte sich im Erscheinen einer deutschsprachigen Fachzeitschrift, «Blues Notes», die herausgegeben von Günther W. Trübswasser, Linz, Österreich, seit 1970 erscheint, und in der Gründung des «German Blues Circle», ein Zusammenschluß der Bluesinteressierten in der BRD, die ein monatlich erscheinendes, sehr informatives «Info» herausgeben. Aus der Unzahl an Literatur ließen sich besonders hervorheben: Le Roi Jones, «Blues People» (auch in deutscher Sprache beim Buchdienst Darmstadt erschienen); Samuel Charters, «The Bluesmen» (Oak Publications); Peter Guralnik, «Feel like going home» (Omnibus Press); Mike Leadbitter «Nothing but the Blues» (Oak Publications, eine interessante Sammlung von Einzelberichten und Interviews). Als Schallplattensammlung ist ein Paket von 10 LPs und einer Doppel-LP, erschienen bei Teldec 1979, allein schon wegen der ausgezeichneten Beihefte, ediert von Manfred Miller, besonders empfehlenswert.

● Auf Teldec: Give Me the Blues (2 LPs, 28 470); Blues Roots Vol 1–10 (23700–23709) ... auf Intercord: The Blues Vol 1 und 2 (INT 158 600/01) ... auf Folkways: The Country Blues Vol 1 und 2 (RF 1/9); Blues Rediscoveries (RF 11); Blues Roots (RF 13, 14, 15, 16, 20); The Rural Blues (RF 202); Jazz Vol 1–2 (FJ 2801/02) ... auf Albatros: Blues Anthologie Vol 1–3 (Alba 8187–89)

Bodhran, die irische Handtrommel, die inzwischen ein rhythmischer Bestandteil bretonischer, schottischer u.a. Folk-Gruppen geworden ist, wird mit einem zweiendigen Holzschläger oder Knochen gespielt, der locker aus dem Handgelenk auf das tambourinähnliche Fell geschlagen wird.

Bombarde, eine bretonische Schalmeienart, ist ein Holzblasinstrument mit einem Doppelrohrblatt, ein Vorläufer der Oboe, hat in der Regel sechs Löcher und wird in der →bretonischen Folklore als Partner des →Dudelsack eingesetzt. Trotz ihres kleinen Formats erreicht sie ein beachtliches Volumen und steht somit der Kraft der

Sackpfeife in keiner Weise nach. Ihr Einsatz gleicht dabei der besonderen Gesangsart aus der Bretagne, dem Kan ha diskan. – Ähnliche Schalmeien finden sich in fast jeder Volkskultur, so die Zurla (Jugoslawien), Tiple (Spanien), Piffaro (Italien), Sona (China), Alghita (Nigeria), Zurna (Türkei) und Bomhart und Pommer aus Deutschland.

□ Jean L'tte Gonach: École de Bombarde (Éditions BAS)

Bongo →Percussion

Born, Ernst. Der Basler Liedermacher «Aernschd» Born ist der exponierteste Vertreter der Mundartlieder der nördlichen Schweiz. Er gilt als einer der glaubwürdigsten und konsequentesten Vertreter des politischen Liedes. Besonders verbunden mit dem regionalen Widerstand gegen das Atomkraftwerk Kaiseraugst wurde seine textliche Arbeit im wesentlichen von diesen Auseinandersetzungen geprägt, die er als Betroffener mit aller Konsequenz unterstützte (*Ballade von Kaiseraugst*). Wie die Ballade →*Victor Jara* zeigt, bleibt Born in seinen politischen Überlegungen aber nicht im regionalen Kampf stehen, sondern liefert ebenso Beschreibungen und Analysen über die Region hinaus.
Ernst Born wurde am 11. Dezember 1949 in Zürich geboren, kam nach Basel, absolvierte eine Ausbildung als Reproduktionsfotograf und begann Ende der sechziger Jahre Lieder zu verfassen. 1968 erschien seine erste LP «Glych, wie-n-e Blatt» bei Duraphon, weitere Alben wie «ChanSongs, unbequemi Lieder, Gedanggeliedli» und «D'Ballade vo dr. Münschterfähri» folgten. Das Sammelalbum «68–78, Querschnitt» vermittelt einen repräsentativen Überblick seines Schaffens.

● Auf Duraphon: Glych, wie-n-e Blatt (ST HD 209); ChanSongs (ST HD 212); d'Ballade vo dr Münschterfähri (ST HD 228); Äntlig e Lied (ST HD 251); Supermärkt (ST HD 278); 68–78 Querschnitt (ST HD 310) ... vertreten auf Eurofolk: Live-Mitschnitt des 5. Song-Lied-Chanson-Festival, Ingelheim 1976

Bothy Band. Die Bothy Band, deren Mitglieder «alle eindrucksvolle Solointerpreten sind, die durch ihr Zusammentreffen den aufregendsten Sound der zeitgenössischen Folk Music geschaffen haben» (The Times), zählt zu den führenden und bestimmenden Gruppen der zweiten Hälfte der siebziger Jahre innerhalb der nicht rein traditionellen Szene Irlands. Ihr musikalisches Konzept, folkloristisches Material mit Rock- und Jazzelementen zu koppeln, ohne dadurch den ursprünglichen Charakter zu zerstören, hat ihnen internationale Anerkennung gebracht sowie die Bewertung, das Erbe der legendären →Planxty-Formation folgerichtig und weiterführend übernommen zu haben. Die Standardbesetzung der Bothy Band ergab sich aus der geschichtsbewußten Gruppe «1691» – 1691 war das Jahr der Schlacht von Aughrim, ein wichtiges Datum im Widerstand gegen englische Vorherrschaft, das bis auf den heutigen Tag jedes Jahr am 12. Juli zu Manifestationen für eine vereinigte irische Republik führt.) In der Gruppe «1691» spielten seit 1973 drei spätere Mitglieder der Bothy Band, die 1975 gegründet wurde, zusammen. Sie hatte in der Regel folgende Musiker: Donal Lunny (bouzouki), geb. 1947 in Tullamore, County Offaly, einer der führenden Musiker der Dubliner Szene, der über Gruppen wie Rakes of Kildare, Emmet Spieceland und Wee Four auch Gründungsmitglied von Planxty und eines der ständigen Mitglieder der Bothy Band war. Matt Molloy (fl, whistle), geb. 1947 in Ballaghaderreen, County Roscommon, ist als Flötist von den großen irischen Meistern →Seamus Ennis und Willie Clancy beeinflußt und zählt heute zu den führenden Persönlichkeiten auf diesem Instrument; in der Gruppe «1691» hatte er bereits mit der renommierten irischen Sängerin Triona ni Domhnaile (clavicord, harmonium, voc), geb. 1953 in Dublin, zusammengearbeitet. Trionas Bruder Michael O Domhnaill (g, voc), geb. 1951 in Dublin, und Paddy Keenan (uillean pipes), geb. 1950 in Trim, County Meath, vervollständigten die Stammbesetzung, in der die Bothy Band 1975 ihr erstes Album «The Bothy Band» einspielte. Als Gastmusiker waren auf dieser Platte Paddy Glackin (f) und Tony McMahon (acc) vertreten.

In den folgenden Jahren absolvierte die Gruppe erfolgreiche Tourneen durch Europa und die USA, wobei sie zeitweilig von Fiddler Tommy Peoples verstärkt wurden. An Peoples' Stelle trat 1976 der Fiddler Kevin Burke, was auf eine stärkere Hinwendung zur eigenen Tradition, der Musik aus dem County Sligo, hindeutet. Diese Konzeption schlägt sich deutlich auf dem dritten Album der Gruppe nieder, «Out of the Wind – Into the Sun». 1977 beschlossen die Musiker der Bothy Band, nur noch auf Tourneen und für besondere Anlässe als feste Formation aufzutreten, um so mehr Möglichkeiten für Soloauftritte und Konzerte mit anderen Musikern zu haben.

● Auf Mulligan: Bothy Band 1975 LUN 001); Old Hag You Have Killed Me (LUN 007); Out of the Wind – Into the Sun (LUN 013); After Hours – Live in Paris (LUN 030) ... Matt Molloy mit Donal Lunny: Matt Molloy (LUN 004) ... Mick Hanly mit Donal Lunny: A Kiss in the Morning Early (LUN 005) ... Liam Weldon mit Donal Lunny: Dark Horse on the Wind (LUN 006) ... Matt Molloy, Paul Brady und Tommy Peoples: Molloy, Brady & Peoples (LUN 017) ... Kevin Burke & Michael O'Domhnaill: Promenade (LUN 028)

Bottleneck (Slide Guitar) ist eine Gitarrenspielart des ländlichen →Blues, bei welcher die Gitarre in der Regel offen (auf einen Akkord) gestimmt wird. Ursprünglich wurde ein abgebrochener Flaschenhals (Bottleneck) über den kleinen Finger gestülpt, der an den Saiten entlangglitt, wodurch sich fließende Glissandi ergaben. Metallröhrchen oder Lippenstifthülsen erfüllen denselben Zweck, und einige Spezialisten schwören auf Rasier- oder Taschenmesser oder auf eine kleine Apothekerflasche, die einen weicheren Klang ergibt.

Zu den wichtigsten Vertretern zählten Blues Musiker aus dem →Mississippi-Delta wie →Son House oder →Robert Johnson. Die Spielweise fand ihre Fortsetzung in der →Chicago Bluesszenerie durch Elmore James und Muddy Waters und wurde später von Rock-Interpreten aufgegriffen (Ry Cooder, Rolling Stones). Als Bottleneck-Gitarren dienen am häufigsten Dobro- oder National Steel Guitars, oft auch die Pedal Steel Guitar, die vorwiegend in der Country Music der Weißen eingesetzt wird.

Bouzouki. Das griechische Instrument aus der Lautenfamilie, das mit der →Mandoline verwandt ist, hat wie diese eine Bespannung von vier Doppelsaiten und einen bauchigen Korpus. Außer der bekannten Bouzouki mit langem Hals und meist 26 Bünden findet sich noch eine kurzhalsige Baßvariante. Die Bouzouki wird kaum als Soloinstrument gespielt, sondern meist in einem Ensemble, zum Beispiel in der Musik von →Mikis Theodorakis und Manos Hadjidakis. Inzwischen ist das Instrument Bestandteil verschiedener irischer und schottischer Gruppen und wird ebenso von neueren Folk-Formationen hierzulande eingesetzt.

● Auf Melodisc: Les Bouzoukis de Mikis Theodorakis (MLP BS 202)

Boyd, Eddie, eine der Größen des Rhythm & Blues in Chicago, wurde am 5. November 1914 in Clarksdale, Mississippi, geboren. Er wurde von der Musik von Roosevelt Sykes und Leroy Carr begeistert und begann Piano zu spielen. 1932 beschloß er, professionell Musik zu machen und trat in Clarksdale in einer Barrel House Show (»The Hoskins Junk») als Pianist und Sänger auf. 1936 zog er nach Memphis, wo er auf Eddie Child und Memphis Slim traf und seine eigene Band gründete. Mit dieser Gruppe trat er bis 1941 auf, zog dann nach Chicago, gründete eine neue Formation und hatte am 3. 4. 1947 mit der J. T. Browns Boogie Band seine erste Aufnahmesession für Victor. Außer auf seinen wenigen Einspielungen für Victor ist er bei Aufnahmen von →Sonny Boy Williamson Nr. 2, Big Macoo Merryweather und Jazz Gillum zu hören. 1952 wurde Boyd von Chess unter Vertrag genommen und spielte bis 1957 eine große Anzahl seiner bekanntesten Nummern ein (*24 Hours, I Got a Woman*). 1965 war er erstmals auf dem →American Folk Blues Festival auch in Europa zu hören. 1967 ließ Boyd sich für kurze Zeit in Belgien nieder, dann in Frankreich, anschließend in England. Er wirkte an der zweiten LP von Fleetwood Mac mit (1968) und begann, regelmäßig durch Europa zu touren. Heute lebt Eddie Boyd in Helsinki, Finnland.

● Auf Jefferson: Vacation from the Blues (Jefferson 601) ... vertreten auf Fontana: American Folk Blues Festival 1965 (885422 TY) ... auf Teldec/Red Lightnin: Bea & Baby Vol. 2 – Hits That Missed (RL 0020); Bea & Baby Vol. 3 – Trying to Make a Living (RL 0021) ... auf Flyright: Blues Southside Chicago (521); Blues from the Windy City (4713) ... auf Blues Classics: Chicago Blues – The Early 1950's (BC 8) ... auf Bellaphon: Blues Selection Vol. 3 (2 LPs, BBS 2549)

Boys of the Lough, die Gruppe, die schottische und irische Tänze und Lieder mit Besonderheiten der Insel Shetland verbindet, besteht aus den denkbar besten Instrumentalisten dieser Regionen. Auf internationaler Ebene zählt die Formation zu den bekanntesten Vertretern ihres Genres, und ihre Reputation als virtuose Vertreter traditioneller Musik ist gleichrangig mit ihren einfallsreichen Bearbeitungen. Das besondere ist die Zusammensetzung aus Individualisten, welche die jeweiligen regionalen Besonderheiten ihrer unterschiedlichen Herkunft meisterlich beherrschen und in der Zusammenführung und Vermischung dieser Traditionen ihre eigentliche Qualität beweisen. In diesem Sinne ist die Bezeichnung «keltische» Gruppe für die Boys of the Lough besonders zutreffend.

Die Entstehung der Boys of the Lough ergab sich aus der Zusammenarbeit von Robin Morton (concertina, bodhran, voc) und Cathal McConnell (fl, whistle, voc); letzterer war bereits 1962 All-Ireland Champion der Querflöte und der Tin Whistle gewesen und kann in seiner Familie die Tradition dieser Instrumente über vier Generationen zurück verfolgen. Morton und McConnell spielten seit 1968 in einer offenen Gruppe zusammen und 1970 ihr erstes eigenes Album ein, «An Irish Jubilee». Anfang der siebziger Jahre schloß sich zunächst Aly Bain (f) an, der bei dem Experten für traditionelle Musik in Shetland, Tom Anderson, gelernt hatte. Die erste Forma-

Die Boys of the Lough in ihrer Besetzung von 1979: Dave Richardson, Aly Bain, Cathal McConnell, Tich Richardson (v. l. n. r.).

tion der Boys of the Lough war 1973 komplett, nachdem sich noch →Dick Gaughan, Schottlands dominierender Gitarrist neben Archie Fisher, einstellte, und im selben Jahr erschien das erste Album bei Leader, «Boys of the Lough», welches ein sensationeller Erfolg in der Folk-Szene wurde. Kurz darauf verließ Dick Gaughan die Gruppe, und die vorläufig endgültige Besetzung entstand, als Dave Richardson (bouzouki, concertina, mandolin, tbj) aus Wallsend-on-Tyne, aufgewachsen in der Tradition der Musik aus Northumbrian, sich dazugesellte. Das erste Album in dieser Besetzung erschien 1974, «Second Album». Bis 1979 blieben die Boys of the Lough unverändert zusammen und spielten eine Reihe LPs ein, darunter das Session-Album «Good Friends, Good Music» (1977), an dem eine große Anzahl Musikerpersönlichkeiten wie Barney McKenna, Tom Anderson, Pat Hanly und Willie Johnson beteiligt waren und das einen Höhepunkt in der Geschichte der musikalischen schottisch-irischen Zusammenarbeit bildet. Die Formation ist mehrfach in der BRD zu hören gewesen und hat auch hierzulande einen entsprechenden guten Namen. In den Vereinigten Staaten ist sie zum Qualitätsbegriff für Folk Music von den Britischen Inseln geworden.

1979 verließ Robin Morton die Boys, und der Bruder von Daye Richardson, Tich Richardson (g, bouzouki), erweiterte die musikalischen Möglichkeiten, indem er die bisher fehlende Gitarre einbrachte, die er aus der Zusammenarbeit mit dem Gitarristen aus Shetland, Willie Johnson, meisterlich beherrscht. Diese neuen Aspekte zeigen sich auf der bislang letzten LP «Regrouped» (1979), bei der die Boys of the Lough ihrem großen Namen wieder voll gerecht werden.

● Auf Trailer: The Boys of the Lough (LER 2086); Second Album (LER 2090) ... auf Transatlantic: Recorded Live (TRA 296); Lochaber No More (TRA 311); The Piper's Broken Finger (TRA 311); Good Friends – Good Music (TRA 354) ... auf Topic: Regrouped (12 TS 409) ... Aly Bain auf Trailer: Aly Bain/Mike Whellans (LER 2022); auf Leader: Shetland Fiddlers (LED 2052); auf Topic: The Silver Bow 12 TS 281); Cathal McConnell auf Topic: On Lough Erne's Shore (12 TS 377); mit Robin Morton: An Irish Jubilee (12 TS 90) ... Dave Richardson auf Topic: Concertina Workshop (mit Alistair Anderson (12 TFRS 501); des weiteren →Dick Gaughan

Brady, Paul, «ein Talent mit Widersprüchen» (Karl Dallas), ist eine der einflußreichsten Persönlichkeiten der neueren irischen Folk-Szene und war maßgeblich daran beteiligt, die Gitarre, welche nicht zu den traditionellen irischen Instrumenten zählt, innerhalb dieser Szene zu etablieren. Von einigen als «Martin Carthy der grünen Insel» bezeichnet, ist er eine der schöpferischen Kräfte, die der lebendigen irischen Tradition zeitgenössische Interpretationen und neue Lieder hinzufügen, ohne den traditionellen Hintergrund zu verleugnen. Seine Stellung gegenüber der →Comhaltas Ceoltoiri Eireann (Vereinigung für traditionelle irische Musik) – «ich bin die ganze traditionelle Szene hier ziemlich leid» (Brady) – zeigt dabei sein musikalisches Selbstverständnis in besonders deutlicher Weise. Dieser Ausgangspunkt entspricht ganz den Vorstellungen von →Pete Seeger über den Folk Process und ist Grundlage für eine Strömung innerhalb der irischen Folk Music, die dafür zuständig ist, daß diese Musik über einen kleinen Kreis hinaus bekannt geworden ist. Paul Brady wurde 1942 in Strabane, County Tyrone geboren, kam 1964 zum Studium an die Universität in Dublin und schloß sich dort einer der zahllosen Rockgruppen als Organist und E-Gitarrist an. Nachdem er Mick Molony kennengelernt hatte, entstand sein Interesse an traditioneller Musik, er tauschte seine Elektrogitarre gegen eine akustische und schloß sich 1965 den heute bereits legendären Johnstons an, denen eine für die neue irische Szene bahnbrechende Funktion zugesprochen wird. 1968 nahm er mit Mick Molony sowie Luci und Adrienne Johnston in London für Transatlantic ein von Kritikern als «epochemachend» bezeichnetes Album «The Johnstons» auf und war an insgesamt sieben weiteren LPs der Johnstons beteiligt, bevor er die Gruppe 1974 verließ. Sein Anschluß an →Planxty, mit Liam O Flynn, →Andy Irvine und Johnny Moynihan folgte, was von einigen mit Verwunderung betrachtet wurde, da Planxty wesentlich mehr nach traditionellen Gesichtspunkten arbeitete als die Johnstons in ihrer letzten Phase. Nach der Auflösung der Gruppe spielte er ab Dezember 1975 weiter zusammen mit Andy Irvine. Das Duo wurde auch auf internationaler Ebene ausgesprochen populär und spielte für Mulligan die LP «Andy Irvine & Paul Brady» ein. Seit 1978 ist Paul Brady als Solointerpret unterwegs, hat zunehmend begonnen, eigene Lieder zu schreiben und spielte im selben Jahr sein erstes Solo-Album «Welcome Here Kind Stranger» ein, bei welchem er von Tommy Peoples (f), Andy Irvine (hurdy gurdy, mandolin, harm), Noel Hill (concertina) und Donal Lunny (bouzouki, bass-bouzouki) unterstützt wurde.

Erwähnenswert ist noch seine Interpretation von *Arthur McBride*, die an Intensität kaum zu überbieten und einer der Höhepunkte im musikalischen Schaffen von Paul Brady ist.

● Auf Mulligan: Andy Irvine & Paul Brady (LUN 008); Welcome Here Kind Stranger (LUN 024) ... auf Shanachie mit Tommy Peoples: The High Part of the Road (29003); mit Andy McGann und Paddy Reynolds: Traditional Music of Ireland (29004); mit John Vesey: Fiddle & Guitar (29006); mit Andy McGann: 'T Is a Hard Road to Travel (29009) ... des weiteren →Planxty

Brassens, Georges, gilt als Meister des zeitgenössischen →Chansons und ist in seiner Bedeutung nur noch vergleichbar mit Aristide Bruant und Félix Leclerc. Er hat nicht nur in seiner sprachlichen Heimat den größtmöglichen Einfluß auf diese Liedform, sondern hat auch Liedermacher wie →Franz Josef Degenhardt, →Hannes Wader oder →Walter Moßmann berührt. «Der Anarchist Brassens» (Felix Schmidt), der in Frankreich zu einer Institution geworden ist, ohne sich durch seinen Ruhm korrumpieren zu lassen, gibt in seinen Liedern Lobgesänge auf den Individualismus und verspottet Uniformen und Spießbürgertum ebenso, wie er liebevoll die Welt der Säufer, Huren und Nonkonformisten beschreibt und zu seiner eigenen erklärt.

Georges Brassens, durch den «das französische Publikum zur Poesie zurückgefunden» hat (Kontraste 1968), wurde am 22. Oktober 1921 in Sète, Südfrankreich, als Sohn eines Maurers geboren. Er brach eine Schornsteinfegerlehre ab, um Journalist in Paris zu werden. Ende der vierziger Jahre kam es zu ersten Auftritten in einem Cabaret am Montmartre, und 1951 hatte er sein Schallplattendebüt. Sein schneller Ruhm ergab sich durch ein Lied, das nicht im Rundfunk gesendet werden durfte. Eine ungewöhnlich erfolgreiche Schallplattenkarriere begann, und bis 1968 hatte er mehr als 15 Millionen verkaufte Exemplare – ein erstaunlicher Tatbestand bei der Radikalität seiner Texte. 1957 wurde Brassens durch den Film «Die Mausefalle» auch hierzulande bekannt, und seine Schallplatten wurden in der Bundesrepublik zunehmend gefragt. 1967 erhielt er den Poesie-Preis der Académie Française. Der nierenkranke Brassens, der bereits 1955 sein Testament besungen hat, war auch in den siebziger Jahren noch ein fleißiger Komponist und Texter. Ein Überblick über sein Schaffen findet sich auf vier Kassetten zu je drei LPs, die bei Philips erschienen sind, aufgeteilt in die Abschnitte 1952 bis 1956, 1956 bis 1961, 1961 bis 1966 und 1966 bis 1976.

● Auf Philips: Chansons de 1952 à 1956, 1956 à 1961, 1961 à 1966, 1966 à 1976 (jeweils 3 LPs, 6641 956–959); Georges Brassens Par Excellence (2 LPs, C-72-CX-253)

Bretonische Folk Music. In den siebziger Jahren hielten das neue bretonische Lied und die vielfältigen Tänze aus der Bretagne Einzug auch in unsere Folk-Landschaft und machten mit ihren instrumentalen Besonderheiten und den qualifizierten Musikern wahre Siegeszüge durch Westeuropa. Auf der nordwestlichen Halbinsel Frankreichs, deren keltische Bewohner den Walisern sehr nahe stehen, gilt die Musik als der stärkste Ausdruck einer von Frankreich unabhängigen Kultur und symbolisiert die Bestrebungen nach Selbstverwaltung und Befreiung von der französischen Vorherrschaft durch die Hauptstadt Paris. Aus diesem Grunde ist es nötig, hier einige Informationen über die Geschichte der Bretagne zu geben – die bretonischen Barden sind ausgesprochen geschichtsbewußt und ihre Texte und die Musik sind davon bestimmt. Wie bei ähnlichen europäischen Minderheiten, so etwa im Elsaß oder in Occitanien, ist die eigene Tradition und Kultur einer ständigen Bedrohung ausgeliefert, die sich vor allem auf die Sprache, aber sogar auch auf traditionelle Instrumente und Tänze auswirkt. Immerhin sprechen in der Basse Bretagne über eine Million Menschen noch ihre ureigene bretonische Sprache, und auch die vielen französisch textenden Sänger dort werden zunehmend von bretonischen abgelöst oder lernen ihre Sprache wieder. Da es sich zu alledem bei den führenden Musikern um ausgesprochen experimentierfreudige Persönlichkeiten handelt, wird aus dieser traditionalistischen Bewegung eine aufregende Verbindung zwischen zeitgenössischen Elementen und der eigenen Vergangenheit.

Vom 6. bis zum 11. Jahrhundert bestanden unabhängige Fürstentümer auf der Halbinsel, die sich jeweils bei Auseinandersetzungen mit den Franzosen einigten. 845 wurden die Bretonen nach der Schlacht bei Ballon von zwanzigjähriger Vorherrschaft durch die Franzosen für längere Zeit befreit, und es begann eine Zeit der kulturellen Blüte. Jene Schlacht wird ebenso wie die anschließende «goldene Zeit der Bretagne» in vielen Liedern heutzutage besungen. Auch hatte die keltische →Harfe zu dieser Zeit ihren Höhepunkt, sollte aber im folgenden Jahrhundert gänzlich verschwinden, und es mußte 1953 werden, bis →Alan Stivell, damals noch Alan Cochvelou, dieses Instrument wieder vorstellte. 1158 wurde die Bretagne von den Engländern besetzt, und nach einer unsicheren unabhängigen Zeit wurde die Bretagne 1532 endgültig mit Frankreich vereinigt.

Diese wechselvolle Geschichte ist ein großer Bestandteil der neueren bretonischen Lieder, die von den Barden, die immer eine wichtige Funktion in der Geschichte hatten und besonders geachtet wurden, vorgetragen werden. So wie früher Gesang und Tanz Ausdruck des Zusammengehörens einer kleinen Dorfgemeinschaft waren, wird im → Folk Revival die Volksmusik Ausdruck der Zusammengehörigkeit aller Bretonen und eine große einigende Kraft. Der Ausgangspunkt für das Revival liegt folgerichtig in der Basse Bretagne, wo sich Sprache und Kultur am stärksten erhalten haben. Hier finden sich auch die Meister des «Kan ha Diskan», der traditionellen Gesangstechnik, deren Ausgangspunkt ein abgewandeltes Ruf-und-Antwort-Schema ist. So singt der «Kaner» den ersten Satz eines Liedes, der «Diskaner» löst ihn ab, singt das Ende des Satzes, beginnt einen neuen, der wiederum vom Kaner aufgegriffen wird u. s. w. Diese Technik bewirkt ein bemerkenswertes Volumen und birgt in sich die Möglichkeit, gegen die überaus lauten Instrumente der Bretagne anzukommen und endlose Lieder durchzustehen. Auf den Festou Noz, den Nachtfesten, entstand im Revival eine Blüte dieser Gesangsform; die Brüder Morvan und die Schwestern Goadec sind die bekanntesten Vertreter.

Eine wichtige Station war die Gründung einer Organisation, die 1943 als Verein der →Biniou- und →Bombardespieler ins Leben gerufen wurde: der «Bodadeg Ar Sonerien» spielte eine wesentliche Rolle für den Aufschwung der Sänger und Instrumentalisten und gibt seit 1951 den «Ar Soner» heraus, eine Informationsschrift, die auch heute noch erscheint. In den fünfziger Jahren entwickelte sich eine neue Bandform in den «Bagadous», die mit Bombarde, →Dudelsack und Schlagzeug bald zur dominierenden

Gruppenform wurden. Mit der zunehmenden Popularität der bretonischen Musik wurden die Festou Noz zu einem großen Teil zu Touristenspektakeln degradiert. Die Dachorganisation aller Vereinigungen, die Lutte Bretonne, versucht diesem Trend durch intensive Feldarbeit authentisches Material entgegenzusetzen.
Zu den traditionellen Instrumenten zählt zunächst der Biniou-koz, der bretonische Dudelsack, der im Folk Revival überwiegend dem schottischen Dudelsack aus den Highlands weichen mußte. Als Partner gilt die Bombarde, ein Vorfahre der Oboe, die in der Art des Kan ha Diskan mit dem Biniou zusammenspielt. Die →Leier gilt als wichtigstes Saiteninstrument, und die →Fiddle ist wie in den meisten Kulturen ebenso traditionsreich gewesen, obwohl sie in diesem Jahrhundert fast völlig verschwunden ist. Zur Percussion wurde das Tambourin benutzt, welches vom →Bodhran inzwischen verdrängt worden ist. Die keltische Harfe ist das noch fehlende Glied bei den traditionellen Instrumenten.
Von den Interpreten sind besonders erwähnenswert: →Glenmore, →Gilles Servat, Kirujnel, →Alan Stivell und An Triskell.

● Auf Chant du Monde/Pläne: Bretagne (DX 74375); Glenmor – Ouvrez les Portes de la Nuit (LDX 74541); Glenmor – Vivre (LDX 74481); An Triskell. Harpe Celtique (LDX 74640), des weiteren →Stivell

Broonzy, Big Bill, verkörpert den Übergang vom ländlich-urwüchsigen Blues zum ausgefeilteren City Blues. Er hat diese Entwicklung in musikalischer wie auch in menschlicher Hinsicht vollzogen, ohne dabei seinen Hintergrund zu verleugnen. Innerhalb der städtischen Bluesszenerie entwikkelte Broonzy einen «salonfähigen» und dabei ehrlichen →Country Blues. Diese Musik, die bei aller kultivierten Perfektion nichts von der Charakteristik der ländlichen schwarzen Volksmusik vermissen ließ, brachte den Blues auch weißen Bevölkerungsschichten näher. Broonzy gilt deshalb, zusammen mit →Leadbelly, zu Recht als die wichtigste Verbindung zwischen weißer und schwarzer Volksmusik. Er wurde in den USA auch als Folk-Musiker bezeichnet – eine Seltenheit bei Musikern aus der Bluesszenerie. Big Bill Broonzy half etlichen neuen Blues Leuten bei ihren Anfangsschwierigkeiten und war ob seiner Freigiebigkeit, Offenheit und Hilfsbereitschaft der vielleicht willkommenste Gast bei den schwarzen und weißen Volksmusikern seiner Zeit. Er hat sein Leben in vollen Zügen genossen, und seine Musik ist von einer geradezu überschäumenden Lebenslust. «Blues ist etwas ganz natürliches, etwas wie man lebt. Wenn du es nicht lebst, hast du ihn auch nicht.» (Broonzy) – Big Bill Broonzy war ein hervorragender Instrumentalist und für seine Shuffle-Technik auf der Gitarre bekannt. Bei dieser Spielweise werden die Baßsaiten abgedämpft, wodurch ein neuer, ungewohnter Klang entsteht. Die abgedämpften Saiten ergeben eine größere Freiheit im Akkordspiel, was letztlich zu der lockeren und oft «lustigen» Gitarrenbegleitung von Broonzy führte, zu einem Blues ohne Schwermut.
William Lee Conley Broonzy wurde urkundlich am 26. Juni 1898 in Scott, Mississippi, geboren (er selbst gibt 1893 als sein Geburtsjahr an). Broonzy wuchs in Arkansas auf, wo er den Blues von seinem Onkel, einem ehemaligen Sklaven, lernte. Sein erstes Instrument war eine Fiddle, die er sich selbst aus einer Zigarrenkiste angefertigt hatte. 1920 kam Broonzy nach Chicago, begann Gitarre zu spielen und hat-

te 1926 seine ersten Aufnahmen für Paramount, die allerdings erst 1928 veröffentlicht wurden (*House Rent Stomp, Gonna Tear It Down, Tod Pail Blues* und *Big Bill Blues*). Er wurde innerhalb weniger Jahre ein perfekter Gitarrist, Texter und ausgezeichneter Arrangeur, um den sich alle Blues-Labels der damaligen Zeit rissen, und spielte mit allen Größen der damaligen Zeit (Blind Lemon Jefferson, →Sleepy John Estes, Papa Charlie Jackson, →Blind Blake u. a.). 1932 ging er erstmals nach New York, kam aber bald wieder nach Chicago zurück. In dieser Zeit spielte er viele seiner bekanntesten Titel ein, darunter *C C Rider, Milk Cow Blues, Keep Your Hands off Her* und *Louise, Louise Blues*.

1939 trat er auf Einladung von John Hammond in einem Konzert «From Spiritual to Swing» in der Carnegie Hall in New York auf, ein Jahr später war er der Bluessänger mit den meisten verkauften Schallplatten. In den vierziger Jahren erschienen mit gleichbleibender Regelmäßigkeit hervorragende Titel (*Lonesome Road Blues, I Feel So Good, Big Bill's Boogie*), und er hatte ausgiebige Konzertreisen im ganzen Land. 1951 machte Big Bill Broonzy seine erste Europatournee, die ein so sensationeller Erfolg war, daß er 1952, '55 und '57 weitere Konzertreisen durch Europa unternahm. Er war eine der entscheidenden Persönlichkeiten, die in unseren Breiten ein größeres Interesse an der schwarzen amerikanischen Volksmusik wekken konnten.

1954 stellte er mit dem Belgier Yannick Bruynoghe seine Autobiographie zusammen, «Big Bill Blues: Big Bill Broonzy's Story as told to Yannick Bruynoghe», die ein Jahr später bei Cassel in London erschien. Broonzys lockerer Umgang mit Fakten hat einiges an Verwirrung angerichtet, das Buch ist aber dennoch zu den wichtigsten Zeugnissen über die Entwicklungsgeschichte des Blues zu zählen.

1957, Broonzy war an Lungenkrebs erkrankt, mußte er sich einer schweren Operation unterziehen, bei der sein Kehlkopf in Mitleidenschaft gezogen wurde, so daß Broonzy bis zu seinem Tod am 14. August 1958 nicht mehr singen konnte. Big Bill Broonzy hatte in seinem Leben über 350 Stücke geschrieben, ca. 500 Schallplattenaufnahmen gemacht und war wesentlich daran beteiligt, daß der Blues in seiner kommerziellen Verwertung seine Natürlichkeit nicht vollständig einbüßte. «Aber wenn du über mich schreibst, sag nicht, daß ich ein Jazzmusiker bin. Sag nicht, daß ich ein Musiker oder Gitarrist bin – sag einfach, Big Bill war ein bekannter Bluessänger und -spieler und hat von 1925 bis 1952 260 Blues Lieder aufgenommen; er war ein fröhlicher Mann, wenn er betrunken und mit Frauen zusammen war; alle Bluessänger mochten ihn, einige wurden manchmal ein bißchen eifersüchtig; aber in solchen Fällen kaufte Big Bill eine Flasche Whisky, und alle lachen und spielen wieder, Big Bill wird betrunken, verläßt die Party und geht nach Hause, um zu schlafen. Einige Bluessänger können singen, ohne zu trinken, aber nicht Big Bill – er liebt seinen Whisky, er ist ganz einfach ein *Whisky-head man.*» (Autobiographie).

● Auf Folkways: Big Bill Broonzy Sings Folk Songs (FA 2328; Big Bill Broonzy Blues (FG 3586); Big Bill Broonzy Sings Country Blues (FTS 31005) ... auf Yazoo: The Young Big Bill Broonzy 1928–35 (L1011); Do that Guitar Rag 1928–1935 (L 1035) ... auf Storyville: Big Bill Broonzy (SLP 114); An Evening with Big Bill Broonzy (SLP 143); Portrait in Blues Vol. 2 (SLP 154); Black, Brown And White (628444) ... auf Chant du Monde: Big Bill Broonzy Vol I und II (FWX 52326), (FWX- M 52328) ...auf Teldec: Blues Roots Vol 4 (623703) ... vertreten auf Folkways: Music Down Home Blues & Ballads (FA 2691); Blues with Big Bill Broonzy, Sonny Terry, Brownie McGhee (FS 3817); Folks and Blues (FS 3864) ... auf CBS: The Story of the Blues Vol 1 (M 66218) ... auf Intercord: The Blues Vol 1 (INT 158600); The Blues Vol. 2 (INT 158601) ... auf Jazz Anthologie: See See Rider – Sixteen Tons (JA 5127)

Brumbt, Francois, ist ein elsässischer Sänger, der nie einen Zweifel an seinen regionalen Selbstverständnissen aufkommen ließ. Das «Dreyeckland» Elsaß, Baden und die nördliche Schweiz mit seiner alemannischen Sprache sieht er als kulturelle und politische Einheit mit den gleichen Problemen ihrer jeweiligen nationalstaatlichen Abhängigkeit. Bezeichnenderweise tritt er im ganzen alemannischen Sprachraum auf, beschränkt sich nicht nur aufs Elsaß. «Anders als der Einzelgänger Dentinger oder die politische Figur →Siffer stellt Brumbt den Typ des undogmatischen, dennoch unbestechlichen und volkstümlichen, weil aus dem bäuerlichen Volk stammenden Sänger dar, der den innigsten Kontakt zu den badischen Barden →Moßmann und Buki hat, die ihre Kraft ebenfalls nicht aus politischen Doktrinen ziehen, sondern aus der persönlichen Erfahrung im Kampf mit der schier übermächtigen Obrigkeit und ihren Kollaborateuren und Versuchungen» (Jean, Elsaß, Kolonie in Europa, Wagenbach Verlag). Der Aktivist Francois Brumbt war bei den großen Aktionen der badisch-elsässischen Bürgerinitiativen, Bauplatzbesetzungen in Marckolsheim und Wyhl, durch seine Liedbeiträge einer der kulturellen Träger dieser Bewegung, ebenso wie er in dem Lied *«1525»* auf die alte Bundschuh-Tradition im Bauernkrieg verweist und den Beginn einer jahrhundertelang unterdrückten demokratischen Bewegung aufzeigt: «Anno 1525, gib acht/hat eine Zeit angefangen, die immer weiter geht./Arbeiter und Bauern gehn noch nicht den Berg hinab/eines schönen Tages fängt alles wieder an.»
François Brumbt wurde 1947 in Wille, Elsaß, geboren, wuchs in einem Vogesental in der Nähe von Schlettstadt auf, begann als Zehnjähriger mit dem Klavier und stieg Anfang der sechziger Jahre auf die Gitarre um. Nachdem er eine der ersten Rock-Gruppen im Elsaß gegründet hatte, der zeitweise auch Roger Siffer als Sänger angehörte, kurze Zeit in einer →Gospel- und → Blues-Gruppe war, begann er Anfang der siebziger Jahre →Chansons zunächst auf französisch, dann auf elsässisch zu schreiben. 1971 trat er auf der Straßburger Matinee auf, einem der ersten Foren für die neuen Elsässer Lieder, und war 1973 erstmals auf einer kleinen Anthologie der neuen elsässischen Chansons vertreten, «Ihr sin net d' letschte» (Prodisc). Seine Debüt-LP «Poschtkart üss'm Elsass» erschien, und im weiteren war François Brumbt auf den von den badisch-elsässischen Bürgerinitiativen herausgegebenen Sammelalben «Lieder im Frendschaft's Huss» und «Dreyeckland» vertreten.

● Auf Prodisc: Poschkart üss'm Elsass (PS 376108) ... vertreten auf Trikont: Lieder im Frendschaft's Huss (US 23); Dreyeckland (2 LPs, US 26/27)

Budde, Pit ist einer der fingerfertigsten und versiertesten Gitarristen der bundesdeutschen Folk-Landschaft. Ob seiner besonderen Experimentierfreudigkeit und durch sein radikalpolitisches Selbstverständnis hat er sich innerhalb dieser Szene nie voll durchsetzen können. Ohne Zweifel ist Pit Budde einer der wenigen profilierten Vertreter des →Folk Rock hierzulande, er hat sich in der Mitarbeit bei den Gruppen MANDERLEY und COCHISE einen Platz zwischen Folk und Rock gesichert und in diesen Gruppen sein musikalisches Konzept verwirklicht. Dazu ist er ein ausgezeichneter Gitarrenlehrer, dessen Methode des Fingerpikking, eine der gründlichsten aber auch schwierigsten Vorlagen auf diesem Gebiet bildet. Die von ihm herausgegebene Reihe «Großstadtsaiten» kann als beispielhaft gelten für eine außergewöhnliche Musikalität bei gleichzeitiger konsequenter politischer Arbeit. Bei Budde steht jede musikalische Aktion immer in Bezug zu politischen Geschehnissen.

Pit Budde wurde am 14. März 1952 in Lünen geboren, wuchs auf in einer «typischen Kohlenpottarbeiterfamilie», machte seine ersten musikalischen Gehversuche mit 14 Jahren als Schlagzeuger in einer Rockgruppe und stieg kurze Zeit später auf Gitarre um. Die ersten Auftritte mit Liedern von →Bob Dylan folgten. 1968 verließ er die BRD, zog als →Straßenmusiker durch England und Frankreich, war im Frühjahr des Jahres in der besetzten Uni von Paris, wurde verhaftet, verprügelt und ausgewiesen. Über Umwege kam er schließlich 1972 nach Dortmund und dort an eine Stelle als Gitarrenlehrer für die Stadt. Ein Jahr später beteiligte er sich an der EP «Wir haben die Schnauze voll» (Trikont), die die Prozeßkosten für eine Hausbesetzung in Dortmund einbringen sollte, verlor seine Stelle und erhielt Auftrittsverbot in allen städtischen Einrichtungen. 1974 gründete er mit Lutz Heffner, Lothar Kraft, Helga Schmölter und Horst W. Stölzig die Gruppe MANDERLEY, die 1976, verstärkt um Rudi Mika, die LP «Fliegt, Gedanken fliegt ...» für Pläne einspielte. An die Stelle von Rudi Mika trat die Flötistin Klara Brandi, mit der Pit Budde bereits 1973 in der Folk Rock-Gruppe BARLEYCORN zusammengespielt hatte, und MANDERLEY wurde eine der populärsten deutschen Folk Rock-Gruppen mit heimischen Texten. Nach der Auflösung ergab sich 1979 die Gruppe COCHISE, die an die Erfolge ihrer Vorläufer anknüpfen konnte und bereits im August desselben Jahres ihre erste LP «Cochise» für Folk Freak Records in folgender Besetzung einspielte: Klara Brandi (fl, b, voc), Pit Budde (g, 12str.g, mandolin, voc), Peter Freiberg (dr, perc, voc), Michael Hager (oboe, voc), Günter Holtmann (eg, b, voc).

● Auf Pläne: Pit Budde (GS 0600); Saitensprünge (G GS 0009) ... mit Manderley: Fliegt, Gedanken fliegt ... (S 17 F 700) ... Mit COCHISE auf Folk Freak: Rauchzeichen (FF 1004)

C

Cajun ist die Musik der französischen Einwanderer, die aus der kanadischen Region A-Cadia im Krieg der Engländer und Franzosen wegen ihrer neutralen Einstellung zu Beginn dieser Auseinandersetzung 1755 vertrieben wurden und sich zum großen Teil im Südwesten von Louisiana (USA) niederließen. Hier erhielten die Cajuns bis in die zwanziger Jahre unseres Jahrhunderts eine auf einzigartige Weise von allen fremden Einflüssen unberührte eigene Kultur. In ihrer Isolation schufen sie als eine der katholischen Ausnahmen innerhalb Amerikas mit ihrer Sprache Alt-Französisch eine durch ihre regionale Eigenheit unvergleichbare Volksmusik im amerikanischen Spektrum. Durch die sogenannte soziale und ökonomische Revolution bedingt, vollzog die Cajun Music mit Aufkommen der Musikindustrie innerhalb kürzester Zeit eine Akkulturation mit den damals populären Formen wie → Hillbilly und →Country Music. Die traditionelle Cajun Music ging dabei fast vollständig unter, und die Sprache, die Traditionen und das gesamte Leben der Menschen veränderten sich.

Ende der zwanziger Jahre wurde diese Art der Volksmusik von den Schallplattenproduzenten entdeckt. Einer der ersten, die Aufnahmen machten, war Joseph Falcon, der aus alter Familientradition das Akkordeon spielte. Im weiteren zählte die Fiedel und der Triangel zur ursprünglichen Instrumentierung, die Anfang des Jahrhunderts um die Gitarre erweitert und in den dreißiger Jahren zusätzlich mit Steel Guitar, Baß und Schlagzeug gespielt wurde. In dieser an die Country Music angepaßten Form verlor die Cajun Music jedwede Originalität bis auf den französischen Akzent der Sänger.

Erst mit dem Revival wurde die Musik der Acadians wiederentdeckt, die in vielen Familien nach alter Tradition gepflegt worden war, und es zählt ohne Zweifel zu den Verdiensten des →Newport Folk Festival, die unverfälschte Musik einer amerikanischen Minderheit den Folk-Interessierten zugänglich gemacht zu haben.

Neben der Vermischung mit Hillbilly und Country hatte die Cajun Music noch einen anders gelagerten Akkulturationsprozeß mit schwarzen Bluesmusikern in den dreißiger Jahren, aus welcher der sogenannte «Französische Blues» oder auch die «Zydeco»-Musik entstand, welches die einzig bekannte Form des Blues ist, in welcher das Akkordeon das dominierende Instrument ist. Die ersten Aufnahmen dieser französisch-afroamerikanischen Musik wurden von dem schwarzen Akkordeonspieler Amade Ardoin mit dem weißen Fiddler Dennis McGhee eingespielt, und Mitte der vierziger Jahre war diese Interpretation der Cajun Music eine ausgesprochen verbreitete Form in Louisiana. Nach einer Zuwendung zum →Rhythm & Blues durch den bekanntesten Vertreter Clifton Chenier wurde auch von ihm im Revival das Schwergewicht wieder mehr auf die eigentliche Cajun-Tradition verlagert.

Heutzutage gibt es eine recht lebendige Cajun-Szenerie in den Staaten.

● Auf Chant du Monde/Pläne: Cajun Country – Greatest Recordings (LL 134); Les Cajuns Les Frères Balfa (LDX 74553) ... auf Folkway Pläne: Cajun Home Music (FA 2620); Cajun Songs (FW 4438); Traditional Cajun Fiddle (FM 8361) ... auf Sonet: The Cajuns Vol. I und II (SNTF 643, 644) ... auf Arhoolie: Zydeco (F 1009); Clifton Chenier Louisiana Blues & Zydeco (F 1024); Bon ton roulet. Clifton Chenier (F 1031); Black Snake Blues. Clifton Chenier (F 1038); King of the Baous. Clifton Chenier (F 1052); Live at a French Creole Dance. Clifton Chenier (F 1059); Out West. Clifton Chenier (F 1072)

Campbell, Alex, «Big Daddy of Folkmusic» (Melody Maker), zählt zu den wichtigsten und einflußreichsten Persönlichkeiten der Folk-Szene und war maßgeblich daran beteiligt, das →Folk Revival in Westeuropa einzuleiten. Er zählt zu den Folk-Sängern der ersten Stunde, deren Ausdrucksstärke nicht so sehr von musikalischen Ideen und raffinierten Arrangements geprägt ist, sondern fast ausschließlich aus der Person lebt und deren vielfältige Erfahrungen wiedergibt. Der überzeugte Schotte Alex Campbell, der von sich sagt, daß er keine große Stimme und keine besondere Gitarrentechnik habe, kann dabei auf eine Geschichte zurückblicken, die ihn mit fast jedem lebenden Folk-Musiker zusammengebracht hat. Mit seiner alten Gibson Gitarre ist er seit 25 Jahren unterwegs – Mitte der fünfziger Jahre legte er gemeinsam mit → Derroll Adams und →Ramblin' Jack Elliott als Straßenmusiker in Paris den Grundstein für einen der ersten Treffpunkte der verschiedensten beginnenden Folk-Musiker. Im Quartier Latin entstand um dieses Trio ein →Greenwich Village für Europa, und Alex Campbell berichtet heute stolz, daß er der König dieses Viertels genannt wurde.
Alex Campbell wurde am 27. April 1925 in Glasgow, Schottland, geboren, wuchs in einer armen Familie auf, verlor Mutter, Vater und seine zwei Schwestern, die an Tuberkulose starben, und kam aus dem Waisenhaus in der Zeit der wirtschaftlichen Depression zu seinen Großeltern. Bei alledem genoß er eine ausgezeichnete Schulausbildung, begeisterte sich für die Balladen von Robert Burns, einem der größten schottischen Balladendichter, und hörte Ende der vierziger Jahre erstmals Jeannie Robinson diese Balladen singen. Bereits zum Ende des Zweiten Weltkrieges hatte er in der Vielvölkerstadt Glasgow überwiegend amerikanische Folk Songs aufgeschnappt und kam wie viele seiner Zeitgenossen auf der Insel an die →Skiffle Musik. Nachdem er eine sichere Stellung im Verwaltungsdienst aufgeben mußte – er hatte zwei Untergebene verprügelt –, zog er 1956 mit 800 Pfund ins Quartier Latin in Paris. In einem Monat war das Geld verbraucht, und Alex Campbell begann sich seinen Lebensunterhalt durch →Straßenmusik zu verdienen. Im «Buskin», einer der wichtigsten Erfahrungen für jeden Folk Musiker, entwickelte Campbell einen großen Teil der Persönlichkeit und Ausstrahlung, die ihn heute noch auszeichnet. Im selben Jahr spielte er für Vocalion sein erstes Album «Stories and Songs about America» ein, dem eine einzigartige Schallplattenkarriere in vielerlei Hinsicht folgen sollte. So zählt er mit über hundert LPs, die genaue Zahl ist nicht zu ermitteln, zu den meistaufgenommenen britischen Folk-Sängern, hat aber dadurch nie seine finanzielle Existenz sichern können, da er fast immer seine Rechte für einen Spottpreis abgegeben hatte. 1957 hatte er seine entscheidende Begegnung mit →Derroll Adams, «die einflußreichste Persönlichkeit, die mit mir zusammengespielt hat», traf im weiteren Ramblin' Jack Elliott und → Peggy Seeger, bevor er 1961 nach London übersiedelte und dort einer der Aktivsten im →Folk Revival wurde. Nach eigenen Angaben eröffnete er auf Einladung als «First Singer» ungefähr 600 Folk Clubs in England und

Schottland. 1964 erschien erstmals auf einer in Holland veröffentlichten Single sein bekanntester eigener Titel, *I' ve been on the Road*, den →Hannes Wader später in einer deutschen Version vorstellte. Im selben Jahr veröffentlichte er sein erstes Songbuch mit Geschichten, «Songs Frae Glesgae Toon» (Songs from Glasgow Town), in dem er ein eindrucksvolles autobiographisches Bild der Pariser Zeit liefert. In den folgenden Jahren wurde er einer der profiliertesten und begehrtesten Folk-Sänger, spielte sich durch ganz Europa und produzierte 1972 seine erste LP in der BRD, «Life Is Just That Way», die bei Pläne erschien und bei der er vom bundesdeutschen Spitzengitarristen →Werner Lämmerhirt unterstützt wurde. Obwohl Alex Campbell auch hierzulande regelmäßig «on the road» und zu einem festen Bestandteil der Folk-Szene geworden ist, gibt es nur noch ein weiteres Solo-Album, «Big Daddy of Folkmusic» (1976, Antagon), welches in der BRD eingespielt worden ist. Ende 1974 schienen Karriere und Leben von Alex Campbell zu Ende zu sein, als er, auch bedingt durch die alte Musikerkrankheit Alkohol, schwerkrank ins Hospital mußte. Im folgenden Jahr kehrte er aber auf die Szene zurück und konnte auch den unmöglichen Eindruck, den er bei seinen letzten Auftritten zuvor hinterlassen hatte, wieder korrigieren. Alex Campbell war im Juni 1978 bei der Aufnahmesession in der Mühle von Hannes Wader dabei, bei welcher er mit Derroll Adams, →Wizz Jones, →Guy and Candie Carawan, Werner Lämmerhirt u.a. die LP «Folk Friends» einspielte, präsentiert sich auf seinen Konzertreisen in bester Verfassung und ist besonders häufig in Dänemark, seiner zweiten Heimat, zu hören.

● Auf Transatlantic: Alex Campbell Sampler (TRA SAM 6) ... auf Storyville: Alex Campbell At The Tivoli Gardens (671207) ... auf Pläne: Life Is Just That Way (S 11 F 100) ... auf Boulevard: Alex Campbell at His Best (4073) ... auf Reca (DK); Goodbye Booze (RL5 5004) ... auf Antagon: Big Daddy of Folk Music (3206) ... auf Stuk: Det Er Godt At Se Dig (Stuk 431) ... auf Happy Bird: Live + Studio (2 LPs DB 90031) ... auf Burlington, mit Alan Roberts und Dougie MacLean: C R M (Burl 002) ... vertreten auf Pläne: Folklore International (S 0500– 01); Songfestival '73 (S 13 F 300) ... vertreten auf Folk Freak. Folk Friends (FF 3001–02)

Cannon, Gus, bekannt unter dem Namen «Banjo Joe», hat in den zwanziger Jahren als einziger schwarzer Five String Banjo-Spieler neben Papa Charlie Jackson Schallplatten eingespielt und mit den CANNON'S JUG STOMPERS die anerkannteste Jug Music-Formation gegründet. Die 5-String-Banjo-Einspielungen von Cannon sind zu einem einzigartigen historischen Dokument geworden, denn zur Zeit ihrer Entstehung war das ursprünglich schwarze Volksinstrument bereits zu einer Domäne der weißen Musiker geworden, und auch die Spieltechnik wurde für «weiß» erklärt.
Gus Cannon wurde am 12. September 1883 in Red Banks, Mississippi, geboren und mußte wie die meisten seiner schwarzen Zeitgenossen schon als kleiner Junge auf dem Feld arbeiten. Er baute sich sein erstes Instrument aus einer Backform, die er mit einem Waschbärenfell bespannte; das Fell straffte er, indem er sein Instrument über ein offenes Feuer hielt. Durch seine Auftritte auf örtlichen Tanzveranstaltungen und Dorffesten konnte er sich schon bald ein richtiges Banjo zulegen. Vermutlich zählt er zu den ersten Musikern, die jemals eine Aufnahme gemacht haben: nach eigenen Angaben wurde er 1901 in Belzoni, Mississippi, von der Victor Talking

Machine Company verpflichtet, eine Banjo-Nummer in den Trichter einzuspielen. 1913 kam Cannon erstmals nach Memphis und traf auf W. C. Handy («Father of Blues»), mit dem er sich jedoch nicht verstand. 1916 ließ er sich in der Nähe vom Memphis nieder. In der Erntezeit arbeitete er auf den Feldern, ansonsten zog er mit verschiedenen Medicine Shows umher. Dabei traf er auch auf Noah Lewis und Ashley Thompson, mit denen er später seine Jug Band gründete. Inzwischen hatte er sich als zweites Instrument einen besonderen Jug zugelegt, der nicht wie sonst üblich aus einer Ölkanne oder ähnlichem bestand, sondern aus einer dünnen Metallplatte. Er trug es an einem Ständer um den Hals und konnte so gleichzeitig zwei Instrumente spielen. Mitte der zwanziger Jahre war er im Mississippi-Gebiet ein sehr bekannter Musiker, kam 1927 mit →Furry Lewis und Jim Jackson nach Chicago und spielte seine erste Schallplatte für Paramount ein, zusammen mit dem Gitarrenartisten der Firma, → Blind Blake. «Hier ist eine sensationelle neue Schallplatte von dem exklusiven neuen Paramount-Künstler, Banjo Joe.» (Plattenwerbung)
Nach seiner Rückkehr nach Memphis gründete er die CANNON'S JUG STOMPERS mit Ashley Thompson (g), Noah Lewis (harp), Elijah Avery (bj, g) und Hosea Woods (bj, kazoo), die in den Jahren bis zur Depression eine ausgesprochen erfolgreiche Schallplattenkarriere machten. Unter den vielen Einspielungen befand sich auch *Walk right in*, aus dem in den sechziger Jahren ein gewaltiger Hit wurde. Bis zu seiner Wiederentdeckung 1956 verdiente sich Gus Cannon seinen Lebensunterhalt durch jedmögliche Arbeit, die er in Memphis finden konnte. 1956 spielte er einige Aufnahmen ein, welche zwei Jahre später bei Folkways erschienen, und machte seine wohl letzten Aufnahmen mit Will Shade zusammen 1963, nachdem er sich sein Banjo, welches er versetzt hatte, durch die Tantiemen aus dem Erfolg von *Walk right in* wiederbeschaffen konnte. Durch sein hohes Alter bedingt, ist er kaum noch in der Lage, einigermaßen Banjo zu spielen und kann, seit einer Verletzung bei einem Überfall, auch nicht mehr singen.

● Vertreten auf Folkways: Anthology of American Music, Vol. 3 (FA 2953); American Skiffle Bands (FA 2610) ... auf Roots: The Memphis Area 1927–32 (RL 307); Missouri & Tennessee 1924–37 (RL 310); Harmonicas, Fiddles, Washboards & Jugs 1926–33 (RL 311) ... auf Yazoo: Ten Years in Memphis 1927–37 (L 1002); Frank Stokes Dream 1927–31 (L 1008); Memphis Jamboree (L 1021) ... auf Roots: Cannon's Jug Stompers (RL 336)

Carawan, Guy und Candie. «Freiheit ist ein ständiger Kampf» heißt eines der Bücher, das Guy und Candie Carawan veröffentlicht haben. Es versteht sich als Darstellung der amerikanischen Bürgerrechtsbewegung und vermittelt einen umfassenden Eindruck vom Politischen Lied im Amerika der sechziger Jahre. Guy Carawan hat selbst kaum Lieder geschrieben, seine Bedeutung liegt in der Auswahl des Materials, das er interpretiert, und in seinen Sammlungen. Er trug Lieder zusammen, welche die Lebensbedingungen der ländlichen Arbeiter widerspiegeln, die Kämpfe der Gewerkschaften aufzeigen oder innerhalb der Bürgerrechtsbewegung für die Gleichberechtigung von Schwarz und Weiß geschrieben wurden. Die Entwicklung von *We shall overcome*, das Carawan mit verbreitet hatte, mag verdeutlichen, in welchem Umfeld die Aktivitäten des Sammlers und Interpreten von Bedeutung waren: 1946 hatte die Gewerkschafterin Zilphia Horton das

Lied erstmals von Tabakarbeitern gehört; aus dem einstmaligen individuellen *I will overcome* war innerhalb der Arbeiterbewegung ein *We will overcome* geworden. 1960 nahm Guy Carawan dieses Lied mit in die Südstaaten, und es wurde das wichtigste Lied bei den ersten dortigen Sit-ins in den Gaststätten, wo immer noch die Rassentrennung üblich war. Das Lied wurde als *We shall overcome* zur Hymne der Bürgerrechtsbewegung und «war 1963 nicht mehr nur ein Lied, sondern *Das Lied*» (Pete Seeger). Candie Carawan wurde am 27. Dezember 1939 geboren und Guy am 28. Juli 1927, beide in Los Angeles, Kalifornien. Nach Beendigung seines Mathematik- und Soziologiestudiums zog er, besonders beeindruckt von →Woody Guthrie, →Leadbelly und →Pete Seeger, in die Südstaaten, wo er zuerst mit →Ramblin' Jack Elliott und Frank Hamilton zusammen spielte (→WEAVERS). Er zog durch die →Appalachen und lernte die Lieder der Minenarbeiter und Siedler kennen. 1957 folgte er einer Einladung zu den Weltjugendfestspielen in Moskau, besuchte China und übernahm, als er wieder in Amerika war, die musikalische Leitung der fortschrittlichen Highland School. Der vielseitige Instrumentalist (Gitarre, Five String Banjo, Dulcimer und Tin Whistle) war von Anbeginn der Aktionen der Bürgerrechtsbewegung mit dabei und hatte es sich zur Aufgabe gemacht, die Bewegung anhand ihrer Lieder zu dokumentieren. Die so entstandenen Sammlungen vermögen die Stationen des «Black und White Together» eindrucksvoller wiederzugeben als jede sozialwissenschaftliche Untersuchung. Carawan spielte mehrere LPs für Folkways ein, die neben den Liedern dieser Bewegung auch traditionelles Material aus den Appalachen beinhalten. 1968 war er mit seiner Frau Candie erstmals in der Bundesrepublik und nahm mit ihr für Pläne die LP «Freedom Now! Songs for a New America» auf, die den bestmöglichen Überblick über das damalige Politische Lied in Amerika geben kann. In der Folgezeit war er bei uns verschiedentlich auf Club-Tourneen und ist, zusammen mit Candie, auch vertreten auf dem Album «Folk Friends», das im Juni 1978 in der Mühle von →Hannes Wader aufgenommen wurde.

● Auf Pläne: Guy & Candie Carawan – Freedom Now (S 55301) ... auf Intercord : Sitting on Top of the World (INT 181012) ... auf Folkways: Songs with Guy Carawan, Vol I (FS 3544); Guy Carawan Sings, Vol II (FS 3548); This Little Light of Mine (FS 3552) ... vertreten auf Folk Freak: Folk Friends (FF 3001–02) ... auf Folkways: The Folk Music of the Newport Folk Festival 1959–60, Vol. 2 (FA 2432) ... auf Intercord: Chanson und Folksupersession (2 LPs, INT 151000/01); Folk 78 (2 LPs, INT 155028)

The Carter Family. Bei der Bewahrung der angelsächsischen Tradition innerhalb der frühen →Country Music Amerikas, sowohl bei der Aufzeichnung von Liedmaterial als auch bei der Übernahme der musikalischen Formen, hauptsächlich der gesanglichen Eigenheiten, kommt der CARTER FAMILY eine der wichtigsten Funktionen zu. Dabei wird an der Instrumentaltechnik auf der Gitarre oder der Autoharp deutlich, daß auch die überzeugtesten Puristen an der Qualität der Schwarzen Musik jener Zeit nicht vorbeikamen. Durch schwarze Einflüsse konnten die Carters ihrer sonst eher eintönigen und der europäischen Kirchenmusik angepaßten Rhythmuslosigkeit eine gewisse Spannung verleihen. Die tiefe Religiosität der CARTER FAMILY, welche weitgehend die Inhalte ihrer Lieder bestimmte, war in den zwanziger Jahren genau das Erforderliche, um den fortschrittlichen Songs der immer stärker werdenden Arbeiterbewegung und der weißen Siedler einen starken Gegenpol entgegenzusetzen. «Sie waren fromm, streng, anständig und genau das, was man in den Südstaaten als ‹ordentlich› bezeichnete» (Palmer).

Gleichzeitig hatte die sich entwickelnde Schallplattenindustrie entdeckt, daß es außer einem Schwarzen Markt (→Race Records) auch weiße Siedler gab, die als Kunden in Frage kamen, und so hatte die Victor Talking Machine Company ihren Spezialisten Ralph Peer in den Süden geschickt, um weiße Volksmusik aufzunehmen. Im August 1927 nahm die CARTER FAMILY mit den damaligen Mitgliedern Maybelle Carter, Alvin Pleasent Carter und dessen Frau Sara ihre erste Schallplatte auf.

Maybelle Addington Carter wurde am 10. Mai 1909 in Nickelsville, Virginia, geboren und war das eigentliche musikalische Zentrum der Familie dank ihrer besonderen Fertigkeit auf der Gitarre und der besonderen Technik, Rhythmus und Melodie gleichzeitig zu spielen. (Eine Technik, die Maybelle Carter von schwarzen Bluesgitarristen übernommen hatte, die ihr aber von den konservativen Country-Ideologen bewußt falsch als eigene weiße Entwicklung zugeschrieben wird.)

Die CARTER FAMILY entstand 1915, als Alvin Pleasent, der auf der anderen Seite der Clinch Mountains großgeworden war, in die Familie von Maybelle einheiratete. Alvin wurde fortan der Lieferant für Liedmaterial und war einer der ersten, die systematisch traditionell irisches und englisches Liedgut in Amerika sammelten. Bei aller Religiosität war er geschickt genug, um sich gleichzeitig die Rechte an diesen Liedern als Komponist zu sichern, was es unmöglich macht zu klären, welche der unzähligen Standards der CARTER FAMILY tatsächlich von ihnen selber stammen und welche Alvin Pleasent von anderen Musikern im Süden aufgeschnappt und zu seinem Eigentum gemacht hat. «So wurde gemeinschaftliches Eigentum privatisiert, zum Nutzen einiger weniger ausgebeutet, ganz legal und demokratisch natürlich» (Geschichte der Popmusik).

Von ihrer ersten Aufnahme 1927 an, bei der →Jimmie Rodgers seine erste Schallplatte für Victor einspielte, produzierte die CARTER FAMILY bis zu ihrer endgültigen Auflösung 1941 über 300 Titel, darunter ihre bekanntesten bereits 1928, *Wild Wood Flower* und ein wenig später *Will the Circle be Unbroken*, in welchem das Erleiden aller menschlichen Sorgen auf dieser Erde mit einem «besseren Aufwachen im Himmel» schmackhaft gemacht werden soll. Obwohl die CARTER FAMILY als Familie bereits 1933 durch die Trennung von Alvin Pleasent und Sara in die Brüche ging, wurde, sicherlich aus kommerziellen Erwägungen, nach außen hin der Schein einer intakten Familie bis 1941 erhalten und sogar noch darüber hinaus bis kurz vor dem Tod von Alvin Pleasent 1960 die «Original Carter Family» in verschiedenen Radiosendungen und Fernsehspots vorgezeigt. Der Einfluß der CARTER FAMILY auf die amerikanische Folk-Szenerie beschränkt sich nicht nur auf die Entwicklung der →Country Music als starkes Gegenstück zu jedem kritischen Ansatz in Volksliedern, sondern hat auch den ersten entscheidenden folkloristischen Vertreter der amerikanischen Arbeiterbewegung →Woody Guthrie, nachhaltig beeinflußt, da er und andere über die unzähligen Sendungen die Möglichkeit bekamen, Material kennenzulernen, das sie dann

... genau das, was man in den Südstaaten als «ordentlich» bezeichnete: Die Carter Family.

auf die sozialen Verhältnisse hin umschrieben.

● Auf CBS: Country and Western (2 LPs, 67273)

Carter, June, am 23. Juni 1929 in Maces Spring, Virginia, als Tochter von Maybelle Carter geboren, wurde der Tradition der berühmten Country-Familie entsprechend mit ihren Schwestern Anita und Helen schon als Kind in die Musikideologie der →CARTER FAMILY einbezogen. Mit zehn Jahren wurde June Mitglied der Institution CARTER FAMILY und nahm mit den anderen Mitgliedern für verschiedene Radiosender weitverbreitete und beliebte Sendungen auf, obwohl sie selbst sagt, daß sie ganz miserabel war und auch ihr Instrument, die →Autoharp, eigentlich nur unzulänglich spielen konnte. Infolge der Auflösung der CARTER FAMILY waren sie und ihre Schwestern gezwungen, in die entstandene Lücke einzuspringen und repräsentierten von 1943 an mit Maybelle Carter die Familie, obwohl June jetzt auch zeitweilig Soloauftritte hatte und mit Chet Atkins und anderen zusammenspielte. Dabei waren ihre Auftritte in der →Grand Ole Opry – hier lernte sie ihren ersten Mann Carl Smith kennen – eine Art Ersatz für die FAMILY, die in der Opry niemals aufgetreten war. Von 1961 an arbeitete sie mit Johnny Cash zusammen, für den sie sehr viele Titel schrieb, unter anderem 1963 einen seiner größten Erfolge, *Ring of Fire*. Nachdem Cashs Popularität im Jahre 67 ein großer Einbruch durch eine Drogenaffäre drohte – und das bei aller Wetterei gegen die Studenten und Hippies! –, heiratete er im März 1968 June Carter. «Es war eine klassische Showbusiness-Ehe, dieser ungeschlachte Riese von Mann und der zierliche Abkömmling einer der großen Familien der Country Music, und es dauerte gar nicht lange, da war Cash wieder ganz oben» (Hemphill).

Carthy, Martin, ist zweifellos der einflußreichste und populärste Folk-Sänger Englands der siebziger Jahre. Als Mitglied der legendären →WATERSON FAMILY aus Yorkshire spielte er überaus traditionelles Material, andererseits «moderne» Interpretationen der Folk Music bei der Gruppe →STEELEYE SPAN, in der Zusammenarbeit mit Dave Swarbrick (→FAIRPORT CONVENTION), →John Kirkpatrick und bei seinen musikalischen Aktionen mit Ashley Hutchings. Seine instrumentalen Fähigkeiten machen ihn zudem zu einem herausragenden Vertreter der Gitarre auf der Insel.
Martin Carthy wurde am 21. Mai 1941 in Hatfield, Middlesessex, geboren und kam über die →Skiffle Musik in London Anfang der sechziger Jahre zu einer der frühen Folk-Formationen, an der auch Leon Russelson beteiligt war, THREE CITY FOUR. 1965 kam es zu einer der wichtigsten Begegnungen im englischen →Folk Revival, als Martin Carthy auf Dave Swarbrick traf, mit dem er die nächsten Jahre zusammenblieb und sein erstes Album einspielte, «Martin Carthy» (1965). In den folgenden Jahren kam es zu weiteren fünf LPs, (1977 von Topic neu aufgelegt), bevor Dave Swarbrick sich im September 1969 FAIRPORT CONVENTION anschloß. Martin Carthy konzentrierte sich zunächst auf seine Solokarriere, gesellte sich aber schon bald, im Frühjahr 1970, zu STEELEYE SPAN, mit Ashley Hutchings, Maddy Prior, Tim Hart und Peter Knight. Er verließ die Gruppe nach anderthalb fruchtbaren Jahren mit zwei LPs – «das beste, was ich je gemacht habe, war zu STEELEYE SPAN

zu gehen, das zweitbeste war es, sie wieder zu verlassen» (Carthy).
Zu einem erneuten Zusammentreffen mit Ashley Hutchings kam es 1973, Carthy hatte inzwischen sein erstes Soloalbum eingespielt, «Landfall» (1971), als sie für kurze Zeit in der ALBION COUNTRY BAND zusammen mit John Kirkpatrick u. a. spielten. Nach seiner Heirat mit Norma Waterson schloß Carthy sich der WATERSON FAMILY an und schaffte sich gleichzeitig in seinen Einzelauftritten auch international einen großen Namen als hervorragender Interpret traditioneller Lieder. Um so größer war die Verwunderung bis hin zu harter Kritik, als er sich 1977 entschloß, noch einmal mit STEELEYE SPAN zusammenzugehen, die zu dieser Zeit einen kommerziellen →Folk Rock spielten. Aber auch diese Verbindung währte nicht sonderlich lange, und Martin Carthy war ab Frühjahr 1978 wieder in die traditionellere Szenerie zurückgekehrt. Er zählt auch heute noch zu den gefragtesten Interpreten in England, Schottland und Irland, die Folk Clubs haben regelrechte Wartelisten für ihn, und seine bisher letzte LP erschien 1979 wiederum bei Topic, «Because it's There», auf welcher er von John Kirkpatrick (acc, concertina), Howart Evans (tp) und Bruce Rowlands (dr), einem ehemaligen Mitglied der FAIRPORT CONVENTION, begleitet wird.

● Auf Topic: Crown of Horn (12 TS 300); But Two Came By (12 TS 343); Prince Heathen (12 TS 344); Landfall (12 TS 345); Because It's There (12 TS 389) ... mit Dave Swarbrick: Martin Carthy (12 TS 340); Second Album (12 TS 341); Byker Hill (12 TS 342) ... auf Rounder: Sweet Wiwelsfield (RR 3020) ... des weiteren →Steeleye Span

Ceilidh. Die sogenannten Ceilidh-Bands, die traditionellen Tanzkapellen Schottlands und Irlands, sind ein fester Bestandteil dieser beiden Kulturen und haben zum alten Instrumentarium wie →Fiddle, →Akkordeon, →Whistle u. ä. ein Schlagzeug hinzugefügt. Diese Gruppen, die sich nach dem gälischen Wort für gemeinsames Zusammentreffen benannt haben, spielen in der Regel traditionelle Tänze auf dörflichen Festen ebenso wie auf den großen Folk Festivals und sind zumeist stark an den regionalen Besonderheiten orientiert. Erwähnenswerte Vertreter sind JOCK TAMSON'S BAIRNS und die CEILIDH FOLK, beide aus Schottland, und die CLONTARF aus Dublin, die als fünfzehnköpfige Gruppe zu den wenigen Vertretern dieser Tanzmusik zählen, die über die eigenen Grenzen hinaus bekannt sind.

Chandler, Len, geb. am 27. Mai 1935 in Akron, Ohio, begann mit dem Liederschreiben erst 1962 und ist mit seinen Topical Songs und seinen Freiheitsliedern für die Bürgerrechtsbewegung «The Movements moving on» eines der wichtigen Bindeglieder zwischen der schwarzen und weißen Musik Amerikas. Er genoß eine für Farbige ungewöhnlich gute Schulausbildung, begann mit zwölf Jahren eine klassische Ausbildung auf dem Klavier, spielte im Schulorchester und hatte, wie er selbst sagt, bis in die McCarthy-Ära eine sehr begrenzte Vorstellung von Folk Music, die erst durch seinen Englischlehrer, der ihm Schallplatten von →Leadbelly, →Bukka White u. a. vorstellte, geändert wurde. Aus diesen Eindrücken heraus bearbeitete er verschiedene volksmusikalische Themen in Verbindung mit klassischer Musik. Ende der fünfziger Jahre kam er nach New York, wo er sich, durch →Dave van Ronck beeinflußt, ganz der Folk Music zuwandte, Gitarre lernte und von 1960 an einer der ersten Sänger wurde, die regelmäßig im

«Gaslight», →Greenwich Village, auftraten.
Seine ersten selbstverfaßten Songs verschafften ihm recht schnell einen guten Namen, so daß er bei geplanten Aktionen der Bürgerrechtsbewegung eingeladen wurde, bald selber ein Teil dieser Bewegung geworden war und bei keiner der unzähligen Demonstrationen, Sit-ins und Märsche mehr fehlte. Auf dem fünf Tage dauernden Marsch von Selma nach Montgomery, Alabama, der 1965 durch sein blutiges Ende Geschichte machte, war Len Chandler die ganzen Tage dabei und entwickelte spontan mehrere Lieder, die zu den wichtigsten der Bewegung wurden und eindrucksvolle Beispiele für das Ruf- und Antwort-Schema des Blues und dessen verbindender Kraft sind. «I've been walking so long / right, right». Nach dem blutigen Ende in Montgomery schrieb Len Chandler voll Verbitterung *Murder on the road in Alabama*: «Da ist ein Mann hinter den Gewehren von Alabama, / Da ist ein Mann hinter den Gewehren, / Tötet aus Haß, aus Angst und zum Spaß, / und Georges Wallace ist das erste Gewehr in Alabama» (Wallace war der damalige Gouverneur).
1965 trat er auf dem →Newport Folk Festival auf und leitet seit 1971 einen «alternativen Talentschuppen» in Greenwich Village, der in etwa die Funktion des «Gaslight» übernommen hat.

● Vertreten auf Folkways/Pläne: Broadside Reunion, Vol 6 (FR 5315)

Chanson. Das Chanson wird in der Regel als eine typisch französische Liedform mit unterhaltendem, aber leicht anspruchsvollem Charakter verstanden, deren Wesen sich mal frivol-erotisch äußert (Helen Vita), andererseits einen unverbindlich «kritischen» Ansatz zeigt (Reinhard Mey) oder seinen Niederschlag in den Liedern der →Kabaretts findet (Kommödchen). Neben den bei uns bekanntesten Chansonniers, Maurice Chevalier und Edith Piaf, welche mit der ersten Kategorie beschrieben wären, zeigen Musiker wie Felix Leclerc oder →Georges Brassens ebenso wie die Entwicklungsgeschichte dieser Liedform, daß die gängige Beschreibung vollkommen unzulänglich ist. Innerhalb der Geschichte hat das Chanson, welches in der Musikwissenschaft lediglich als ein im 16. Jahrhundert übliches «gleichstimmiges» Streitgespräch zwischen zwei Sängern auftaucht, ausgesprochen politische Interpreten gehabt – von den Bauernkriegen über Lieder aus der französischen Revolution bis in unser Jahrhundert. Der Vergleich mit politischen Dichtern um 1848 oder später zu Tucholsky, Weinert und sogar Brecht scheint durchaus nicht fehl am Platz. Als deutlichste deutsche Parallele werden die sogenannten «Brettl-Lieder», die um die Jahrhundertwende entstanden, genannt, als deren herausragende Persönlichkeit Frank Wedekind gilt.
Innerhalb der Unterhaltungsindustrie fand das Chanson früh einen Stammplatz als «ein dem Schlager verwandtes Lied oberflächlichen Inhalts, in Varieté und Revue beheimatet», so daß erst wieder durch das «Festival Chanson Folklore International», auf der Burg →Waldeck seit 1964 veranstaltet, die vielseitigen Qualitäten bekannter wurden. In dieser Zeit wurden viele der politischen Liedermacher aus dem deutschsprachigen Raum, wie →Franz Josef Degenhardt, →Wolf Biermann, →Hannes Wader, als Chansonsänger bezeichnet. Als hervorragende Interpreten aus Frankreich müßten noch genannt werden Jacques Brel, Aristide Bruant und aus der BRD →Walter

Hedemann. Im Rathaus von Mainz befindet sich ein Kabarett-Archiv unter der Leitung von Reinhard Hippen, der allgemein als bundesdeutscher Fachmann für dieses Genre gilt. Dort ist umfangreiches Material zur Geschichte von Chanson und Kabarett einzusehen (→Archive).

● Auf Philips: Jacques Brel. Integrale des Chansons de 1954 à 1962 (5 LPs; 6641935); Concert à l' Olympia. Jacques Brel (9279001); Greatest Hits. Jaques Brel (9279027) ... auf CBS: L'Album d'Or Leo Ferre (63389) ... auf Philips: Monsieur Saint Pierre. Edith Piaf (2 LPs; 6680256) ... auf Polydor: Liederbuch Georges Moustaki (2 LPs; 2675185); des weiteren →Brassens, →Walter Hedemann

Charango. Die sogenannte Schrumpfgitarre ist eine der verschiedenen kleinen Gitarrenvarianten Südamerikas. Ihr Korpus ist ein Gürteltierpanzer, und sie ist mit fünf Doppelsaiten aus Metall bespannt.

Chicago Blues. Vielen Bluesanhängern gilt Chicago als das «Mekka» dieser Musik. Vor allem in Europa wird, bedingt durch das →American Folk Blues Festival, bei dem Musiker aus dieser Stadt überrepräsentiert waren, Chicago allgemein als das Zentrum des Blues betrachtet. Sicher ist, daß die städtische Interpretationsweise der schwarzen Volksmusik ihren Hauptsitz hier hat und daß es sich um das entscheidende und bekannteste Zentrum für den →Rhythm & Blues handelt. Der sogenannte Chicago Blues ist aus der Fortsetzung der →Mississippi Delta-Tradition entstanden und hat sich seit Mitte der vierziger Jahre zur aggressivsten Vortragsart innerhalb der Bluesgeschichte entwickelt. Er wird als einer der maßgebenden Impulse für die Rockmusik betrachtet.
Als entscheidende Persönlichkeit wird Muddy Waters genannt. Um ihn versammelte sich die Bluesszenerie dieser Stadt, welche mit Musikerpersönlichkeiten wie Little Walter, J. B. Hutto, →Jimmy Rogers, →Slim Harpo, Howlin' Wolf, Elmore James, →John Lee Hooker nur unzulänglich beschrieben ist, da der Ruf der Chicago-Szenerie eine fast unvorstellbare Zahl an Musikern anlocken konnte. In den letzten Jahren hat sich Sunnyland Slim zu einer der zentralen Persönlichkeiten der Szenerie entwickelt. Einen ganz wesentlichen Beitrag zur Konservierung des hier gespielten Blues lieferten die Brüder Chess, zunächst mit ihrem Aristocrats Label, welches 1950 in Chess umbenannt wurde und anerkanntermaßen die erste Chicago Blues-Plattenfirma war.

● Auf Delmark: Blues Piano Orgy (626); Sweet Home Chicago (DS 618); Chicago ain't Nothing But a Blues Band (624) ... auf Flyright: Blues Southside Chicago (521); Blues from the Windy City (4713) ... auf Testament: The Chicago String Band (T 2220); Going to Chicago (T 2218); Master of Modern Blues Vol 1–4 (T 2212–15); Going to Chicago (T 2218); Chicago Blues. The Beginning (T 2207); Modern Chicago Blues (T 2203) ... auf Chess: Genesis Volume 1–3 (6641047, 6641125, 6641174)

Chieftains. Die CHIEFTAINS gelten als Vertreter der irischen Instrumentalmusik mit Weltgeltung. Sie dürfen für sich in Anspruch nehmen, die am längsten bestehende kontinuierliche Formation ihres Landes zu sein und haben, schon frühzeitig über die irischen Grenzen hinaus bekannt, das Interesse an der folkloristischen Tradition ihrer Heimat gestärkt. Sie spielte im Vermächtnis von Sean O Riada (gestorben 1971), der vermutlich wichtigsten Persönlichkeit bei der Wiederbelebung traditioneller irischer Musiken, welcher sich wiederum ganz besondere Verdienste um einen der größten irischen Komponisten, O Carolan (1670–1738), erworben hatte. Ganz in seinem Sinne setzen die CHIEFTAINS das von Sean O Riada begonnene Werk fort und sind inzwischen der Inbegriff traditioneller irischer Musik geworden, die sie ausschließlich mit den klassischen Instrumenten dieser Folklore ausführen. Sean O Riada war auch maßgeblich an der Gründung dieser kompromißlos authentischen Folk-Gruppe beteiligt, indem er den größten Teil der heute noch zur Gruppe gehörenden CHIEFTAINS 1960 zu einer inzwischen historischen Session in sein Haus einlud. Paddy Moloney (Cuillean pipes' Sean Potts (whistle), Martin Fay (f), Michael Tubridy (fl) und Peador Mercier (bodhran), die Gründungsmitglieder der CHIEFTAINS, schlossen sich hier mit ihm und Eamon De Buitlear zu der Gruppe CEOLTOIRI CHUALANN zusammen, die zu dieser Zeit das Material bearbeitete, welches in den siebziger Jahren die →PLANXTY, →BOTHY BAND u. a. populär machen sollte. Zunächst arbeiteten die Mitglieder abwechselnd als CHIEFTAINS und als CEOLTOIRI CHUALANN zusammen, gegen Ende der sechziger Jahre wurden die CHIEFTAINS aber die Hauptgruppe. 1968 schloß sich Sean Keane (f) der Formation an und 1972 noch Derek Bell (harp), so daß die CHIEFTAINS von diesem Zeitpunkt an in der Besetzung waren, die die traditionelle Komponente der irischen Musik weit über die Grenzen ihres Landes hinaus bekannt machte. Ganz besondere Erfolge feierten sie dabei in den USA, wo sie neben den →CLANCY BROTHERS inzwischen die bekannteste irische Band sind und durch überdurchschnittlich gute Schallplattenumsätze auch in der Lage sind, in einer solch großen Formation weiter voll professionelle Musiker zu bleiben – im folkloristischen Bereich eine Seltenheit. Die CHIEFTAINS sind seitdem regelmäßig auch in der BRD zu hören. Inzwischen hatte Peador Mercier die Gruppe verlassen, und Kevin Conneff, der bis dahin den traditionell Club in Flattery's Pub in Dublin geleitet hatte, übernahm den Bodhran-Part. 1979 wurden zwei weitere Gründungsmitglieder müde vom jahrelangen Unterwegssein, und so zogen sich Michael Tubridy und Sean Potts zurück, obwohl sie noch gelegentlich mit der Gruppe zusammen zu hören sind. In ihrer langwährenden Zusammenarbeit haben die CHIEFTAINS bis auf den heutigen Tag eine große Anzahl LPs eingespielt, darunter neun Alben, die auch bei uns ohne Schwierigkeiten erhältlich sind. Jede dieser Platten ist empfehlenswert, da hier zur Kontinuität auch eine gleichbleibende Qualität kommt. Im Gegensatz zu vielen irischen Musikern, die vor allem im Ausland besonders populär sind, haben die CHIEFTAINS auch in ihrer Heimat einen großen Namen und sind auf den irischen Festivals der unerreichbare Höhepunkt.

● Auf Island: The Chieftains (ILPS 9364); Chieftains 2 (ILPS 9365); Chieftains 3 (ILPS 9379); Chieftains 4 (ILPS 9380); Chieftains 5 (ILPS 9334); ... auf CBS: Bonaparte's Retreat (82990) Chieftains 7 (82914); Chieftains 8 (83262); Live (82985)

Cimbalon →Hackbrett

Cister. Die Cister, die als Halslaute zu den Griffbrettinstrumenten zählt und von den ursprünglichen Flankenwirbelinstrumenten abgeleitet wird, ist ein seit dem 11. Jahrhundert nachweisbares gezupftes →Fiedelinstrument. Zunächst mit einem birnenförmigen Umriß nahm sie im Verlauf der Entwicklung einen Zargenkorpus mit flachen Platten an und hatte verschiedene Variationen (Pandora, Erzcistern u. a.). Sie war in der Regel mit vier Doppelsaiten bespannt, obwohl es auch hier verschiedene Varianten gab. Heutzutage findet das Instrument eine Wiederbelebung in Gruppen, die sich mit der Tanzmusik der Renaissance beschäftigen, wie die Gruppe →LILIENTHAL, die besonders die Waldzither, eine entwickelte Cisterform, einsetzt.

City Preachers. Die Folklore-Gruppe aus Hamburg war als eine der ersten kommerziell erfolgreichen bundesdeutschen Formationen dieses Genres ein Meilenstein in der Entwicklungsgeschichte einer Folk-Szene hierzulande. Ihr internationales Repertoire kann das damalige Verständnis von Folk Music darstellen und riß die Fachpresse zu Lobeshymnen hin. Die CITY PREACHERS interpretierten Lieder aus den verschiedensten Kulturbereichen – →Skiffle, amerikanische, russische, →jiddische Folklore – und waren zu Beginn ihrer Entwicklung besonders durch irische Einflüsse geprägt. Ihnen wurde nachgesagt, daß sie «zu den wenigen hierzulande» gehörten, «die beim Singen swingen» (Programmankündigung 1968). Ihre Geschichte ist durch geradezu chaotische Besetzungswechsel geprägt, und die Mitgliederliste weist ausgesprochen interessante Namen auf.

Die CITY PREACHERS wurden 1965 in Hamburg von dem Iren John O' Brian Docker gegründet. Gleich zu Beginn stellte sich Inga Rumpf ein, und die kontinuierlichsten Musiker in der anfangs dreizehnköpfigen Formation waren Sybille Kinast und Michael Kunze. 1966 hatte die Gruppe mit 17 Personen ihre Rekordbesetzung und erzielte mit dem Album «Folklore» (Decca) ihren Durchbruch. In dieser Zeit schloß sich Eckart Kahlhofer den PREACHERS an, und von 1968 bis 1969 war auch Udo Lindenberg mit dabei. 1968 – fünf weitere erfolgreiche LPs waren bereits zustandegekommen – schwankte die Besetzung zwischen 10 und 12 Personen, Ende jenes Jahres wurde John O' Brian Docker nach Streitigkeiten ausgeschlossen. Inga Rumpf avancierte zur musikalisch bestimmenden Persönlichkeit, verließ die CITY PREACHERS aber bereits 1970 und gründete mit dem PREACHERS-MITGLIED Jean Jacques Kravetz die Rock Band FRUMPY. In einer sechsköpfigen Besetzung agierten die CITY PREACHERS bis 1972 nur wenig erfolgreich weiter. Kurz nach ihrer Auflösung wurde ein Comeback versucht, das jedoch scheiterte; es ist dokumentiert auf der LP «Comeback / Back to the City».

Clancy Brothers. Der irischen Folk-Gruppe aus Mitgliedern der Clancy-Familie kommt als Formation der ersten Stunde im irischen Revival eine wichtige Funktion bei der anfänglichen Popularisierung traditioneller Lieder zu. Dazu sind sie, ähnlich wie die frühen →DUBLINERS in der Bundesrepublik, die Wegbereiter für den Irish Folk in den USA und Kanada und galten dort lange Zeit als Inbegriff dieser Kultur. Ebenso wie die DUBLINERS sind sie aber für die Entwicklung der folkmusikalischen Szene in ihrer ursprünglichen Heimat inzwischen verhältnismäßig bedeutungslos geworden, obwohl (und hier ist wieder eine Parallele zu den DUBLINERS) von kaum einer anderen Gruppe derart viele LPs produziert worden sind. Unbestritten waren ihre frühen Radioauftritte und Schallplatteneinspielungen mit irischen Songs ein wesentlicher Anstoß für die Hinwendung vieler Musiker zur eigenen Tradition.

Die Clancy-Brüder Patrick, Tom und Liam stammen aus Carrick-on-Suire und schlossen sich als Gruppe 1956 in New York zusammen. Patrick und Tom Clancy waren zu dieser Zeit bereits einige Jahre in den Staaten, hatten ein Theater und die Plattenfirma «Tradition» gegründet, als ihr Bruder Liam mit Material von einigen Sammlungsreisen durch England, Irland und Schottland dazukam. Verstärkt wurde die Gruppe von Tommy Makem aus Keady, County Armagh, dessen Mutter Sarah zu den besten Sängerinnen aus Ulster, wo die verschiedenen musikalischen Einflüße der britischen Inseln zusammenfließen, zählt. Besonders deutlich werden die Einflüsse von Tommy Makem auf der zweiten LP der CLANCY BROTHERS, «The Rising of the Moon» (1957), die zu den ersten wichtigen Schallplattenaufnahmen über die Lieder des irischen Widerstands gilt. Bei der folgenden LP «Come Fill Your Glass with Us» zeigte sich die andere Seite der Gruppe – hier ist das Standardrepertoire vieler Folgegruppen zu hören, das die irische Folklore auf eine reine Saufkultur reduziert. Die CLANCY BROTHERS spielten dann abwechselnd Rebel Songs und Trinklieder ein und waren vor allem in den USA und Kanada die begehrtesten irischen Interpreten. Nachdem sich 1969 Tommy Makem, der ein ausgezeichneter Liederschreiber ist (*Four Green Fields*, eines der bekanntesten neueren irischen Lieder), von der Gruppe getrennt hatte, blieben die CLANCY BROTHERS auf lockerer Ebene weiter zusammen, lösten sich aber nach und nach auf und verschwanden als Gruppe Mitte der siebziger Jahre ziemlich unbemerkt von der Folk-Plattform.

● Auf Tradition Everest: The Lark in the Morning (1004); The Rising of the Moon. The Clancy Brothers and Tommy Makem (1006); Come Fill Your Glass with Us. The Clancy Brothers and Tommy Makem (1032); Presenting the Clancy Brothers & Tommy Makem (1042); The Best of Clancy Brothers & Tommy Makem (2050); Irish Songs of Rebellion (2070); Irish Folk Airs, Clancy Brothers & Tommy Makem And Their Families (2083); Irish Drinking Songs (2092); Songs of Tommy Makem (1044) ... Peg & Bobby Clancy: Songs from Ireland (1045)

Clannad spielen irische Musik aus keltischer Tradition und wurden mit jedem denkbaren Superlativ bedacht. Sie interpretierten traditionelle Themen mit derart großer Virtuosität und Genauigkeit, daß sie als die «Kammermusiker der Folk-Szene» bezeichnet werden. Ihre Besonderheit liegt dabei nicht nur darin, daß die meisten ihrer Texte in gälischer Sprache sind, wodurch sie auf internationaler Ebene als alleinige Vertreter der irisch-keltischen Musik gelten, sondern daß sie darüber hinaus eine instrumentale und gesangliche Konzeption vorstellen, die sie als eine der wenigen Folk-Gruppen mit der aufregendsten Formationen in der Geschichte der Folk Music, →PENTANGLE, vergleichbar macht. Ihre Verwurzelung in der Tradition jenes Teils vom County Donegal, in dem die gälische Sprache noch selbstverständlich ist, vermischt sich auf unvergleichliche Weise mit Rock- und Jazzelementen zu einem originellen «Zauber irischer Tradition» (Hessische Allgemeine).

Der Clan (Familie oder Sippe) der Braonain (Brennans) und Dugain (Duggans) aus Gaoth Dobhair, Gweedore im County Donegal, ist die familiäre Basis der CLANNAD, deren Mitglieder untereinander alle im verwandtschaftlichen Verhältnis stehen. Maire Ni Braonain (keltische harfe, voc), geb. am 4. August 1952, Pól O Braonain (whistle, fl, g, bongos, voc), geb. am 22. April 1956, und Ciarán O Braonain (b, voc), geb. am 4. März

1954, hatten bereits in ihrer Schulzeit begonnen, mit Noel O Dugain (g, voc) und Padraig O Dugain (g, mandola, voc), beide geboren am 23. Januar 1949, gemeinsam Musik zu machen. 1970 traten sie erstmals an eine größere Öffentlichkeit und gewannen den Slogadh-Wettbewerb und den ersten Preis beim Letter Kenny Folk Festival. In den ersten Jahren ihrer Aktivitäten hatte die Gruppe mit großen Schwierigkeiten zu kämpfen, da sie weder vom traditionellen Lager akzeptiert wurde noch eine neue Szene vorfand, die offen für ihre Interpretationen gewesen wäre. Erst Mitte der siebziger Jahre – die Gruppe hatte inzwischen ihre erste LP «Clannad» (Philips) aufgenommen – fand sie die gebührende Anerkennung und wurde binnen kürzester Zeit zu einem Markenzeichen auch über die Grenzen Irlands hinaus. 1975 war CLANNAD erstmals in der BRD zu hören und wurde zur großen Überraschung des zweiten Irish Folk Festival, war im folgenden Jahr beim dritten Festival nochmals vertreten und machte die erste eigenständige Tournee durch das Bundesgebiet, welche vom Publikum und Kritikern gleichermaßen begeistert aufgenommen wurde. Die fast ausschließlich ausverkauften Häuser befreiten die Musiker zudem endlich von ihren Schuldenbergen.

Inzwischen hat sich der Ruf von CLANNAD auf dem Kontinent und in England ebenso wie in den USA gefestigt, und wer über die Folk Music der siebziger Jahre spricht, wird schwerlich an den perfekten a capella-Interpretationen der Gruppe vorbeikommen und auch eines ihrer Meisterwerke, *Nil se na la*, nicht unerwähnt lassen können. Als Bestandteil von CLANNAD gilt noch Nicky Ryan, der für den Sound verantwortlich zeichnet und in Irland auf diesem Gebiet unerreicht ist. Der ehemalige Soundmann der →PLANXTY bietet die Gewähr, daß die Schwierigkeiten bei der Verstärkung von akustischen Instrumenten so gelöst werden, daß die Darbietung den professionellen und perfektionistischen Ansprüchen dieser Ausnahmemusiker gerecht wird.

● Auf Philips: Clannad (6392013) ... auf Intercord: Clannad 2 (INT 160 058); Dùlamán (INT 160065); Clannad in Concert (INT 160124) ... vertreten auf 2nd Irish Folk Festival (2 LPs INT 181002), '3 rd Irish Folk Festival (2 LPs INT 181008); Folk '78 (2 LPs INT 155028)

Clements, Vassar, ist als Fiddle-Spieler in seiner Intensität und Vielseitigkeit allenfalls mit dem legendären Stephane Grapelli zu vergleichen – auch wenn die grundlegende Stilrichtung bei den beiden Interpreten sehr verschieden ist. Clements erreicht trotz seiner langsamen Bogenführung eine ungeheure Geschwindigkeit, und indem er nahe am Steg streicht und ideal gewichtet, erzeugt er einen ungewöhnlich vollen Klang. Kenner behaupten, dadurch Vassar Clements auf jeder Einspielung schon nach wenigen Takten zweifelsfrei zu erkennen ist.

Vassar Clements wurde am 25. April 1928 in Kinard, South Carolina, geboren. Mit seinen Brüdern zusammen begann er schon früh Gitarre zu spielen; als sein fiedelnder Bruder ausstieg, so Clements, wollte er es selbst mal mit diesem Instrument probieren. Seine ersten professionellen Erfahrungen als Fiddler machte er in →Nashville bei →Bill Monroes BLUEGRASS BOYS, bei denen er die zweite Geige spielen sollte. Durch seine perfekte Kopie der bis dahin einzigartigen Technik von Russel Chubby Wise übernahm er jedoch schon bald den führenden Fiddle-Part in dieser Gruppe. Probleme mit Alkohol zwangen ihn zu einer mehrjährigen Pause, die er aber nutzte, indem er im jazz-beeinflußten Florida seine Improvisationstechnik ausbaute. Als er 1967 nach Nashville zurückkehrte, wurde er dort bald der begehrteste Fiddler. Er spielte Aufnahmen mit den verschiedensten Musikern ein – u. a. mit Kris Kristofferson, Gordon Lightfoot, The Byrds, Paul McCartney, The Allman Brothers – und nahm mit der →Nitty Gritty Dirt Band seine bekannteste Nummer auf, den *Lonesome Fiddle Blues*. Die besten musikalischen Kontakte hatte Clements bezeichnenderweise zu →Earl Scruggs, in dessen Revue er 1972 arbeitete, und zu Doc Watson. Mit Watson spielte er den *Black Mountain Rag* ein, und dieses «Gespräch» zwischen Fiddle und Gitarre ist einer der Höhepunkte in der Geschichte des →Bluegrass (enthalten auf dem Dreifachalbum «Will the Circle be Unbroken»).

● Auf Rounder: Crossing the Catskill (RR 0016) ... auf Mercury: Vassar Clements (SRM-1-1022); Superbow (SRM-1-1058) ... auf Flying Fish: Hillbilly Jazz (101); Vassar Clements – The Bluegrass Sessions (038) ... vertreten auf United Artists: Will the Circle be Unbroken (3 LPs UAS 9801) ... auf Rounder: Something Auld, Something Newgrass (RB 1); Banjoland (mit Tony Trischka, RR 0087) ... auf Columbia (mit Earl Scruggs Revue): Live at Kansas State (KC 31758); Dueling Banjos (32268).

Comhaltas Ceoltoiri Eireann. Dieser seit 1951 bestehenden irischen Vereinigung zur Bewahrung und Verbreitung der traditionellen irischen Musik kommt ein besonderer Stellenwert in der Entwicklungsgeschichte des irischen →Folk Revival zu. So schuf die Comhaltas Ceoltoiri Eireann (Vereinigung der irischen Musiker) durch Einrichtung der Fleadh Ceoils (dörfliche volksmusikalische Feste) die erste Plattform für die vom Aussterben bedrohte eigene Kultur. Die Organisation hat sich beachtliche Verdienste um die Erhaltung der gälischen Sprache erworben und durch Schaffung der sogenannten Competitions (Wettbewerbe verschiedener Instrumentalisten in verschiedenen Altersklassen, die ihren Höhepunkt in den All Ireland Champion haben) für eine neue Blüte des irischen Instrumentariums (→uilleann pipes, →flute, →whistle, →fiddle u. a.) gesorgt. Innerhalb der neueren irischen Folk-Szene sind die Comhaltas wegen ihrer puristisch-traditionellen Ausrichtung starker Kritik durch Musiker wie →Paul Brady, →Andy Irvine u. a. ausgesetzt gewesen.

Cornemuse →Dudelsack

Cotton, Elisabeth, die Verfasserin des bekannten Standard-Folk Song *Freight Train*, ist selbst erst im hohen Alter in der Öffentlichkeit bekannt geworden und wurde mit Beginn des →Folk Revival als eine Spezialistin des Fingerpicking durch eine rege Festival-Tätigkeit den vielen Verehrern dieser Gitarrentechnik vorgestellt. Sogar bei uns galt *Freight Train* über Jahre hinweg als Sinnbild für diese Gitarrentechnik und wurde als Beispiel eifrig benutzt.
Elisabeth Cotton wurde 1893 in Chapel Hill, North Carolina, geboren, spielte in ihrer Kindheit Gitarre, legte aber, wie sie selbst sagt, ihr Instrument bald beiseite, um dem «Herrn» zu dienen. Bemerkenswert ist, daß sie zu dieser Zeit nach eigenen Angaben *Freight Train* bereits verfaßt hatte, es aber 1957 werden mußte, bis ihr per Gerichtsurteil das Copyright zugesprochen wurde. In den vierziger Jahren wurde sie Hausmädchen bei den

→Seegers und fing in dieser Zeit wieder mit dem Gitarrespielen an, so daß es über Mike und Peggy Seeger 1958 schließlich zu ihren ersten eigenen Aufnahmen kam.
«Elisabeth Cotton Folk Songs» erschien bei Folkways. 1964 war sie auf dem →Newport Festival, und 1967 spielte sie eine weitere LP für Folkways, «Shake Shugaree», ein. 1979 erschien schließlich die LP «When I'm Gone», und im selben Jahr war Elisabeth Cotton auf Europatournee.

● Auf Folkways: Elisabeth Cotton: Folk Songs Guitar Vol. 1 (FS 3526); Shake Shugaree. Libba Cotton Vol. 2 (FTS 31003); When I'm gone. Elisabeth Cotton Vol. 3 (FA 3537)

Country Blues. Als Oberbegriff für den ländlichen Blues mit seinen regionalen Eigenheiten wird «Country Blues» verbunden mit dem Mississippi Delta und der texanischen Region, hat innerhalb dieser Gebiete trotz vieler Gemeinsamkeiten zahlreiche lokale Besonderheiten hervorgebracht und ist daher nur verständlich als Zusammenfassung der Vielfalt ländlicher schwarzer Volksmusik (siehe →Mississippi Delta, →Texas Blues, →Folk Blues, →Blues).

Country Music ist die Bezeichnung für die ländliche weiße Volksmusik in den USA. Sie wird vorwiegend zurückgeführt auf die Traditionen der europäischen Siedler in den Südstaaten und den →Appalachen und vermischt die verschiedensten Stile und Eigenschaften zu einem wichtigen Bestandteil der amerikanischen Folk Music, zum «Blues des weißen Mannes» (Tibor Kneif). Im Verlauf ihrer Entwicklung wurde die Country Music durch eine beispiellose industrielle Verwertung geprägt.
Ursprünglich war es eine rein schottische, irische, englische oder französische Musik, die als Ausdruck einer Gemeinschaft bei Erntefesten, Tanzveranstaltungen und Familienabenden gespielt wurde. Als Cecil Sharp in den Jahren 1916 bis 1918 seine Forschungsreisen machte, fand er diese Musik noch weitgehend in authentischen Formen vor. Die wichtigsten Instrumente waren →Fiddle und →Dulcimer, dazu kamen die →a capella vorgetragenen Balladen. Fahrende Sänger in Medicine Shows, Minstrels und Honky Tonks brachten die verschiedenen musikalischen Eigenheiten zusammen und trugen dazu bei, daß →Banjo und →Gitarre in diese Musik Eingang fanden. 1900 tauchte in einer New Yorker Zeitung erstmals der Begriff →Hillbilly auf, der in den folgenden Jahrzehnten das Synonym für authentische Country Music werden sollte. In den zwanziger Jahren wurde die ländliche Volksmusik von der entstehenden Musikindustrie entdeckt; die erste Aufnahme der Country Music, die auf Wachs gepreßt wurde, ist 1923 von dem fünfzigjährigen Anstreicher Fiddlin' John Carson für die Schallplattenfirma Okeh eingespielt worden. Von den überaus großen Erfolgen mit der schwarzen Musik ermutigt (→Race Records) folgten verstärkt Bemühungen um den weißen Markt, und es kam zu Aufnahmen mit der →CARTER FAMILY und zum ersten kommerziellen Riesen, →Jimmie Rodgers. Auch der Rundfunk nahm sich zunehmend der Hillbillies an und führte 1925 den Barn Dance (Tanz auf der Scheune) ein, aus dem sich in →Nashville «das wichtigste Schaukästchen für Country Music in den Vereinigten Staaten» (Folk Music Encyclopaedia) bildete. Der Barn Dance und in der Folge die →Grand Ole Opry wurden zur Meßstelle für die verkäuf-

liche Ware Country Music. Die Country & Western-Ideologie mit ihrer Cowboyromantik, die in den vierziger Jahren entstand, wurde die Norm der Stars dieser Szenerie – ganz im Sinne der «Pferdeopern», der Filme mit «dem singenden Cowboy, der mit Gitarre und Colt, Frauen und Pferden gleich gut umzugehen verstand» (Geschichte der Popmusik). Der Hillbilly, der es inzwischen zu Reichtum und Ansehen gebracht hatte, aber als leicht anrüchig und «primitiv» galt, wurde in diesem Trend weiter «gereinigt» und geglättet. Gleichzeitig erklärten sich Teile der Country Music, vor allem im →Bluegrass, mit einer konservativen und oft zum Rassismus neigenden Einstellung zu den Bewahrern der Nation. Country-Musiker wurden politisch aktiv, →Roy Acuff kandidierte als Gouverneur. Später unterstützten Country-Musiker den reaktionären Wallace bei seinem Wahlkampf.
Nach dem zweiten Weltkrieg entwikkelte sich die Country Music auf verschiedenen Ebenen weiter. Im Bluegrass kam es zu einer durchdachten instrumentalen Meisterschaft mit Fiddle, Banjo, Gitarre, Baß und Mandoline, und Interpreten wie →Bill Monroe, →Earl Scruggs oder die →NITTY GRITTY DIRT BAND interpretierten die ländlichen Square Dances und Songs in einem neuen, zeitgenössischen Gewand. Andererseits kam es in Nashville, der «Music City USA», zu einem Showbusiness, das sich mit immer mehr Glanz und Glitter umgab, und in perfekten Aufnahmestudios entstand mit routinierten Session-Musikern (→Charlie McCoy) «eine Aura von Professionalismus» (Folk Music Encyclopaedia). Die Musik entfernte sich dabei immer mehr von ihren ländlichen Ursprüngen und fand ihren Höhepunkt Anfang der fünfziger Jahre im Kult um →Hank Williams. In immer stärkerer Anlehnung an die marktbeherrschend werdende Popmusik entstand der hochstilisierte Nashville-Sound mit einer beachtlichen Anzahl an Country Popstars (Johnny Cash, John Denver, Roger Miller).
Als Reaktion entstanden andere Zentren der Country Music – Austin Texas, Memphis Tennessee –, wo versucht wurde, dieser Vereinnahmung durch den Nashville-Sound zu entgehen. Aber erst durch das →Folk Revival der sechziger Jahre wurde eine Wiederbelebung der traditionellen Country Music eingeleitet. →Jean Ritchie, →Frank Proffit, →SAM MCGEE AND THE DIXILINERS oder die →NEW LOST CITY RAMBLERS waren dabei wichtige Vertreter, und die Vielfalt der ländlichen Volksmusik wurde insbesondere durch →Mike Seeger gefördert. Das erneute Entstehen von String Bands und →Cajuns sowie die Popularisierung ländlicher Spieltechniken (Old Time Mountain Banjo, Country Guitar, Appalachian Fiddle u. a.) haben in den USA zu einer leichten Korrektur im Verständnis von Country Music geführt. In der Bundesrepublik hingegen ist der Begriff immer noch weitgehendst von der Country & Western-Richtung mit Interpreten wie Gunter Gabriel oder TRUCKSTOP bestimmt.

● Auf United Artists: Will the Circle be Unbroken (3 LPs; UAS 9801) ... auf String Records: Been Parlor Jive (STR 801); Emmet W. Lundy, Fiddle Tunes from Grayson County, Virginia (STR 802); Married Life Blues (STR 803); Milton Brown & his Brownies Taking Off (STR 804); Stompin' at the Honky Tonk (STR 805) ... auf Folkways: Mike Seeger. Old Time Country Music (FA 2325); Frank Proffit Sings Folk Songs (FA 2360); The Ritchie Family of Kentucky (FA 2316); Square Dances. All Styles (FA 2001); Smoky Mountain Ballads (FA 2040); Uncle Dave Macon (RF 51); Anthology of American Folk Music Vol 1–3 (FA 2951–53) ... des weiteren →Bluegrass, →Cajun, →Hillbilly

D

Danann →De Danann

Davenport, Bob, der zu den profiliertesten →a capella-Sängern aus England zählt und seine Lieder in bezug zu den Problemen der Arbeiterklasse sieht, betrachtet nach eigenem Selbstverständnis diese Lieder als Eigentum einer Gemeinschaft, die damit die «vielfältige Skala ihrer Empfindungen und Erlebnisse» (Davenport) wiedergibt. Kaum ein anderer aus der Singing Tradition dürfte ein größeres Repertoire mündlich überlieferter Balladen, welche die soziale Situation widerspiegeln, haben.
Bob Davenport wurde am 31. Mai 1932 in einer Bergmannsfamilie in Newcastle-upon-Tyne geboren, machte eine Ausbildung zum Bildhauer und lernte seine Lieder in der Familie und von Freunden ausschließlich durch mündliche Überlieferung. Nachdem er sich in London niedergelassen hatte, spielte er vorwiegend mit den Rakes zusammen, die aus Reg Hall (acc), Michael Plunkett (f) und Paul Gross (f) bestanden. Mit ihnen war er 1968 auf den Essener Songtagen und auf dem Newport Folk Festival zu hören. Außer dieser Stammbesetzung hatten die Rakes eine stattliche Anzahl wechselnder Mitglieder, die auch an den Schallplatteneinspielungen von Bob Davenport beteiligt waren. «Down the Long Road» (Topic) ist als eindrucksvolles Beispiel der englischen Country Music besonders erwähnenswert. Außer seinen eigenen Schallplatten ist Bob Davenport auf verschiedenen Samplern vertreten. 1977 spielte er sein bisher letztes Album, «Bob Davenport & The Rakes», nach über zwanzigjähriger Zusammenarbeit mit dieser klassisch traditionellen englischen Folk-Gruppe ein.

● Auf Topic: Down The Long Road (12 TS 274); Postcards Home (12 TS 318); Bob Davenport and The Rakes 1977 (12 TS 350) ... auf Trailer: Pal Of My Cradle Days Bob Davenport (LER 2088); Bob Davenport and the Marsden Rattlers (LER 3008) ... vertreten auf Topic: The Iron Muse (12 T 86); Farewell Nancy (12 T 110); Men At Work (TPS 166)

Davis, Reverend Gary, hat für «die akustische Stahlsaitengitarre die gleiche Wichtigkeit wie Andreas Segovia für die spanische Gitarre oder →Earl Scruggs für das Five String Banjo» (Stefan Grossmann). Mit seiner einzigartigen Zweifingertechnik und der Fähigkeit, sehr ungewöhnliche Akkordstellungen zu beherrschen, ist er als Lehrmeister für die Bluesgitarristen der dreißiger und vierziger Jahre ebenso bedeutsam wie für alle Vertreter der Folk- und Country Blues-Gitarre im Revival. Als Texter und Komponist werden ihm eine Unzahl der meistgespielten Bluestitel aller Zeiten zugeschrieben (*Hesitation Blues, Candy Man, Cocaine Blues* bzw. *Coco Blues*), und nach seiner Wandlung zum religiösen Sänger etliche sehr bekannte Gospelsongs (*Twelve Gates to the City, Meet You at the Station, Samson and Delilah*).
«Blind» Gary Davis wurde nach eigenen Angaben am 30. April 1896 in Laurens County, South Carolina, geboren und von seiner Großmutter aufgezogen. Im Alter von drei Wochen soll er durch den Fehler eines Arztes erblindet sein. Er begann wie fast alle Bluesleute bereits in seiner frühesten Kindheit mit der Musik, spielte zunächst Banjo, als Zehnjähriger dann Gitarre. Ungefähr 1915 kam er auf ei-

ne Blindenschule in Spartanbourg, South Carolina, wo er Blindenschrift lesen lernte. Er ging nach Greenville, einer damaligen Hochburg von Gitarristen und Sängern, heiratete das erste Mal, spielte bis Ende der zwanziger Jahre in einer String Band mit Willie Walker und dem ebenfalls blinden Joe Walker und sorgte durch Straßenmusik für den Unterhalt seiner Familie. Nachdem er 1933 in Washington, North Carolina, zum Priester geweiht worden war, kam er nach Durham, wo er auf →Blind Boy Fuller traf, der zusammen mit →Sonny Terry auf Straßen, bei Tanzveranstaltungen und in Bars auftrat. 1935 hatte er mit Blind Boy Fuller und Bull City Red (George Washington) seine erste Aufnahmesession für ARC in New York, die allerdings nur für die weitere Karriere von Fuller bedeutsam war. 1940 ließ sich Davis mit seiner zweiten Frau in New York nieder und spielte von da an auf den Straßen und in den Kirchen von Harlem. 1949 spielte er zwei Aufnahmen ein, und 1951 war er auf einer LP von Prestige zu hören. Seine eigentliche Schallplattenkarriere begann für ihn aber erst im Alter von 61 Jahren mit dem aufkommenden →Folk Revival. Inzwischen hatte er angefangen, seine Gitarrentechnik anderen zu vermitteln, und er war auf dem ersten →Newport Folk Festival zu hören. In den sechziger Jahren zählte er zu den begehrtesten Bluesgitarristen in Amerika, spielte mehrere LPs ein und war einige Male auf Tournee in Europa, letztmalig 1971. Der fingerfertige Gitarrenvirtuose starb am 5. Mai 1972 an einem Herzinfarkt in der Nähe von New Yersey. Einer seiner glühenden Verehrer, Stefan Grossmann, gab zwei Jahre später bei Oak das Buch «Reverend Gary Davis. Blues Guitar» heraus, in welchem sich viele seiner wichtigsten Stücke befinden. «Er war der Vater der Gitarrenspieler» (Willy Trice).

● Auf Transatlantic: Ragtime Guitar (TRA 244); Children of Zion (TRA 249) ... auf Fantasy: When I Die I'll Live Again (24704) ... auf Stinson: Blind Gary Davis – The Singin' Reverend (SLP 56) ... auf 77 Records: Pure Religion and Bad Company (77 LA 12/14) ... auf Yazoo: Reverend Gary Davis 1935–1949 (L 1023) ... auf Riverside: Gospel, Blues and Street Songs (RLP 148) ... auf Prestige-Bluesville: Say No to the Devil (1049) ... auf Prestige-Folklore: The Guitar and Banjo of Reverend Gary Davis (14033) ... auf Vanguard: The Reverend Gary Davis at Newport (SRV 73008) ... auf Fontana: Bring Your Money Honey (SFJL 914) ... auf Biograph: Blues and Gospel (12030); Lord I Wish I Could See (12034) ... vertreten auf Folkways: Blues Rediscoveries (RBF 11); Hootenanny at Carnegie Hall (FN 2512) ... auf Bellaphon: Bluesselection (2 LPs, BBS 2502)

Debus, Helmut, ist ein Folk-Sänger, der sich innerhalb der regionalen Kultur seines plattdeutschen Sprachgebiets einen Stammplatz in sowohl traditioneller als auch politischer Hinsicht gesichert hat. Er ist dabei mehr Volkssänger, vielleicht vergleichbar mit anderen regionalen Vertretern wie →Frank Baier, →Werner Worschech, →Roger Siffer u. a., als jeder andere Musiker aus einer solchen Tradition, da er musikalisch und auch sprachlich nicht über seine eigene direkte Umwelt hinausgeht und trotzdem weit über seine Region hinaus bekannt ist. Helmut Debus macht Texte, «die angehen», die aus seiner eigenen ländlichen Betroffenheit stammen, deshalb in plattdeutsch gesungen werden und die eine Brücke zwischen Vergangenheit und Gegenwart herstellen in lebendiger, politischer und ebenso lebenslustiger Art.
Helmut Debus wurde 1949 in Brake, Wesermarsch, geboren, wuchs in dieser Region auf, wurde Buchhändler und kam nach seiner Bundeswehrzeit

über den zweiten Bildungsweg an die Pädagogische Hochschule. Durch seinen Kontakt zu dem Gitarristen Günter Stanke und dem niederdeutschen engagierten Lyriker Oswald Andrae, dessen Texte einen großen Teil im Repertoire von Helmut Debus ausmachen, beschloß er hauptsächlich Musik zu machen und hatte 1976 zusammen mit Günter Stanke, der ihn auch auf seinen weiteren LPs unterstützt, seine erste Einspielung: «Wo ik herkam». Helmut Debus, der außer Gitarre und Mundharmonika noch die Concertina spielt, ist dabei in seinen Liedern ausgesprochen vielseitig, ob er nun über einen alten Deicharbeiterstreik von 1765 berichtet oder über einen Bleiskandal der heutigen Zeit (*Lüüd paßt op*, Leute paßt auf). Als engagierter Umweltschützer zieht sich auch die Diskussion um die AKWs durch seine Lieder. So hat er den *Brokdörp Song* nach einer Textvorlage von Oswald Andrae vertont, eine eindrucksvolle Beschreibung des Einsatzes der Ordnungshüter bei der Großdemonstration in Brokdorf vom 13. November 1976, für die als Melodiegrundlage das alte amerikanische Gewerkschaftslied *Which side are you on* diente.
Im *Blumenlied für Grohnde* (AKW Grohnde) beschreibt er seine Auffassung von der möglichen Form des Widerstands folgendermaßen: «Gendarm, geh nach Haus ... ich schenk dir 'nen Blumenstrauß, der ist rot.»

● Auf Verlag Atelier im Bauernhaus: Wo Ik Herkam (h 10); Wat Ik Meen (h 20); För All Dat (h 505); Kaamt Tohoop (PL 512); In dit platte Land (PL 515)

De Danann ist eine traditionell ausgerichtete irische Gruppe, die verschiedene regionale Eigenheiten aus Galway und Kerry miteinander verbindet und überwiegend Tänze in den kompliziertesten Rhythmen vorträgt. Durch Teilnahme am dritten und vierten →Irish Folk Festival wurde die Gruppe auch in der BRD bekannt und war seither hierzulande regelmäßig auf eigenständigen Tourneen zu hören. Die Stammbesetzung der Gruppe besteht ihrem Repertoire entsprechend aus reinen Instrumentalisten, die seit Ende 1974 zusammen sind und sich um verschiedene erstklassige Sänger wie →Andy Irvine, Johnny Moynihan, Tim Lyons und in ihrer ersten Zeit um →Dolores Keane verstärkten.
Alec Finn (bouzouki) wurde am 4. Juni 1944 in Yorkshire, England, geboren, kam als Zwölfjähriger nach Dublin und spielt seine sechssaitige Bouzouki in einer für Irland unüblichen griechischen Stimmung. Charlie Piggott (acc, bouzouki, whistle, tbj), der Multiinstrumentalist der Gruppe, wurde am 14. Juli 1948 in Cobh, Cork, geboren, lernte von seinem Vater die typischen Stile der Ost-Kerrys und hat als seine Spezialität das Tenorbanjo, auf dem er einer der besten zeitgenössischen Interpreten Irlands ist. Johnny «Ringo» McDonagh (bodhran, bones), geboren am 30. März 1951 in Galway, ist einer der Pioniere der irischen Handtrommel und spielt die Knochen fast als Kastagnetten. Vollständig ist der Stamm von DE DANANN mit dem Benjamin der Gruppe, Frankie Gavin (f, whistle, fl), geboren am 8. Mai 1956, der in einer bekannten Musikerfamilie in Kerry aufwuchs und ein besonders versierter Fiddlespieler ist.
Bereits 1975 spielte die Gruppe ihre erste LP für Polydor ein, «De Danann», bei welcher der Gesangsteil von Dolores Keane übernommen wurde. Nach einem kurzen Gastspiel von Andy Irvine wurde 1976 Johnny Moynihan, der sich bereits durch SWEE-

NEY'S MEN und seine Mitarbeit bei →PLANXTY ausgezeichnet hatte, Mitglied. 1977 wurde er von Tim Lyons aus dem County Clare abgelöst.

● Auf Polydor: De Danann (2904005)... auf Intercord: Selected Jigs, Reels & Songs (INT 161016)... vertreten auf Folk '78 (2 LPs; INT 155028); 3rd Irish Folk Festival (2 LPs, INT 181008); 4th Irish Folk Festival (2 LPs; INT 180038)

Degenhardt, Franz Josef. In der →Waldeck-Ära als «erster deutscher Chansonnier» und «König der Waldeck» tituliert, wird Franz Josef Degenhardt heute nach wie vor von vielen als der «berühmteste Protestsänger» in der Geschichte der Bundesrepublik bezeichnet. Seine Entwicklung von einem sozialkritischen Liedersänger, der «Attacken gegen die Stumpfheit und verlogene Biederkeit der bundesdeutschen Kleinbürgerwelt» führt, zu einem Liedermacher, der aus dialektisch-materialistischer Überzeugung Analysen der gesellschaftlichen Verhältnisse liefert, ist auf seinen bisher 16 LPs eindrucksvoll dokumentiert. «Ja, vierzig Jahre bin ich schon / und bin auch fast ein Kommunist, / was in dem Deutschland, wo ich wohn, / noch immer sehr gefährlich ist» (1972).

Franz Josef Degenhardt wurde in einer katholischen Familie am 3. Dezember 1931 in Schwelm/Westfalen geboren, studierte in Freiburg und Köln und ließ sich 1961 in Brebach-Fechingen bei Saarbrücken nieder. An der Universität von Saarbrücken war er als wissenschaftlicher Assistent für Europäisches Recht tätig und promovierte dort 1966 zum Dr. jur. 1963 hatte er sein Rundfunk-Debüt und spielte im selben Jahr seine erste LP «Zwischen Null Uhr Null und Mitternacht, Bänkelsongs» ein, welche bei Polydor erschien. Seine zweite LP, «Spiel nicht mit den Schmuddelkindern» (1965), wurde ein ausgesprochen großer Erfolg, und ihre Lieder wie *Deutscher Sonntag* oder *Feierabend* wurden für die Nostalgiker in den siebziger Jahren zum Sinnbild für den «guten alten Degenhardt». Das gleichnamige Buch, eine Textsammlung, welche später bei Rowohlt erschien, zählt mit bislang fast 200000 Exemplaren zu den erfolgreichsten Büchern dieser Art. In den Jahren darauf folgten «Väterchen Franz» (1967) und «Wenn der Senator erzählt» (1968), bei der sich ein neuer Degenhardt mit konkreteren politischen Absichten und Aussagen andeutete. Seine Single *Vatis Argumente* wurde zu einer Manifestation gegen die alten Autoritäten und ein deutliches Zeichen für die Studentenunruhen und die Entstehung der Außerparlamentarischen Opposition. Das Jahr 1968 wurde für Franz Josef Degenhardt, wie für viele, zum Wendepunkt, und auf einer Live-LP, die auf den Essener Songtagen mitgeschnitten wurde («Degenhardt Live»), war die Parole zu hören: «Zwischentöne sind nur Krampf / im Klassenkampf.» Eine weitere Veränderung war der internationale Blickwinkel in den Texten, zunächst nach Griechenland (*Roter Tag der Freiheit in Athen*) und Vietnam (*Die Ereignisse am Mondfalterfluß*). Die von ihm selber zum «Jahr der Schweine» erklärte Zeit (gleichnamige LP, 1969) brachte den politischen Degenhardt mit Titeln wie *Monopoly* oder *Die Ballade von den Weißmachern und was mit ihnen geschehen muß*, und konsequenterweise ließ er sich 1969 als Rechtsanwalt in Hamburg nieder, wo er die Verteidigung von Angehörigen der APO übernahm. In diesem Jahr wurde er aus der SPD ausgeschlossen. 1971 brachte die LP

«Wallfahrt zum Big Zeppelin» eine deutliche Absage an die Entpolitisierung innerhalb der Bewegung durch Pop und Drogensubkultur, und andererseits durch *Die Geschichte des Kommunisten Rudi Schulte aus Essen, 63 Jahre alt und noch immer im Betrieb* seine bis dahin klarste Positionsbestimmung. Inzwischen war Degenhardts erster Roman «Zündschnüre» (1970) erschienen, und er hat sich mit diesem Buch über den Widerstand seiner Region im Hitlerfaschismus auch als Schriftsteller einen Namen gemacht. Das Buch wurde erfolgreich verfilmt. Als weitere Titel erschienen «Brandstellen» (1975), ein weitgehend autobiographischer Roman, der sich mit der Terroristen-Szenerie auseinandersetzt, und «Die Mißhandlung» (1979).

Seine Lieder, die er in dieser Zeit schrieb, wurden nur noch von Teilen der linken Gruppierungen akzeptiert. So die LP «Mutter Mathilde» (1972) mit einem Lehrstück «der Natascha Speckenbach / mit Haaren wie Tomatensaft, / und die kennt Marx und Engels / und wie man's richtig macht» und mehr noch die folgende, «Kommt an den Tisch unter Pflaumenbäumen» (1973), an der sich seine Einstellung zum anderen Teil Deutschlands ablesen läßt («und ist kein Traum das Land / geträumt aus rotem Mohn / nämlich ein Stück davon / das gibt es schon»).

Nach zwei weiteren LPs erschien innerhalb der «Liederbuch»-Plattenserie von Polydor 1979 das Album «Liederbuch Franz Josef Degenhardt, Live mit Band», welches die unterschiedlichsten Bewertungen erfuhr, aber zu Recht mit dem Untertitel «Von damals und von dieser Zeit» einen guten Überblick über sein Schaffen geben kann. Die Begleitmusiker sind Jan Reimer (g, eg), Man R. Breuer (dr, perc), Cläusel Quitschau (b), Steve Baker (harm), Uli Rademacher (harm) und Herb Geller (altsax). In derselben Besetzung erschien 1980 «Der Wind hat sich gedreht im Lande». Diese LP, u. a. mit dem Titel *Bumser Pacco*, bestätigt Degenhardt wieder als Meister seines Fachs.

● Auf Polydor: Spiel nicht mit den Schmuddelkindern (237816); Väterchen Franz (237829); Wenn der Senator erzählt (237834); Degenhardt Live (249268); Im Jahr der Schweine (249331); Porträt. Franz Josef Degenhardt (2638009); Die Wallfahrt zum Big Zeppelin (2371138); Mutter Mathilde (2371254); Kommt an den Tisch unter Pflaumenbäumen (2371380); Mit aufrechtem Gang (2371599); Wildledermantelmann (2371728); Der frühe Degenhardt (4 LPs, 2630089); Liederbuch (2 LPs 2630105); Der Wind hat sich gedreht im Lande (2372008) ... vertreten auf Pläne: Arbeiterlieder Festival '70 (S 66201); Konzert für Chile (S 88113); Das Fest unserer Zeit (G 60168); Rotkäppchen (K 20905)

Denny, Sandy →FOTHERINGAY, →FAIRPORT CONVENTION

Dobro. Bezeichnung für eine akustische Gitarre, die in ihrem Klangvolumen durch eingebaute Resonatoren aus Metall verstärkt wird.

Die erste Gitarre dieser Art wurde 1925 von John Dopyera aus Holz gebaut und bekam der damaligen Firma entsprechend den Namen National Guitar, der sich bis heute für die meisten der «Dobros» mit Holzkorpus erhalten hat. 1928 kam es zur ersten Dobro, die vollständig aus Metall war, und der Name ergab sich aus der Firmengründung der Dopyera Brothers, die aber weiterhin auch Holzinstrumente dieser Art produzierten. Das robuste Straßenmusikinstrument fand sehr schnell Eingang in die →Blues-Musiker-Szene, wurde von der →Country Music in der waagrechten

Spielweise übernommen und wird heute sehr häufig für →Bottleneckspielweisen verwandt.

● Auf Chant du Monde/Pläne: Le Dobro. Gilbert Caranhac (LDX 74508)
□ Stacy Phillips, The Dobro Book (Oak Publications 1977)

Donovan wurde seit Beginn seiner internationalen Karriere Mitte der sechziger Jahre in einem Atemzug mit →Bob Dylan genannt, ständig im Vergleich zu diesem betrachtet und übernahm für kurze Zeit dessen Funktion, nachdem Dylan die Folk-Plattform weitgehend verlassen hatte. Seine ungemein schwierige Situation meisterte er letztlich durch zahllose Standard-Folk Songs aus seiner Feder, die nichts mit der musikalischen und literarischen Qualität Dylans zu tun haben, sondern durch ihre Einfachheit und Zurückhaltung seine eigene Persönlichkeit spürbar machen. Donovan entscheidet den Vergleich nicht für oder gegen sich, er zeigt, daß er anders ist. Mit Liedern wie *Colours*, *Catch the Wind, Sunshine Superman, Mellow Yellow* und seiner Bearbeitung des →Buffy Sainte-Marie-Titels *Universal Soldier*, um nur einige zu nennen, schaffte er sich einen respektablen und nicht zu übersehenden Platz in der Welt der Folk Music und dürfte zu den kommerziell erfolgreichsten Interpreten dieses Genres gehören.
Donovan Philip Leitch wurde am 10. Februar 1946 (andere Angaben sind unrichtig) in einer Arbeiterfamilie in Glasgow, Schottland, geboren, wuchs im Stadtteil Gorbal auf und kam 1956 mit seinen Eltern nach London. Ein angefangenes Studium war durch die finanziellen Probleme seiner Eltern nur von kurzer Dauer, und er begann Anfang der sechziger Jahre, mit seiner Gitarre in England herumzuziehen und seine ersten Lieder zu schreiben. 1964, wieder in London, wurde er schlagartig durch seinen Auftritt in der Fernsehsendung «Ready, Steady, Go» der BBC bekannt, hatte in kurzer Zeit zwei weitere Sendungen, und seine erste Single *Catch the Wind* erschien, die ihn über die Grenzen Englands hinaus bekannt machte. Bereits ein Jahr darauf trat er erfolgreich auf dem →Newport Folk Festival auf und spielte seine erste LP in den USA für Hickory ein, «Catch the Wind», auf der sich außer seinen Standards *Josie* und *Goldwatch Blues* auch *Donna Donna* befand, welches durch seine Interpretation ausgesprochen populär wurde, des weiteren ein alter →Woody Guthrie-Song, *Car Car*. Anfang 1966 machte er seine erste eigenständige Tournee, die allerdings zeigte, daß er noch längst nicht die Popularität von Dylan erreicht hatte. Erst durch weitere Schallplatten, von denen mehrere die amerikanischen Hitlisten erreichten, hatte er seinen endgültigen Durchbruch. Dabei deutete sich in seinen Texten bereits die stärkere Hinwendung zu Magischem und Mystischem, zu alten Sagen und zu den Naturgewalten an, obwohl der Bezug zur sozialen Wirklichkeit noch erhalten blieb. So spielte er z. B. auf seiner LP «Fairy Tales» (1966) das bekannte Antikriegslied *Universal Soldier* ein, sowie *Ballad of a Crystal Man* mit deutlichem Bezug auf den Vietnamkrieg, und in *Little Tin Soldier* berichtete er über die Liebe des Zinnsoldaten zur Porzellan-Primaballerina. Mit «Mellow Yellow» (1967) vollzog er endgültig den Schritt in eine Welt von Blumen und Sonne und bestätigte dies mit dem Doppelalbum «Gift From a Flower to a Garden», ebenfalls 1967, auf welchem er verträumte Beschreibungen einer Phantasiewelt liefert. Der zunehmende Einsatz der elektri-

schen Instrumente und jazzorientierte Arrangements auf «Hurdy Gurdy Man» (1968) deuten auch musikalisch auf einen anderen Donovan hin, und 1970 spielt er sein erstes komplett elektrisches Album «Open Road» ein. Für den Anfang der siebziger Jahre kann sein Lied *Atlantis*, in dem er über den Untergang einer paradiesischen Insel singt, als eine programmatische Erklärung seiner Vorstellungen und Ideen gelten. Donovan, der sich von seinen Einnahmen eine Insel vor Schottland mit einem Schloß leisten konnte, produzierte in dieser Abgeschiedenheit zwei weitere Alben, «Cosmic Wheels» (1972) und «Essence to Essence» (1973), die zu seinen nichtssagenden Schallplatten gehören. 1974 ging er mit der Show-Operette «7-Tease» erstmals wieder auf Tournee, wobei sich noch deutlicher zeigte, daß er in seiner Isolation tatsächlich jeden Bezug zu den Verhältnissen und Bedürfnissen der Zuhörer verloren hatte. Danach wurde es sehr still um Donovan, und er absolvierte erst im Frühjahr 1980 mit eigener Retrospektive eine Tournee, die ihn mit unterschiedlichem Erfolg auch in die BRD führte.

● Auf Epic: Sunshine Superman (22016); The Hurdy Gurdy Man (26420); Barabajagal (26481); Cosmic Wheels (65450); The World of Donovan (2 LPs, 66289) ... auf Ariola: Donovan (2 LPs, 85080 XT); Fairy Tales (200727–241); Golden Hour of Donovan (86287); Pop Chronik (2 LPs, 88528 XCT); Universal Soldier (200728–241); Stardiscothek (200890-241) ... auf CBS: This is Donovan (2 LPs, 66251); Donovan's Greatest Hits (EMB 31759)

Drehleier (hurdy gurdy). Die Drehleier, auch Radleier oder Vielle genannt, die als eines der bedeutendsten und angesehensten Instrumente des Mittelalters bereits im 10. Jahrhundert erwähnt wird, ist ein Fiedelinstrument. Das besondere am Klang sind die Bordunsaiten, die einen ständig mitklingenden Grundton liefern und durch ein Rad zum Erklingen gebracht werden, wie auch die gleichgestimmten Melodiesaiten unterschiedlicher Anzahl, wobei durch eine Klaviatur die unterschiedlichen Töne geregelt werden. Zunächst war die Drehleier ein ausgesprochen großes Instrument, das von zwei Personen bedient werden mußte, und ein wichtiges Begleitinstrument der Minnesänger. Im 15. Jahrhundert wurde sie den Prinzipien der Kunstmusik nicht mehr gerecht und zum Bettlerinstrument der fahrenden Leute, hatte aber ein erstes Revival Ende des siebzehnten Jahrhunderts, wo es zu einer regelrechten Blüte der Radleiermusik kam. Nach einem Jahrhundert verschwand die Drehleier aufs neue, hielt sich nur noch in verschiedenen Regionen als volksmusikalisches Instrument und wurde erst wieder mit dem →Folk Revival verhältnismäßig populär. Zu den Wegbereitern hierzulande zählen →Tom Kannmacher und →Jürgen Schöntges. In Frankreich, wo dieses Instrument auf eine besondere Tradition zurückblicken kann und in der Regel mit →Melodeon und Chabrette zusammen gespielt wird, zählen Catherine Perrier und Claude Flagel als bedeutende Vertreter. In diesem Zusammenhang sollte die Elsässer Gruppe →LA MANIVELLE nicht vergessen werden, die als reines Drehleier-Trio begann.

● Auf Chant du Monde: Pläne / La Vielle Claude Flagel (LDX 74519); Catherine Perrier (LDX 74500); J-F Dutertre (LDX 74515) ... auf Folkways: Hurdy Gurdy Music (FW 8747)

Das Dritte Ohr ist als Ausnahmeerscheinung auf dem europäischen Blues Sektor eine der wenigen Formationen, die über die bloße Reproduktion einer Blues-Vorlage hinausgewachsen sind. Ohne Zweifel hat die Gruppe einen Standard erreicht, der die Diskussion über den «weißen Blues» zu ihren Gunsten entscheiden kann. Ihre wesentlichen Impulse bekamen die Mitglieder der Gruppe («Deutschlands Ur-Bluesband») durch ihre Zusammenarbeit mit authentischen Blues-Musikern, deren Einschätzungen das Format verdeutlichen: «Wußte nicht, daß man in Deutschland solch einen Blues spielen kann» (Sonny Terry), «Klar haben die den Blues» (J. B. Hutto). Erwähnenswert ist auch die Bandbreite der Musiker, die sie auf ihren Touren auf dem Kontinent begleitet haben: angefangen bei Johnny Shines, Sunnyland Slim, J. B. Hutto, über →Champion Jack Dupree bis hin zu →Sonny Terry und →Brownie McGhee – eine Vielfalt, die das Dritte Ohr auf ihre eigenen Verhältnisse zu übertragen gelernt hat. Bezeichnend dafür ist, daß die Originalvorlagen mit ihrer inhaltlichen Ausrichtung nicht einfach reproduziert, sondern die Texte umgebaut, verändert und auf unsere Erfahrungen zugeschnitten werden.

Das Dritte Ohr wurde 1970 von Udo Wolff aus Hildesheim als Duo mit Uli Rahe (b, g) gegründet. Später kamen Kurt Renner (g) und Marcus Worbs (p) hinzu. Seit 1975 spielt die Gruppe in ihrer vorerst endgültigen Besetzung: Udo Wolff (harm, voc), geboren am 19. Juli 1947 in Hildesheim, der ohne Umwege zum Blues kam und in seiner Studienzeit musikalisch aktiv wurde. Tom Schrader (g, slide, g, voc), geboren am 1. März 1955 ebenfalls in Hildesheim, kam über Rockgruppen in der Nordstadt erstmals in der Gruppe Blues Brüder mit Udo Wolff zusammen. Helmut «Boogie» Meyer (b, g, voc), geboren am 9. Dezember 1945 in Mühlhausen / DDR, entdeckte über Skiffle und Beat schließlich die schwarze Volksmusik und lebt ebenfalls in Hildesheim. Ferdi «Flachmann» Peters (dr), geboren am 5. Februar 1945 in Lingen, Ems, aufgewachsen in Lübeck, durchlief eine klassische musikalische Ausbildung. Komplett ist die Gruppe mit dem Sound-Mann Alex Hagedorn, geboren am 1. Januar 1947, der von den Gruppenmitgliedern als gleichwertiger Partner betrachtet wird. Gelegentlich gesellt sich noch Christian Rannenberg (p), geboren am 21. Juni 1956 in Solingen, dazu, der eine eigene Formation in Osnabrück hat.

In dieser Besetzung spielte die Gruppe 1977 ihre erste LP «Pur» (Fran Records) in Eigenproduktion ein, die von Blueskritikern mit sehr unterschiedlicher Resonanz aufgenommen worden ist. Seit dieser Zeit ist die Gruppe regelmäßig in Clubs und Sälen zu hören und hat zunehmend begonnen, das Programm mit deutschsprachigen Texten zu ergänzen. Die Blues-Texte von Udo Wolff, der als einer der Blues-Experten hierzulande gilt, zeigen dabei, daß der Schritt über das bloße Wissen hinaus zu den Besonderheiten der Blues-Sprache auf unvergleichbare Weise vollzogen worden ist – ob es nun um die Beschreibung der Wohnsituation in den Hochhaussiedlungen am Rande einer Großstadt geht, «da kotzen Besoffene in Briefkästen, um sich vom Beton zu befreien» (*Mordwest Stadt*), oder um die individuelle Beschreibung einer Stimmung, die in dem Lied *Schwarzer Wurm* einen sprachlichen Höhepunkt innerhalb der deutschen Bluestexte findet: «Hier ist es bumsvoll, aber ich fühl mich wie'n leerer

Wartesaal: / Die einzige die lächelt ist die Bedienung, aber die macht's professionell wegen dem Zahln.»

● Auf Fran Records: Pur! ... vertreten auf Schneeball: Umsonst und Draußen ... auf Cyclus: Instant

Dubliners. Von kaum einer anderen irischen Folk-Gruppe dürften mehr Impulse für das Interesse an der Musik ihrer Heimat ausgegangen sein als von den DUBLINERS. Sie wurden international zum Inbegriff für den Irish Folk und hinterließen dabei oft den Eindruck einer reinen Sauf- und Radaukultur. Des ungeachtet ist ihre Bedeutung für das Revival kaum zu überschätzen, und sie dürften dabei nur mit den →CLANCY BROTHERS vergleichbar sein. Auf anderer Ebene haben sie gleiches geleistet wie auf der traditionellen Seite die →Comhaltas Ceoltoire Eireann, Sean O Riada oder die →CHIEFTAINS. So haben die DUBLINERS wesentlichen Anteil daran, daß sich junge irische Musiker für traditionelles Material zu interessieren begannen und sich daraus die fruchtbare Dubliner Szene entwickelte. Ebenso leisteten sie bahnbrechende Arbeit auf dem europäischen Festland, insbesondere in der BRD, und bestellten das Feld zunächst für die →FUREYS, wodurch sich auch hierzulande eine Plattform für →PLANXTY, →BOTHY BAND, →CLANNAD u. a. ergab.

Die DUBLINERS entwickelten sich aus der Zusammenarbeit von Ronnie Drew und Barney McKenna, denen sich Anfang der sechziger Jahre zunächst Luke Kelly und Ciaron Bourke zur RONNIE DREW GROUP anschlossen, bis sie sich 1962 nach einem Prosawerk von James Joyce in DUBLINERS umbenannten. Ronnie Drew (g, voc), geboren am 18. September 1934 in Dun-Laoghaire, begann als 19jähriger mit dem Gitarrespielen und präsentiert ein breites musikalisches Spektrum, bedingt auch durch seine Tätigkeit als Englischlehrer in Spanien. Barney McKenna (bj, voc), geboren am 16. Dezember 1939 in Dublin, wuchs in einer musikalischen Familie auf und kam über Mandoline, Fiddle und Akkordeon an sein Hauptinstrument, das Banjo. Ciaron Bourke (whistle, g, harp, voc), geboren am 18. Februar 1935, ist durch seine zweisprachige Erziehung, Gälisch und Englisch, mit viel traditionellem Material vertraut und dadurch derjenige der Gruppe, der sehr viel Material eingebracht hat. Luke Kelly (bj, voc), geboren am 17. November 1940 in Dublin, kam über die Beschäftigung als Schauspieler mit Brendan Behan zu irischen Folk Songs und beschäftigt sich auch als Autor.

Die DUBLINERS traten erfolgreich auf den irischen Fleadh Ceoils auf, wurden in kürzester Zeit eine der populärsten Gruppen ihrer Heimat und hatten ihren ersten Höhepunkt bereits 1963 erreicht, als sie auf dem Edinburgh Folk Festival in Schottland begeisterten. Mehrere Fernsehsendungen im BBC-Hootenanny und ein Schallplattenvertrag bei Transatlantic folgten. Auf der ersten Single erschien einer ihrer Standard-Hits, *Wild Rover*, der sich auch auf der ersten LP «The Dubliners» befindet und für die Urwüchsigkeit und Kraft der Gruppe steht. 1964 verließ Luke Kelly für kurze Zeit die Gruppe und wurde auf der nächsten LP von Bobby Lynn ersetzt, der danach Luke Kelly wieder seinen Platz überließ. Komplett waren die DUBLINERS mit John Sheahan (f, voc), geboren am 19. Mai 1939 in Dublin, der eine klassische Ausbildung auf der Violine nachzuweisen hat, was für einen irischen Fiddler eine große Ausnahme ist. Als Quintett hatten die DUBLINERS ihre riesigen Erfolge sowohl in Irland als auch auf internationaler Ebene und spielten ihren bekanntesten Titel, *Seven Drunken Nights*, 1967, ein – er hielt sich wochenlang in der englischen Hitparade. 1974 erschien «The Dubliners Song Book», und im selben Jahr deutete sich das Ende der großen Zeit dieser Gruppe an. Ciaron Bourke mußte wegen einer schweren Krankheit die Gruppe verlassen, und Ronnie Drew ging ebenfalls, um eine Solokarriere zu versuchen. Viele Kenner behaupten, daß mit seinem Weggang die DUBLINERS nur noch die Hälfte wert seien. Die Gruppe verstärkte sich um Jim McCann und spielte in der Folgezeit ihrer eigenen Berühmtheit als Trunkenbolde hinterher. 1979 kam es, ähnlich wie bei →PETER, PAUL & MARY, LINDISFARNE u.a., zu einer kommerziellen Wiederbelebung, die sich auf der LP «Together Again» (mit Barney McKenna, John Sheahan, Luke Kelly und auch Ronnie Drew) dokumentiert findet.

● Auf Polydor: The Best of The Dubliners (2488421); The Dubliners in Gold (2459388); The Story of The Dubliners (2 LPs; 2664380); The Very Best of The Dubliners (2 LPs; 2664375) ... auf Intercord: Live at Montreux (INT 160054); 15 Years On (2 LPs; INT 180032); Together Again (INT 145020) ... auf Transatlantic: The Dubliners on Tour (TRA 112); The Dubliners on The Road (TRA 158); The Dubliners on Stage (TRA 176); Star Edition (2 LPs; TRA 84006); Here's to The Dubliners (TRA 201048) ... auf Bellaphon: Ballads on Tap (BL 15166) ... auf Ember/Ariola: The Dubliners (XAT 89149) ... auf Chrystal: Drinking and Wenching (028 CRY 06501)

Dudelsack. Der Dudelsack ist in den verschiedensten Volkskulturen eines der traditionsreichsten Instrumente. Er wird im deutschsprachigen Raum als Sackpfeife seit dem Mittelalter erwähnt und hat seine ursprüngliche Heimat vermutlich in Südwestasien. Das Grundprinzip der etlichen Variationen dieses Rohrblattinstruments mit einfachen oder doppelten Zungen ist ein Sack, der als Windbehälter dient und die sogenannten Pfeifen mit Luft versorgt. Allen Modellen gleich ist die Melodiepfeife mit durchschnittlich sechs Grifflöchern und meist beständig mitklingenden Baßpfeifen, die im Grundton oder in dessen Quinte und Oktave einen gleichbleibenden Bordunton liefern. (Eine Ausnahme bildet beispielsweise das Platerspiel aus dem deutschen Raum.) Der entscheidende Unterschied zwischen den einzelnen Instrumenten ergibt sich aus der Methode, den Windbeutel mit Luft zu füllen, was entweder direkt durch ein Anblas- oder Mundrohr geschieht oder durch einen Blasebalg.

Die schottischen Highland Pipes. Der große schottische Dudelsack aus den Hochlanden, der mit einem Mundrohr angeblasen wird, hat in seiner regulären Ausstattung eine Melodiepfeife mit sieben Grifflöchern und drei Drones, welche die Borduntöne erzeugen. Nach diesem Anblasprinzip funktionieren auch die französische Cornemuse mit einem Bordunton, der bretonische Biniou und die spanische Gaite. Vergleichbar sind noch Dudelsäcke vom Balkan, aus Arabien, Rußland oder Indien, um nur einige zu nennen.

Northumbrian Small Pipes. Der kleine schottische Dudelsack aus dem Süden des Landes, der einen Chanter mit stattlichen neun Tasten (manchmal auch Grifflöchern) hat, wird mit einem Blasebalg betrieben und hat insgesamt vier Bordune, von denen allerdings nur drei gleichzeitig gespielt werden können. Dieses Blasebalgprinzip findet sich auch bei Dudelsäcken aus Ungarn, Polen und Irland.

Uillean Pipes. Von allen Sackpfeifen ist diejenige aus Irland, die ebenfalls

mit einem Blasebalg ausgerüstet ist, ein entwicklungsgeschichtlicher Höhepunkt. In der kompletten Ausrüstung (Full Set) ist sie derart kompliziert, daß Anfänger in der Regel mit einem Half Set den ersten Einstieg in das Instrument versuchen. Der Name stammt von dem gälischen Wort für Ellbogen, und in Abwandlung von Uillean wird diese Form auch Union Pipes genannt. Außer dem Blasebalg (Bellows) und dem Sack (Bag) gibt es einen Chanter (Melodiepfeife), der zwei Oktaven umfaßt und sieben Löcher auf der Oberseite hat und eins auf der Unterseite. Die Drones sind drei Baßpfeifen, die durch ein Ventil abgeschaltet werden können. Die Regulators, die das eigentlich Besondere der Uillean Pipes ausmachen, sind drei zusätzliche Pfeifen mit insgesamt dreizehn mechanischen Klappen, die den Dudelsackmeister in die Lage versetzen, mit dem rechten Handballen Akkorde zu spielen und sogar eine mehrstimmige Melodie ermöglichen.
Wichtige Interpreten sind Leo Rowsome, →Seamus Ennis, Willie Clancy und Liam O'Flynn (→PLANXTY). Aus Schottland ist John Burgess erwähnenswert, der «King of Highland Pipes», und für die kleinen Pipes Colin Ross (→HIGH LEVEL RANTERS).

● Auf Claddagh: King of Pipers (CC 1); The Drones and The Chanters (CC 11)... auf Topic: King of Highland Pipers (12 T 199); The Art of Highland Bagpipe Vol I (12 TS 291); Vol II, (12 TS 326); The Minstrel from Clare (12 T 175); The Wandering Minstrel (12 TS 250); Classics of Uilleann Piping (Vol I, 12 T 259; Vol II, 12 T 322)

☐ Lewis W. Davidson, How to play the Bagpipe (Hansen House, o. J.)

Dulcimer. Der Dulcimer ist ein Saiteninstrument aus den →Appalachen, mit meist drei oder vier Metallsaiten bespannt und in seiner Herkunft vom Scheitholz aus Deutschland, einem Verwandten der →Zither, abzuleiten. Weitere europäische Verwandtschaften zeigen sich zum norwegischen Langeleik, das zwar wesentlich mehr Saiten hat (sieben oder acht), aber durch seine Stimmung und die Spielweise (mit einem langen elastischen Plectrum aus einem Walknochen) in Form und Klang an den Dulcimer erinnert. Die Épinette des Vosges aus Frankreich (fünf Saiten), die noch heute in der Nähe von Gérardmer von den Minstrels of Gérardmer gebaut wird, ist bei den drei Begleitsaiten genauso gestimmt wie eine der geläufigsten Dulcimerstimmungen und erinnert ebenso wie der Hommel aus den Niederlanden (zwölf oder dreizehn Saiten) in Spielweise und Klang eindeutig an den Dulcimer.
Ursprünglich gab es nur den dreisaitigen Dulcimer mit zwei Melodiesaiten und einer Bordunsaite, die bei gleichbleibender Tonhöhe beständig mitschwingt. In den vierziger Jahren dieses Jahrhunderts wurde der Dulcimer, hauptsächlich durch →Jean Ritchie, über die Appalachen hinaus bekannt und fand innerhalb des →Folk Revivals durch verhältnismäßig einfache Handhabung und leichten Transport einen großen Freundeskreis und weitere hervorragende Interpreten wie →Richard Farina, Holly Tannen oder →Frank Proffit. Darüber hinaus gewann der Dulcimer auch bei uns zunehmend an Popularität durch die Veröffentlichungen von John Pearse.
Die Spielweise ist denkbar einfach: man legt den Dulcimer auf die Knie oder einen Tisch und spielt mit dem Daumen der rechten Hand, einem Federkiel oder einem dünnen Plectrum die Saiten und bestimmt mit der linken Hand durch Abdrücken der Saiten entweder mit den Fingerkuppen oder

mit einem «noter» (fingerlanger Stab aus Bambus) die jeweilige Tonhöhe der Melodiesaiten. Die Bordunsaite schwingt ständig mit. Die verschiedenen Stimmungen sind aus der diatonischen Tonleiter abgeleitet, wobei die häufigste Art, die ionische (von C zu C) manchmal abgelöst wird von der dorischen (D zu D), der phrygischen (E zu E), der lydischen (F zu F), der mixolydischen (G zu G) oder der aeolischen (A zu A).

Der Dulcimer ist in Folk Rock-Gruppen (→STEELEYE SPAN, →OUGENWEIDE, FALCKENSTEIN) ein beliebtes Instrument geworden, da durch seinen leicht altertümlichen Klang die Beziehung zu traditioneller Musik besonders leicht gemacht wird. Die Bausätze zum Selbermachen, welche es schon seit einigen Jahren auch bei uns gibt, machen den Dulcimer für jeden erschwinglich, so daß es hierzulande recht viele aktive Spieler gibt, wenn man bedenkt, daß dieses Instrument vor zehn Jahren bei uns fast vollkommen unbekannt war.

● Auf Chant du Monde/Pläne: The Vietnamese Lute, Trân Quange Hai (LDX 74454) ... Le Dulcimer Mary Rhoads (LDX 74485); L'Epinett des Vosges, Jean-François Dutertre (LDX 74536); auf Folkways: The Hammer Dulcimer (FW 2381); Seeds of Love (FW 2201); The Appalachian Dulcimer. Jean Ritchie (FW 8352) ... auf Trailer: Dulcimer Times and Traditions. Roger Nicholson (LER 2094); Nonesuch For Dulcimer (LER 3034)

□ John Pearse, Dulcimer (Verlagsgesellschaft Schulfernsehen 1970); Jean Ritchie, The Dulcimer Book (Oak Publications 1974)

Dupree, Champion Jack, ist der bekannteste Barrelhouse-Pianist in unseren Breiten und zählt zum Inventar in fast jedem renommierten Blues- und Folk-Laden der Bundesrepublik. Als einer der wenigen authentischen Bluessänger, die bei uns regelmäßig live zu hören sind, hat er dazu beigetragen, eine bestimmte Mythologisierung der Bluesmusiker und ihrer Musik zu korrigieren, indem er bei seinen Auftritten mit allen Stärken und Schwächen zeigt, daß es sich dabei um eine überaus menschliche Sache handelt.

Jack Dupree wurde am 4. Juli 1910 in New Orleans, Louisiana, geboren, verlor seine Eltern bei einem Brand und wurde in einem Waisenhaus für Schwarze, «Waif's Home», aufgezogen. Nachdem er als Vierzehnjähriger weggelaufen war, lernte er von einem Barrelhouse-Pianisten, Drive Em Down genannt, die Grundbegriffe auf dem Instrument kennen und beschloß, selbst Musiker zu werden. Bevor er sich aber ganz auf die Musik festgelegt hatte, war er mehrere Jahre in der «Kid Green's Boxing School» gewesen und aktiv als Boxer tätig. Dabei hatte er sich den Namen Champion zugelegt, um den er selbst sehr viele Legenden gesponnen hat, bis hin zum Titelkampf um die Weltmeisterschaft. 1939 kam er nach Indianapolis und hatte mit der Sängerin Ophelia Hoy einen beachtenswerten Erfolg, bevor er 1940 nach Chicago ging und im selben Jahr seine ersten Einspielungen für Okeh machte, *Warehouse Man Blues* und *Angola Blues*.

In den folgenden Jahren entwickelte er eine rege Aufnahmetätigkeit und spielte Schallplatten ein unter anderem zusammen mit →Sonny Terry, →Brownie McGhee und Scrapper Blackwell, um nur einige zu nennen. 1959 kam Champion Jack erstmals nach Europa und beschloß, sich hier niederzulassen, zunächst in Dänemark, dann in der Schweiz, bis er schließlich über England endgültig in der BRD sich zu Hause fühlte. Durch seine neueren Langspielplatten, auf denen er gemeinsam mit den Blues-Größen Europas zu hören ist, kann man einen guten Eindruck von einem der letzten authentischen Barrelhouse-Pianisten gewinnen.

● Auf Storyville: Saturday Night (SLP 107); Portraits in Blues Vol 5 (SLP 161); The Blues of Champion Jack Dupree (SLP 194); Boogie Woogie, Booze, And Wild Wild Women (2 LPs; 628443) ... auf Folkways: The Women Blues of Champion Jack Dupree (FS 3825) ... auf Archieve of Folk Music: Champion Jack Dupree (FS 217) ... auf Atlantic: Blues from the Gutter (ATL 40526) ... auf Teldec: Blues Roots Vol. 8 (623707) ... vertreten auf Storyville: Piano Blues (SLP 168) ... auf Folkways: Jazz Volume 1, 4, 9 (FJ 2801; FJ 2804; FJ 2809)

Dylan, Bob, «Yippy I'm a poet / And I know it / Hope I don't blow it» (Bob Dylan) – Dylan, als Musiker der Folk-Szenerie vollkommen entwachsen, ist die einflußreichste Persönlichkeit jener Popmusik, die direkt aus dem →Folk Revival stammt. «Der schlechthin vollendete Rock-Solointerpret» (Rock Lexikon) kann als einzigartiges zeitgeschichtliches Phänomen innerhalb der Entwicklungsgeschichte der populären Musik betrachtet werden und hat als Person, mit offensichtlich nicht zu klärenden Widersprüchen, eine «Autobiographie dieses Landes (USA) – seiner Musik, seiner Verwirrung und des Zerfalls seiner Träume» (Roxon) verkörpert. Von dem «Songpoeten» Bob Dylan ist allerdings, was seine Person betrifft, ein biographisches Kartenhaus aus Halbwahrheiten und Mythen schon zu Beginn seiner Karriere in →Greenwich Village aufgebaut und später durch seinen Manager Albert Grossmann nach absatzverwertbaren Gesichtspunkten weiter perfektioniert worden, so daß Dylans Absichten und Anschauungen weitgehend rätselraterischen Interpretationsversuchen entnommen werden müssen. Sicher schien er der ideale Partner für das Columbia Broadcasting System (CBS) zu sein, um einen «profitableren →Woody Guthrie» aufzubauen, aber es war Bob Dylan, welcher der CBS einen Strich durch die Rechnung machte – zwar nicht, was die Profite anbetrifft, aber dadurch, daß er sich selbst als eine der dominierenden Kräfte durchsetzen konnte und vieles prägte, was nach ihm kam.

Robert Allen Zimmermann, der sich später Dylan nannte, wurde am 24. Mai 1941 in Duluth, Minnesota, geboren, zog mit seinen Eltern nach Hibbing, wo er aufwuchs, versuchte sich ein wenig auf Piano und Mundharmonika, später auf einer billigen Kaufhausgitarre, hatte aber im übrigen keine besonders musikalische Umgebung. In seiner Schulzeit gründete er, beeinflußt durch die Radiomusik von →Hank Williams, Elvis Presley und Little Richard, eine Rock 'n' Roll-Band, kam 1959 zum Studium an das College in Minneapolis und fing hier an, gelegentlich in Kneipen Lieder zu seiner Gitarre zu spielen. Anfang 1961 kam er nach Greenwich Village, trat in den Folk Clubs auf und lernte die Szenerie um →Ramblin' Jack Elliott, →Pete Seeger, →Dave van Ronck u. a. kennen. Ende des Jahres spielte er die Mundharmonika bei einer Aufnahmesession für Big Joe Williams, hatte einige Tage später durch Robert Shelton eine Rezension in der New York Times («Ein besonderer Stilist von Folk Songs»), bekam von John Hammond einen Schallplattenvertrag für Columbia und spielte im November seine erste Langspielplatte «Bob Dylan» ein, die Anfang 1962 erschien. Auf dieser LP, er hatte inzwischen bei Grossmann unterschrieben, befinden sich fast nur adaptierte Nummern – bis auf den *Talking New York* und *Song to Woody*, in welchem er seinen eigenen Mythos des Tramp und Hobo in einen Tribut für sein großes Idol verpackt.

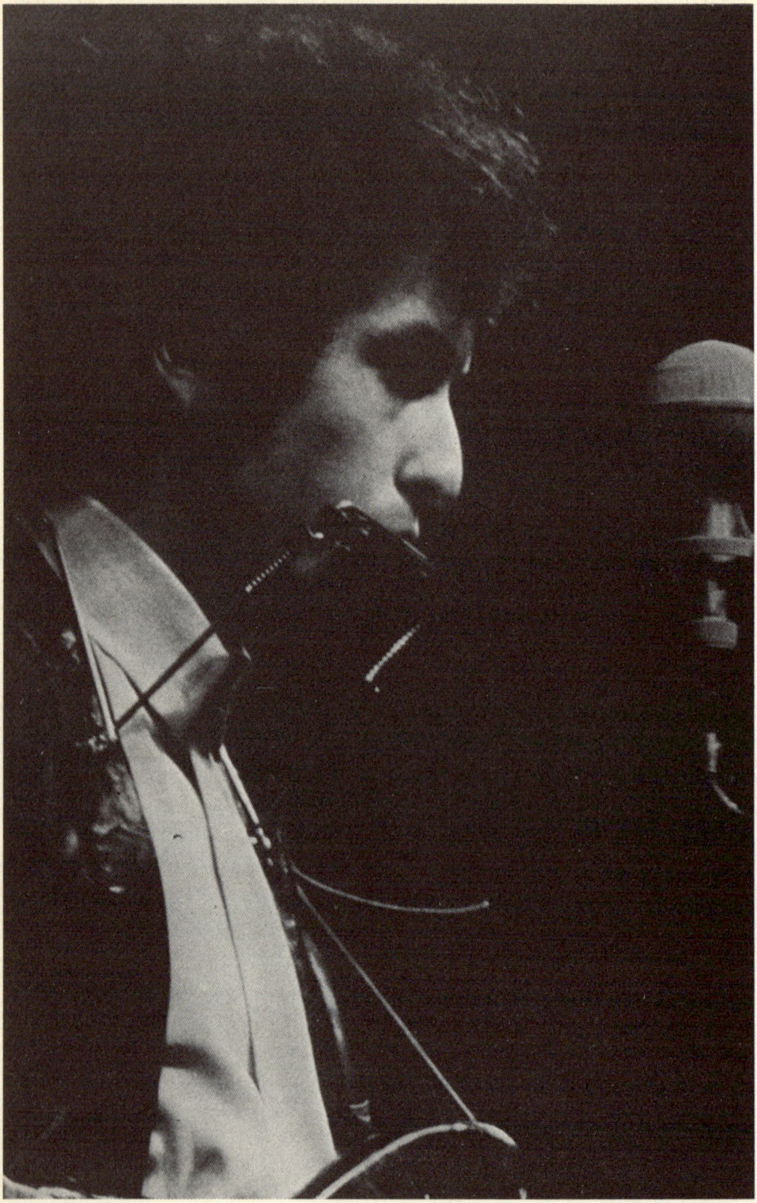

Bob Dylan wurde im folgenden ein ausgesprochen fleißiger Liederschreiber, und seine 1962 geschriebenen Stücke brachten den endgültigen Durchbruch. *Blowin' in the Wind*, das später in fast jede Sprache auf diesem Erdball übersetzt werden sollte, *Don't Think Twice, It's All Right, A Hard Rain's A- Gonna Fall* und *Masters of War*, welche 1963 auf seiner nächsten LP «The Freewheelin' Bob Dylan» erschienen, machten aus Dylan ein Politikum, einen Teil der sozialen Bewegung in Amerika, und er tat seinen Teil, indem er beim Marsch auf Washington am 28. August des Jahres dabei war. *Blowin' in the Wind* war inzwischen von →PETER PAUL AND MARY zu einem Hit gemacht worden, und er selber war der absolute Höhepunkt des →Newport Folk Festival.

Aus dieser Zeit stammt der *Talkin' John Birch Paranoid Blues*, eine bestechende Satire über die Kommunistenhatz in Amerika, die darin gipfelt, daß der nach Kommunisten suchende Anhänger der John Birch Society (faschistische Organisation aus der McCarthy-Ära) nur einen einzigen unverdächtigen Amerikaner findet und sogar sich selbst zu überprüfen beginnt. Die politische Haltung von Dylan wird noch einmal bestätigt durch das Ende '63 erschienene Album «The Times They Are A-Changin'», und das gleichnamige Lied wurde zu einer programmatischen Erklärung der jungen Generation: «Kommt Mütter und Väter / aus dem ganzen Land / und kritisiert nicht, / was ihr nicht verstehen könnt.» In dem zum Repertoire eines jeden Folk-Sängers gehörenden Lied *With God on Our Side* beschreibt er in eindrucksvoller Weise die Geschichte vom Aufbau Amerikas, die einherging mit Unterdrückung der Ureinwohner und Kriegen. Nachdem Bob Dylan Anfang 1964 seine erste größere Tournee gemacht hatte, die ihn auch nach England führte, wo er die BEATLES und die STONES traf, spielte er im Herbst seine LP «Another Side of Bob Dylan» ein, auf welcher eine von ihm bis dahin ungewohnte Innerlichkeit zu verspüren ist: Betrachtungen nicht mehr über politische Geschehnisse, sondern über die Zweierbeziehung. Die sanften folkloristischen Töne von *It Ain't Me Babe, To Ramona, Ballad in Plain D* werden nur kurz durch den *Black Crow Blues* unterbrochen.

Im März 1965 verließ Dylan die Folk-Plattform und spielte seine erste Rock-LP «Bringing It All Back Home» ein, auf der er neben der Instrumentierung auch die Thematik wechselt, und seine Texte beginnen aus Mythen, Metaphern, Umschreibungen und Anspielungen zu bestehen – *It's Alright, Ma, It's All Over Now, Baby Blue*. Die BYRDS machten aus *Mr. Tambourine Man* Mitte des Jahres einen gewaltigen Hit, der allgemein als die Geburtsstunde des →Folk Rock bezeichnet wird. Bob Dylan trat in Newport elektrisch auf und wurde ausgebuht, was sowohl die neue Orientierung von Dylan als auch die Engstirnigkeit der Zuhörer im Folklore-Mekka bezeichnet. Im selben Jahr folgte «Highway 61 Revisited» mit *Like a Rolling Stone* und *Desolation Row*, das textliche Meisterstück Dylans – eine LP, die Schreckensbilder und Visionen über Amerika enthält, die vergleichbar sind mit dem Absurden Theater von Becket und Ionesco. Eine weitere Steigerung bis zum Unverständnis verschlüsselter Texte findet sich auf seinem ersten Doppelalbum «Blonde on Blonde»

Bob Dylan auf dem Newport Folk Festival, 1965. Foto: Joe Alper.

(1966), auf dem sich mit *Sad Eyed Lady of the Lowlands* einer der literarischen Höhepunkte der Rockmusik-Texte findet – in seiner surrealistischen Ausdrucksweise vergleichbar mit der Filmarbeit von Fellini und Buñuel.

Nach einer durch einen Motorradunfall verordneten Zwangspause, in welcher 1967 nur ein Raubdruck der «Basement Tapes» (mit The Band) erschien, kam 1968 die Überraschungs-LP «John Wesley Harding», die gleichermaßen von Rock-Fans und Folklore-Anhängern als Wiedergeburt «ihres Dylan» betrachtet wurde. Auf diesem Album erscheint eine zu dieser Zeit von Dylan kaum erwartete Mischung von Rock und volksmusikalischen Elementen, zusätzlich geht er in seinen Texten *I Am a Lonesome Hobo, Dear Landlord, John Wesley Harding* u. a. wesentlich deutlicher als in seinen letzten Veröffentlichungen wieder auf die amerikanische Geschichte und Kultur ein, bleibt aber in Stücken wie *All Along the Watchtower* oder *Drifters Escape* innerhalb seiner intellektuellen bildlichen Mystik. Diese LP, «Dylans Version der Bibel» (Scaduto), soll ihren Ausgangspunkt in der Beschäftigung mit dem Alten Testament und Dylans jüdischer Herkunft haben. Andere Kenner sprechen von einer intensiven Auseinandersetzung mit der indischen Volksmusik und deren Texten, da sich hier symbolische Übereinstimmungen finden. Für noch mehr Verwirrung sorgte sein nächstes Album, «Nashville Skyline», aufgenommen in der «Music City USA» (→Nashville Tennessee), «nichts weiter als eine Sammlung netter Country-Music-Melodien» (Bob Sarlin), «wärmer und mit noch mehr Persönlichkeit» (Roxon). Sehr kurz hintereinander erschienen 1970 «Self Portrait», ein Album, auf welchem sich außer einer Menge Nostalgie und einem penetranten Damenchor musikalisch rein gar nichts ereignet, und «New Morning», das zumindest als ein ehrenwerteres Selbstporträt gelten kann, da hier in einer wesentlich ehrlicheren Art versucht wird, den Bewußtseinsstand Dylans und seine Entwicklungsgeschichte in Liedern wie *New Morning*, *Father of Night* oder *Time Passes Slowly* darzustellen.

Bis zu seiner ersten Tournee nach acht Jahren (1974) wurde noch die LP «Dylan» – «der absolute Tiefpunkt» (Paul Nelson) – veröffentlicht sowie das Soundtrack-Album «Pat Garrett and Billy The Kid», welches ein ganz besonderer Leckerbissen wurde für alle, die Sehnsucht nach einem akustischen und melodischen Dylan hatten. Bei der Konzertreise im Januar/Februar 1974, die zu einem gewaltigen kommerziellen Spektakel wurde – für über 600000 vorhandene Karten ungefähr 5 Millionen Bestellungen –, aber auch eine angemessene Retrospektive von Bob Dylan geben konnte, erschien die nicht belanglose LP «Planet Waves», die sich zwar auf den privaten Bereich zurückzieht, aber durch eine Portion Ehrlichkeit ein gutes Bild hinterläßt.

Die Tournee wurde auf dem Doppelalbum «Before The Flood» dokumentiert und kann durch die Live-Atmosphäre einige der vorherigen Fehlgriffe wieder korrigieren. Nach «Blood on the Tracks» erschien 1975 die LP «Desire», die zur Überraschung vieler ein erneutes politisches und soziales Engagement von Dylan andeutete und mit dem Song *Hurricane* für Öffentlichkeit in einem amerikanischen Justizfall sorgte (ein Boxer war unschuldig wegen Mord verurteilt worden). Ein weiteres Live-Album folgte 1976, «Hard Rain», auf dem sich expressive Rock-Versionen von Stücken wie *Maggies*

Farm und *Idiot Wind* befanden. Im selben Jahr ging Dylan mit der Rolling Thunder Revue auf Tour, der auch →Joan Baez, →Ramblin' Jack Elliott u. a. angehörten, und 1978 spielte er «Street Legal» ein, von der einige Kritiker behaupten, daß Bob Dylan damit endlich erwachsen geworden sei. Zu einer Sensation kam es, als er nach zehnjähriger Schweigsamkeit Ron Rosenbaum ein aufschlußreiches und ausgiebiges Interview für das Playboy-Magazin gab, in welchem er sich überwiegend zu seiner ersten eigenständigen Filmarbeit «Renaldo and Clara» äußerte. Der Film ist eine Montage von Auftritten während der Rolling Thunder Revue mit eher privaten Erlebnissen Dylans. Dabei stellt Dylan sich als Renaldo dar, seine Frau Sara verkörpert Clara, Dylan selbst wird bisweilen von einem Schauspieler dargestellt, und Joan Baez tritt als «Dame in Weiß» auf. Mit diesem vierstündigen Film wollte Dylan sich als Filmemacher profilieren und gleichzeitig die Mythen um ihn herum abklären. Ganz das Gegenteil ist eingetroffen. Zu den alten Mythen kamen neue hinzu, das gemeinsame Auftreten mit Joan Baez führte zu den vielschichtigsten Spekulationen, und schließlich wurde kurz nach Beendigung der Produktion Dylans zwölf Jahre dauernde Ehe mit Sara geschieden.

Im erwähnten Playboy-Interview zeigen sich weitere Aspekte in Dylans Beschreibung von Jimmy Carter («ich bin sein Freund») und in seiner deutlichen Hinwendung zum Christentum («Gott will, daß ich die ganze Zeit über ihn nachdenke»). Mit der LP «Slow Train Coming» (1979) spielte Dylan denn auch eine christliche Erweckungsmusik zu Disco-Rhythmen ein, machte im folgenden eine Missionierungstournee mit Gospel-Rock-Verbindungen und stellte sich 1980 mit dem Album «Saved» als Auserwählter Gottes vor.

● Auf CBS: Bob Dylan (62022); The Freewheelin' Bob Dylan (62193); The Times They are A-Changin' (62251); Another Side of Bob Dylan (62429); Subterranean Homesick Blues (62515); Highway 61 Revisited (62572); Greatest Hits (62694); Blonde on Blonde (2 LPs, 62737/39); Greatest Hits 2 (62911); Greatest Hits 3 (63111); John Wesley Harding (63252); Nashville Skyline (63601); Self Portrait (66250); More Greatest Hits (67239); Pat Garrett & Billy The Kid (69042); New Morning (69001); Dylan (69049); Blood on the Tracks (69097); Desire (86003); Hard Rain (86016); Street Legal (86067); The Basement Tapes (88 147); Bob Dylan At Budokan (96004); Slow Train Coming (86095); Saved (86113) ...auf Asylum: Planet Waves (AS 53003); Before The Flood (2 LPs; AS 63000)

E

Eigelstein →Schallplatten der Folk Music

Eiserne Lerche →Zeitschriften der Folk Music

Ekkes. Ekkehard Frank, bekannt als Ekkes, liefert «konkrete Ereignistexte, direkte private Reaktionen auf gänzlich unprivate Bedingungen, und umgekehrt Untersuchungen von öffentlichen Verhältnissen, die dann wieder das persönliche Leben knebeln und bedrängen» (Hans Dieter Hüsch). Er ist einer der deutlich politisch orientierten Musiker hierzulande. In einem «satirischen Ein-Mann-Musical» erstellt er eine Bilanz der Verhältnisse und ihrer Unzulänglichkeiten, die er durch sprachliche Raffinesse zu verdeutlichen versteht und durch Spott und Ironie durchschaubar macht.
Ekkehard-Frieder Frank wurde am 24. Juli 1939 in Heidelberg geboren, studierte nach einer humanistischen Ausbildung Kunstgeschichte und Jura, begann im Studentenkabarett «Die Stichlinge» mit Karl Hoche und Peter Maiwald seine Bühnenlaufbahn und entschied sich nach dem Abschluß als Volljurist für eine musikalische Laufbahn. 1971 begann er Lieder zur Gitarre zu schreiben und zu singen, hatte seine ersten Auftritte und spielte 1974 sein Debütalbum «Lieder zum Anfassen» für Pläne ein. Ein gleichnamiges Buch mit Texten von ihm erschien beim Asso Verlag, und bis heute hat er noch zwei weitere LPs für Pläne eingespielt. Außerdem betätigt sich Ekkes Frank als freier Mitarbeiter bei verschiedenen Rundfunkstationen, war beteiligt an Fernsehsendungen des SDR («Wer dreimal lügt», «Goldener Sonntag») und tritt vorwiegend auf politisch ausgerichteten Veranstaltungen auf. Auf seiner letzten LP «Ja, ich war dort oder: Pensioniert Querenbroich» (1979) stellt er in einem autobiographischen Puzzle die Erfahrungen mit Gesinnungsschnüffelei und Abbau demokratischer Rechte in sechs zusammenhängenden Gesängen dar.

● Auf Pläne: Lieder zum Anfassen (S 66401); Du läßt dich gehn, ach ... (S 66501); Ja, ich war dort (88145)

Elliott, Ramblin' Jack. Der einflußreiche Folk-Sänger Ramblin' Jack Elliott kann nach seinen persönlichen Erfahrungen mit →Woody Guthrie als einer der klassischen →Straßenmusiker gelten und war maßgeblich daran beteiligt, daß ein breites Spektrum an Folk Songs inzwischen auch in Clubs und Kneipen zu Hause ist. Er ist einer der ersten gewesen, der die Balladen von Woody Guthrie und die Lieder der amerikanischen Arbeiterbewegung zusammen mit →Alex Campbell und →Derroll Adams auch auf dem europäischen Kontinent vorgestellt hat und schuf dadurch gemeinsam mit seinen Freunden eine lebendige Korrektur zu der bis dahin angebotenen Cowboy-Romantik à la Gene Autry. Aus der Tradition der amerikanischen Fahrenden Sänger, («Songster»), die ein breitgefächertes Repertoire von Ort zu Ort vermittelten, ist er eines der großen Vorbilder für →Bob Dylan gewesen, hat selbst aber nie seinen eigenen Hintergrund überschritten. Er versteht es, aus jedem traditionellen Lied einen →Topical Song zu machen.
Elliot Jack Adnopoz, «Singing Cowboy from Brooklyn», wurde am 1. Au-

gust 1931 auf einer Ranch in Flatbush, Brooklyn, New York geboren. Begeistert vom «Cowboyleben», wie er selber sagt, schloß er sich einem Rodeo an und lernte schon bald die tatsächlichen Verhältnisse kennen. Ende der vierziger Jahre hatte er die entscheidende Begegnung mit Woody Guthrie, mit dem er für mehrere Jahre zusammenblieb. Er dürfte einer der wenigen gewesen sein, der mit dieser ausgesprochen schwierigen Persönlichkeit umgehen konnte. Weitere Kontakte zu →Guy Carawan verstärkten sein politisches Engagement. 1956 ging er erstmals nach England, spielte eine LP für Topic ein, «Talking Woody Guthrie», traf ein Jahr darauf mit Derroll Adams zusammen, den er bereits aus den Staaten kannte, und zog mit ihm gemeinsam, gelegentlich auch von Alex Campbell begleitet, durch Belgien, Frankreich und England. Nach einem kurzen Aufenthalt in den USA kehrte er 1959 zurück nach England, sorgte im weiteren für einen sicheren Platz auch innerhalb der Szenerie seiner Heimat und spielte verschiedentlich auf den →Newport Festivals. 1975 war er mit Bob Dylan, →Joan Baez, Roger McGuinn u. a. in der Rolling Thunder Revue zu hören und war nach verschiedenen Konzertreisen Anfang 1980 wieder in der BRD.

● Auf Topic: Talking Woody Guthrie (12 T 93); Muleskinner (12 T 106); Roll on Buddy (mit Deroll Adams, 12 T 105) ... auf Chrystal: Woody Guthrie: The Greatest Songs (2 LPs, 134 CRY 62291/92) ... vertreten auf Topic: Men at Work (TPS 166)

Elster Silberflug. Die «Spielmannsgruppe», welche eine der wichtigen Stationen auf dem Weg zur Wiederbelebung der deutschen Volksmusik war, gilt als ein Ausdruck der Sehnsucht nach Sprache und Tradition aus eigenen Landen und hat ein Konzept verwirklicht, welches nur unzulänglich mit «schöngeistiger Straßenmusik» beschrieben wird. Der Geheimtip der ersten Hälfte der siebziger Jahre erreichte als erste bundesdeutsche Gruppe einen musikalischen Standard, der richtungsweisend wurde, blieb aber gleichzeitig unverbindlich in der Gesamtkonzeption, so daß es zwangsläufig zur Spaltung unter den Musikern kommen mußte.

Nach dem Entschluß auf einer Reise 1971 in Kabul eine Band zu gründen präsentierten sich seit 1973 als eine straßenmusikalische Attraktion Lutz Berger (f), Hartmut Hoffmann (g. mandola, mandoline, pers. voc.), beides spätere Mitglieder von →BERNIE's AUTOBAHN BAND, Diethard Hess (b. flöten, tp), Thomas Ziebarth (bouzouki, fl., voc), Ulrich Freise (g. voc), und Barbara Grosse (perc. voc). Die beiden letzteren haben die Gruppe ZEITENWENDE ins Leben gerufen. ELSTER SILBERFLUGS erste LP «Ich fahr dahin» (Hansa) erschien 1976, und nach beachtlichen Erfolgen auf gemeinsamen Tourneen zusammen mit SCHWAN, →LIEDERJAN und →FIEDEL MICHEL (LP «Volkslied 76») erschien im Jahr der Auflösung 1977 ein weiteres Album, «Komm in meinen Rosengarten», bei Stockfisch.

● Auf Hausa: Ich fahr dahin (88 708 OU) ... auf Stockfisch: Komm in meinen Rosengarten (SF 5005) ... vertreten auf: Volkslied 76 (SF 8004)

Englische Folk Music. Die Geschichte der englischen Folk Songs und Dances, die sich nur schwerlich von schottischen und irischen Traditionen trennen läßt, ist einmal bestimmt von der stark konservativen Richtung der offiziellen bürgerlichen Volkslied- und Tanzorganisationen mit ihrer Zentrale im Cecil Sharp House. Zum anderen zeigt sich eine lebendige Volkskultur, die seit Jahrhunderten in den traditionsreichen Balladen zunächst Ausdruck der dörflichen Gemeinschaften war und mit Aufkommen der Industrie in den Industrial Ballads ein unverblümtes Bild der sozialen Verhältnisse lieferte. Dabei zeigen die Sammelreisen von →Ewan MacColl und →Peggy Seeger, um die beiden wichtigsten auf diesem Gebiet zu nennen, in eindrucksvoller Weise das Bestehen der Singing Tradition bei den Industriearbeitern ebenso wie bei den fahrenden Sängern, den Tinkers und Travellers. Noch Ralph Vaughan Williams sagte im Vorwort zu einer der großen Sammlungen von Cecil Sharp (1912) «Folk Music was either bad or Irish» (Folk Music war entweder schlecht oder irisch), und Cecil Sharp ging gleichzeitig in seiner bürgerlichen Arroganz so weit zu behaupten, daß «in weniger als einem Jahrzehnt das englische Volkslied ausgestorben sein wird». Da Sharp denn auch in seiner Heimat wenig Volkslieder fand, die in seine Vorstellung paßten, zog er auf mehrere Forschungsreisen zu den englischen Siedlern in die →Appalachen, wo er etliche seiner insgesamt 3000 Lieder sammeln konnte. Wie «gründlich» seine Arbeitsmethode auch hier war, mag zeigen, daß es ihm bei diesen ausgiebigen Reisen durch das amerikanische Gebirge gelang, am damals überaus verbreiteten Banjo vorbeizukommen.

In der Entwicklungsgeschichte ergaben sich aus den frühen Gauklern, fahrenden Sängern, Spielleuten und Barden die Minstrels, welche in der Regel in Kneipen die Kettenlieder, Rundgesänge und Balladen vortrugen. Weitere früh entwickelte Liedformen sind die Worksongs in Form von Shanties und die Tanzlieder. Die Inhalte waren in der Regel von einem stark unterhaltenden Charakter geprägt und respektlos der herrschenden puritanischen Moral gegenüber. Besonderen Aufschluß darüber mag eine der ersten Sammlungen aus dem Jahre 1707 von Henry Playford geben mit dem bezeichnenden Titel: «Wit and Mirth, or Pills to purge Melancoly, being a collection of the best Merry Ballads and Songs» (Witz und Frohsinn, oder Pillen, die Melancholie heilen, eine Sammlung der besten ergötzlichen Balladen und Lieder). Zu dieser Zeit gab es mehrere solcher Sammler, die selber Lieder verfaßten (Tom D'Urfey und Thomas Deloney sind besonders erwähnenswert) und die jene Balladen auf sogenannten Broadsides durch Straßenhändler verbreiteten. Bei diesen Broadside Ballads, auch Broadsheet genannt, zeigt sich eine Parallele zu der Konzeption der heutigen Flugblattlieder von →Walter Moßmann. Diesen Textblättern wird in der Geschichte der englischen Folk Songs eine überragende Bedeutung zugeschrieben, nicht zuletzt auch deshalb, weil die offizielle Volksliedforschung erst wesentlich später mit Aufzeichnungen begonnen hat. So gilt als erste Sammlung auf dieser Seite die von William Chappel herausgegebene «A Collection of National English Airs» von 1838, und die von Francis James Child von 1882 bis 1898 herausgegebene berühmteste Sammlung «The English and Scottish Popular Ballads» hat große Teile der frühen Textblätter zur Grundlage. Die Forscher, die sich die Volkslieder nun zu eigen machten, hatten sich 1840 in der Percy Society zusammengeschlossen, 1898 wurde die Folk Song Society gegründet und 1911 von Cecil Sharp die Folk Dance Society, welche schließlich 1931 alle diese

Singing Tradition: The Watersons.

Organisationen zur «English Folk Dance and Song Society» zusammenfaßte, die heute noch die offiziellen Richtlinien der konservativen Szenerie bestimmt.

Ein wichtiger Gegenpol entwickelte sich im englischen Folk Revival, dessen Beginn mit 1951 angesetzt wird. In diesem Jahr begannen der Engländer A.L. Lloyd, der Amerikaner →Alan Lomax und der Schotte →Ewan MacColl eine Rundfunkreihe «Ballads and Blues» und schufen damit das erste Forum traditioneller britischer Lieder. 1953 gründete Ewan MacColl einen der ersten Folk Clubs in London, dem in den nächsten Jahren Hunderte von Clubs in ganz England und Schottland folgen sollten. Bezeichnend, daß auf dieser Ebene eine starke Parallele zwischen der schottischen und englischen Entwicklung zu finden ist. Ewan MacColls Einfluß auf das Revival blieb auch weiterhin von unschätzbarem Wert, und mit Entwicklung der Radio Ballads (in Zusammenarbeit mit dem BBC-Produzenten Charles Parker) kam es erstmals zu Sendungen über die lebende Tradition der englischen Arbeiterklasse mit bemerkenswerten Feldaufnahmen. In London entstand ein erstes Zentrum des Revival mit ganz unterschiedlicher musikalischer Ausrichtung. So gab es The Young Tradition um Peter Bellamy, die sich ganz dem traditionellen Gesang verschrieben hatten, aber auch einen ersten gitarristischen Höhepunkt mit Davey Graham, etwas später dann →Bert Jansch, →John Renbourne, und auch →Donovan sollte in diesem Zusammenhang nicht unerwähnt bleiben. Im weiteren entstanden ab Mitte der sechziger Jahre die ersten →Folk Rock-Gruppen, die ihren englischen Höhepunkt in →Pentangle, →Steeleye

SPAN und →FAIRPORT CONVENTION fanden, ebenso traditionell ausgerichtete Gruppen wie →BOB DAVENPORT AND THE RAKES, die →WATERSONS als einer der Höhepunkte des englischen →a capella Gesangs, und THE CHEVIOT RANTERS, um nur einige zu nennen. Von traditionellen Sängern sind noch Willie Cameron, Caroline Hughes, John MacDonald und die COPPER FAMILY zu nennen. Besonders populäre Folk-Musiker sind →Martin Carthy, →Vin Garbutt, →John Kirkpatrick, Sue Harris, Nic Jones u. a. m. Zu den traditionellen Instrumenten zählen in England →Fiddle, →Melodeon, →Akkordeon und →Concertina, aber auch verschiedene →Flöten, unter denen heute die Tin Whistle dominiert. Der Kontrabaß ist ebenso wie das Schlagzeug Instrument einer typischen englischen Country Band. Erwähnenswert ist noch der Morris Tanz, eine Volkstanzform Englands, die den Männern vorbehalten ist. Mitte der siebziger Jahre kam es zu scharfen Auseinandersetzungen zwischen dem Cecil Sharp House und fortschrittlichen Folklore-Kreisen, als sich die ersten weiblichen Morris Dance-Gruppen gründeten; diese werden auch heute noch von den offiziellen Institutionen aufs schärfste verurteilt.

● Auf Argo: Won't You Go My Way. Peter Bellamy (ZBF 37); Thats Not the Way It Got to Be (CF 51); New Bell Wake (CF 262); The Yetties of Yetminster (ZDA 168); Oak Ash and Thorn. Peter Bellamy (ZFB 11); Solo Flight Ewan MacColl (ZFB 12); The Sun is Burning (ZFB 13); The Songwainers (ZFB 31); Won't You Go My Way – Peter Bellamy (ZFB 37); The Female Frolic – Peggy Seeger (ZFB 64); Merlin's Isle of Gramarye (ZFB 81) ... auf Folkways: Early English Ballads (FW 2305); Broadside Ballads Vol 1 und 2. Ewan MacColl (FW 3043/44); Now Is the Time for Fishing (FW 3507); The English and Scottish Popular Ballads. Ewan MacColl Vol 1–3 (FW 3509–11); The Elliots of Birtley (FW 3565) ... auf Leader: Jack Elliot Of Birtley (LEA 4001); A Song for Every Season. The Copper Family (LEAB 404); The Copper Family (LED 2067); Our Folk Music Heritage (LETSAM 2087) ... auf Topic: Folk Songs (TPS 114); Folk Songs No 2 (TPS 145); Men At Work (TPS 166); Folk Songs No 6 (TPS 201); English and Scottish Ballads (12 T 103); First Person. A. L. Lloyd (12 T 118); Tommy Amstrong of Tyneside (12 T 122); Ballads and Broadside (12 T 126); Child Ballads 1 und 2 (12 T 160/161); Leviathan. A. L. Lloyd (12 T 174); The Fox Jumps over the Parsons Gate (12 T 200); English Country Music (12 T 296); Morpeth Rant (12 TS 267); In the Middle of the Tune (12 TS 282) ... im weiteren →Folk Rock

Ennis, Séamus, wird von Kennern des irischen →Dudelsacks als der überragende Interpret auf diesem traditionellen Instrument in unserem Jahrhundert bezeichnet und kann nur noch mit den großen Dudelsackbauern und -lehrern Leo Rowsome und Willie Clancy verglichen werden. Sein Einfluß auf die heutige Szene, in welcher er selber aktiver ist als je zuvor, ist dabei von unschätzbarem Wert. Alle namhaften Musiker der uillean pipes der neueren Generation, wie Paddy Moloney (→CHIEFTAINS), Liam O Flynn (→PLANXTY) oder Finbar Furey zeugen von einer neuen eindrucksvollen Blüte dieses Instruments, die im wesentlichen Séamus Ennis zugeschrieben wird. Viele sprechen sogar davon, daß Ennis den irischen Dudelsack vor dem völligen Verschwinden gerettet hat. Zusätzlich ist er als Volksliedsammler, vergleichbar mit →Alan Lomax aus den USA und →Hamish Henderson aus Schottland, der unumstritten bedeutendste lebende Volksliedforscher seiner kulturellen Heimat.

Séamus Ennis wurde 1919 in Jamestown, North County Dublin, geboren und wuchs in einer Familie auf, in der Dudelsackspiel und Fiddlemusik seit Generationen zum täglichen Leben gehörten. Nach seiner schulischen

Ausbildung war er in einem der renommiertesten irischen Verlage, Colm O' Lochlainn, tätig und begann Anfang der vierziger Jahre traditionelle Volksmusik zu sammeln. Nach kurzer Zeit wurde seine Tätigkeit von der Irish Folklore Commission anerkannt, und er konnte durch die Unterstützung dieser Institution seine Sammlertätigkeit intensivieren. Ab 1949 war er als Sammler für Radio Eireann unterwegs und brachte in den folgenden Jahren enorm wichtige Feldaufnahmen zustande, die einen Einblick in die vielfältige ländliche Tradition Irlands und Schottlands geben können. Seine Bedeutung wurde mit Aufkommen des englischen →Folk Revival auch dort erkannt, und Séamus Ennis betreute von 1954 an den folkloristischen Teilbereich der BBC London, wodurch er einen wesentlichen Beitrag auch in England leisten konnte. Zu seinen wichtigsten Beiträgen gehört die Mitarbeit an der bislang umfassendsten Schallplattendokumentation (10 LPs) über die Volksmusik der Britischen Inseln, an der auch →Alan Lomax, Norman Kennedy und weitere namhafte Folklore-Forscher beteiligt waren: «Folk Songs of Britain» (Topic).
1957 entschloß sich Séamus Ennis, seine Haupttätigkeit auf die musikalische Seite zu verlegen, ist seitdem regelmäßig auf den Fleadh Ceoils in seiner Heimat zu hören und hat mehrere der wenigen LPs eingespielt, auf der nur der irische Dudelsack zu hören ist, u. a. «The Wandering Minstrel» für Topic. Sein überragendes Können stellt er auch heute noch auf den großen irischen Folk Festivals unter Beweis, er war 1979 auf dem Lisdorvana Festival vertreten und kann als der Musiker zählen, der von der traditionellen Seite (Comhaltas) wie auch von der neueren Szene (→De Danann, →Planxty, →Bothy Band u. a.) ohne Einschränkungen anerkannt und gefeiert wird.

● Auf Topic: The Wandering Minstrel (12 TS 250) ... auf Free Reed: Forty Years of Irish Piping (2 LPs; FRR 001/2) ... vertreten auf Folkways: Irish Music in London Pubs (FS 3575) ... auf Topic: Folk Songs of Britain, Vol. 1–4 (12 T 157–160)

Epinette des Vosges →Dulcimer

Espe – Die saarländischen «Zitterpappeln» (Espe) «erzählen vom ‹Findjan› (Kaffeetopf), um den sich die Familie versammelt, von goldenen Hochzeiten, vom Mädchen am Spiegel, von Heiratssehnsüchten, vom Brauthandel» (Pressematerial) ebenso wie von den sozialen Katastrophen und Brutalitäten im Schicksal der Ostjuden. Die Folk-Gruppe, die vorwiegend traditionelle Volkslieder aus dem →jiddischen Sprachbereich vorträgt und mit Gabi Bollinger-Erb eine der sprachgewandtesten Sängerinnen hat, trat dabei mit ihrer Gründung das direkte Erbe von →Peter Rohland an, da dieser kulturelle Bereich nach seinem Tod 1966 weitgehend vernachlässigt wurde und es erst zum Ende der siebziger Jahre zu einer bemerkenswerten Wiederbelebung jiddischer Lieder gekommen ist. Das «akademische» Quartett, das im übrigen auch deutsche Volkslieder demokratischer Tradition interpretiert, entwickelte sich aus lockerer Zusammenarbeit Anfang der siebziger Jahre in Saarbrücken und spielt seit 1976 unter dem Namen Espe. Gabi Bollinger-Erb, (voc, g, bj), geb. am 10. September 1953, die an der Universität in Saarbrücken Erziehungswissenschaft und Germanistik studiert, und ihr Schwager Hans Bollinger (voc, g, balalaika), geb. am 26. Oktober 1949, Lehrer für Musik und Religion, bilden dabei durch ihre persönlichen

Erfahrungen mit jüdischen Familien und umfangreiche Archivarbeit die kenntnisreichen Pfeiler der Gruppe. Der Multiinstrumentalist Walter Krennrich (g, 12strg g, fl, mandoline, waldzither), geb. am 22. Oktober 1953, mit einer klassischen Ausbildung an der Musikhochschule in Saarbrükken, und Wolfgang Rath (f, bratsche, mandolin), geb. am 31. März 1947, Lehrer für Musik und Arbeitslehre, geben der Gruppe ihren instrumentalen Stempel und sorgen für ideenreiche und sorgfältige Arrangements. Das erste Album, allerdings mit deutschen Liedern, erschien 1977: «Wo soll ich mich hinkehren» (Hansa). Im selben Jahr folgte die zweite LP «Jiddisch», sorgte für die Bekanntheit der Gruppe und machte sie zum Markenzeichen für Musik aus diesem kulturellen Sprachraum. Inzwischen ist ein weiteres Album, «Jiddische Lieder 2», bei Stockfisch erschienen, wo die Gruppe auch mit →Hein und Oss Kröher eine gemeinsame Schallplatte «Wenn alle Brünnlein fließen» veröffentlicht hat.

● Auf Hansa: Wo soll ich mich hinkehren (IT 28923); Espe Jiddisch (IT 28924) ... auf Stockfisch: Jiddische Lieder 2 (EP 5020); Espe + Hein und Oss, Wenn alle Brünnlein fließen (P 801)

Estes, Sleepy John, dessen Blues «seine eigene Autobiographie, die Ansicht eines Künstlers von seiner unmittelbaren Umgebung war» (Oliver), ist mit seinem Gesang, der an Trauer und Klage kaum zu übertreffen ist, eine der legendären Bluesgestalten, die im →Folk Revival wiederentdeckt worden sind. Seine Stimme wirkt trotz ihres kindlichen Klanges sehr erfahren, und man könnte ihn als einen «Topical Bluessänger» bezeichnen. Die Entwicklung seines Blues in immer größere Schwermut ist sicher auch durch den allmählichen Verlust seiner Sehfähigkeit bis hin zur völligen Blindheit bedingt.

John Adam Estes wurde am 25. Januar 1904 in Laudertale County, Tennessee, als eines von sechzehn Kindern geboren. 1915 zog er mit seinen Eltern nach Brownsville und wurde einige Zeit darauf bei einem Baseball-Spiel verletzt – der vermutliche Ausgangspunkt für sein langsames Erblinden. Zu dieser Zeit hatte er begonnen Gitarre zu spielen, und 1920 trat er regelmäßig auf Tanzveranstaltungen auf. Nachdem Estes nach Memphis gezogen war, kam es nach einem Treffen mit Ralph Peer von Victor im September 1929 zur ersten Aufnahmesession. Dabei spielte Estes, zusammen mit Jab Jones, einem Mitglied der Memphis Jug Band, die Bluestitel *Broken Hearted, Ragged and Dirty Too* und *Diving Duck Blues* ein. Bis 1931 folgten weitere Aufnahmen für Victor, darunter *Milk Cow Blues* und *Street Car Blues*. Während für viele Musiker, die vor der großen wirtschaftlichen Depression Platten eingespielt hatten, die Karriere nach den ökonomischen Wirren vorbei war, hatte Sleepy John Estes als große Ausnahme weiterhin Einspielungen, u. a. *Down South Blues* und *Stop That Thing* für die Champion Race-Serie von Decca am 9. Juli 1935. Bis zu seiner vorläufig letzten Session, die am 24. September 1941 wieder bei Victor stattfand, hatte er insgesamt 54 Bluestitel eingespielt. Mit dem sich anbahnenden Ende der →Race Records war in diesem Jahr die Schallplattenkarriere von Sleepy John Estes zunächst beendet. Die biographischen Angaben über ihn von →Big Bill Broonzy, der Estes um etliche Jahre älter gemacht und außerdem behauptet hatte, daß er bereits 1954 in

Chicago gestorben sei, verlängerte diese Unterbrechung um einige Jahre. Erst 1960 wurde Sleepy John Estes durch Bob Koester von Delmark Records wieder an die Öffentlichkeit gebracht und begann eine zweite Schallplattenlaufbahn. 1964 trat er auf dem →Newport Folk Festival auf, und im selben Jahr und noch einmal 1968 kam er mit dem →American Folk Blues Festival nach Europa. 1974 hatte er sogar eine Tournee in Japan. Kurz vor einer geplanten neuerlichen Europatournee starb Sleepy John Estes am 6. Juni 1977 an einem Herzinfarkt in Chicago.

● Auf Folkways RBF Serie: Sleepy John Estes (RF 8) ... auf Delmark: The Legend of Sleepy John Estes (DL 603); Broke and Hungry, Ragged and Dirty Too (DL 608); Brownsville Blues (DL 613); Electric Sleep (DL 619) ... auf Swaggie: The Blues of Sleepy John Estes (S 1219); The Blues of Sleepy John Estes 1938–1940 (S 1220) ... vertreten auf Folkways: The Country Blues Vol. 1 (RF 1); Blues Rediscoveries (RF 11); The Rural Blues (RF 202) ... auf Blues Classics: Country Blues Classics Vol. 3, (BC 7) ... auf Roots: The Memphis Area 1927–1932 (RL 307); Memphis Blues Vol. 1. 1927–1934 (RL 323) ... auf Folkways: The Blues (Asch 101) ... auf Storyville: Best of Blues (SLP 188)

F

Fairport Convention hat wie kaum eine andere Folk Rock-Gruppe in ihrer Geschichte (bis zur endgültigen Auflösung Ende 1979) vergleichbar viele Besetzungswechsel erfahren und konnte dennoch eine musikalische Kontinuität und Qualität beweisen, die sie zum Inbegriff für den →Folk Rock aus England werden ließ. Karl Dallas, einer der überragenden Kenner der Folk-Szene, kam nach ihrer Auflösung zu dem Schluß, daß der Folk Rock jetzt tot sei. Insgesamt 15 Änderungen der Formation, eine beachtliche Anzahl von Ablegern und fast 20 eingespielte LPs in 12 Jahren musikalischer Aktivität machen die Geschichte der FAIRPORT CONVENTION zu einer Biographie des englischen Folk Rock.
Die Gruppe wurde 1967 im Musswell Distrikt im Norden von London gegründet. In der Besetzung Simon Nicol (g, voc), Richard Thompson (g, voc) Ashley Hutchings (b), Martin Lamble (dr), Ian Matthews (voc), Judy Dyble (voc, autoharp) spielten FAIRPORT CONVENTION 1968 ihr erstes Album ein, «Fairport Convention». Im selben Jahr kam es zum ersten entscheidenden Besetzungswechsel, da Judy Dyble die Gruppe verließ und Sandy Denny (voc), «The First Lady of Folk Rock», sich den anderen Mitgliedern anschloß. 1969 verließ Denny FAIRPORT, um die Gruppe →FOTHERINGAY zu gründen, machte eine erfolgreiche Solokarriere, kehrte von 1974 bis 1976 zu FAIRPORT CONVENTION zurück, und eine weitere Sololaufbahn wurde durch ihren Tod 1978 beendet. Ebenfalls 1969

verließ Ashley Hutchings die Gruppe und kam über die REHEARSEL GROUP und die Mitbegründung von →STEELEYE SPAN schließlich zur ALBION COUNTRY BAND, der späteren ALBION BAND. Er kann als das typische Beispiel gelten für jene Mitglieder von FAIRPORT CONVENTION, welche die Gruppe verlassen haben, um in einer stärker traditionell geprägten Richtung weiterzumachen, und hat sich verstärkt den Country Dances in hauptsächlicher Zusammenarbeit mit →Martin Carthy und →John Kirkpatrick zugewandt. Verstärkt wurde die Gruppe zu dieser Zeit durch Dave Swarbrick (f, voc), nachdem auch Ian Matthews bereits ausgestiegen war, kurze Zeit mit MATTHEWS' SOUTHERN COMFORT zusammen war und dann eine Sololaufbahn begann. Dave Swarbrick wurde von 1969 bis zur endgültigen Auflösung zur zentralen Figur der FAIRPORT CONVENTION und trug aus seinen Erfahrungen mit der IAN CAMPBELL GROUP und Martin Carthy dazu bei, daß das erste Album mit seiner Beteiligung, «Liege and Lief», von vielen Kritikern als die beste Folk Rock-LP aus England überhaupt bezeichnet wird. Durch den Ausstieg von Richard Thompson, der im weiteren als Solo- und Session-Musiker arbeitete, und den erwähnten Wechsel von Sandy Denny wurde FAIRPORT CONVENTION 1971 mit Dave Pegg (b, voc) für die nächste Zeit zum Quartett. Im selben Jahr verließ das letzte übriggebliebene Gründungsmitglied Simon Nicol die Formation, um sich der ALBION COUNTRY BAND anzuschließen, in der zu dieser Zeit auch Dave Mattacks (dr) spielte, der nach dem tödlichen Autounfall von Martin Lamble (1969) dessen Position bei den FAIRPORT übernommen hatte. Ergänzt wieder um ihn und den Australier Trevor Lucas (g, voc), der über ECLECTION und FOTHERINGAY 1972 einstieg, kam es zu einer wahren Sensation, da die Gruppe unverändert 19 Monate zusammenblieb. Durch ihre Heirat mit Trevor Lucas wurde auch Sandy Denny wieder kurze Zeit Mitglied. Nach weiteren kleineren Besetzungsänderungen kam es 1976 noch einmal zur letzten großen Umstrukturierung: Es spielten Bob Brady (p), für ein kurzes Gastspiel, Dan Ar Bras (g) und Roger Burridge (mandolin, f), die sich nach kurzer Zeit →Alan Stivell anschlossen, und Bruce Rowland (dr), der bereits vorher den Part von Dave Mattacks übernommen hatte. Von Ende 1976 bis zu ihrer Auflösung spielten FAIRPORT CONVENTION als Quartett mit Rowland, Pegg, Swarbrick und dem zurückgekehrten Gründungsmitglied Nicol.

● Auf Polydor: Fairport Convention (2384047) ... auf Island: What We Did on Our Holidays (ILPS 9092); Unhalfbricking (ILPS 9102); Liege and Lief (ILPS 9115); Full House (ILPS 9130); Angel Delight (ILPS 9162); Babbacombe Lee (ILPS 9176); The History of Fairport Convention (2 LPs, ICD 4); Rosie (ILPS 9208); Nine (ILPS 9246); Live Convention (ILPS 9285); Rising for the Moon (ILPS 9313); Gottle O'Geer (ILPS 9389) ... auf Vertigo: The Bonny Bunch of Roses (9102015); Tipplers Tales (9102022) ... vertreten auf Island/Transatlantic: The Electric Muse (4 LPs, Folk 1001)

Falckenstein →Fiedel Michel

Farantouri, Maria. Die große Sängerin Griechenlands, die mit ihrem Gesang die Seele der neueren Volksmusik ihrer Heimat geworden ist und damit Tom Schröder zufolge neue Rangordnungen am Himmel der Weltstars schaffen könnte, gilt neben ihrem langjährigen musikalischen Gefährten →Mikis Theodorakis als Symbol für die immer wieder unterdrückte antifaschistische Tradition der Kultur und

«Lieder, die das Volk braucht»: Maria Farantouri.
Foto: Michael Meyborg.

Musik in ihrem Lande. Zusätzlich verweist sie mit ihrer einzigartigen programmatischen Konzeption, mit Liedern aus Chile, der UdSSR oder mit ihrer griechischen Fassung des *Solidaritätslieds* von Brecht und Eisler auch auf internationale Dimensionen. In ihrem fortschrittlichen musikalischen Selbstverständnis vermischt sie in ihrem eigenen Ensemble volksmusikalische Formen mit zeitgenössischen Musiken, verbindet beispielsweise die traditionelle Bouzouki mit der elektrischen Gitarre oder fügt bei der Interpretation ihrer Lieder ein Schlagzeug hinzu.

Maria Farantouri – «Volksmusik muß sich nah beim Bewußtsein des Volkes befinden» – wurde 1947 in Nea-Jonia, einem Athener Arbeitervorort, geboren, erfuhr in ihrem Elternhaus frühzeitig die Abneigung gegen die politische Rechte und entwickelte bereits in ihrer Jugend ein ausgeprägtes demokratisches Selbstverständnis. «In meinem Heimatort wohnte eine Reihe von Menschen, die unterdrückt und ausgebeutet wurden, aber ein außerordentliches politisches und gesellschaftliches Bewußtsein hatten» (Maria Farantouri). Nach dem Verlassen des Gymnasiums vor Abschluß der Oberstufe tingelte sie als Sängerin durch Tavernen und wurde 1963 Mitglied eines Theaterchores, in dem Werke von Mikis Theodorakis und Manos Chatzidakis aufgeführt wurden. Im selben Jahr traf sie als Sechzehnjährige persönlich auf Theodorakis und wurde Mitglied in seinem Ensemble. Kurz danach wurde der demokratische Abgeordnete Gregorios Lambrakis ermordet, was später von Costas Gavras in dem Film «Z» aufgearbeitet wurde. Mit dem zentralen Lied aus diesem Film, *To jelasto pädi* (Der lächelnde Junge), wurde Maria Farantouri bekannt und beteiligte sich bis 1967 an einer Aktion griechischer Arbeiter, Künstler, Wissenschaftler und Studenten, «Demokratische Jugend Lambrakis», die von Mikis Theodorakis initiiert worden war. Nach dem 21. April 1967, der Übernahme der Macht durch die Obristen und die Verhaftung von Theodorakis, floh sie nach London ins Exil, wo sie die Leitung des restlichen Ensembles übernahm und mit mehr als 650 Konzerten die demokratische Kultur ihres Landes im Ausland vertrat. In jenem Jahr war sie erstmals auf einer größeren Veranstaltung in der Grugahalle in Essen zu hören und übergab 1970 die Leitung wieder Mikis Theodorakis, nachdem dieser freigelassen worden war. 1974 kehrte sie gemeinsam mit ihm nach Griechenland zurück und war an einem der eindrucksvollsten Konzerte der Musikgeschichte im Athener Karaiskakis-Stadion vor sechzigtausend Menschen beteiligt. Ende 1976 gründete sie ihr eigenes Ensemble, arbeitete unter anderem mit dem Regisseur Terzopoulos zusammen und machte ihre erste größere Tournee im Frühjahr 1978 in der BRD, die auf der LP «Maria Farantouri. Live» dokumentiert ist. Ende 1979 war sie ein weiteres Mal in 18 Städten der Bundesrepublik zu hören und bestritt eines der eindrucksvollsten Matinees der Liedersänger im WDR, bei der sie die in der Regel von Sarantis Kassaras arrangierten Lieder vorstellte.

● Auf RCA: Lieder der Welt (PL 30048) ... auf Pläne: Theodorakis par Maria Farantouri et Georg Kapernaros (LDX 74468); Maria Farantouri Live (88159)

Farina, Richard and Mimi. Die romantisch-tragische Geschichte des Folk-Duos Richard und Mimi Farina begann Ende der fünfziger Jahre in Europa. Richard Farina, geboren 1937 in Brooklyn, New-York, irisch-kubanischer Abstammung, wurde mit 18 Jahren Mitglied der Irisch Republikanischen Armee, heiratete die Folk-Sängerin Carolyn Hesters und war mit ihr zusammen auf Tournee, als er Mimi Baez, eine Schwester von Joan Baez, in Paris kennenlernte. 1963, nachdem Richard Farina von Carolyn geschieden wurde, heirateten beide in Kalifornien und traten von da an als Duo auf. In Greenwich Village wurden sie 1965 für ihre erste LP bei Vanguard verpflichtet. Auf «Celebrations for a Gray Day» befand sich ihr Meisterstück *Pack Up Your Sorrows*, welches in das Standardrepertoire vieler Folk-Interpreten aufgenommen wurde (→PETER, PAUL & MARY, Judy Collins, June Carter, →Joan Baez u. v. a.). Im selben Jahr erschien eine weitere LP von den beiden, «Reflections in a Crystal Mind», auf welcher sich die poetische Stärke mit Titeln wie *Children Of Darkness* oder *Chrysanthenum* wiederum bestätigte, ebenso wie das politische Engagement eindeutig zu erkennen war, durch *House Un-American Blues Acitivity Dream* und *Sell Out Agitation Waltz*. Zu weiteren Aufnahmen kam es nicht, da Richard Farina am 30. April 1966 durch einen mysteriösen Motorradunfall ums Leben kam – ausgerechnet zu der Zeit, da eine Feier, die er verlassen hatte, zum Erscheinen seiner ersten Novelle «Been Down So Long It Looks Like Up to Me» stattfand, deren Titel und Inhalt dadurch die verschiedensten Interpretationen in Bezug auf seinen Tod gefunden haben.

Zwei Jahre später erschien ein Album

aus dem Nachlaß, «Memories» (1968). Mimi Farina schloß sich eine Zeitlang einem politischen Kabarett an, arbeitete (wie früher auch ihr Mann) in Joan Baez' Schule zum Studium der Gewaltlosigkeit mit und ist verschiedentlich auf Einzelveranstaltungen zu hören. Sie ist als musikalische Sozialarbeiterin in der Organisation «Bread and Roses» tätig, die versucht, Konzerte für Drogenabhängige, Psychiatrische Anstalten, Obdachlosenheime u. ä. zu organisieren.

● Auf Vanguard: Celebrations for a Gray Day (79174); Reflections in a Crystal Mind (79204); Memories (79263)

Fasia. «Meine Schwester, die Freiheit des Volkes» (Fasia). Fasia Jansen singt politische Lieder mit solidarischer Beteiligung an den jeweiligen Inhalten seit der Entstehung neuerer politischer Lieder in der Nachkriegsgeschichte. «Wenn ich ein Lied machen will, dann gehe ich zu den Leuten, beteilige mich an Flugblattaktionen, an Diskussionen und Versammlungen. Ich erfahre, was die Leute sagen. Da bekomme ich meine Argumente. Diese Argumente setze ich um in Melodien und Rhythmus.»

Fasia Jansen wurde am 6. Juni 1929 in Hamburg als Tochter des liberianischen Generalkonsuls und einer Deutschen geboren. Von einem Hamburger Arbeiter adoptiert, dem sie ihr Akkordeonspiel verdankt, wuchs sie im Hamburger Arbeiterviertel Rothenburgsort auf. Wegen ihrer Hautfarbe wurde sie im Hitlerfaschismus in einem Außenlager von Neuengamme zwangsverpflichtet. Zum Liederschreiben kam sie, wie sie selbst sagt, durch die Ostermarschbewegung, und so waren ihre ersten Vertonungen (Texte Gerd Semmers) geprägt von den Ideen dieser Bewegung. Erstmals war sie auf einer Schallplatte, die 1963 bei Pläne erschien, zu hören («Ostersongs»), und 1965 und 1966 spielte sie für das italienische Label DNG Turin «Il Canzoniere internationale dei Rebelli» (Widerstandslieder) und «Canti dei Lager» (Lieder aus dem KZ) auf Großveranstaltungen in Bologna vor 100000 Zuhörern ein. Auf der ersten dieser Platten befand sich unter anderem *Verbrannte Erde in Deutschland*, eines der eindrucksvollsten «Lieder gegen die Bombe», welches sie zusammen mit Gerd Semmer verfaßt hatte. In dieser Zeit entstand auch eines ihrer bekanntesten Lieder, *An meinen amerikanischen Brieffreund*, in welchem sie die Schrecken des Vietnamkrieges beschreibt. 1967 erschien ihre erste eigene EP bei Pläne, «Fasia», die, um neuere Titel erweitert (*Grandola Vila Morena* und *Liberté in ganz Chile*), 1975 als LP verlegt wurde. Eine weitere LP, «Lieder der internationalen Solidarität», mit u. a. *Bella Ciao* und *Moorsoldaten*, war für 1980 geplant. Außerdem ist Fasia auf einer Sammel-LP mit Bergarbeiterliedern, «Mein Vater war Bergmann», vertreten. Bemerkenswert ist, daß sie auf einem in der UdSSR erschienen Sampler vertreten ist. Fasia Jansen lebt in Oberhausen und ist als aktive Antifaschistin auf Festivals und Diskussionsveranstaltungen ebenso zu finden wie bei den streikenden Zementwerkern in Erwitte, für welche sie 1975 ein Lied schrieb, oder bei den Bewohnern der Rheinpreußen-Siedlung, als diese für den Erhalt ihrer Siedlung im Januar 1979 in den Hungerstreik traten.

● Auf Pläne: Porträt (66301) ... vertreten auf: Das Fest unserer Zeit (G 60168); Mein Vater war Bergmann (88158); Rotkäppchen (K 20905); Die Leute von der Annostraße (DK 0099)

Fiddle (Fiedel, Geige). Die Fiedel, die etwa im 9. Jahrhundert von Asien nach Europa gekommen ist, ist als Hauptstreichtonwerkzeug des Mittelalters der direkte Vorläufer der späteren Geige oder Violine, welche die Fiedel in ihrer Bauweise vollständig verdrängt hat. Der Begriff Fiddle oder Fiedel wird innerhalb der verschiedenen Volksmusiken aber weiterhin auf die Geige angewendet und beinhaltet in der Regel auch eine andere Haltung des Instruments sowie eine andere Bogenführung. Ausgesprochen selten ist die Spielweise zwischen den Knien.

Eine der traditionsreichsten Regionen für dieses Streichinstrument sind die Shetland Inseln, wo sich bis heute eine stattliche Anzahl Fiddler findet, von denen Tom Anderson besonders erwähnenswert ist. Schottland und England sollten in diesem Zusammenhang ebenfalls erwähnt werden, und die Irische Fiddle, die bereits im Jahre 800 erstmals erwähnt wurde («Fidil») ist einer der wesentlichen Bestandteile der Volksmusik auf der Grünen Insel. Innerhalb der USA fand die Geige Einzug in die Folk Music über die weißen Siedler aus Europa, wurde ein wichtiger Teil der Country Music und erlebte im →Bluegrass mit →Vassar Clements eine außergewöhnliche Meisterschaft. Im englischen →Folk Rock hatte sie mit Dave Swarbrick eine erwähnenswerte Persönlichkeit, kann in Skandinavien Geigenspielergruppen aufbieten und eine besondere Variante, die →Hardingerfela, die außer den normalen vier Saiten noch vier zusätzliche Resonanzsaiten zu bieten hat. Mit der Nyckelharpa hat diese Region ein weiteres interessantes Fiedel-Instrument, das in etwa einer Drehleier ohne Kurbel entspricht, also mit Klaviatur, aber direkt mit einem Bogen gestrichen wird. Inzwischen ist die Fiedel durch das Revival auch hierzulande bei vielen Folk-Gruppen vertreten. Lutz Berger, Mitglied von →BERNIE'S AUTOBAHN BAND und manchmal Fiddlespieler bei →Zupfgeigenhansel, dürfte als Ausnahmepersönlichkeit in der BRD an dieser Stelle nennenswert sein.

● Auf Pläne: Die Irische Fiddle (88149) ... auf Claddagh: The Liffey Banks (CC 13); Gustys Frolics (CC 17); The Star Above The Garter (CC 5) ... auf Gael-Linn: Ceol Rince Le Jean Mac Guire (CEF 011); Flea Cecil (CEF 013) ... auf Outlet: Champion of Champions (OLP 1005); Best of Sean MacGuire (OLP 1006); Toss the Feathers (OLP 1020); Farewell To Connaught (SOLP 1010) ... auf Leader: Shetland Fiddlers (LED 2052) ... auf Topic: The Music of Scott Skinner (12 TS 268); James F. Dickie's Delights (12 TS 279); J. Scott Skinner (12 TS 280); The Silver Bow (12 TS 281)

☐ Gene Lowinger, Bluegrass Fiddle (Oak Publications 1974); Alan Kaufmann, Beginning Old Time Fiddle (Oak Publications 1977); Matt Glaser, Bluegrass Fiddle (Amsco 1978); Miles Krassen, Appalachian Fiddle (Oak Publications 1973); Marion Thede, The Fiddle Book (Oak Publications); Miles Krassem (Hg) O' Neill's Music of Ireland (Oak Publications 1976)

Fiedel Michel. Die ostwestfälische Folk-Gruppe FIEDEL MICHEL hat verhältnismäßig früh auf traditionelles Material zurückgegriffen und insbesondere auf dem Volkstanzsektor bedeutendes durch Bearbeitungen und Veröffentlichungen geleistet. Wie manche andere Interpreten deutscher Volkslieder (→Liederjan) kommen sie über den Umweg schottisch-irischer Folklore an das heimische Liedgut. In der Entwicklung von THE RAMBLING PITCHFORKERS über FIEDEL MICHEL zu der Folk Rock-Gruppe FALCKENSTEIN zeigt sich eine musikalische Beweglichkeit, aber, hinzugenommen die dauernden Besetzungswechsel, auch eine entsprechende Unsicherheit.

1972 wurden von Michael Thaut (f, mandolin, voc) und Martin Hannemann (g, tb, voc) in Münster/Westf.

die RAMBLING PITCHFORKERS gegründet. Ein Jahr später entstand FIEDEL MICHEL, nachdem das Duo um Thomas Kagermann (f, bj, g, voc) erweitert wurde, und verlagerte sich auf die Beschäftigung mit deutschen Liedern und Tänzen, was für die damalige Zeit ausgesprochen ungewöhnlich war. Die erste LP «Deutsche Folklore» erschien 1973 bei dem kleinen Folk-Label «Autogram» aus Nottuln.
1975 kam Elke Herold (pipes, dulcimer, f, voc) zur Gruppe, Martin Hannemann schied aus, und ein Jahr später ergänzte sich FIEDEL MICHEL durch Monika Hawel (g, hackbrett, voc) zu einem Quartett. Anschließend stellte sich noch Monika Maria Domin (hackbrett, fl, g, waldzither, voc) ein. Die instrumentale Vielfalt und ihr in dieser Zeit entwickeltes demokratisches Engagement machten die Formation zu einer begehrten Gruppe innerhalb der Festival- und Club-Szenerie. Ein weiterer Besetzungswechsel ergab sich 1977, als Elke Herold die Gruppe verließ und durch Mick Franke (g, bouzouki, voc) ein weiteres Mitglied hinzukam, das die Tendenzen der Entfernung vom traditionellen Hintergrund verstärkte. Anfang 1979 erschien die Gruppe FALCKENSTEIN auf der Bildfläche, die aus den ehemaligen FIDEL MICHEL-Mitgliedern Thomas Kagermann, Monika Marie Domin, Mick Franke, ergänzt um Wendelin Werner (g, p, sitar, cello, harm) Peter Löwner (beg, b, harm) und Joachim Luhrmann (dr, perc) besteht. Innerhalb kürzester Zeit hatte die als «Folk Rock-Gruppe Nr. 1» angekündigte Formation mit ihrem Titel *Deutsche Einsamkeit* einen Hit, der sich wochenlang in der Schlagerralley des WDR hielt, mußte sich aber von folkloristischer Seite den Vorwurf gefallen lassen, einen Prozeß der musikalischen Anpassung vollzogen zu haben. FIEDEL MICHEL, die als Folkgruppe neben FALCKENSTEIN weiter besteht und mit ähnlicher Promotion als «Deutschlands Folklore Gruppe Nr. 1» angekündigt wird, hat ihre bisher letzte LP «Fiedel Michel», die 1980 erschien, in Dublin eingespielt.

● Auf Autogram: Fiedel Michel – Deutsche Folklore (ALLP 191); Fiedel Michel No. 2 (EP; AEP 197); Tänze (EP; AEP 205); Fiedel Michel No. 4 (ALLP 199); Der Teutsche Michel (ALLP 224) ... auf Stockfisch: Fiedel Michel Live (SF 5008); Fiedel Michel – Von Zeit zu Zeit (SF 5016) ... auf Nature/Metronome: Fiedel Michel (0060278) ... vertreten auf Stockfisch: Volkslied 76 (SF 8004) ... auf Pläne: Trotz alledem (S 66701) ... Falckenstein auf Nature/Metronome: Falckenstein (0060179); Feuerstuhl (0060268)

Fisher, Cilla, und Trezise, Artie, sind ein schottisches Folk-Duo, das traditionelles und zeitgenössisches Liedgut vorträgt, dabei aber keine musikalische Verbindung herstellt, sondern die Lieder in ihren jeweiligen Eigenheiten beläßt. Bei den alten Balladen zeigt sich ihre Stärke im →a capella-Gesang, der besonders von Cilla Fisher meisterlich beherrscht wird, während bei neueren Liedern Artie Trezise eine abwechslungsreiche Begleitung auf Gitarre und Dulcimer vorweisen kann.
Cilla Fisher wurde am 26. September 1952 in Glasgow, Schottland, geboren, entstammt der wohl berühmtesten Familie der Singing Tradition, vergleichbar mit der COPPER FAMILY oder den →WATERSONS aus England, und hatte bereits mit sieben Jahren ihren ersten Auftritt im Radio. Artie Trezise wurde am 3. April 1947 in St. Andrews, County Fife, Schottland, geboren, spielte in seiner Studienzeit in verschiedenen →Skiffle Gruppen, begann mit Soloauftritten als Folk Sänger und kam Anfang der siebziger Jahre nach Glasgow, wo er Cilla Fisher kennen-

lernte. Sie heirateten, und Cilla behielt ihren volksmusikalisch vorbelasteten Namen für gemeinsame Auftritte bei. 1972 zogen sie in die Nähe von Cupar, County Five, arbeiteten ein gemeinsames Programm aus und beschlossen 1975, professionell Folk Music zu betreiben. Im selben Jahr machten sie ihre erste Tournee durch die BRD und spielten hier ihre Debüt-LP für Autogram, «Cilla Fisher & Artie Trezise», ein. Ihr erstes Album auf der Insel erschien bei Trailer und hatte den Titel «Balcanquhal» – der Name der Farm, auf der sie leben, aber auch die Bezeichnung für jemanden, der nicht ganz normal ist. 1977 machten sie eine ausgiebige Tournee durch die USA und Kanada, spielten ein Album für Folk Legacy ein und gründeten im selben Jahr ihre eigene Plattenfirma Kettle Records, bei der unter anderem →Hamish Immlach und →Ian Mackintosh vertreten sind. Von ihren eigenen LPs ist noch die bei Topic 1979 erschienene «Cilla and Artie» erwähnenswert, die vom Melody Maker als Folk-Album des Jahres bezeichnet wurde. Artie Trezise, der von sich sagt, daß er Sozialist sei, und Cilla Fisher sind ausgezeichnete Entertainer, haben einen Schwerpunkt ihrer musikalischen Arbeit in der letzten Zeit auf Kinderlieder verlegt und zählen in diesem Genre nach kürzester Zeit zu den populärsten Vertretern in Schottland.

● Auf Autogram: Cilla Fisher & Artie Trezise (ALLP 206) ... auf Topic: Cilla and Artie (12 TS 405)

Flamenco. Der Flamenco ist ein fester Bestandteil der spanischen Folklore aus Andalusien und wird überwiegend den andalusischen Zigeunern, den Gitanos, zugeschrieben. Das entscheidende Charakteristikum ist das Rasgueado, ein ständiges Anreißen der Gitarrensaiten, welches irrtümlich als einzige Form des Flamenco bezeichnet wird. Bereits beim Rasgueado gibt es die unterschiedlichsten Techniken mit den verschiedensten rhythmischen Ergebnissen. Musikalisch ist Flamenco eine interessante Mischform aus dem andalusischen Gesang Canto Jondo und einem getragenen Gesang aus Seguiriyas und Soleares, bereichert um orientalische Klänge und die Zigeunermusik. Zu dieser schwermütigen Form, deren Intensität nur noch vergleichbar ist mit den Flamenco-Fadengos, gesellt sich eine Reihe fröhlicher, lebendiger und verspielter Formen wie die Tanguillos aus der Gegend um Cádiz, die Bulerias und die Sevillanas.

Erst in diesem Jahrhundert konnte sich der Flamenco Anerkennung verschaffen, und Frederico Garcia Lorca, der mehrere Gedichte zu einer besonderen Art des Flamenco, den Peteneras, geschrieben hat, zählt zu den wichtigsten Persönlichkeiten in dieser Entwicklungsgeschichte. – Die Flamenco-Gitarre hat sich zu konzertanter Virtuosität entwickelt. Besonders nennenswerte Interpreten sind Paco Pena, Pedro Soler, Sabicas und Melchor de Marchena. In der bundesrepublikanischen Szene gibt es mit Manolo Lohnes einen respektablen Vertreter, und erwähnenswert ist die deutschsprachige Zeitschrift «Flamenco», die unregelmäßig im Eberwein-Feik Verlag erscheint.

● Auf Chant du Monde / Pläne: Die Flamenco-Gitarre (G 88126)

Flöte. Die Flöte ist eines der ältesten Tonwerkzeuge überhaupt und hat in den unterschiedlichen Kulturen die verschiedensten Ausführungen gefunden. Die Familie der Flöten läßt sich grob in Langflöten – beispielsweise die

Blockflöte – und in seitlich angeblasene Instrumente aufteilen. Die Querflöte, die im volksmusikalischen Bereich in der Regel aus Holz ist, seltener wird hier ein Modell aus Neusilber o. ä. gebraucht, hat besonders in Irland eine große Tradition. Die Gaita aus Lateinamerika wird ebenfalls seitlich angeblasen, ebenso beispielsweise die Ti Tzu aus China oder die FuYe aus Japan.

Eine besondere Stellung nimmt die irische Tin Whistle (Penny Whistle) ein, die auch weit über Irland hinaus als Bestandteil vieler Folk-Gruppen gilt und eine Blechflöte mit 6 Grifflöchern ist. Die Blockflöte (Recorder) hat einen wichtigen Stellenwert innerhalb der Hausmusik und wird in ihren Variationen (Altblockflöte u. a.) zunehmend von Gruppen des bundesdeutschen Revivals übernommen. Erwähnenswert sind noch die Quena, eine Rohrflöte aus Schilf, die Tarka und Erchenko – alle aus Lateinamerika – und die ebenfalls dort in vielen Formen beheimatete →Panflöte.

● Auf Pläne: Die Blockflöte (G 10016); Indianische Flöten (G 10018) ... auf Claddagh: Tin Whistles (CC 15) ... auf Gael Linn: Ceol Potter (CEF 034) ... auf Mulligan: Matt Molloy (LUN 004) ... auf Silverhill: Seamus Tansey (LPSH 108) ... auf Topic: An Irish Jubilee (12 T 290); The Lark in the Clear Air (12 TS 230)

☐ Helmut Mönkemeier, Grundlehrgang – Das Spiel auf der Sopran Blockflöte (Edition Moeck 1960); Peter Pandula, Lehr- und Spielbuch für Tin Whistle (Camac 1980); Robin Williamson, The Penny Whistle Book (Oak Publications 1977) ... Querflöte: Hans Peter Schmitz, Flötenlehre 1 (Bärenreiter Verlag 1955)

Folk Blues wird jene von Puristen verpönte Stilrichtung des Blues genannt, die sich am deutlichsten von den afroamerikanischen Ursprüngen entfernt hat. Die Vermischung zwischen Elementen der schwarzen und weißen Volksmusik zu einer «geglätteten» Interpretationsweise, die der europäischen Musiktradition verhältnismäßig nahe steht, wird deshalb häufig nicht als eine Variante des Blues identifiziert. Als erster wichtiger Vertreter wird →Blind Boy Fuller angegeben, und von einigen wird →Blind Lemon Jefferson als Ausgangspunkt für den Folk Blues bezeichnet.

Im Folk Blues entwickelte sich die Gitarrentechnik des Finger Picking, die nicht überwiegend von spontanen, emotionsreichen Einschüben und Veränderung lebte, sondern wesentlich klarer und durchschaubarer in ihrer Konzeption eines gleichbleibenden durchgezogenen Rhythmus auf den Baßsaiten der Gitarre und einer synkopierten Melodieführung war und vermutlich deshalb auch ausgezeichnete weiße Repräsentanten fand wie Doc Watson, Stefan Grossmann, Merle Travis oder Dave van Ronck. Als die beiden zentralen Figuren werden →Big Bill Broonzy und →Brownie McGhee bezeichnet, die es beide zu einer instrumentalen Meisterschaft des Folk Blues gebracht haben. Auch in der Bundesrepublik hat diese Art des Blues nachhaltige Auswirkungen, ist z. B. einer der wesentlichen musikalischen Faktoren bei →Hannes Wader, hat konzertante Größen geschaffen wie →Werner Lämmerhirt und →Martin Kolbe →Ralf Illenberger sowie ein Riesenheer an Fingerpickern.

Folk Freak →Schallplatten der Folk Music

Folklore. Der Begriff findet die verschiedensten Anwendungen. Er wird dem Engländer William John Thomas zugeschrieben, der Folklore als Sammelbegriff für die Gesamtheit der einfachen Volkskunst gebrauchte und neben der Musik auch Bräuche, Trachten, Märchen, Sagen, Sprichwörter,

Redensarten u. ä. darin einschloß. In diesem Sinne wird der Begriff Folklore auch heutzutage gebraucht, wobei sich in der kommerziellen Verwertung ein besonderes Gewicht auf das «Exotische und Fremdartige» einer anderen Kultur verlagert hat. Bei den Schallplattenfirmen, wo diese Auffassung sich durchgesetzt hat, wird zusätzlich unter Folklore das «gute und echte» Volkslied geführt – so werden dann z. B. Heino oder Maria Hellwig zu «Volksmusikanten» stilisiert.
Auf der anderen Seite findet dieser Begriff seine Anwendung für die verschiedenen volksmusikalischen Formen, die ebenso fortschrittliche politische Lieder beinhalten und unverblümte Beschreibungen der Lebensbedingungen wiedergeben. So werden unter Folklore der →Blues, das lateinamerikanische politische Lied oder die irischen Rebel Songs gezählt, um nur einige Beispiele zu nennen.

Folk-Magazin →Zeitschriften der Folk Music

Folk Revival. Der Begriff Folk Revival beschreibt das internationale Phänomen der Wiederbelebung und Erneuerung traditioneller Volksmusiken in der neueren Geschichte. Der Ausgangspunkt liegt dabei in den fünfziger Jahren in den USA und hatte seine Auswirkungen zunächst auf Schottland, England und Irland. Die angloamerikanische Folk Music beeinflußte anschließend nachhaltig die kontinentale Szene, äußerte sich beispielsweise in Frankreich und Italien spürbar und sorgte hierzulande für eine Etablierung der Folk-Landschaft zunächst durch die Burg →Waldeck. Unabhängig davon ergab sich eine Wiederbelebung traditioneller Volksmusiken und Instrumente in Lateinamerika, die als Bewegung «Neues Lateinamerikanisches Lied» eine politische Kraft im Befreiungskampf der Völker geworden ist.

Folk Rock. Die Entstehung des Folk Rock im →Folk Revival ist eines der erstaunlichsten Phänomene innerhalb der neueren Geschichte der Folk Music. Die Grundlagen und Ausrichtungen für diese zeitgenössische Interpretation folkloristischer Materialien, die oberflächlich und vereinfacht als elektrifizierte Folk Music beschrieben wird, sind dabei zunächst Ausdruck der Bedürfnisse nach qualifizierteren rockmusikalischen Formen ebenso wie nach einer populären modernen Volksmusik. Nicht unterschätzt werden sollte der Anteil marktpolitischer Überlegungen, die bessere kommerzielle Verwertbarkeit. Unter den verschiedenen Erklärungen und Beschreibungen ist der Ansatz des britischen Experten Karl Dallas besonders erwähnenswert, der im Folk Rock die Sehnsucht nach einer nationalen Rockmusik verkörpert sieht.
Der Beginn des Folk Rock wird hinlänglich auf das Jahr 1965 festgelegt. Als entscheidender Schritt wird dabei die Elektrifizierung von →Bob Dylans Gitarre bezeichnet. Unzweifelhaft zählt Dylan zu einer der ersten Größen dieser Musikform, und seine Beiträge aus dieser Zeit sind wesentlich für die Entwicklung gewesen. Allerdings hatten sich bereits ein Jahr zuvor die MUGWUMPS aus New York und die BYRDS aus Los Angeles zum Folk Rock bewegt. Den Durchbruch brachte die BYRDS-Fassung des Dylan-Titels *Mr. Tambourine Man*, die den Folk Rock als Stil etablierte und ihn gleichzeitig als Verkaufskonzept der großen Schallplattenkonzerne durchsetzte. Die zentrale Figur der Gruppe, Roger McGuinn, wurde zur Anlaufstation

verschiedener Musiker, die ihrerseits etliche Folk Rock-Ableger bereicherten – David Crosby mit einer der zentralen Folk Rock-Gruppen der siebzieger Jahre, CROSBY, STILLS, NASH & YOUNG, die Country Rock-Gruppe THE DILLARDS oder die FLYING BURRITO BROTHERS. Nach der ersten elektrischen Einspielung von Bob Dylan, «Bringing It All Back Home» (1965), ergaben sich Formationen wie die MAMAS AND PAPAS und die LOVIN' SPOONFUL, die von John B. Sebastian, einem der exponiertesten Vertreter dieses Genres, gegründet worden war. Erwähnenswert sind aus dieser Zeit der Hit *Eve of Destruction* von Barry McGuire, die TURTLES, welche den typischen Westcoast-Klang verkörperten, und das erste Folk Rock-Duo SONNY & CHÈR, das 1965 mit *I Got You Babe* seinen ersten großen Erfolg hatte. Im weiteren entwickelten sich in der amerikanischen Szene Formationen wie COUNTRY JOE AND THE FISH, JEFFERSON AIRPLANE und THE GRATEFUL DEAD, um einige der experimentierfreudigsten Gruppen zu nennen. Aber auch Einzelpersönlichkeiten wie Paul Simon, Art Garfunkel, James Taylor, Joni Mitchell und John Denver, die sich wesentlich an populärmusikalischen Elementen orientierten, sollten genannt werden. Bis auf wenige Ausnahmen wie etwa die →NITTY GRITTY DIRT BAND ist bei den amerikanischen Vertretern des Folk Rock sowohl das Instrumentarium wie auch das Material nicht so sehr durch traditionelle Elemente bestimmt wie beispielsweise in der Entwicklung des Folk Rock auf den Britischen Inseln.

Hier entstand zunächst Mitte der sechziger Jahre in der Londoner Folk Club-Szene eine musikalisch offene Landschaft mit Davey Graham, →Bert Jansch, →John Renbourne u. a. sowie die irisch-englische Gruppe SWEENEYS MEN, die hinlänglich als Vorläufer des Folk Rock auf den Inseln bezeichnet wird. 1965 war bereits in Glasgow die erste Formation dieses Genres, die →INCREDIBLE STRING BAND, gegründet worden, und es folgte ein Jahr später die Gründung der →FAIRPORT CONVENTION, die mit Ashley Tiger Hutchings eine der zentralen Persönlichkeiten dieser Landschaft hatte. Mit einem weiteren herausragenden Musiker, Dave Swarbrick, spielte FAIRPORT 1969 die LP «Liege and Lief» ein, die von vielen Kritikern als die beste Folk Rock-LP aller Zeiten bezeichnet worden ist. Inzwischen waren weitere Gruppen wie die legendäre →PENTANGLE (mit John Renbourne, Bert Jansch und Jacqui McShee u. a.) entstanden, und 1969 ergab sich →STEELEYE SPAN, bei der außer Ashley Hutchings noch Maddy Prior, Tim Hart und Terry und Gary Woods beteiligt waren. Der spätere Anschluß von →John Kirkpatrick und →Martin Carthy an diese Formation verdeutlicht beispielhaft die Verwurzelung der britischen Gruppen in der eigenen Tradition. Aus dieser Zeit sollten die kurzlebige →FOTHERINGAY, die Band von Sandy Denny, und LINDISFARNE um Alan Hull nicht vergessen werden, die beide 1970 an die Öffentlichkeit traten. In den siebziger Jahren hielten sich FAIRPORT CONVENTION und STEELEYE SPAN mit beständigen Besetzungswechseln in ihrer führenden Position, wobei sich aus den verschiedenen Mitgliedern noch die ALBION COUNTRY BAND ergab. Weitere nennenswerte Gruppen sind die FIVE HAND REEL, an der sich zeitweise auch →Dick Gaughan beteiligte, die HORSELIPS aus Irland, →SILLY WIZARD aus Edinburgh und die gälische →CLANNAD aus dem County Donegal in Ir-

From Folk into Rock, Martin Carthy und Dave Swarbrick, 1968.

land, die eine ganz besondere Stellung einnehmen. Im übrigen haben eine stattliche Anzahl traditioneller Gruppen wie etwa →PLANXTY, →DE DANANN, →BATTLEFIELD u. a. die musikalischen Erfahrungen aus dem Folk Rock in ihr Spiel einbezogen.
Frankreich bietet mit dem Bretonen →Alan Stivell einen der Höhepunkte dieser Sparte, hat mit →MALICORNE einen würdigen Erben nach Auflösung von STEELEYE SPAN und FAIRPORT CONVENTION und bietet mit LA BAMBOCHE, →Pierre Bensusan u. a. eine der lebendigsten Szenen heutzutage. Die Elsässer →Roger Siffer und →LA MANIVELLE spielen eine bedeutende Rolle auch hierzulande. Auch in den Niederlanden zeigen sich mit WOLVERLEI und FOLKCORN hervorragende Gruppen, und Italien hat mit der →GRUPPO FOLK INTERNAZIONALE eines der experimentierfreudigsten Ensembles.

In der BRD zeigt sich bei näherer Betrachtung die Schwierigkeit, auf dem speziellen traditionellen deutschen Boden eine nationale Rockmusik zu verwirklichen. →OUGENWEIDE gilt seit 1971 als der exponierteste Vertreter. Gruppen aus jüngerer Zeit sind FALCKENSTEIN, →BERNIE'S AUTOBAHN BAND, PETER BRAUCKMANN BAND, IKARUS, COCHISE u. a. Weitere Gruppen und Solointerpreten haben einzelne Elemente des Folk Rock in ihren Vortrag einbezogen. Besonders erwähnenswert sind dabei die österreichischen →SCHMETTERLINGE, die mit ihrer «Proletenpassion» neue Dimensionen aufgezeigt haben. Auch →Liedermacher wie →Franz Josef Degenhardt, →Hannes Wader und →Konstantin Wecker öffnen sich auf ihren neueren Veröffentlichungen diesen Einflüssen.

● Auf Island/Transatlantic: The Electric Muse (4 LPs, FOLK 1001) ... auf CBS: Subterranean Homesick Blues, Bob Dylan (62515) ... auf Island: Liege and Lief, Fairport Convention. (ILPS 9105); Battle of the Field, Albion Country Band (HELP 25); The History of Fairport Convention (2 LPs, ICD 4); Rock On. Sandy Denny (ILPS 9189) ... auf Chrysalis: Below The Salt. Steeleye Span (CHR 1008); All Around My Hat. Steeleye Span (CHR 1091) ... auf Transatlantic: Reflection. The Pentangle (TRA 240); The Pentangle History Book (TRA SAM 23) ... auf Crest: No Roses. Shirley Collins and The Albion Country Band (CREST 11); Folk Songs of Old England Vol 1 und 2. Tim Hart und Maddy Prior (CREST 23/26) ... auf Oats: The Unfortunate Cup of Tea. Horselips (MOO 8); The Tain Horselips (MOO 5) ... auf Phonogram: Alan Stivell à l'Olympia (6399005) ... auf Stoof: Wolverlei (MU 7445); Goedenavond speelman. Folkcorn (MU 7450) ... auf Ballon Noir: Le Bestiaire. Malicorne (BAL 13012); La Saison des Amours. La Bamboche (BAL 13007) ... auf l'Orchestra: Daloy Politzei. Gruppo Folk Internazionale (OLP 10013) ... auf Polydor: Liederbuch. Ougenweide (2 LPs 1630108) ... auf Folk Freak: Cochise. Rauchzeichen (FF 1004)

Folk Song. Der englischsprachige Ausdruck für Volkslied bezeichnet zunächst das traditionelle Lied aus der jeweiligen eigenen Kultur, das überwiegend in mündlicher Überlieferung weitergegeben worden ist. In den USA fand der Begriff Folk Song durch →Pete Seeger, →Woody Guthrie u. a. eine vorwärts weisende Definition, nach der jedes Lied dieser Art ein aktuelles Lied gewesen ist, wobei sich im sogenannten «Folk Process» das traditionelle Material den gegenwärtigen Verhältnissen anpassen muß. Diese Einstellung brachte dann in den vierziger Jahren einen zwanglosen und freizügigen Umgang mit überlieferten Liedern, so daß in dieser Zeit vor allem durch Woody Guthrie eine gewaltige Anzahl von Folk Songs geschrieben und adaptiert wurde. Das wurde in den sechziger Jahren von vielen inzwischen überaus populären Folk-Sängern aufgegriffen, die ihrerseits zeitgenössische Texte und neue Melodien schufen, die mittlerweile bereits zu den «Klassikern» dieser Liedform zählen. Unter den Interpreten der →Topical oder Contemporary Songs waren zu dieser Zeit →Phil Ochs, →Tom Paxton, →Joan Baez, →Peter La Farge, Judy Collins, →Buffy Sainte-Marie und auch →Bob Dylan einige der herausragenden Persönlichkeiten. Das Übergreifen des →Folk Revival nach England, Schottland und Irland verursachte auch hier eine Bewegung, die sich der traditionellen Folk Songs annahm – in Irland z. B. die →DUBLINERS, Tommy Makem und die →CLANCY BROTHERS, in Schottland →Hamish Henderson, →Alex Campbell, →Hamish Immlach, in England →Ewan MacColl, Peter Bellamy, A. L. Lloyd und →Bob Davenport. Im weiteren kam es auch auf den Britischen Inseln zu einer stattlichen An-

zahl an Folk-Sängern, die eigene zeitgenössische Lieder zusteuerten: →Paul Brady, →Andy Irvine, →SANDS FAMILY (Irland); Archie Fisher, →Ian MacKintosh, →Dick Gaughan (Schottland); →Vin Garbutt, Nic Jones, →Martin Carthy, Tommy Amstrong, →Harvey Andrews (England).
Im bundesdeutschen Revival, das seinen Ausgangspunkt auf der Burg →Waldeck (1964) hatte, kam es zu einer nachhaltigen Beeinflussung der Musiker hierzulande durch Folk-Sänger wie →Colin Wilkie & Shirley Hart, →Hedy West oder →Derroll Adams, was auch dazu führte, daß beispielsweise die Lieder von →Hannes Wader zu Beginn der siebziger Jahre als Folk Songs bezeichnet wurden.

Folkways →Moses Asch, →Schallplatten der Folk Music.

Fotheringay existierte als Gruppe von März 1970 bis Januar 1971 und schaffte es in dieser kurzen Zeit, ein Markenzeichen für eine besonders kultivierte Spielweise des →Folk Rock zu werden. Das Ende der Band war bereits angelegt in ihrer Konzeption als Begleitgruppe aus herausragenden Einzelpersönlichkeiten für die «Erste Dame der englischen Folk Music», Sandy Denny. Es handelte sich hier um eine Art Zweckverband, um Sandy Dennys Interessen und ihre Karriere zu fördern, und die musikalischen Qualitäten stehen außer Zweifel, was sich auf der einzigen LP «Fotheringay» (1970) nachvollziehen läßt. Sandy Denny wurde in diesem Jahr von den Lesern der Zeitschrift Melody Maker zur besten britischen Sängerin gewählt und im folgenden Jahr in dieser Position bestätigt.
Geboren am 6. Januar 1947 in Wimbledon kam Sandy Denny über die Zusammenarbeit mit Johnny Silvo, →ALEX CAMPBELL & HIS FRIENDS über eine kurze Beteiligung bei den STRAWBS 1968 zu →FAIRPORT CONVENTION. Sie verließ die Gruppe 1969 und gründete FOTHERINGAY mit folgenden Mitgliedern: Pat Donaldson (b), Jerry Donahue (g, voc), der später zu FAIRPORT CONVENTION wechselte, Gerry Conway (dr) und dem Australier Trevor Lucas (g, voc). Die beiden letztgenannten hatten vorher bereits in der ECLECTION zusammengespielt. Trevor Lucas und Sandy Denny wurden die dominierenden Persönlichkeiten der FOTHERINGAY, trafen nach deren Auflösung und nach Sandy Dennys Soloarbeit in der Gruppe FAIRPORT CONVENTION wieder zusammen und heirateten. 1976 verließ Sandy Denny die Formation, um sich erneut als Solointerpretin zu profilieren, und galt bis zu ihrem plötzlichen Tod am 21. April 1978 als einflußreichste weibliche Persönlichkeit in der englischen Musikszenerie. Sie wurde oft verglichen mit →Joan Baez und Judy Collins.

● Auf Island: Fotheringay (ILPS 9125) ... Sandy Denny Solo-LP: The North Sea Grass Man & The Ravens (ILPS 9165); Like an Old Fashioned Waltz (ILPS) 9258); Rock On (ILPS9189); Rendesvouz (ILPS 9433) ... Sandy Denny mit Fairport Convention: What We Did on Our Holidays (ILPS 9092); Unhalfbricking (ILPS 9102); Liege and Lief (ILPS 9115); Live Convention (ILPS 9285); Rising for the Moon (ILPS 9313)

Fuller, Blind Boy, zählt unter den Blues Musikern aus den Carolinas zu den bekanntesten Persönlichkeiten. Mit seiner Gitarrentechnik, die sich mit der von →Blind Blake vergleichen läßt, dürfte er einigen Einfluß auch auf den Shuffle von →Big Bill Broonzy gehabt haben. Er schuf eine eindrucksvolle Verbindung verschiedener Stile, was die Grundlage seiner großen kom-

merziellen Erfolge in den dreißiger Jahren war.
Fulton Allan, wie Fuller mit bürgerlichem Namen hieß, wurde als eines von zehn Kindern ungefähr 1908 in Wadesboro, North Carolina, geboren. Er kam mit seinen Eltern nach Rockingham und heiratete dort 1927. Zu dieser Zeit hatte er begonnen, ein wenig Musik zu machen, intensivierte das aber erst, als sich aus einer erheblichen Sehschwäche eine vollkommene Blindheit ergab – Straßenmusik war für ihn nun die einzig mögliche Erwerbsquelle geworden. Der temperamentvolle, oft aufbrausende Fuller lernte seinen Blues nach den damals gängigen Schallplatten, so daß seine Musik sich landschaftlich nicht festlegen läßt. Anfang der dreißiger Jahre kam er nach Durham, wo er als Straßenmusiker mit →Sonny Terry zusammenspielte und →Reverend Gary Davis kennenlernte. In Durham traf Fuller auch den berüchtigten Schallplattenagenten J. B. Long, der dafür sorgte, daß Fuller 1935 für ARC seine ersten Einspielungen machen konnte – *Rag Mama Rag*, *Baby You Gotta Change Your Mind* und zehn weitere Titel, teilweise zusammen mit Gary Davis und Bull City Red (George Washington). Long steckte das Geld ein und meldete das Copyright der Stücke auf seinen eigenen Namen an. Weitere Aufnahmen folgten unter gleichen Bedingungen, und 1937 war Fuller so weit, daß er drohte, Long zu erschießen, falls er nicht bei einer anderen Firma aufnehmen könne. Im selben Jahr spielte er bei Decca zwölf Bluestitel ein, von denen lediglich *If You See My Pig Meat* und *Why Don't My Baby Write To Me* erschienen. Die Veröffentlichung der restlichen Titel wurde zunächst von Long verhindert, sie wurden bei Decca erst verlegt, nachdem Fuller sie auch für ARC eingespielt hatte. Bei all diesen Auseinandersetzungen nahm Fuller bis 1940 enorm regelmäßig Schallplatten auf, meistens mit Sonny Terry zusammen. In jenem Jahr war er einer der populärsten Bluesmusiker überhaupt geworden. Fuller starb an einem schweren Nierenleiden am 12. Februar 1941. In seiner kurzen Tätigkeit als Schallplattenkünstler hat er weit über hundert Bluestitel eingespielt, wobei er meistens eine National Guitar mit Stahlkorpus (→Dobro) benutzt hatte.

● Auf Blues Classics: Blind Boy Fuller 1935/1940 (BC 11) ... vertreten auf: Country Blues Classics Vol. 2 (BC 6); Negro Religious Music Vol. 2 (BC 18) ... auf Folkways: The Country Blues Vol. 2 (RF 9); The Rural Blues (RF 202); Blind Willie Johnson Blues (FG 3585) ... auf Historical Records: Masters of the Blues (HLP 31) ... auf Roots: The East Coast States Vol. 1 (RL 318)

Fuller, Jesse, die bekannteste One Man Band neben Dr. Isaiah Ross, Juke Boy Bonner und Joe Hill Louis, war ein echter Songstar mit einem überaus großen Repertoire an Blues, Ragtime, Balladen und jedweder schwarzer und weißer Volksmusik. Er war eines der großen Vorbilder für →Bob Dylan, und seine Musik war für jeden Zuhörer ein ungewöhnliches Ereignis voll musikalischer Originalität und gebündelter Lebensfreude. Für den Zuschauer war es zudem eine optische Attraktion, Fuller mit seinen Instrumenten hantieren zu sehen: zwölfsaitige Gitarre, Mundharmonika, Kazoo, Waschbrett und Footdella, eine Erfindung von ihm, die im wesentlichen das besondere an seinem Sound bestimmte und ein Fußbaß war, dessen Saiten mit einer dem Klavier ähnlichen Mechanik angeschlagen wurden.
Jesse Fuller wurde vermutlich 1896 in Jonesboro, Georgia, geboren und kam als Sechsjähriger zu einer weißen Fa-

milie nach Macedonia, Georgia, bei der er als Knecht alle Bitterkeiten einer schwarzen Kindheit erleben mußte. Nachdem er sich eine Mundharmonika und eine einfache Gitarre gebastelt hatte und mit zehn Jahren der Familie davongelaufen war, zog er von Stadt zu Stadt und nahm jeden erdenklichen Job an. Er hörte in dieser Zeit die herumziehenden Minstrel Shows, lernte ihre Lieder kennen und zog 1922 mit einem Zirkus nach Kalifornien, wo er sich in Oakland niederließ. Er verdiente sein Geld mit Schuhputzen in Hollywood und hatte in einigen Filmen Statistenrollen, unter anderem in «Der Dieb von Bagdad». In den folgenden Jahren arbeitete er auf Baumwollplantagen, auf Werften, bei der Eisenbahn, spielte in kleinen Clubs und bei vielen Veranstaltungen im Gebiet um San Francisco und war Ende der vierziger Jahre so etwas wie ein Lokalmatador geworden. Seine erste Einspielung machte er in diesen Jahren für World Song Records, die aber keine große Bedeutung hatte. Erst als er 1954 seinen *San Francisco Bay Blues* geschrieben hatte, ein Stück, welches von jeder Skiffle-Gruppe und von einer Unzahl Folk-Interpreten jeder Couleur übernommen wurde, wurde sein Name überregional bekannt. Im Folk Revival war er ein begehrter Musiker, trat 1964 auf dem →Newport Folk Festival auf, machte drei Tourneen in Europa und nahm bis zu seinem Tode ungefähr 30 LPs auf. Jesse Fuller starb am 30. Januar 1976 in Oakland, Kalifornien.

● Auf Arhoolie: Frisco Bound. Jesse Fuller (R 2009) ... auf Topic: Move on Down the Line (12 T 134) ... vertreten auf Arhoolie: The Roots of American Music (2 LPs, R 2001/02) ... auf Bellaphon: Bluesselection Vol. 1 (2 LPs BBS 2502)

The Fureys. Zu Beginn der siebziger Jahre, als die →Dubliners in der Bundesrepublik das Feld für →irische Folk Music bestellt hatten aber auch den Eindruck vermittelten, daß es sich dabei um eine reine Sauf- und Radaukultur handle, lieferten Eddie & Finbar Furey eine lebendige Korrektur. Sie zeigten die Vielfalt ihrer Musik in eindrucksvoller Weise und mit überzeugendem instrumentalem Können. In kürzester Zeit wurden zunächst diese beiden Furey-Brüder überaus populär und wurden ihrerseits der Wegbereiter für das Interesse an authentischer Volksmusik von der Grünen Insel, was zu einem gewaltigen Irland-Boom auf den Festivals und in den Clubs hierzulande führte. Nachdem Eddie & Finbar Furey erstmals 1971 im Hessischen Rundfunk zu hören waren und es innerhalb von drei Jahren drei LPs auch bei uns gab, von der «Four Green Fields» (Pläne) inzwischen zur Folk History gehört, kam es 1974 auf dem →Irish Folk Festival zur «Furey-Invasion». Auf dem ersten Festival dieser Art, dem jährlich ein weiteres folgen sollte und das zur wichtigsten Institution für die irische Folk Music in der BRD geworden ist, war bezeichnenderweise der gemeinsame Auftritt der Furey-Family der geplante Höhepunkt. Außer Eddie und Finbar Furey waren Paul Furey, der noch mit den Buskers gemeinsam spielte, und der Jüngste der Familie, George, der den Vater Ted Furey begleitete, vertreten.

Ted Furey, dessen Konterfei die Vorlage zu den Plakaten und Schallplattenhüllen des Irish Folk Festival ist, wurde nach Angaben von Chant du Monde am 12. Februar 1912 in Athlon, Midlands, geboren und wuchs in einer armen Familie auf, in der das einzige Vergnügen die Tanzmusik mit irischem →Dudelsack, →Banjo und →Fiddle war. Er war bald selber mit den Pipes vertraut, verdiente sich sein Geld als Musiker, übernahm das Banjo als Instrument, hörte aber für insgesamt 16 Jahre, nach seiner eigenen Darstellung nach dem Tod seiner Mutter, mit dem Musizieren auf. Erst im →Folk Revival und durch die Zunahme der Fleadh Ceoils (kleine dörfliche Volksmusikfestivals) wurde er musikalisch wieder aktiv und stellte sich diesmal als Meister der Fiddle vor. Ted Furey spielte mehrere LPs mit Fiddle Tunes ein und war auf unzähligen Folk Festivals vertreten. Er starb am 13. Mai 1979 in Doolin, County Clare. In der Reihe «Instrumente der Welt» (Pläne) ist seine LP «Die Irische Fiddle» erschienen.

Seine beiden bekanntesten Söhne, Eddie, geb. am 24. Dezember 1944, und Finbar, geb. am 28. September 1945, spielten bis 1976 als Duo erfolgreich zusammen und machten in diesem Jahr eine Farewell Tour, zu der die LP «The Farewell Album» bei Intercord erschien. Hier stellten sie noch einmal ein breitgefächertes Repertoire von Jigs and Reels, →Balladen und Rebel Songs vor. Nach ihrer Auflösung als Duo spielten sie verschiedentlich mit Davey Arthur (geb. am 24. September 1954), der vorher mit den beiden jüngeren Brüdern der Fureys bei den Buskers zusammen war, als Furey Brothers & Davey Arthur. Gelegentlich traten sie auch als Großfamilie auf mit George (geb. am 11. Juni 1951) und Paul (geb. am 6. Mai 1948), verstärkt noch um Davey Arthur. In dieser Besetzung brachten sie es zu einem gewaltigen akustischen Instrumentarium: uillean pipes, northumbrian pipes, giffon, autoharp, fiddle, tenor banjo, 6 und 12 string guitar, bodhran, mandolin, accordeon, bouzouki, whistle, chinesische und indische flöten, five string banjo.

Finbar Furey, nach seinem Vater das instrumental versierteste Mitglied der Familie, ist einer der Spezialisten auf dem irischen Dudelsack und hat mit diesem zwei eigene LPs veröffentlicht. Der «Prince of Pipes» (so auch ein LP-Titel) hat auf mehreren Wettbewerben in Irland den Titel «Champion of Irish Pipes» erringen können und ist dreimal Sieger im Dudelsack World Cup gewesen. Außerdem hatte er bereits als Siebzehnjähriger den Wettbewerb «All Ireland Champion» und damit den entsprechenden Titel gewonnen.

Eddie und Finbar Furey hatten in der neueren Entwicklung zeitweilig den Eindruck hinterlassen, verbraucht zu sein, zählen aber nach wie vor zu den gefragtesten irischen Musikerpersönlichkeiten auf dem europäischen Festland. In Irland hingegen mußten sie sich, gemeinsam mit Davey Arthur, stark bemühen, um sich wieder eine angemessene Bedeutung zu verschaffen – durch ihre fast ausschließliche Betätigung im Ausland hatte ihr Renommee in ihrer Heimat gelitten. Sie konnten sich wieder einen Stammplatz in der irischen Szene sichern und hatten mit ihrer Interpretation von Eric Bogles *Four Green Fields of France* einen riesigen Erfolg in Irland. Der Titel findet sich auch auf der gleichnamigen LP, die bei Banshee Records erschien und 1980 in der Bundesrepublik bei Folk Freaks veröffentlicht wurde.

● Auf Transatlantic: Finbar & Eddie Furey (TRA 168) ... auf Pläne: Four Green Fields. Eddie & Finbar (S 12 F 200) ... auf Intercord: A Dream in My Hand (INT 161005); I Live Not, Where I Love (161010); The Farewell Album (2 LPs 181010); The Furey Family (INT 161015); Finbar Furey – Prince of Pipers (INT 161007) ... auf Folk Freak: The Fureys & Davey Arthur – Four Green Fields of France (FF

4002) ... auf Metronome: Morning on a Distant Shore (60088) ...Ted Furey auf Pläne: Die Irische Fiddle (88149) ... Eddie und Finbar Furey vertreten auf Pläne: Song Festival 73 (S 13 F 300); Folklore International (2 LPs; S 0500/01) ... auf Folk Freak: Folk Friends (2 LPs FF 3001/02) ... auf Intercord: Irish Folk Festival (2 LPs, NT 181000) 2nd Irish Folk Festival (2 LPs INT 181002; Chanson und Folksupersession (2 LPs INT 15100/01)

G

Gaita, eine lateinamerikanische Querflöte, gleichzeitig Bezeichnung für den spanischen →Dudelsack.

Garbutt, Vin, zählt zu den besten Piccolo- und Tin Whistle-Spielern Englands, interpretiert traditionelles Material und schreibt zeitgenössische Folk Songs zur Gitarre. Unter der stattlichen Anzahl hervorragender Folk-Musiker aus England zählt er zu denen, die bei uns verhältnismäßig unbekannt sind, aber in der Lage wären, die Vorurteile von einer langweiligen, inhaltlosen Folk-Szenerie in England zu korrigieren. Seine lebendige und gewachsene Beziehung zu traditionellem Material äußert sich bei Garbutt in keiner Weise in einem puristischen Vortrag, sondern hier werden ganz im Gegenteil seine Ausstrahlung und Vielseitigkeit sichtbar. So bringt er als Beispiel bei einem alten irischen Tanz seine Tin Whistle zum Sprechen, manipuliert das Klangbild mal mehr zur →Querflöte hin, mal zum →Dudelsack. Seine Texte entsprechen seiner Herkunft aus einem der größten Industriegebiete Englands.

Vin Garbutt wurde am 20. November 1947 in South Bank in der Nähe von Middlesborough geboren. Seine Mutter stammt aus einer musikalischen Familie Irlands und sein Vater aus Yorkshire, wo er als Entertainer in Arbeitervereinen und Clubs auftrat. Mit 14 Jahren begann Vin Garbutt Gitarre zu spielen, ein Jahr später hatte er erste Auftritte als Floor Singer im Rifle Folk Club in Middlesborough und schrieb in dieser Zeit seine ersten Lieder. Nach einer Zeit als Straßen- und Barmusiker in Spanien und Nordafrika kehrte er Anfang der sechziger Jahre mit dem Vorsatz, professioneller Folk-Musiker zu werden, in die britische Folk Szene zurück und spielte sein erstes Album «Valley of the Tees» in Eigenproduktion ein. In den folgenden Jahren wurde er ein gefragter Interpret vor allem in Australien, in den Vereinigten Staaten und Skandinavien, wo er regelmäßig auf Tournee geht. Er ist auf fast allen größeren Festivals der Inseln vertreten und zählt zu den englischen Folk-Musikern, die im wesentlichen von der irischen Musik beeinflußt sind und eine entsprechende Solidarität mit der irischen Sache zeigen. Dies können auch die neueren Veröffentlichungen von ihm belegen, die bei Topic erschienen sind, «Eston California» (1977) und «Tossin a Wobbler» (1978).

● Auf Trailer: The Valley of Tees (LER 2078); The Young Tin Whistle Pest (LER 2081) ... auf Leader: King Gooden (LER 2102) ... auf Topic: Eston California (12 TS 378); Tossin a Wobbler (12 TS 385)

Gassenhauer war zunächst die im 16. Jahrhundert entstandene Bezeichnung für die Straßensänger, die sich mit →Bänkelgesang und Spottliedern ihren Lebensunterhalt verdienten. Mit der zunehmenden Idealisierung des Volksliedes um 1800 wurden die Gassenhauer-Lieder von den Volksliedsammlern als «Schmutz und Schund», welche die verdorbene Seite des Volkes zeigten, abgelehnt, erfreuten sich aber in dieser Zeit durch viel verbreitete Spottlieder über den König und die Kirche («Freifrau von Droste Vischering, Vi Va Vischering/zum heilgen Rock nach Trier ging/Tri Tra Trier ging») besonderer Beliebtheit und standen weitgehend auf der Liste durch Zensur verbotener Lieder. Der Eckensteher «Nante» aus Berlin galt als das Sinnbild dieser Volksliedform. Um die Jahrhundertwende wurden umfangreiche Sammlungen mit Gassenhauern von Hans Ostwald veröffentlicht («Lieder aus dem Rinnstein»). Dem Bereich der Gassenhauer werden weitgehend auch die Kundenlieder zugeordnet, welche die fahrenden Gesellen in ihrer eigenen Geheimsprache («Kundensprache») zum Schutz vor der Obrigkeit entwickelt hatten, so z. B. *Ach wie ist das Walzen schön.*
Mit Aufkommen der Musikindustrie wurde der Begriff Gassenhauer auf einen leicht anrüchigen, aber erfolgreichen Schlager angewandt und fand dadurch eine zusätzliche Verstärkung als Sinnbild für die Musik der «ungebildeten» Schichten des Volkes.

Gaughan, Dick, einer der sensibelsten schottischen Folk-Musiker, gilt unter den Gitarristen dieser Region ob seiner konzertanten Ernsthaftigkeit und perfektionistischen Interpretation traditioneller Lieder und Tänze als eine der schöpferischsten Persönlichkeiten dieser Szenerie. Seine besonderen Fähigkeiten stellt er dabei in den ungewöhnlichen Bearbeitungen von →Dudelsack- und →Fiddle-Themen für die →Gitarre ebenso unter Beweis, wie seine fast «wissenschaftliche» Genauigkeit der Gesangstechniken ein ungewöhnliches Ereignis für jeden Freund der Folk Music bedeutet. Durch besonders raffiniertes Umstimmen der Gitarre schafft er es tatsächlich, dieses in Schottland unterbewertete Instrument voll in die eigene musikalische Vergangenheit einzubeziehen und die Jigs, Reels u. ä. auf die Gitarre zuzuschneiden. In seiner Zusammenarbeit mit einer der frühen Formationen der →Boys of the Lough und später mit der elektrischen Gitarre bei den Five Hand Reel zeigt er sich zusätzlich als einer der vielseitigsten und keineswegs puristischen Vertreter der Folk-Szene. In den Inhalten seiner Texte läßt er keinen Zweifel an seiner sozialistischen und gewerkschaftlichen Position aufkommen.
Dick Gaughan wurde am 17. Mai 1948 in Glasgow, Schottland, geboren. In seiner Abstammung von einer irischen Emigrantenfamilie – der Vater ein Gitarrist, die Mutter eine Sängerin in gälischer Sprache – deutete sich seine eigene musikalische Zukunft und seine Beziehung zu traditionellen Liedern an, und er begann mit sieben Jahren

Gitarre zu spielen. Er wuchs in Leith, einem Hafen von Edinburgh, auf, nachdem seine Eltern 1951 Glasgow verlassen hatten. 1965 hatte er seine ersten Auftritte in Clubs und Kneipen und kam 1971 über Bill Leader zu seiner ersten Schallplattenaufnahme «No More Forever» (Trailer), die im folgenden Jahr erschien und vom Melody Maker zum Folk-Album des Jahres gewählt wurde. Er schloß sich den Boys of the Lough an und war maßgeblich an der Qualität des ersten Albums der Gruppe, «Boys of the Lough», beteiligt. Nachdem er sich wieder auf seine Solokarriere konzentriert hatte schloß er sich im Frühjahr 1975 den Five Hand Reel an und verließ die Gruppe erst 1978, nachdem seine Tochter einen schweren Unfall erlitten hatte und er durch die ausgiebigen Tourneen mit der Formation kaum zu Hause sein konnte. Er hatte bereits ein Jahr zuvor zwei weitere Soloalben eingespielt, «Kist O' Gold» (Trailer) sowie «Coppers & Brass» (Topic), mit dem er sich als Instrumentalist endgültig einen Namen sichern konnte, und spielte 1978 eine weitere LP «Gaughan» (Topic) ein, auf welcher er sich als hervorragender Sänger älterer Balladen zeigt. Zur Zeit ist er eine der gefragtesten Persönlichkeiten in den Clubs und Kneipen, hat verstärkt begonnen, auch in Europa und in den USA aufzutreten und ist eine Bereicherung jedes Folk Festivals, vor allen Dingen auf den üblichen Sessions, bei denen er seine Meisterschaft auch auf dem viersaitigen Banjo beweist.

● Auf Trailer: No More Forever (LER 2072); Kist O' Gold (LER 2103) ... auf Topic: Coppers & Brass (12 TS 315); Gaughan (12 TS 384) ... mit Boys of the Lough auf Trailer: The Boys of the Lough (LER 2086) ... mit High Level Ranters auf Topic: The Bonnie Pit Laddie (2 LPs, 12 TS 271/72)

Geige →Fiddle

Gitarre. Die Gitarre ist vermutlich das volksmusikalisch verbreitetste Instrument und dürfte wegen seiner besonderen Eignung als Solo- und Gruppeninstrument und durch seine Anpassungsfähigkeit an verschiedene Musiken zu dieser Geltung gelangt sein. Erwähnenswert ist, daß die Gitarre den Eingang in bestimmte Volksmusiken erst sehr spät gefunden hat und im Vergleich zu anderen traditionellen Instrumenten eine verhältnismäßig «junge» Geschichte hat.

Etwa im 13. Jahrhundert wurde dieses Zargeninstrument von den Mauren in Spanien eingeführt und verbreitete sich von da an über Europa unter dem Namen Guitarra, was zu dieser Zeit auch die Bezeichnung für die →Mandola war. Im Laufe der Zeit nahm das Instrument mit flachem Boden (es gab auch die Ausnahme der Wölbgitarre) wegen der wesentlich einfacheren Handhabung die Stellung der →Laute ein und hatte seine erste Blüte im 18. Jahrhundert. Zu dieser Zeit gab es zwar auch schon die klassische oder spanische Gitarre mit den heute üblichen sechs Saiten, aber daneben gab es Modelle bis hinauf zu 24 Saiten. In der neueren Geschichte der sogenannten Folk-Gitarre kommt der Entwicklung des →Blues in diesem Jahrhundert eine besondere Bedeutung zu (→Blind Lemon Jefferson). Die sog. Folk Blues-Gitarre der USA zählt auch heute noch zu den populärsten Techniken auf dem akustischen Saiteninstrument. In Anlehnung an die Erfolge der Blues-Gitarristen übernahm die →Country Music die Gitarre, und mit Entstehen des →Bluegrass ergaben sich weitere musikalische Perspektiven, die z. B. mit →Doc Watson einen exponierten Vertreter haben. Zusätzliche

Spielweisen ergaben sich in der →Bottleneck-Technik, die häufig auf der →Dobro praktiziert wurde. Ebenso wie hier mit Offenen Stimmungen (die Gitarre wird auf einen Akkord gestimmt) gearbeitet wird, ist die Gitarre auf den Britischen Inseln, wo sie sich mit dem Folk Revival einen Platz gesichert hat, oftmals anders gestimmt als die übliche spanische (E A d g h e^1). Durch Umstimmen lassen sich die in der Volksmusik sehr verbreiteten Bordun-Töne erzeugen. Nennenswert aus diesen Bereichen sind →Bert Jansch, →John Renbourne, →Archie Fisher, →Dick Gaughan, →Martin Carthy, →Hamish Immlach, →Paul Brady, u. a. m. Hierzulande hatte die Klampfe oder Zupfgeige zu Beginn dieses Jahrhunderts in der Wandervogelbewegung einen Höhepunkt und kam mit dem Folk Revival zu einer erneuten Blüte, in der sich Virtuosen einfanden wie →Werner Lämmerhirt, →David Qualey oder →Sammy Vomacka, um nur einige zu nennen. Erwähnenswert ist noch der Hinweis auf die →Musik der Zigeuner, auf die verbreitete →Flamenco-Gitarre und die verschiedenen lateinamerikanischen Variationen wie Charango, Cuatro und Mejorana.

● Auf Pläne: Pit Budde, Finger-Picking-Methode für die Folk-Gitarre (GS 0600); Saitensprünge, Pit Budde (G GS 0009); The Folksinger's Guitar Guide (CRB 5); The Art of the Folk Blues Guitar (CRB 3); Atahualpa Youpanqui, Die Andengitarre (10101); Die Flamenco Gitarre, Pedro Soler (G 88126) ... auf Chant du Monde / Pläne: Clepsidra Pour Guitare (LDX 74595); Guitar Americaine (LDX 74441); Special Guitare (LDX 74564); Le Dobro (LDX 74508); Roman el Granaino, Guitare Flamenco (LDX 74367) ... auf Kicking Mule: Where the Guitar Is King (SNKB 300); Contemporary Ragtime Guitar (SNKF 100); Famous Ragtime Guitar Solos (SNKF 106); Novelty Guitar Instrumentals (SNKF 117); How To Play Folk Guitar, David Cohen (SNKF 118); Ragtime Guitar Duets (SNKF 120); Bottleneck And Slide Guitar, Sam Mitchell (SNKF 121) ... auf Transatlantic: Guitar Workshop (TRA 271); Guitar Workshop Vol. II (TRA 315); Picture Rags (TRA SAM 26); How To Play Blues Guitar (XTRA 1113); Finger Pikking Guitar Techniques (XTRS 1138); How to play Ragtime Guitar (XTRS 1151)

☐ Aus der Unzahl Buchveröffentlichungen: «Die FolkBlues Gitarre, Helmut Grahl», Teunto 1976; «Beginning The Folk Guitar, Jerry Silverman», Oak 1964; «Ragtime Blues Guitarists, Stefan Grossmann», Oak 1970; «Delta Blues Guitar, Stefan Grossmann», Oak; «Slide Guitar, Arlen Roth», Oak 1975; «Flamenco Guitar, Ivor Mairants», Latin America Music Pub 1958; «Toques Flamencos, Paco Pena», Musical New Service Ltd. 1976; «Folk Picking für Finger Style Guitar, Siegfried Schwab», Heros 1976; «Harmonielehre für Gitarre, Fred Harz», Gehrig 1975

Glenmore, der große bretonische Barde, der einen wesentlichen Einfluß auf die entstandene Blüte bretonischer Kultur mit ihren Höhepunkten in →Alan Stivell und →Gilles Servat hat, gilt als einer der Initiatoren dieser Bewegung in einer der keltischen Regionen Europas. Der erste Vertreter dieser Kultur, der über die eigenen Grenzen hinaus Aufmerksamkeit erlangte und bei seinen Konzerten in der französischen Hauptstadt Unruhe stiftete (der streibare Sänger trug die Interessen der Bretonen nach Selbstverwaltung und Eigenständigkeit vor), wurde zum Wegbereiter für eine der populärsten Volksmusiken heutzutage, auch in der BRD. In unbequemer Starrsinnigkeit und Konsequenz schuf Glenmore sich und seinen bretonischen Kollegen eine Plattform für eine der folkloristisch und musikalisch reichhaltigsten Kulturen – bei erbittertem Widerstand der bürgerlichen Presse Frankreichs («ein Mann, der nicht singen kann», Le Figaro).

Glenmore wurde als Milig Ar Skanv 1931 in Mael Carhaix am Nordrand der Bretagne geboren, wuchs französisch-sprachig auf, lernte heimlich das damals verbotene Bretonisch und hatte eine strenge humanistische Erziehung bis zum Abitur. Danach kamen einige Versuche mit dem volkstümlichen bretonischen Theater, er gründet eine Laienspielgruppe, die von den Kämpfen der Helden Nominoe und Lez-Breiz berichtete. 1953 machte er sich auf Trampfahrt durch Italien, Sizilien, Griechenland, Jugoslawien bis hin zur Sowjetunion. Nach seiner Rückkehr begann er, Lieder zu schreiben, deren erste sich gegen die französische Hauptstadt richteten, wo «aus unseren jungen Mädchen dumme Gänse werden, die nicht wissen, was sie in der Bretagne alles verlassen haben». Er nannte sich selber als Barde Glenmore, was soviel wie «Erde Meer» bedeutet. Bei seinen ersten Auftritten in Paris, die kaum Zuhörer anlockten, spielte er zusammen mit Legoaring und dem Harfinisten Dénise Megevand, die ihn auch 1965 begleiteten, als ihn immerhin schon 500 Zuhörer begeistert aufnahmen. Ein Mitschnitt dieses Konzerts wurde zu seiner ersten LP «Mutualité». Anschließend folgte eine Zusammenarbeit mit Alan Stivell, und 1969 erschien sein erstes kommerzielles Album bei Barclay «Cet Amour-là», unter Begleitung des Orchesters François Rauber. Nach einer weiteren LP bei Barclay, «Hommage à Morvan Lebesque» (1971), kam es zu Differenzen mit der Plattenfirma, und seine weiteren Einspielungen erschienen bei Chant du Monde (in der BRD über Pläne zu beziehen). Mitte der siebziger Jahre zog sich Glenmore weitgehend von der großen Bühne zurück, ist aber regelmäßig auf den »Festou-noz», den nächtlichen Dorffesten der bretonischen Volksmusiktradition, zu hören. Allerdings nur auf denjenigen, die noch nicht zu einem reinen Touristenspektakel degradiert worden sind, sondern sich als Zeichen einer eigenständigen, unabhängigen bretonischen Kultur verstehen. (→Bretonische Folklore)

● Auf Chant du Monde/Pläne: Vivre (LDX 74481); Ouvrez le port de la nuit (LDX 74541); Tous ces vingt ans déjà (LDX 74695); Princes, entendez bien ... (LDX 74503)

Glockenspiel →Percussion

Gospel, «ein neuer Typus von heißer, jazzmäßiger Kirchenmusik» (Alan Lomax), kam als eine Form des religiösen Gesangs der schwarzen Bevölkerung Nordamerikas in den dreißiger Jahren auf und setzte sich im wesentlichen zusammen aus dem Rückgriff auf das alte Ruf-und-Antwort-Schema, aus welcher der Gospelsänger eine ekstatische Technik entwickelte, und wurde erweitert durch Übernahme von instrumentalen Techniken der zu dieser Zeit üblichen Jazzmusik. In einer Art Zungenreden trug der Vorsänger das Evangelium (Gospel = Evangelium) vor nach den angeblich von Thomas A. Dorsey («Georgia Tom») entwickelten Prinzipien eines rhythmischen Spirituals, und die versammelte Gemeinde antwortete im Chor. Innerhalb der kommerziellen Verwertung gilt Mahalia Jackson als die bedeutendste Vertreterin, aber auch Sister Rosetta Sharp, die EDWIN HAWKINS SINGERS und Reverend Ford Washington Mc Ghee verdienen erwähnt zu werden.

Grand Ole Opry, die Radiosendung aus Nashville, Tennessee, gehört zu den beliebtesten Programmen der amerikanischen Rundfunkanstalten und gilt als eine der wichtigsten Stützen, «das Jerusalem und den Davis-Cup der Country Music» (Paul Hemphill) bei der industriellen Verwertung der ländlichen weißen amerikanischen Folk Music.

Als Beginn der Opry gilt der November 1925: der damalige Direktor der WSM Radiostation, einem Sender und Werbeträger der Versicherungsgesellschaft National Life & Insurance Company, ließ für den ersten «Barn-Dance» (Tanz auf der Scheune) aus Nashville den Fiddler Uncle Jimmy Thompson für eine Stunde ans Mikrofon. Von dieser Sendung an entwickelte sich die Opry, zunächst getragen von ihrem ersten Star →Uncle Dave Macon und anderen Volksmusikern, die der Musik aus den Bergen noch näher standen als ihrer kommerziellen Verwertung. Die Opry wurde zu einer gigantischen sechsstündigen Radio-Show, die freitags und samstags mit dem Anspruch, sämtliche →Country Music zu repräsentieren, ihre Sendungen ausstrahlte. Gleichzeitig mit dem Heranwachsen der «Music City» →Nashville, Tennessee, deren Entwicklungsgeschichte aufs engste mit der Opry verbunden ist, zog die Live Radio Show, um dem Publikumansturm gerecht zu werden in immer größere Säle, bis sie schließlich 1941 in das 3600 Zuschauer fassende Ryman Auditorium ging, bezeichnenderweise vorher ein Bethaus, wo sie für die folgenden drei Jahrzehnte blieb. Die Opry wurde nun eine maßgebliche Station für die meisten Musiker aus der Country-Szenerie auf dem Wege zu «Ruhm und Ehre», so für Johnny Cash, Hank Snow und Charlie Pride als einzigem zugelassenem Schwarzen, nachdem die Opry 1941 den Farbigen Defort Bailey entlassen hatte.

Im März 1974 zog die Opry dann schließlich noch einmal um, und zwar in einen für 41 Millionen Dollar gebauten Vergnügungspark, nach dem Muster von Disneyland errichtet und Opryland genannt, in welchem die Show aus einem eigenen Gebäude für 15 Millionen Dollar auch regelmäßig als Fernsehprogramm ausgestrahlt wird.

Greenwich Village ist der Stadtteil von New York, der durch eine große Anzahl von Auftrittsmöglichkeiten für Musiker aller Art zu einem Kommunikationszentrum geworden ist. Seit 1941 →Pete Seeger und →Woody Guthry das Almanac House eröffneten, läßt sich Greenwich als Gradmesser der jeweiligen folkmusikalischen Strömungen beschreiben und hat nach der gewerkschaftlich orientierten Szenerie der vierziger Jahre (→Josh White, →Sonny Terry, →Brownie Mc Ghee) in den Fünfzigern mehr den Charakter einer literarischen Boheme-Szenerie erhalten. Mit dem →Folk Revival und der starken Hinwendung der Liederschreiber zum →Topical Song dominierten in den Lokalen wie Folk City, Bitter End und Gaslight →Phil Ochs, →Eric Anderson u. a. In jenen Jahren hatten →Bob Dylan, →Joan Baez und →PETER, PAUL & MARY ihren Start in Greenwich. In den siebziger Jahren verlor Greenwich seine Bedeutung, was allgemein auf die Verflachung der Folk-Szenerie in den USA zu dieser Zeit zurückgeführt wird.

Grossmann, Stefan, einer der international bekanntesten Fingerpicking-Spezialisten der Gitarre, gilt mit seiner «wissenschaftlichen» Art das Instrument zu spielen vielen als der populärste und renommierteste Lehrmeister, der im wesentlichen dazu beigetragen hat, daß diese besondere Technik weit über die USA hinaus viele Nacheiferer gefunden hat. Dabei liegt seine Qualität nicht in einer besonderen Musikalität und Ausstrahlung, sondern vielmehr darin, die regional und stilistisch verschiedenen Elemente des Blues auf der Gitarre in ihren Eigenheiten aufs genaueste zu reproduzieren. Stefan Grossman hat nicht den Blues, wenn er ihn spielt, spielt ihn aber perfektionistisch, ob er nun die →Bottleneck Technik aus dem Delta anwendet, den →Folk Blues von →Mississippi John Hurt, die Ragtime-Tricks von →Blind Blake darstellt oder einen Shuffle von →Big Bill Broonzy. Seine zahlreichen Buchveröffentlichungen über die verschiedenen Interpretationsweisen der schwarzen Volksmusik heben sich deshalb auch von seinen teilweise ausdrucksarmen Schallplatteneinspielungen wohltuend ab.

Stefan Grossmann wurde am 16. April 1945 in Brooklyn, New York, geboren, hatte seine ersten musikalischen Kontakte in der Szenerie von →Greenwich Village und wurde Anfang der fünfziger Jahre ein eifriger Schüler von →Reverend Gary Davis, über dessen Techniken er später ein aufschlußreiches Buch veröffentlichte. Nachdem er bis 1966 mit der EVEN DOZEN JUG BAND zusammen war, die er mit dem Old Time-Gitarristen Peter Siegel gegründet hatte, schrieb er sein erstes Gitarrenbuch «How to play Blues Guitar» mit Tabulaturen (Tabulatur = Schreibweise für bestimmte Spielweisen, anstelle von Noten). Im selben Jahr schloß er sich den FUGS an, kam nach kurzer Zeit zur MITCH RIDER SHOW und reiste im Juni 1967 als Tourist nach England. In London hatte er seinen ersten Auftritt als Solist mit adaptiertem Blues, er beschloß anschließend, eine Solokarriere in Europa zu versuchen und spielte seine ersten beiden Soloalben für Fontana ein, «Aunt Molly's Farm» und «The Gramercy Park Sheik». 1968 kam er nach Rom, wo er sich niederließ, und er heiratete Maria Teresa, für die er eines seiner wenigen eigenen Instrumentals schrieb, *Matesa*. Seit dieser Zeit ist er als Pendler zwischen Amerika und Europa unterwegs, produziert LPs mal in seiner eigenen Wohnung (wie «Yazoo Basin Boogie»), in der Regel aber im Studio in New York, und schreibt Gitarrenbücher, von denen die Veröffentlichungen der Country Blues-Serie, mehrere Bände über «Country Guitar», «Ragtime Guitar», «Delta Guitar», besonders gelungen sind. Sein einziges Live-Album, eine Doppel-LP, erschien 1972 und kann deutlich seine Konzertschwächen zeigen, obwohl er auch hier perfekt und exakt wie immer spielt. Auf seinem eigenen Label Kicking Mule findet sich eine erlesene Auswahl an neueren Blueseinspielungen, u. a. von Reverend Gary Davis.

● Auf Transatlantic: Yazoo Basin Boogie (TRA 217); Ragtime Cowboy Jew (2 LPs, TRA 223); Hot Dogs (TRA 257); Stefan Grossman. Live (2 LPs TRA 264); Memphis Jelly Roll (TRA 274); Bottleneck Serenade (TRA 293); Stefan Grossman (TRA 319); My Creole Bell (TRA 326); How to play Blues Guitar (XTRA 1113); Finger Picking Guitar (XTRA 1138); How to play Ragtime Guitar (XTRA 1151); Anthologie Stefan Grossman (MTRA 2015) ... auf Sonet: Gramercy Park Sheik (SNTF 627); Aunt Mollys Murray Farm (SNTF 640)

Gruppo Folk Internazionale. Die «Volksmusikanten» der Mailänder GRUPPO FOLK INTERNAZIONALE zählen zur Avantgarde der europäischen Musikszene und zu einer der anspruchsvollsten Formationen, die sich je auf dem Folk-Sektor gezeigt haben. In einer wahrhaft sensationell reichhaltigen Instrumentierung, wobei die Mitglieder in der Lage sind, jedes Register auf den Instrumenten zu ziehen und eine klassische Ausbildung vorweisen können, demonstriert die GRUPPO FOLK die Vermischung von traditionellen und zeitgenössischen Klängen mit

einem kräftigen Schuß Hanns Eisler. «Die schlichte Sure auf der Harmonika, die etwas schmierigen Rundungen des Küchenliedes, die gliederbewegende Vielfalt der Tanzformen, die lineare Tonalität des Chorals, die reizvollen Vokalkontraste der Madrigale, das konzertante Chaos der Neutöner ...» (Michael Frank, Süddeutsche Zeitung). Die teilweise wissenschaftliche Arbeitsweise dieses europäischen Ensembles, das sich mit den verschiedensten kulturellen Bereichen gründlich auseinandergesetzt hat, verbindet sich mit italienischer Emotionalität und politischem Engagement.
Die Gruppo Folk Internazionale wurde 1972 von Marriuccia Colegni und Moni Ovadia als ein lockerer Zusammenschluß von Musikern in Mailand gegründet, um sich mit internationalen Volksmusiken zu beschäftigen. Das Ergebnis wurde 1975 auf der ersten LP «Festa Popolare» festgehalten, an der noch Maurizio Dehó, Claudia Gallone, Paolo Oniga, Enrico Sassoon und Roberta Zanuso beteiligt waren und auf der sich eine Mischung verschiedener Stilrichtungen vieler Länder findet. Angefangen bei dem Bluegrass-Klassiker *Orange Blossom Special* über ein jiddisches Lied *Mayn Rue Plats* bis hin zum Woody Guthrie-Stück *Deportee* und zum irischen Reel, stellt es die Orientierung an ausländischer Folk Music in Italien zu dieser Zeit dar. Die Gruppo Folk wandte sich anschließend musikalisch nach Osteuropa und brachte das Ergebnis in nur leicht abgewandelter Besetzung Anfang 1977 auf Platte: «Daloy Politzei». Nach dieser Produktion, ebenfalls bei der Cooperative «L'Orchestra» (einem beispielhaften Zusammenschluß von Musikern zur Eigenproduktion), fand sich eine feste Besetzung zusammen, welche die Theatermusik für «Tausendundeinenacht» als eigenständige kompositorische Arbeit aufnahm: Mario Arcari (oboe, sax, blockflöte, voc), Gianfrancesco Calabrese (vi, posaune, voc), Alfredo Lacosegliaz (mandolin, clarauto, g, perc, voc), Silvia Paggi (harmonium, g, dulcimer, perc, voc), Maurizio Dugoni (technik) und die Gründungsmitglieder Marriuccia Colegni (b, eb, glockenspiel, voc) und Moni Ovadia (vi, tp, bombardin, voc). Erweitert noch um Dino Mariani (fagott, g, mandola) war die Gruppo Folk Internazionale erstmals 1978 in der BRD auf dem Tübinger Folk Festival zu hören, das in den folgenden Jahren zur ersten Station auf kleineren Tourneen durch die BRD wurde. Auf ihrer bisher letzten LP, «Il Nonno Di Jonni», finden sich eigene Texte, darunter mit dem Lied *La Fortezza* (Die Festung) ein Hieb auf das Modell Deutschland und die «Verdammten der Sozialdemokratie» hierzulande.

● Auf L'Orchestra/Eigelstein: Gruppo Folk Internazionale – Festa Popolare (OLP 10005); Daloy Politzei (OLP 10013); Il Nonno di Jonni (OLPS 55001); Le Mille e una notte (OM 101 Maxisingle)

Guthrie, Arlo, «der letzte der Cowboys aus Brooklyn» (LP-Titel), konnte sich durch sein Auftreten auf dem →Newport Folk Festival 1967, bei dem er mit seinem über zwanzig Minuten langen Talking Blues *Alice's Restaurant* gefeierter Star und Sprecher seiner Generation wurde (wie an gleicher Stelle Jahre zuvor →Bob Dylan), einen Namen als Folk-Sänger sichern und wurde von da an nicht länger nur als Sohn des legendären →Woody Guthrie beachtet. In *Alice's Restaurant* schildert Arlo «wortgewandt und mit kauzigem Charme eine verbotene private Müllabfuhr am Erntedanktag in

Stockbridge» (Rock Lexikon), die mit weiteren verrückten kleinen Geschichten um Alice und ihr Restaurant in einer ausgedienten Kirche zur Erklärung von Arlos Wehrunwürdigkeit führt. Der Inhalt dieses Songs diente 1969 als Vorlage für den gleichnamigen Film, der zu den wenigen Kinofilmen zählt, in denen Folk Music vorgestellt wird und der die Bekanntheit von Arlo Guthrie auch hierzulande begründete.
Arlo Guthrie wurde am 10. Juli 1947 in Coney Island, New York, als ältestes Kind von Woodrow Wilson und Marjorie Maria Guthrie geboren, wuchs in der Umgebung von →Cisco Houston, →Ramblin' Jack Elliott, →Pete Seeger u. a. auf und hatte seine ersten Erfahrungen als aktiver Musiker in einer →Bluegrass-Gruppe. Bis zu seinem ersten großen Erfolg 1967 spielte er sich durch die amerikanische Clublandschaft, hatte bereits seinen ersten Rundfunk- und Fernsehauftritt durch Oscar Brand gehabt und spielte im selben Jahr sein Debüt-Album «Alice's Restaurant[1]» für Reprise ein, welches seinen Ruf festigte. 1972 kam er mit seiner Version von *City of New Orleans* zu einem weiteren Höhepunkt in seiner Karriere. In den folgenden Jahren wurde ihm von verschiedenen Seiten der Vorwurf gemacht, auf das kommerzielle Gleis abgerutscht zu sein, was sich aber bei seinen zahllosen Club-Auftritten bis heute oder in seiner Zusammenarbeit mit →Pete Seeger (LP «Arlo Guthrie & Pete Seeger», 1975) nicht bestätigt. Als profilierter Folk-Musiker, der unter dem Schatten der vererbbaren schweren Krankheit seines Vaters lebt, präsentierte er sich auf verschiedenen renommierten europäischen Folk Festivals wie Cambridge in England oder Lisdoonvarna in Irland, wo er einen ausgezeichneten Ruf in der Szene genießt. Sein bisher letztes Album «Outlasting Blues» (1979) stellt seine Qualitäten erneut unter Beweis.

● Auf Reprise/WEA: Alice's Restaurant (44045); Last of Brooklyn Cowboys (44236); Hobo's Lullaby (44169); Star Collection (24003); Amigo (54077) ... auf Warner Brothers/WEA: The Best of Arlo Guthrie (56431); One Night (56550); Outlasting Blues (56658) ... auf Bellaphon: The Bitter End Years (CHL 5007) ... mit Pete Seeger auf Reprise/WEA: Arlo Guthrie & Pete Seeger (64023)

Guthrie, Woody, der Folk-Sänger, Dichter und Chronist der dreißiger und vierziger Jahre, «der großartigste Balladenschreiber, den Amerika je gekannt hat» (Alan Lomax), brachte es in seiner Schaffenszeit von 1932 bis 1952 auf über tausend Lieder aus eigener Feder. «Er glaubte an die Kraft der Musik, Menschen lebendig zu machen» (Millard Lampell) und schrieb in diesem Sinne, als «Homer mit der rauhen Stimme», seine Folk Songs, die «inzwischen ein Bestandteil der amerikanischen Volksmusik geworden sind» (Rock Lexikon). Er gilt zu Recht als einer der Initiatoren für das →politische Lied, welches sich an den sozialen Verhältnissen der Arbeiterklasse orientiert und das für den Kampf um die Veränderung und Verbesserung dieser Verhältnisse eingesetzt wird. Woody Guthrie, dessen Lied *This Land Is Your Land* zu einer der Hymnen der Folk Song-Bewegung wurde, gleichzeitig von der reaktionären Country & Western-Szenerie als ihr Eigentum mißbraucht wurde, lieferte außerdem mit seinen Büchern «Bound for Glory» und «Born to Win» einen tiefgreifenden Einblick in die amerikanische Wirklichkeit und ein beeindruckendes Zeugnis seiner eigenen Verwurzelung in der aktuellen Geschichte seines Landes. «Wenn du seine Lieder hörst, hörst du in Wirklichkeit Amerika singen.» (Cisco Houston)

Woody Guthrie und Cisco Houston in New York City, 1944.

Woodrow Wilson Guthrie wurde am 14. Juli 1912 in Okemah, Oklahoma, geboren und wuchs in der «tanzwütigsten und versoffensten» (Guthrie) Stadt auf, die gerade zu jener Zeit ihren ersten großen Öl-Boom erlebte und vollgepfropft war mit Abenteurern, Musikern, Zuwanderern, Huren und Minenarbeitern. Nachdem seine Mutter schwer erkrankt war, sein Vater beim Brand ihres Hauses schwer verletzt wurde und zur Pflege nach Texas ging, machte Woody Guthrie sich auf den Weg Richtung Süden, spielte sich mit seinen dreizehn Jahren und seiner Mundharmonika durch die Gegend und nahm jeden möglichen Job an. In Pampa lernte er seine ersten Gitarrenakkorde bei dem Halbbruder seines Vaters und zog weiter, «die Taschen voll mit Malerpinseln und die Gitarre auf den Rücken geschnallt». 1935 kam er mit einem Treck der Dust Bowl-Geschädigten (eine Dürrekatastrophe hatte einen Teil der Farmer in Kalifornien ruiniert) nach Los Angeles und bekam dort beim lokalen Sender KFVD mit Lefty Lou zusammen eine tägliche Sendung, welche ihn in den fast zwei Jahren der Ausstrahlung in der Gegend überaus bekannt machte. Sie bekamen sehr viele Anfragen nach den Texten dieser neuen «Hillbilly»-Lieder, und Woody Guthrie verschickte seine Texte an jeden, der sie haben wollte, mit folgender Anmerkung: «Dieses Lied ist in den USA urheberrechtlich geschützt unter der Copyright Nr. 154085 für einen Zeitraum von 28 Jahren, und jeder, der es ohne unsere Erlaubnis singt, wird unser bester Freund sein, da wir uns was daraus machen. Veröffentlicht es. Schreibt es. Singt es. Swingt dazu. Jodelt es. Wir

haben es geschrieben, das ist alles, was wir machen wollten.»
In dieser Zeit begann Woody Guthrie zunehmend, bei Streiks und Veranstaltungen der Arbeiter in der Umgebung zu singen, bekam für eine Weile ein Programm bei einer Station an der mexikanischen Grenze, wo er sehr viel Folklore aus dieser Gegend aufsammeln konnte, und kam 1938 wieder nach Los Angeles. Er lernte →Cisco Houston kennen, mit dem er die nächste Zeit zusammenspielte, und Mike Quinn, dem der größte Einfluß auf Guthries Schreiben und Denken nachgesagt wird. Für die Zeitschrift «The Peoples Daily World» bekam Guthrie eine tägliche Kolumne, «Woody Says», und zog ostwärts, nachdem er sein erstes Song Book «On a Slow Train through California» zusammengestellt hatte.
Ende 1939 kam er nach New York, lernte dort den Volksliedforscher →Alan Lomax kennen, der mehrere Stunden mit ihm für die Library of Congress in Washington aufnahm, spielte für Victor die «Dust Bowl Ballads» ein und traf →Pete Seeger, mit dem zusammen er erstmals für die Kommunistische Partei in Oklahoma auftrat. 1941 schloß er sich den von Lee Hayes, Mill Lampell und Pete Seeger gegründeten →ALMANAC SINGERS an und zog mit dieser Gruppe bis zur Einberufung von Pete Seeger in die Armee von einem Gewerkschaftstreffen zum anderen. Anschließend spielte er bis zu seiner eigenen Einberufung mit den HEADLINE SINGERS, →Leadbelly, →Sonny Terry und →Brownie McGhee zusammen. Fast unvorstellbar, daß er zwischendurch seine tägliche Kolumne für das Organ der Kommunistischen Partei «Daily Worker» schrieb und sein umfassendes autobiographisches Werk «Bound for Glory», welches 1943 bei Dutton & Company erschien und in dem «er seine Wanderjahre durch das arme Amerika mit der gleichen unkontrollierten literarischen Spontaneität wie vierzehn Jahre später Jack Kerouac» (Rock Lexikon) beschreibt.
Zwischen seinen drei Einsätzen für die Marine im Krieg machte er insgesamt zwölf Alben für →Moe Asch von Folkways, damals noch die meisten mit Cisco Houston und Sonny Terry zusammen. Nach dem Krieg schloß er sich der «People's Song» an und konnte noch bis 1952 aktiv als Musiker tätig sein, bevor er durch eine schwere Krankheit (Huntington's Desease) für die restlichen Jahre seines Lebens ans Bett gefesselt wurde. 1965 erschien eine Anthologie mit Prosatexten und Gedichten von ihm, «Born to Win», die noch einmal das umfassende Wissen und das menschenfreundliche Denken dieses Folk-Sängers zeigen kann, von dem unter anderem solche Standards stammen wie *So Long Its Been Good to Know You*, *This Train is Bound for Glory* und *Pastures of Plenty*. Als Woody Guthrie am 3. Oktober 1967 starb, war er schon eine Legende geworden für die vielen aufkommenden neuen Folk-Sänger der sechziger Jahre, das größte Vorbild für →Bob Dylan, der eins seiner ersten Lieder (*Song to Woody*) für ihn schrieb, und der größte Lehrmeister von Pete Seeger. «Es gibt nur einen Weg, sich selbst zu retten: gemeinsam arbeiten und kämpfen für jeden einzelnen von uns.» (Woody Guthrie)

● Auf Folkways/Pläne: Dies Land ist mein Land (GF 0080); 12 Balladen über Sacco und Vancetti (88160); Poor Boy (FWX – M 50105); Bound for Glory (FA 2481); Woody Guthrie (FWX 52483); Woody Guthrie Sings Folk Songs (FA 2484); Struggle Woody Guthrie (FA 2485) ... auf Folkways: Dust Bowl Ballads (FH 5212); Songs of the Spanish Civil War, Vol. 2

(FH 5437); Songs to Grow on for Mother and Child (FC 7015); Songs to Grow on, Vol. 1 (FC 7675); This Land Is Your Land (FTS 31001) ... auf Intercord: We Ain't down Yet (INT 148104) ... auf Warner Brothers/WEA: Original Record 1940–46 (56335); A Tribute (66051) ... auf Bellaphone: The Early Years (BJS 4034) ... vertreten auf Reprise/WEA: Woody Guthrie – Pete Seeger, Together in Concert (64023) ... auf Folkways: Lonesome Valley (FA 2010); American History in Ballad and Song, Vol. 1 (FH 5810) ... auf Chant du Monde/Pläne: U.S. Story (2 LPs; FWX 50107/08) ... auf Albatros: Folksongs und Balladen, Vol. 6-8 (Alba 8281/92/93) ...

H

Hackbrett (hammered dulcimer). Das Hackbrett ist eine Zitherart, die vor allen Dingen in Bayern, Österreich und der Schweiz zu den volkstümlichen Instrumenten zählt, aber in ähnlicher Form auch in Ungarn als Cimbalon ein Bestandteil der Volksmusik ist. Das auch als Gebirgszither bezeichnete Saiteninstrument, dessen vermutlicher Ursprung in Westasien liegt, hat einen trapezförmigen Holzkasten, über den Saiten gespannt sind, die mit Klöppeln bespielt werden. Die Anzahl der Saiten ist dabei immer sehr hoch, aber unterschiedlich umfangreich. In der Regel sind die Saiten vierchörig angeordnet und in Gruppen eingeteilt. So hat zum Beispiel das Salzburger Hackbrett 100 Saiten und ist in 25 Gruppen eingeteilt, das bayrische Hackbrett entsprechend bei 108 Saiten in 27 Gruppen, die mehr als zwei Oktaven ermöglichen. Weitere Instrumente dieser Art sind Santir (Persien), Chang (Rußland) u. a. m.

● Auf Folkways: The Hammer Dulcimer (FW 2381) ... auf Front Hall: The Hammered Dulcimer. Bill Spence with Fennig's All Star String Band (FHR 01) ... Saturday Night in the Provinces (FHR 05) ... auf Topic: Drops of Brandy (12 T 287)

☐ K. H. Schickhaus, Hackbrett Fiebel (Preisler o. J.)

Häns'che Weiss kommt innerhalb der Entwicklungsgeschichte der →Musik deutscher Zigeuner neben →Schnukkenack Reinhardt eine überragende Stellung als Sinti-Musiker zu. Als Sologitarrist in der Tradition von Django Reinhardt ist er mit dem Primas Schnuckenack auf der Violine der Wegbereiter für die Popularisierung der Volksmusik einer diskriminierten Minderheit gewesen. Zudem hat Häns'che Weiss mit seinem Lied *Lass maro tschatschepen* (Laßt uns unser Recht fordern) erstmals auf dieser Ebene die Forderung seines Volkes nach Gerechtigkeit und Achtung formuliert und dadurch für das erwachende Bewußtsein und den Widerstand der Sinti einen wesentlichen Beitrag geliefert. «Wir müssen einen Weg für uns suchen / wir müssen einen Weg für uns finden / laßt uns unser Recht fordern / wir bitten euch (die eigenen Leute) / laßt uns nicht auf dem alten Weg (der Passivität) bleiben.» (Übers. Siegfried Maeker) In «Laßt uns unser Recht fordern» appelliert Häns'che Weiss im Romanes in erster Linie an seine Landsleute, liefert aber gleichzeitig den zuhörenden Gadjos (Nichtzigeunern) einen Denkanstoß, der über die bloße musikalische Bewunderung des Sinti-Swing hinausführen kann. Mit seinem Entschluß, in einer Gruppe mit Nichtzigeunern zusammenzuarbeiten, zeigt sich zusätzlich seine Offenheit und ein Ansatz, um aus der Isolation herauszutreten, ohne die eigene Identität aufzugeben.

Häns'che Weiss, 1951 in Berlin geboren, lernte als Dreizehnjähriger Gitarre spielen und schloß sich 1969 dem SCHUCKENACK REINHARDT QUINTETT an, mit dem er bis 1972 als Sologitarrist unterwegs war und einen wesentlichen Anteil am Erfolg dieses Ensembles hatte. Im September 1972 stellte er seine eigene Gruppe vor, welche von da an als HÄNS'CHE WEISS QUINTETT eine der führenden Vertreter ihres Genres wurde. Mit den Mitgliedern →Titi Winterstein (vi), Holzmanno Winterstein (g), Ziroli Winterstein (g) und Hojok Merstein (b) spielte er «Musik deutscher Zigeuner 5» (Da Camera 1972) ein, und es folgten weitere fünf Alben. Nachdem Holzmanno Winterstein die Gruppe verlassen hatte und Lulu Reinhardt eine zweite Sologitarre übernahm, erschien 1977 die LP «Fünf Jahre Musik deutscher Zigeuner», an der Oscar Klein und Silvano Lagrene als Gastmusiker beteiligt waren. Mit *Lass maro tschatschepen* stellt diese Platte eine der wichtigsten Veröffentlichungen der Sinti-Musik dar. Im Mai 1978 zog sich Häns'che Weiss vorübergehend zurück, und das Quintett wurde von Titi Winterstein weitergeführt. Neuerdings präsentiert sich das neuformierte HÄNS'CHE WEISS QUINTETT in folgender Besetzung: Häns'che Weiss (g), Martin Weiss (vi), Romani Weiss (g), Rainer Weber (g), Willy Rohm (b).

● Auf Intercord: Fünf Jahre Musik Deutscher Zigeuner (INT 160088)

Hardangerfiedel (norweg. hardingfele) →Fiddle, Fiedel

Harfe. Die Harfe zählt zu den ältesten Tonwerkzeugen überhaupt und ist in frühen Formen bereits im 2. Jahrtausend v. Chr. in Ägypten und Persien nachweisbar. Als abendländisches Instrument taucht sie erstmals im 8. Jahrhundert bei den Kelten auf, vornehmlich in Irland und in der Bretagne. Aus Irland kommt sie nach Schottland (Clarsach, Schottische Harfe) und auch Wales, wo sie in der Triple Harp eine besondere Variante hat, die heutzutage von der Gruppe →AR LOG vorgestellt wird. Aus Irland selbst ist die wichtige Sammlung des blinden Harfinisten O Carolan erwähnenswert sowie Maire Ni Braonain von der Gruppe →CLANNAD, die zur erneuten Popularisierung der keltischen Harfe beigetragen hat. →Alan Stivell ist eine weitere wichtige Persönlichkeit, er hat die in der Bretagne ausgestorbene Harfe zu neuer Blüte gebracht. Ebenso wie in Afrika bestimmte Harfenarten anzutreffen sind, ist dieses Instrument auch Bestandteil der lateinamerikanischen Volksmusiken.

● Auf Philips: Renaissance of the Celtic Harp (6414406) ... auf Chant du Monde/Pläne: Harp Celtique, An Triskel (LDX 74640)
□ «Methode der Kelt. Harfe» Engl./Holl., Camac

Harmonika →Mundharmonika

Harmonium. Das Balginstrument mit Tastatur und freischwebenden Metallzungen, welches Anfang des letzten

Jahrhunderts entwickelt worden ist, ist allein schon wegen der schwierigen Transportprobleme kaum im Einsatz. Das typische Hausmusikinstrument mit seinen enormen musikalischen Möglichkeiten wird im größeren Rahmen lediglich von →Wolf Biermann vorgestellt.

Harpo, Slim →Slim Harpo

Hedemann, Walter, ist in der Geschichte der Folk- und Chanson-Entwicklung im kabarettistischen Bereich durch seinen sprachlichen Witz und durch die meisterliche Beherrschung aller satirischen Register eine Ausnahmepersönlichkeit in vielerlei Hinsicht. So entfällt die Möglichkeit der Einordnung als rein bürgerlicher Chansonnier bei Betrachtung der politischen Inhalte seiner Texte ebenso wie – nach seiner eigenen Äußerung – die Zuordnung als politischer →Kabarettist. Auf Grund dieser Position wurde er auch nach der →Waldeck-Ära weder von den auf den Markt strebenden Kräften wie Reinhard Mey oder Schobert und Black mitgezogen noch von der sich Anfang der siebziger Jahre etablierenden politischen Liederszenerie. Dabei war Walter Hedemann auf der Waldeck ein erfolgreicher und begehrter Gast, war dann aber in den siebziger Jahren kaum noch bekannt und machte erst in der letzten Zeit durch mehrfache, überaus erfolgreiche Auftritte wieder von sich reden – wobei es sich erweist, daß sehr viele seiner frühen Lieder immer noch nichts an Aktualität eingebüßt haben. Die neu verfaßten (*Wir haben ein kleines Kraftwerk nebenan*) geben Aufschluß über sein politisches Selbstverständnis.
Walter Hedemann, «ich möchte, daß die Leute wissen, was ich meine», wurde am 17. Juli 1932 in Lübeck geboren, wuchs in Naumburg an der Saale auf, kam über ein Musikstudium (Konzertpianist) in Halle und Westberlin (zusätzlich Deutsch und Englisch) 1958 als Studienrat nach Hameln, wo er heute mit seiner Familie lebt. Anfang der sechziger Jahre begann er Couplets und Chansons zu schreiben, machte sein erstes Lied *Verkehrsampelfan* und hatte sein Rundfunkdebüt 1963 in Radio Bremen, dem eine regelmäßige Sendetätigkeit in fast allen bundesdeutschen Sendern bis auf den heutigen Tag folgte. Sein erster Bühnenauftritt war 1965 auf der Burg Waldeck, wo er in den folgenden zwei Jahren wieder zu hören war, aber 1968 trotz einer erneuten Einladung nicht auftrat. Er war auf zwei Sammel-LPs der Waldeck vertreten und spielte 1966 seine ersten eigenen EPs für Xenophon ein, «Na hören Sie mal» und «Schmerz beiseite». Nachdem er 1970 eine eigene LP aufgenommen hatte, «Unterm Stachelbeerenbusch», und ihm von verschiedenen Seiten der Vorwurf gemacht wurde, zu «kulinarisch» zu sein, schränkte er seine Auftritte ein und wurde erst 1974 wieder aktiver. 1975 stellte er die LP «Herzlich willkommen» vor mit Titeln wie *Wald Mädel Song* und *Das Lied vom mehr*. In der Folgezeit war er auf verschiedenen Kleinkunstbühnen zu hören, unter anderem bei der Eröffnung vom «Unterhaus» in Mainz, regelmäßig auf Festivals und wieder in Clubs, hat 1979 eine weitere LP für Thorofon eingespielt, «Erfreuliche Bilanz», und ist erfreut darüber, daß er doch nicht «fehl am Platz» ist, wie es Budszinski in der Waldeck-Zeit behauptet hatte.

● Auf Thorofon: Walter Hedemann – Erfreuliche Bilanz (ATH 204) ... vertreten auf Intercord: Chanson und Folksupersession (2 LPs, INT 151 000/001)

Henderson, Hamish. Der Sammler traditioneller Folk Songs gilt unbestritten als entscheidende Figur für das →Folk Revival in Schottland. Er findet im internationalen Vergleich seine Entsprechung in →Alan Lomax in den USA und beim deutschsprachigen Volkslied in Wolfgang Steinitz. Seine Überzeugung, daß jedes Volkslied von Bedeutung «immer in der Tat etwas von einem revolutionären Untergrund in sich hat» macht aus ihm den wichtigen Gegenpol zur bürgerlichen Volksliedforschung, und seine Bedeutung wird allmählich größer, da seine Lehrmeinung für viele schottische Folk-Institutionen richtungweisend geworden ist. So konnte im Norden der Insel ein starker Gegenpol zum konservativen Folklore-Bild des Cecil Sharp House in London entstehen. Henderson hat es verstanden, eine organische Verbindung zwischen politischen und sozialen Liedern und →Balladen mit Liebes- und Spottgeschichten herzustellen.
Hamish Henderson, der von ihm gesammelte Balladen selbst vorträgt, wobei er tatsächlich «keine Stimme» hat – als einziger in Schottland, wie behauptet wird –, begann 1938 seine Sammlertätigkeit und schrieb in den Jahren des Zweiten Weltkriegs Lyrik, die 1948 veröffentlicht wurde: «Elegies for the Dead in Cyrenaica», für die er den Somerset Maugham-Preis bekam. Nach seiner ersten Volksliedsammlung «Ballads of World War Two» wandte er sich 1951 verstärkt der schottischem Folklore zu. Bezeichnenderweise wird dieses Jahr allgemein als der Beginn des Folk Revivals bezeichnet. Im selben Jahr machte er gemeinsam mit Alan Lomax ausgiebig Reisen von Dorf zu Dorf und entdeckte viele der Musiker, die in den folgenden Jahren die Szene bestimmen sollten, wie Jeannie Robertson, Jimmy MacBeath u. a. Gleichzeitig schaffte er in Edinburgh entsprechende Foren, wie das People's Festival Ceilidhs (als Alternative zu dem kulturlosen Touristenspektakel Edinburgh International Festival) und den ersten Folk Club der Stadt, der heute noch besteht. Unter welch schwierigen Bedingungen die fortschrittlichen Folkloristen zu arbeiten hatten, zeigt ein zehnjähriger Boykott der Fernsehanstalt BBC Scotland für Hamish Henderson, nachdem er sich 1957 an der von Alan Lomax produzierten Fernsehserie «A Ballad-Hunter Looks at Britain» mit zwei Beiträgen über schottische Folk Music beteiligt und dabei nach offizieller Meinung «skandalöses Material» vorgestellt hatte. Inzwischen hat Hamish Henderson einen Lehrstuhl an der Scottish School of Studies an der Universität Edinburgh und ist Vorsitzender einer jährlichen Konferenz über schottische Folk Music, die keineswegs eine rein akademische Institution ist, wie das hervorragende Buch «The Peoples Past» (1980) über die historische Situation und das Umfeld der Volksmusik belegen kann.

The High Level Ranters sind auf internationaler Ebene die wohl bekanntesten und exponiertesten Vertreter der regionalen musikalischen Besonderheiten in Northumberland. Ihre gemeinsamen Wurzeln aus diesem Gebiet treffen in dieser Gruppe aus erstklassigen Instrumentalisten zu einer außergewöhnlichen Übereinstimmung zwischen Musikern zusammen und bieten sowohl musikalisch wie auch von den Texten her einen eindrucksvollen Überblick der reichhaltigen regionalen Kultur ihrer Heimat. Die Formation ergab sich Mitte der sechziger Jahre aus Sessions im Newcastle Folk Song and Ballad Club und benannte sich nach der High Level Bridge in der Nähe des Clubs. Von besonderer Bedeutung für die RANTERS ist ihre Instrumentierung. Alistair Anderson (concertina, voc) wird zu den größten lebenden Concertinaspielern gezählt und gilt als der virtuoseste Vertreter der englischen Variante, mit der er auch einen «Concertina Workshop» für Topic eingespielt hat. Ebenso ist von Colin Ross (f, northumbrian pipes, whistle, maultrommel, harm, hardingfela) «Cut and Dry Dolly», ein eigenes Album, erschienen. Ross hat einen Namen als Erbauer genauso wie als Aktiver auf den schottischen small pipes (→Dudelsack) und beherrscht das seltene norwegische Fiedelinstrument, die Hardingfele. Tom Gilfellon (voc, g, bouzouki), der ein eigenes Album zusammen mit →Martin Carthy, «In the Middle of the Tune» (Topic), eingespielt hat und den Bezug zur irischen Musik herstellt, und Johnny Handle (voc, acc, p, g, northumbrian pipes), von dem ebenfalls ein Album, «The Collier Lad» (Topic), erschienen ist, machen das Quartett komplett. Handle ist der Liedersammler und Verfasser von eigenen Stücken der HIGH LEVEL RANTERS.

1968 spielte die Formation ihre erste LP «Northumberland for Ever» (Topic) ein, auf der sie vom Fiddler und Dudelsackspieler Forster Charlton unterstützt wurde. Von den zahlreichen weiteren Alben, bei gleichbleibender Qualität, ist noch besonders erwähnenswert «The Bonny Pit Laddie», an der sich Harry Boardman (voc, concertina) und →Dick Gaughan (voc) beteiligten. Diese Doppel-LP mit dem Untertitel «A Miners Life in Music and Song» ist eine bemerkenswert engagierte musikalische Darstellung des Bergarbeiterlebens mit allen Höhen und Tiefen und eine der wichtigsten Veröffentlichungen der Industrial Ballads. Mit ausführlichem deutschsprachigem Begleittext über die Geschichte des englischen Kohlenbergbaus erschien diese LP auch bei Pläne. Nach der bisher letzten Veröffentlichung, «Four in a Bar» (1979), trennte sich Alistair Anderson von den HIGH LEVEL RANTERS, um in Sessions und solo zu arbeiten. Im Frühjahr 1980 kam es in Edinburgh zu einem sensationellen gemeinsamen Auftritt von ihm und Robin Williamson, dem Mitbegründer der →INCREDIBLE STRING BAND.

● Auf Topic: Northumberland For Ever (12 TS 186); The Bonnie Pit Laddie (2 LPs, 12 TS 271/72); Ranting Lads (12 TS 297); Four in a Bar (12 TS 388) ... Alistair Anderson: Corby Crag (12 TS 371); Concertina Workshop (12 TFRS 501) ... vertreten auf: The Frosty Ploughshare (12 TS 220); The Valiant Sailor (12 TS 232) ... Johnny Handle: The Collier Lad (mit Alistair Anderson) (12 TS 270) ... Tom Gilfellon: In The Middle of The Tune (12 TS 282) ... Colin Ross: Cut and Dry Dolly (mit Alistair Anderson) (12 TS 278)

Hillbilly ist ein 1900 durch eine New Yorker Zeitung eingeführter Begriff, mit dem die Bewohner der Appalachen wegen ihrer Ungebildetheit, Roheit und angeblichen Dummheit als «Hinterwäldler» verspottet werden sollten. Hillbilly wurde in den zwanziger Jahren zur feststehenden Bezeichnung für die Vertreter der ländlichen weißen Volksmusik, verlor aber trotz der Beliebtheit dieser Musik niemals seinen verunglimpfenden Charakter und wurde deshalb in den vierziger Jahren von der Bezeichnung Country & Western abgelöst, um die kommerzielle Verwertbarkeit dieser Musik weiter zu verbessern. (→Country Music, →Bluegrass)

Hooker, John Lee, eine der zentralen Figuren des Rhythm and Blues, gilt mit seiner Gesangsart als der «afrikanischste» Bluesmusiker und mit seiner archaischen Gitarrentechnik, welche auf den Stil zur Zeit des Bürgerkrieges zurückgeführt wird, als eine mögliche Verkörperung der Ursprünge des Blues. Er zählt zu den einflußreichsten Persönlichkeiten für Rockgruppen wie die ROLLING STONES, ANIMALS u. a. Dabei stehen seine Musik und Person im Vergleich zu seinen Zeitgenossen Muddy Waters, Howlin' Wolf, Little Walter und Otis Span in ihrer Disziplinlosigkeit und Leidenschaft einzigartig da. Obwohl er eine Vermischung der verschiedenen regionalen Stile des Blues vorgenommen hat, sind seine Einspielungen ein unschätzbares Zeugnis für die vermutlichen Anfänge und den Ausgangspunkt des Blues.

John Lee Hooker wurde ungefähr 1917, er selbst gibt mehrere verschiedene Geburtsdaten an, in Clarksdale, Mississippi geboren, einer Gegend, aus der viele bedeutende Bluesinterpreten (→Big Bill Broonzy, →Mississippi John Hurt, →Sonny Boy Williamson) stammen. Von seinem Stiefvater lernte er auf einer offen gestimmten Gitarre den Blues kennen, hörte auf dem Grammophon Stücke von →Blind Lemon Jefferson, →Blind Blake und →Charley Patton, die, wie er selbst sagt, seinen Stiefvater öfter besuchten, begann mit 13 Jahren Spirituals zu singen – «der Blues kommt aus den Spirituals» (Hooker) – und zog als Vierzehnjähriger zu seiner Tante nach Memphis, wo er als Platzanweiser in W. C. Handy's Theater arbeitete. Nach langen Wanderjahren ließ er sich irgendwann zwischen 1943 und 1946 in Detroit nieder, gründete seine erste Band und machte sich in der Stadt durch seine Auftritte in verschiedenen Clubs einen derart guten Namen, daß er die führende Persönlichkeit der örtlichen Bluesszenerie wurde. Im November 1948 wurde er von Lee Sensation für eine Aufnahmesession verpflichtet und spielte im selben Monat seine ersten beiden Blues ein, *Boogie Chillun* und *Hobo Blues*, die ein ordentlicher kommerzieller Erfolg wurden, so daß John Lee Hooker eine gewaltige Schallplattenkarriere beginnen konnte, bei der er insgesamt über 500 Titel einspielte. Wie viele seiner Kollegen benutzte er für seine Aufnahmen bei den verschiedenen Plattenfirmen jeweils andere Namen: Texas Slim für King; John Lee Booker für Chance, Chess und De Luxe; Johnny Williams für Gotham und Staff; Delta John für Regent; Birmingham Sam für Savoy; The Boogie Man für Acorn. Unter seinem richtigen Namen spielte er für Modern und Sensation.

In den sechziger und siebziger Jahren war er auf einer großen Anzahl Festivals zu hören, machte lange Konzertreisen, die ihn mehrfach nach Europa führten, spielte mit mehreren Rockmusikern auf Sessions zusammen und zählte zu den schwarzen Bluesmusikern, die sich in die Bewegung gegen den Vietnamkrieg einreihten. Zu seinen bemerkenswertesten Langspielplatten gehört die 1966 aufgenommene «John Lee Hooker Live at the Cafe Au Go Go», bei Bluesway erschienen, mit folgender Besetzung: Muddy Waters (g), Otis Spann (p), Sammy Lawhorn (g), Luther Johnson (g), Mac Arnold (b), Francis Clay (dr) und George Smith (h).

● Auf Chess: Women and Money (1562) ... auf Bluesway: Simply the Truth (BLS 6023); Back Biters and Syndicaters (BLS 61017); Live at the Cafe Au Go Go (BLS 6002) ... auf United: The Blues (US 7725) ... auf United Artists: John Lee Hooker's Detroit (3 LP, LA 127 J3) ... auf Upfront: I'm in the Mood (UPF 104) ...

auf Jewel: I Feel Good (5005) ... auf Archieve of Folk Music: John Lee Hooker (FS 222) ... auf Atlantic: Detroit Special (7228) ... auf Red Lightnin': No Friends Around (RL 003) ... auf Tradition: The Real Blues (2089) ... auf Speciality: Alone (SPS 2125); Going on Highway 51 (SPS 2127) ... auf Tomato: The Cream (2 LPs, 2–7009) ... auf Ornament: Live and Well (CH–7104) ... auf America: I Wanna Dance All Night (AM 6101); The Great Blues Sounds of John Lee Hooker (AM 6077); The Blues (AM 6078); Live at Sugar Hill (AM 6094) ... auf Bulldog: Blues before Sunrise (BDL 1011) ... auf Impulse: It Steve You Right to Suffer (AS 9103) ...auf Bellaphon: The Best of John Lee Hooker (BL 15165); Dusty Road (2 LPs, BLS 5523); The Greatest Hits of John Lee Hooker (BJS 4021); The Real Blues (BJS 4037) ... auf Joy: Burnin' – John Lee Hooker Band (124) ... vertreten auf Intercord: The Blues Vol. 1 + 2 (4 LPs, INT 158600/01) ... vertr. auf Vanguard: Blues at the Newport Folk Festival 1963 (VRS 79145) ... auf Chess: Heavy Heads (1522) ... vertr. auf Blues Classics: Detroit Blues (BC 12) ... vertr. auf Bellaphon: Bluesselection Vol. 1 (BBS 2502) ... vertr. auf Storyville: The Blues of Lightnin' Hopkins and John Lee Hooker (SLP 174)

Hootenanny ist die Bezeichnung für ein Zusammentreffen von am Folk Interessierten mit mehreren aktiven Musikern, wobei die üblichen Konzertschranken abgebaut werden sollen und ein gemeinsames «demokratisches» Musizieren und Singen entsteht. Die ALMANAC SINGERS verbreiteten 1941 diesen Begriff, nachdem sie ihn unterwegs auf einer Party von Gewerkschaftern aufgeschnappt hatten, und gebrauchten ihn für die sonntäglichen Folk-Feste im Almanac House in →Greenwich Village. In den fünfziger Jahren gab es unzählige kleine Hootenannies überall im Lande, und 1962 führte →Ed McCurdy im Bitter End in New York ein Hootenanny ein, welches bald darauf vom ABC-TV übernommen wurde. In knapp sechs Monaten schaffte es das Fernsehen, diesen Begriff fast vollständig zu ruinieren, indem nichts mehr von der solidarischen Gemütlichkeit der Hoots übrigblieb, sondern die vollkommene Beziehungslosigkeit zwischen Sängern und Zuhörern hergestellt wurde. →Pete Seeger, der seine Veranstaltungen immer noch als Hootenannies in abgewandelter Form versteht, bezeichnet ein Hoot als ein «Wasimmerduesnennenwillst».

Hopkins, Sam Lightnin', ist eine der bedeutendsten Persönlichkeiten des →Folk Blues und gilt als stilistischer Höhepunkt des →Texas Blues. Als Vertreter dieser Landschaft dürfte er den Übergang der ländlichen Musik eines →Blind Lemon Jefferson oder →Texas Alger Alexander zur «salonfähigen» Form vollzogen haben. Seine gitarristische Verwandtschaft mit Blind Lemon ist dabei unzweifelhaft, obwohl er durch raffinierte Breaks und in swingender Art und Weise wohlzubereitete Kompositionen liefert und auch sein Gesang eher einem melodischen Blues entspricht, als daß er die gewaltigen Holler von Texas Alexander aufgriffe.
Sam Hopkins wurde am 15. März 1912 in Leon County, Texas, geboren, wuchs auf der elterlichen Farm in der Nähe von Centerville auf und lernte zunächst bei seinem älteren Bruder ein wenig Gitarre spielen, bis er als Zehnjähriger Blind Lemon Jefferson auf der Straße hörte, von dem er nachhaltig beeinflußt wurde. 1930 traf er auf Texas Alger Alexander, welchen er eine Zeitlang begleitete, bevor er sich, inzwischen mit einer elektrischen Gitarre, in Houston niederließ und mit Thunder Smith zusammen auftrat. 1946 spielte er in Hollywood zusammen mit ihm seine ersten Aufnahmen ein, welche unter dem Titel «Thunder and Lightnin'» angekündigt wurden, und er nahm anschließend bei seinen Solo-Einspielungen den Zusatz «Light-

nin'» in seinen Namen auf. Nach seiner Rückkehr nach Houston spielte er für die örtliche Schallplattengesellschaft Gold Star seine ersten Bluestitel alleine ein, hatte bis 1950 beachtliche Verkaufszahlen zu verzeichnen und eine rege Aufnahmetätigkeit, die in den fünfziger Jahren stark zurückging. Erst 1959 wurde er durch Samuel Charters zu erneuten Einspielungen angeregt. Innerhalb der sechziger und siebziger Jahre nahm er verschiedene Langspielplatten für Folkways, Bluesville, Arhoolie u. a. auf, spielte auf sehr vielen Konzertreisen, war auf dem →American Folk Blues Festival 1964 in Europa zu hören und ist der Country Blues-Interpret, von dem es angeblich die meisten Schallplatten gibt.

● Auf Folkways: The Roots of Lightnin' Hopkins (FTS 31011) ... auf Tradition: Country Blues (TLP 1035); Autobiography in Blues (TLP 1040); The Best of Lightnin' Hopkins (TLP 2056) ... auf Arhoolie: Lightnin' Sam Hopkins (F 1011); Lightnin' Hopkins – With his Brothers and Barbara Dane (F 1022); Texas Bluesman (F 1034); Lightnin' Hopkins from the Late 40's (R 2007); Lightnin' Hopkins Early Recordings Vol. 2 (R 2010) ... auf Prestige: The Best of Lightnin' Hopkins (S 7714); Hootin' the Blues (S 7806); Lightnin' (S 7811); Gotta Move Your Baby (S 7831) ... auf Mainstream: Low Down Dirty Blues (MLP 326) ... auf Jewel: Blue Lightnin' (5000); Talkin' Some Sense (5001); Electric Show and Dance (5002) ... auf Storyville: The Blues of Lightnin' Hopkins and John Lee Hooker (SLP 174) ... auf Archieve of Folk Music: Lightnin' Hopkins (FS 241) ... auf America: The Great Electric Show and Dance (AM 013); Really the Blues (AM 6080) ... auf Bulldog: Live at the Bird Lounge (BDL 1010) ... auf Tomato/Ariola: Lightnin' (TOM 2-7004) ... auf Ember: I've Been Buked and Scorned (EMB 3423)

House, «Son», gilt als die vollkommene Verkörperung des →Mississippi Delta Blues. «In dem wimmernden, zittrigen Klang seiner Gitarre und dem meist schmerzerfüllten Ausbruch seiner Stimme steckt der Geruch der Kräuter den Sonnenblumenfluß entlang, das Geräusch des Windes in den Bäumen an der roten staubigen Straße und die hartnäckige Julisonne in den endlosen Reihen der Baumwollfelder.» (Samuel Charters) – House ist nicht nur als einer der letzten authentischen Interpreten des Delta Blues von überragender Bedeutung, sondern auch als Informant über die Geschichte dieser Musik.

Eddie James House jr. wurde am 21. März 1902 in Lyon, Coahoma City, Mississipppi, geboren, einem winzigen Dorf in der Nähe von Clarksdale. Mit seiner Mutter kam er nach Louisiana und entwickelte unter ihrem religiösen Einfluß eine Abneigung gegen jede Art weltlicher Musik – während sein Vater in einer Tanzkapelle aktiv war. Nach dem Tod seiner Mutter zog er von Ort zu Ort und verdiente sich seinen Lebensunterhalt auf den Baumwollplantagen. Ein Gitarrist namens Willie Wilson brachte ihm die ersten Voraussetzungen des Gitarrenspiels bei und begeisterte ihn für die →Bottleneck Technik. 1929 traf House in Lula auf →Charley Patton, der bereits einen großen Ruf als Bluesmusiker hatte, und mit ihm, Louise Johnson und Willie Brown kam es im Sommer 1930 zu einer Aufnahmesession für Paramount. Einige Blues-Historiker meinen, dies sei die wichtigste Session in der Geschichte des →Country Blues überhaupt gewesen. Die eingespielten Titel – darunter *My Black Mama, Preachin' the Blues* und *Dry Spell Blues* – sind in ihrer Kraft und Intensität typisch für das Delta.

In der Folgezeit spielte House vor allem mit Willie Brown und Fiddlin' Joe Martin zusammen und traf Charley Patton bis zu dessen Tod 1934 regelmäßig zu Aufnahmesessions. 1942, Son House hatte sich inzwischen in Rochester niedergelassen, zeichnete

Son House: Authentischer Delta Blues. Foto: Dick Waterman.

Alan Lomax mehrere Stunden Lieder und Gespräche mit ihm auf, die zu den wertvollsten Einspielungen der Library of Congress auf dem Blues-Sektor gehören. – Nachdem Willie Brown 1948 gestorben war, hörte House zu spielen auf: «Ich weiß nicht einmal, was ich mit meiner Gitarre gemacht habe.»
1964 machten sich Dick Waterman, Fred Spiro und Nick Pearls auf die Suche nach Son House. Als sie schließlich nach langem Hin und Her auf ihn trafen, fanden sie einen verdutzten Son House vor, der es nicht glauben wollte, daß sich irgendwer für «die alte Musik» interessiere. Im folgenden Jahr trat er auf dem →Newport Folk Festival auf, war 1967 mit dem →American Folk Blues Festival in Europa und spielte bei verschiedenen Labels LPs ein.
Im selben Jahr wurde er in einer Winternacht aus ungeklärten Gründen bewußtlos in einem Schneehaufen gefunden. Seine Hände waren vollständig erfroren, und er war nicht mehr in der Lage, Gitarre zu spielen. 1974 erschien bei Blue Goose die LP «The Real Delta Blues», die aus unveröffentlichten Bändern der frühen sechziger Jahre zusammengestellt worden war. Sie kann noch einmal den «Rhythmus der Axtschläge des Worksong» im Blues von Son House zeigen.

● Auf Roots: The Vocal Intensity of Son House (SL 504) ... auf Folkways: Son House (FA 2467) ... vertreten auf: Son House/J. D. Short – Delta Blues (FTS 31028) ... auf Roots: Mississippi Blues Vol. 1 (RL 302) ... auf Origin: Really The Country Blues (OJL 2); The Mississippi Blues (OJL 5); Mississippi Blues Vol. 2 (OJL 11); Country Blues Encores (OJL 8) ... auf Yazoo: Mississippi Blues 1927–41 (L 1001); Mississippi Moaners 1927–42 (L 1009)

Houston, «Cisco», einer der wesentlichen Lehrmeister →Bob Dylans und entscheidend am Aufbau der amerikanischen Arbeiterbewegung in den dreißiger und vierziger Jahren beteiligt, «singt kämpferische und militante Folk Songs mit Protest gegen soziale Mißstände für die Ehre und Würde der arbeitenden Männer und Frauen überall durch die Berge und Täler unseres Landes» (→Woody Guthrie). Als Partner von Woody Guthrie immer ein wenig in den Hintergrund gedrängt, ist seine Bedeutung lange unterschätzt worden. Sie bestand zum einen darin, tatsächlich alles erlebt zu haben, was er sang – erlebt im wahrsten Sinn des Wortes am eigenen Leibe –, zum anderen darin, durch seine ausgesprochene Musikalität und instrumentale Fertigkeit die Qualität der Lieder Woody Guthries beeinflußt zu haben. Dabei ist es bei ihm unmöglich festzustellen, welche Lieder er selber geschrieben und welche er übernommen und bearbeitet hat; manche seiner Schöpfungen tauchen auch als Lieder von Woody Guthrie auf.
Gilbert Vandine Houston wurde am 18. August 1918 in Wilmington, Delware, geboren und zog mit seinen Eltern an die West Coast, von wo aus er in der Zeit der wirtschaftlichen Depression seine Wanderschaft begann. Die Musik wurde bei allen Jobs, die er übernahm, ein Bestandteil seines täglichen Lebens. Er machte die damals üblichen Erfahrungen als Straßenmusiker und lernte dabei 1938 Woody Guthrie kennen, der zu dieser Zeit bereits eine regelmäßige Radiosendung in Los Angeles hatte, welche sie von da an zusammen machten. Nachdem Woody Guthrie sich 1941 den →ALMANAC SINGERS angeschlossen hatte, war Cisco Houston auch zeitweilig mit der Gruppe zusammen zu hören. Nach dem Zweiten Weltkrieg war er bei den ersten Aufnahmen von →Moe Asch dabei, zusammen mit →Sonny Terry

und Woody Guthrie, und spielte 1948 die ersten beiden Aufnahmesessions bei der Gründung von Folkways ein. Wenig später brachte Folkways sein erstes Soloalbum «Lonesome Valley» heraus. In den fünfziger Jahren spielte er auf unzähligen Veranstaltungen in Clubs und Universitäten, trat mit fast allen namhaften Folk-Sängern seiner Zeit auf und machte 1959 in offiziellem Auftrag zusammen mit Sonny Terry, →Brownie McGhee und Marilyn Child eine Tournee durch Indien. Als er 1960 auf dem →Newport Folk Festival auftrat, war er bereits schwer an Krebs erkrankt. Im vollen Bewußtsein der Aussichtslosigkeit seiner Krankheit arbeitete er weiter, besprach Bänder, machte Lieder und trat bis zum Februar 1961 auf; er hatte seine letzte Veranstaltung in New York, bevor er in San Bernadino, Kalifornien, am 29. April desselben Jahres starb. «*Blues for Cisco Houston*: Aber hier ist ein Mann gekommen mit einem Wunder in seinem Bündel/Die Vielfalt des Winters wärmst du auf mit dem spannungsvollen Leben deiner Lieder/Der Schmetterling schläft sicher inmitten der Bombe/Und die Revolution fängt Feuer, wann immer du in die Stadt kommst» (Tom McGrath).

● Auf Folkways/Pläne: Cisco Houston Sings Songs of the Open Road (FWX – M 52480) ... auf Chant du Monde/Pläne: Cowboy Ballads and Rail Road Songs (FWX 50101) ... auf Folkways: 900 Miles and Other Railroad Songs (FA 2013); Cowboy Songs (FA 2022); Hard Travelin' (FA 2042); Nursery Rhymes (FC 7606); Cisco Houston Sings American Folk Songs (FTS 31012) ... vertreten auf Folkways/Pläne: Woody Guthrie (FWX 52483); Woody Guthrie Sings Folk Songs (FA 2484) ... auf Chant du Monde/Pläne: U. S. Story (2 LPs, FWX 50107/08)

Hurdy Gurdy →Drehleier

Hurt, Mississippi John, sagt von seiner Musik, daß sie ein Haufen Lieder sei, die sowieso jedermann schon immer zu Hause gespielt habe, und hält sich selbst für einen untalentierten Picker (Fingerpicking auf der Gitarre). Als Bluesveteran aus dem →Mississippi Delta war er eine der sensationellen Wiederentdeckungen im →Folk Revival der sechziger Jahre. Gerade seine nicht überstilisierte Fingertechnik mit gleichbleibender Rhythmik und seine fast «freundliche» Art zu singen – beides nicht typisch für den als «düster» bekannten Delta Blues – machten ihn zu einem gefragten und beliebten Interpreten auf den Folk Festivals der sechziger Jahre.

John Hurt wurde am 15. März 1894 in Teoc, Mississippi, geboren. Er begann als Zehnjähriger mit der Gitarre und spielte bald auf örtlichen Tanzveranstaltungen und Dorffesten. 1928 wurde er von Tommy Rockwell für eine Aufnahmesession verpflichtet, die am 14. Februar desselben Jahres in Memphis stattfand. Hurt spielte dabei acht Titel ein, von denen aber nur zwei veröffentlicht wurden, *Frankie*, eines seiner bekanntesten Stücke auch im Revival, und *Nobody's Dirty Business*. Nachdem die Platte sich gut verkaufte, wurde er im selben Jahr noch einmal für Okeh für eine Session verpflichtet, die im Dezember in New York stattfand. Er erhielt für jeden eingespielten Titel 20 Dollar sowie sämtliche anfallenden Auslagen. An zwei Tagen nahm er insgesamt zwölf Titel auf, von denen zehn veröffentlicht wurden – darunter phantastisch ausgereifte Nummern wie *Stack O Lee Blues*, *Spike Drivers Blues* und *Candy Man Blues*. Seine eben begonnene Karriere wurde, wie bei vielen seiner Kollegen, durch die wirtschaftliche Depression abrupt zerstört, und er verdiente sich seinen Lebens-

unterhalt als Farmarbeiter, Tellerwäscher, Eisenbahnarbeiter und viele andere Jobs. Er heiratete, hatte mit seiner Frau Jessie 14 Kinder und machte mit seinen Brüdern Hausmusik.
In einer der Aufnahmen Hurts von 1928 findet sich die Zeile «Avalons my home town, always in my mind». Diese Stelle veranlaßte 1963 Tom Hopkins, nach Avalon, Mississippi, zu reisen, um John Hurt zu suchen. Tatsächlich fand er Hurt, der um die Jahrhundertwende mit seinen Eltern hierhin übergesiedelt war, bei bester Gesundheit vor. Im selben Jahr spielte Hurt seine erste LP ein mit Titeln wie *Casey Jones* und *Louis Collins*. 1964 war er mit →Sleepy John Estes, Robert Pete Williams, Reverend Robert Wilkins und →Skip James eine der Bluessensationen auf dem →Newport Folk Festival. Bis zu seinem Tod am 3. November 1966 in Grenada, Mississippi, hatte er 42 Bluestitel aufgenommen, darunter *I'm Satisfied*, *Coffie Blues* und *Worried Blues*.

● Auf Vanguard: Mississippi John Hurt Today (VRS 79220); The Immortal Mississippi John Hurt (VRS 79248); The Best of Mississippi John Hurt (2 LPs, VSD 19/20); Last Sessions (VRS 79327) ... auf Piedmont: Folksongs and Blues (PLP 13157); Worried Blues (PLP 13161) ... auf Biograph: Mississippi John Hurt 1928 (C-4) ... vertreten auf Folkways: The Anthology of American Folk Music Vol 1 und 3 (FA 2951–53); Friends of Old Time Music (FA 2390); Blues Rediscoveries (RF 11) ... auf Historical Records: They Sang the Blues (ASC 5829-17) ... auf Roots: Mississippi Blues Vol 1 (RL 302); Nearer My God to Thee (RL 304) ... auf Yazoo: Mississippi Moaners (L 1009) ... auf Vanguard: Blues at the Newport Folk Festival 1963 (VRS 9145)

Hüsch, Hans Dieter, der «literarisch subtilste Solokabarettist» (Reinhard Hippen), wird in einer Reihe mit Tucholsky und Valentin genannt, wobei es durchaus berechtigt ist, ihm zu bescheinigen, eine gelungene Verbindung zwischen den Besonderheiten dieser beiden Größen des →Kabaretts vollzogen zu haben. Er hat sich zu einem Meister der Umgangssprache entwickelt und «erzählt, parodiert, blödelt, singt, schlüpft in die verschiedensten Rollen, springt assoziativ von einem Gedanken zum anderen, und auch wo er sehr witzig ist, spürt man die Melancholie durch, die angeblich eine Eigenschaft aller großen Clowns ist» (Thomas Rothschild).
Hans Dieter Hüsch wurde am 6. Mai 1925 in Moers am Niederrhein geboren, genoß eine gutbürgerliche Ausbildung, machte einen kurzen Abstecher ins Medizinstudium in Gießen und kam 1946 nach Mainz, um Literaturgeschichte und Theaterwissenschaften zu studieren. Er arbeitete in dieser Zeit mit dem Studentenkabarett «Die Toleranten» zusammen, begann 1949 mit Soloauftritten und hatte 1951 sein erstes abendfüllendes Programm unter dem Titel «Das literarische Klavier, mit überwiegend unpolitischen Texten teils pazifistischen Inhalts» («Die alte Geschichte vom Turmbau zu Babel/Von Habgier und Neid/Die alte Geschichte von Kain und Abel»). Sein zweites Programm, «Kritisches Oratorium für Soli, Chor und Reißnagelklavier», führte er bis zur Gründung des eigenen Ensembles «arche nova» auf. Bis 1961 tourte er mit dieser Gruppe durch Österreich, Italien, Holland und die Schweiz. Inzwischen war seine erste Textsammlung «Frieda auf Erden», 1959 in Zürich verlegt, erschienen, der zwei Jahre später «Von Windeln verweht» folgte. 1963 spielte er seine erste EP «Carmina Urana – Vier Gesänge gegen die Bombe» für den Pläne Verlag ein, der außer einer zweiten EP bis heute noch 12 Alben folgten. In der Waldeck-Ära war er regelmäßig auf

dem legendären Chanson- und Folk-Festival vertreten, wo er in den politischen Auseinandersetzungen 1967/68 einer der Angriffspunkte wurde. Er selber trug als Mitarbeiter der Zeitschrift Song mit dem damals als «Kabarettpabst» bezeichneten Budszinski, der die Meinung vertrat, daß Hüsch auf der Waldeck fehl am Platz sei, eine Fehde aus, bei welcher er seine Skepsis dem neuen politischen Lied gegenüber ausdrückte. («Teile und herrsche nicht, aber wer kann das schon?»).
In den siebziger Jahren hatte er regelmäßige Rundfunk- und Fernsehsendungen, unter anderem «Goldener Sonntag», welche ihn weit über den Kreis der Kleinkunstfreunde bekannt machte, erhielt 1973 den «Deutschen Kleinkunstpreis», 1977 die Ehrenbürgerwürde anläßlich der 500-Jahr-Feier der Johannes-Gutenberg-Universität in Mainz und ein Jahr später die Gutenberg-Plakette. 1978 erschien im Satire Verlag «Den möcht ich seh'n», eine Textsammlung, die Reinhard Hippen vom Deutschen Kabarett-Archiv zusammengestellt hat, und im folgenden Jahr seine bisher «musikalischste» LP, «Hagenbuch hat jetzt zugegeben», mit Zwischenmusik von →Konstantin Wecker.

● Auf Pläne: Typisch Hüsch (S 33401) ... auf Polydor: Chansons, Gedichte, Geschichten (47814); Das Wort zum Montag (249262) ... auf Intercord: Hans Dieter Hüsch – Live (2 LPs, INT 180014); Eine schöne Gesellschaft (INT 160040); Enthauptungen (2 LPs, INT 155020); Nachtvorstellung (2 LPs, INT 180008); Abendlieder (INT 160060); Das schwarze Schaf vom Niederrhein (2 LPs, INT 180044); Hagenbuch hat jetzt zugegeben (INT 160129) ... vertreten auf Pläne: Arbeiterliederfestival 70 (S 66201); Song Festival 73 (S 13 F 300); Rotkäppchen (K 20905); Die Leute von der Annostraße (DK 0099)

I

Immlach, Hamish, das schwergewichtige Urvieh aus Schottland, tritt den Nachweis an, daß zwischen amüsantem Entertainment und politischer Identität und Glaubwürdigkeit kein Widerspruch bestehen muß. In einer Art folkmusikalischem Kabarett vermischt er lebenslustige witzige Balladen und bissige satirische Lieder mit gewerkschaftlich orientierten Folk Songs über Streiks und Unterdrückung und singt vom irischen Widerstand gegen die englische Vorherrschaft. Durch sein politisches Selbstverständnis verkörpert er ein natürliches und unverkrampftes Verhältnis zu den alltäglichen Geschehnissen, denen er in seinen Liedern eine Interpretation gibt. Der Folk-Sänger Hamish Immlach, dessen Musik kaum regionale Eigenheiten aufweist, sondern ausschließlich aus seiner Person lebt, ist zudem ein ausgezeichneter Gitarrist, der irische und schottische Elemente

mit der →Folk Blues-Gitarre zusammenführt. Einer seiner Lehrmeister für die amerikanische Technik war der legendäre →Sam McGee, der zu den Begründern der Fingerpicking-Technik zählt. →Stefan Grossmann, der eines seiner Lieder für Hamish Immlach geschrieben hat, *Fat Man*, und von ihm behauptet, daß er die besten Currys kocht, die er je gegessen habe, ist auf der musikalischen Seite eine weitere wichtige Quelle gewesen.
Hamish Immlach wurde am 10. Februar 1940 in Calcutta, Indien, geboren, wuchs in Darjeeling auf, kam 1948 mit seinen Eltern nach Brisbane, Australien, und schließlich 1953 nach Schottland, wo er heute mit Frau und vier Kindern in Motherwell in der Nähe von Glasgow lebt. In der gemeinsamen Schulzeit mit Ray und Archie Fisher entstand seine Beziehung zur Folk Music, die ihre erste besondere Prägung durch das Heer der irischen Emigranten, die Glasgow bevölkerten, bekam. 1959 spielte er seine erste LP mit der irischen Gruppe THE EMMETONS ein und ist seit Anfang der sechziger Jahre als professioneller Folk-Musiker unterwegs. 1966 spielte er für Transatlantic «Hamish Immlach» ein, den besten Querschnitt seines Repertoires bis dahin, und wurde in dieser Zeit über die schottischen Grenzen in England ebenso wie in der BRD, in Holland, Belgien und Norwegen eine bekannte Institution der Folk-Szenen. Seit dieser Zeit unternimmt er jährlich mindestens eine Tournee durch die BRD, ist regelmäßig in den USA und Kanada unterwegs, ist bis auf eine Unterbrechung durch Krankheit für sechs Monate (76/77) einer der fleißigsten Interpreten überhaupt und hat mehrere LPs auch bei dem bundesdeutschen Label Autogram veröffentlicht. Hamish Immlach ist häufig mit →Ian MacKintosh zusammen, der in seiner ruhigen und beschaulichen Art genau das Gegenteil von ihm zu sein scheint, und hat seine bisher letzte LP im Dezember 1979 für Kettle Records, ein kleines schottisches Label, eingespielt, «The Sporting Life».

● Auf Transatlantic: Hamish Immlach (TRA SAM 43) ... auf Autogram: Scottish Sabbath (ALLP 209); Hamish Immlach & Ian MacKintosh – A Man's a Man (ALLP 215) ... auf Kettle: The Sporting Life (KOP 3)

The Incredible String Band war in der Zeit ihres Bestehens eine der originellsten Gruppen, die sich jemals zwischen Folk und Rock ansiedelten. Sie schaffte unglaubliche Klanggebilde, die aus einer Vermischung der verschiedensten regionalen folkloristischen Eigenheiten ihrer schottischen Heimat mit den «mystischen» Elementen indischer Volksmusik bestanden und durch Hinzunahme südländischer Gesangsformen wie etwa Fado-Gesang aus Portugal oder italienische Canzones zusätzlich verfremdet wurden.
Die Gruppe wurde 1965 in Clive Palmers Incredible Folk Club, Glasgow, von Robin Williamson (voc, g, mandolin, dr, perc), Mike Heron (voc, g, sitar, org) und Clive Palmer (voc, bj, g), der nur kurze Zeit der Gruppe angehörte, gegründet. Robin Williamson, geb. am 24. November 1943 in Edinburgh, Schottland, beschloß nach seiner Schulzeit als Siebzehnjähriger, Musiker zu werden und kam in den sechziger Jahren nach Glasgow, wo er mit Clive Palmer ein Folk-Duo gründete. 1965 schloß sich James Mike Heron, geb. am 27. Dezember 1942, ebenfalls in Edinburgh, nach einem abgebrochenen Universitätsstudium den beiden an, und die ISB spielte zunächst einen Jug Band-Stil, der sich bis zur ersten Schallplattenaufnahme

«The Incredible String Band» (Elektra, 1966) zu einem unverwechselbar magischen, assoziativen und fremdartigen musikalischen Gebilde entwikkelt hatte. Nach dieser Einspielung zogen Robin Williamson und Clive Palmer über Marokko nach Afghanistan, wo sich Clive Palmer für längere Zeit niederließ. Robin Williamson kehrte noch im selben Jahr zurück, und die ISB hatte ihren ersten großen Erfolg in einem Konzert in der Albert Hall in London mit Judy Collins und →Tom Paxton zusammen. Die LP «5000 Spirits or The Layers of the Onion» (1967) folgte, bei der die beiden Musiker begannen, mit aufwendigen Studiotricks kaum mehr durchschaubare Klangbilder zu liefern, was sie bei den zukünftigen Einspielungen noch steigerten. Sie selber führen das auf ihren reichlichen Drogenkonsum zurück. Bis 1973 wurden die beiden von Rose Simpson (voc, bg) und Caroline McKechnie (voc, dr) begleitet und fanden in jenem Jahr mit Gerard Dott (p, cl) und Malcolm Le Maistre (voc, g, org) zu einer mit deutlichen folkloristischen Tönen versehenen musikalischen Linie zurück, bei der sie ihre experimentelle Vergangenheit jedoch in keinster Weise aufgaben. 1974 trennte sich das Ensemble. Mike Heron zog sich zurück, und Robin Williamson begab sich nach Kalifornien, USA, wo er Robin Williamson & His Merry Band gründete, die sich musikalisch im wesentlichen an traditioneller keltischer Musik orientierte und mit einer entsprechenden Instrumentierung auftrat. 1978 war er erstmals mit dieser Band in Europa zu hören und wurde vor allen Dingen in seinem Heimatland begeistert gefeiert. Seine Rückkehr in den traditionellen Bereich brachte 1980 ein bemerkenswertes Zusammentreffen mit Alistair Anderson, einem der größten Concertina-Artisten und Mitglied der populären schottischen Folk-Gruppe →High Level Ranters. Es wurde als die «Rückkehr eines verlorenen Sohnes» bezeichnet.

● Auf Island: Be Glad for the Song Has No Ending (ILPS 9140); Liquid Acrobat as Regards The Air (ILPS 9172); Earthspan (ILPS 9211); No Ruinous Feud (ILPS 9229); Hard Rope and Silken Twine (ILPS 9270); Robin Williamson and his Merry Band auf Criminal: American Stonehenge (STEAL 4)

Inti Illimani, die bekannteste chilenische Folklore-Gruppe neben →Quilapayun, legt Zeugnis ab von der Blüte des neuen chilenischen Liedes Ende der sechziger Jahre. Damals hatte sich eine ganze Liedbewegung zur Unterstützung des Befreiungskampfes der Unidad Popular stark gemacht. In ihren Interpretationen der Texte und Lieder von →Victor Jara, → Violeta Parra, Pablo Neruda, Sergio Ortega u. a. und in ihrer traditionellen Instrumentierung verstehen sich die Musiker der Gruppe als «Verteidiger der kulturellen Tradition» (Jürgen Tacke, Musik aus Lateinamerika) und «singen, vor allem jetzt, weil unsere Stimmen Zeugnis sind der vielen zum Schweigen gebrachten und geknebelten Stimmen in unserem Vaterland» (Inti Illimani).

Die Gruppe wurde 1967 von Horacio Salinas an der Technischen Hochschule Chiles gegründet, mit politisch engagierten Studenten, die vergessene Instrumente und traditionelle Musiken kennenlernen wollten. Auf Forschungsreisen durch die Anden lernten die Mitglieder das traditionelle Instrumentarium von →Charango, →Cuatro, Tiple, →Quena u. a. spielen und wurden in kurzer Zeit ein fester Bestandteil der musikalischen Szenerie ihrer Heimat. Zahllose Auftritte auf gewerkschaftlichen Veranstaltungen folgten, und ebenso rasch wurden sie als Vertreter der «neuen» Volksmusik in Lateinamerika und Europa bekannt. Zur Zeit des Putsches waren sie, genau wie QUILAPAYUN, nicht in ihrer Heimat und leben seitdem im Exil in Rom. Eine stattliche Anzahl LPs ist in der BRD bei Pläne erschienen.

● Auf Pläne/Dicap: Hacia La Libertad. Bis wir frei sind (P 17 DF 73); Inti Illimani – Vol. 2 (P 10 DF 30); Viva Chile! (S 88111); Canto de Pueblos Andinos 1 und 2 (GP 0288/89); Resistencia (GP 0290); Lied, um eine Schlange zu töten (88211) ... auf Transatlantic: Inti Illimani (XTRA 1152) ... vertreten auf Pläne: Chile Vencera (2 LPs, RR 4009/10); Konzert für Chile (S 88113); Folklore International (2 LPs, S 0500/01)

Irische Folk Music. Mitte der siebziger Jahre erlebte die bundesdeutsche Folklandschaft eine regelrechte Invasion irischer Musiker, welche die Vielfalt der Volksmusik von der Grünen Insel eindrucksvoll demonstrieren konnten und ein nachhaltiges Interesse an den traditionellen Liedern und Tänzen weckten. Ein ganz wesentlicher Beitrag kommt dabei dem →Irish Folk Festival zu.

Die irische Volksmusik läßt sich grob in Tänze und Lieder unterteilen, wobei die Balladen überwiegend zu einer langsamen Melodie («Slow Air») vorgetragen werden und zumeist Liebeslieder oder Rebel Songs, Lieder des irischen Widerstands, sind. Da sogar sehr viele Liebeslieder verschlüsselte politische Inhalte haben und der irische Gesang in seiner Entwicklungsgeschichte vom Kampf um die Unabhängigkeit von englischer Vorherrschaft gezeichnet ist, wird es nötig, kurz einige historische Stationen darzustellen. Die ursprüngliche irische Gesellschaftsordnung bestand aus Clans, (Brüderschaften), die in fünf Königreichen (Ulster, Munster, Leinster, Connaught und Meath) locker organisiert waren. Gelegentliche Angriffe von Seeräubern wurden endgültig 1014 durch Brian Doru in einer Schlacht bei Clontarf beendet. – Mit dem Jahre 1169 begann dann die beispiellose Unterdrückung des irischen Volkes durch die Engländer. Heinrich II. übernahm in diesem Jahr die Herrschaft von Leinster und begann 1171 einen größeren Eroberungszug. Die keltischen Gälen wurden aus Dublin und Umgebung vertrieben, das Gebiet wurde zum Sperrbezirk für die Iren erklärt. Zu einem weiteren Höhepunkt der Maßnahmen gegen die Iren kam es Mitte des 17. Jahrhunderts, nachdem Cromwell 1652 in der Schlacht bei Kilkenny eine der ersten großen irischen Erhebungen niederschlagen konnte. Anschließend gab es brutale Strafexpeditionen, und die ersten 34000 «Wild Geese» entstanden, die den Widerstand von nun an von außen zu organisieren versuchten. Seit dieser Zeit werden die einzelnen Kämpfe von überlieferten Liedern begleitet, und bei der Revolution von 1798, die erstmals von der Idee einer irischen Republik getragen wurde, entstand eines der bekanntesten irischen Lieder, *Rising of the Moon.* Nach einem der wichtigsten Träger dieser Befreiungsbewegung, Wolfe Tone, benannte sich im irischen →Folk Revival eine der politisch orientierten Gruppen. 1845 begannen für die Iren die sogenannten Starvation Years, in welchen die Bevölkerung durch Hunger und Auswanderung stark dezimiert wurde. Die entstandenen Geheimbünde, die Fenians, wurden zur tragenden Kraft des irischen Widerstands. James Connoly, der in zahllosen Liedern auftaucht, organisierte schließlich 1913 den Streik in Dublin, der als Ausgangspunkt für das Entstehen einer irischen Republik

betrachtet wird. Über den vielbesungenen Osteraufstand 1916 kam es am 30. April 1923 zum Irish Free State, der 1949 in Eire umbenannt wurde und der die irischen Provinzen außer Ulster, welche nach wie vor unter Fremdherrschaft steht, umfaßt.
Besonders bekannte Interpreten der Rebel Song (enthalten im Repertoire fast jeder irischen Gruppe) sind die →Clancy Brothers, Tommy Makem, Dominique Behan und aus der Provinz Ulster die Gruppen →Sands Family und die Wolfetones.
Der irische Tanz läßt sich grob in Jigs (im 6/8- oder 9/8- Takt) und Reels (im 4/4- oder 2/4- Takt) und verschiedene Hornpipes unterteilen. Das traditionelle Instrumentarium für die Tanzmusik ist überaus reichhaltig; repräsentativ stellen die →Chieftains diese klassischen Instrumente heute vor. Als Vertreter der irischen → Fiddle seien Tommy Peoples, Paddy Glackin, Michael Coleman und →Ted Furey genannt. Für die →Flute sind Matt Molloy und Seamus Tansey bei der Holzquerflöte erwähnenswert. Die Uillean Pipes, die besondere →Dudelsackvariante aus Irland, hat die großen Piper Leo Rowsome, Willie Clancy, →Séamus Ennis und unter den jüngeren Liam O Flynn von →Planxty. Aus der stattlichen Anzahl hervorragender →Tin Whistle Spieler soll hier nur Miko Russel, wegen seiner Bekanntheit hierzulande, erwähnt werden. Das Knopf→Akkordeon hat Vertreter wie Tony McMahon und Jackie Daly, und die etwas weniger verbreitete Anglo →Concertina Noel Hill und Paddy Murphy. Mit dem →Banjo, der irischen Handtrommel →Bodhran und der wenig eingesetzten keltischen →Harfe ist das irische Instrumentarium komplett. In diesem Zusammenhang ist die erste wichtige Sammlung instrumentaler Musik des blinden Harfinisten O'Carolan erwähnenswert. Die Bibel aller irischen Volksmusiker, die Sammlung der Fiddle Tunes von O'Neill, ist das zweite große Nachschlagewerk der traditionellen irischen Musik.
In den vierziger Jahren dieses Jahrhunderts wurde die Wiederbelebung der traditionellen irischen Musik, die kurz vor dem vollständigen Aussterben war (so gab es in Irland noch eine Handvoll Dudelsackspieler zu dieser Zeit), von Séamus Ennis eingeleitet. Eine wichtige Station war die 1951 erfolgte Gründung der →Comhaltas Ceoltoiri Eireann, die von da an durch Organisation der Fleadh Ceoils, dörfliche Musikfeste, die eigene Tradition zu verbreiten suchten. Von besonderer Bedeutung waren die Competitions, in denen bis heute die All Ireland Champions auf den verschiedenen Instrumenten in unterschiedlichen Altersklassen ermittelt werden. In den sechziger Jahren gründete der inzwischen legendäre Sean O Riada, der 1971 starb, die Ceoltoiri Chualann, die als Meilenstein in der Entwicklung des irischen Revivals bezeichnet wird und aus der sich die →Chieftains ergaben. Im weiteren sind die →Dubliners und die →Clancy Brothers erwähnenswert, die einen wesentlichen Beitrag zur Popularisierung lieferten. Ebenso wie die Johnstons (mit →Paul Brady) und Sweeneys Men lenkten sie die Aufmerksamkeit der vom Rock'n'Roll beeinflußten Generation von Musikern auf die eigene Tradition. In dieser Folge ergaben sich Gruppen wie →Planxty, →Bothy Band und →De Danann und kurz zuvor schon →Eddie und Finbar Furey, die hierzulande die Aufmerksamkeit nach Irland verstärken konnten. Als Ausnahmeerscheinung gilt die gälisch singende Gruppe →Clannad, die neue musika-

Unverwechselbarer Flötenstil: Der Landwirt Miko Russell aus Doolin, County Clare.

lische Dimensionen der irischen Musik aufgezeigt hat.

● Auf Gael Linn: Basic Rhythms of Irish Dance (CEF 017); Fleadh Ceoil (CEF 013); Na Ceirnini '78 (CEF 075); Slogadh Naisiunta '78 (CEF 066); Ceol Na Nuasal (CEF 015) ... auf Transatlantic: Best of Irish Folk (MTRA 2002); Sweeneys Men (TRA SAM 37) ... auf Topic: From Erin's Green Shore (TPS 168); Ireland Her Own (12 T 153); The Minstrel from Clare (12 T 175); Paddy in the Smoke (12 T 176); The Breeze from Erin (12 T 184); The McPeake Family (12 T 87); The Irish Country Four (12 TS 209); The Lark in the Clear Air (12 TS 230); The Russell Family (12 TS 251); The Men of the Island (12 TS 305); The Star of Munster Trio – Music from Sliabh Luachra Vol 2–4 (12 TS 310/11/12) ... auf Folkways: Traditional Music of Ireland Vol 1 and 2 (FI 8781/82); Irish Songs of Resistance (FS 3002); The Orangemen of Ulster (FS 3003); Irish Music in London Pubs (FS 3575); Field Trip Ireland (FI 8872)

Irish Folk Festival. Nach dem Vorbild des American →Folk Blues Festival organisierte die Chanson Folk Coop um Carsten Linde aus Göttingen erstmals 1974 eine zusammenhängende Tournee der verschiedensten irischen Musiker durch die BRD, welche unter dem Titel Irish Folk Festival bis 1978 insgesamt fünfmal erfolgreich die Konzertsäle füllte. Durch eine geschickte Verbindung zwischen leicht zugänglichen Vertretern der irischen Musik und exponierten Instrumentalisten der traditionellen Schule konnten die Festivals in der Regel ein verhältnismäßig repräsentatives Bild der irischen Szene bieten und brachten durch ihre Abschlußsessions mit allen Teilnehmern ein eindrucksvolles Ereignis einer lebendigen Kultur zu Gehör.
Das erste Festival war bezeichnenderweise eine →«Furey-Invasion». Die Fureys waren damals schon teilweise bekannt, und es traten außer Eddie und Finbar noch die Brüder Paul (gemeinsam mit den BUSKERS) und George mit dem Vater Ted Furey auf. Mit dabei waren noch Bobby Clancy und Miko Rusell, ein Whistle-Spieler aus Doolin, County Clare, der auch im folgenden Jahr mit seinem Bruder Pakie (concertina) und Ted Furey zu hören war. Die BUSKERS waren noch einmal dabei, Jerry Bourke, ein traditioneller Sänger aus Cork, kam hinzu, und die Sensation des Festivals 1975 wurde der erste Auftritt der Gruppe →CLANNAD in der BRD. Die «Three Hours of Living Irish Music» wurden 1976 gestaltet von: CLANNAD, →DE DANANN, zu dieser Zeit mit →Andy Irvine zusammen, Seamus Creagh, einem Fiddle-Spieler aus Cork, der zusammen mit Jackie Daly auftrat, einem der renommiertesten Concertina- und Akkordeonspieler der Grünen Insel; vollständig war das Festival mit einer großen Sängerin der Tradition der Westküste, Treasa Ni Mhiollain. Das 4th Irish Folk Festival hatte an neuen Leuten nur Mick Hanly (g, voc) und eine Gruppe aus dem County Clare, die sich INCHIQUIN nannte. 1978 waren außer den bereits erwähnten Musikern noch dabei John Doonan und Dave Bulmer, das englisch-irische Duo →Dolores Keane & John Faulkner, die Gruppe COMHLUADAR, sowie als Trio Liam O' Flynn, Andy Irvine und Mick Hanly, die als kleine →PLANXTY-Formation gefeiert wurden.

● Auf Intercord: Irish Folk Festival 1–5 (jeweils 2 LPs, INT 181000, 002, 008, 180038, 046)

Irvine, Andy, ist eine der einflußreichsten Triebkräfte der neueren irischen Folk-Szene und hat sich hauptsächlich als →Mandolinen- und Mandolaspieler einen großen Namen gemacht. Innerhalb der BRD wurde er zu einem der gefragtesten irischen Interpreten. Er gilt als ideenreicher Arrangeur, der es versteht, traditionelles Material auf neue, frische Art zuzubereiten und ist ein ausgezeichneter Komponist mit ganz besonderen rhythmischen Fähigkeiten. Außerdem stellt er seine instrumentale Vielfalt an der →Bouzouki, →Drehleier und →Mundharmonika unter Beweis.

Andy Irvine wurde am 14. Juni 1942 in London von irischen Eltern geboren. Sein Weg zur traditionellen Musik entspricht dem vieler seiner Altersgenossen. Er kam über die →Skiffle-Musik zunächst an →Woody Guthrie, →Derroll Adams und →Ramblin' Jack Elliot und schließlich an die Musik der →CLANCY BROTHERS. Mitte der sechziger Jahre begann er mit Soloauftritten, hielt sich längere Zeit in Dänemark auf und gründete im Juni 1966 mit Johnny Moynihan und Joe Dolan die epochemachende Gruppe SWEENEY'S MEN, mit der er 1968, nachdem Joe Dolan durch Terry Woods ersetzt wurde, für Transatlantic ein Album einspielte, das heute allgemein als kostbares Sammlerobjekt betrachtet wird und 1976 noch einmal unter dem Titel «Sweeney's Men 1968» aufgelegt wurde.

SWEENEY'S MEN machten sich weiter auf den Weg zum →Folk Rock, nachdem sich Henry McCullogh eingefunden hatte, der als einer der ersten irischen Folk-Musiker elektrisch wurde. Andy Irvine zog für fast zwei Jahre im Balkan umher, wo er neue folkmusikalische Erfahrungen sammeln konnte, die er bei Gründung der legendären →PLANXTY mit Donal Lunny, Liam O' Flynn und → Christy Moore mit einbrachte. Bis zur Auflösung der Gruppe war er neben Liam O' Flynn das einzige beständige Mitglied dieser Formation, spielte anschließend kurz bei →DE DANANN und ging eine längerwährende Liaison mit →Paul Brady ein, aus der sich das auf internationaler Ebene vermutlich populärste irische Folk-Duo neben →Eddie & Finbar Furey ergab. Sie spielten ein sehr erfolgreiches Album für das Mulligan Label ein, «Andy Irvine & Paul Brady», mit einer begeistert aufgenommenen Version von *Arthur McBride*. Seit Ende 1977 spielt Andy Irvine vorwiegend allein und war auf dem Kontinent mehrfach mit Mick Hanly und Liam O' Flynn zu hören – eine Zusammensetzung, die von vielen Irland-Freunden als eine kleine PLANXTY-Formation bezeichnet wurde.

● Auf Mulligan: Andy Irvine & Paul Brady (LUN 008) ... mit SWEENEY'S MEN auf Transatlantic: Sweeney's Men (TRA SAM 37) ... im weiteren →PLANXTY

Musik…

...ist keine Arbeit, sonst hätte längst jemand dagegen protestiert, daß man sie stets im Akkord spielen muß.

Wenn auch keine Arbeit, kann Musik doch ein Geschäft sein. Nicht selten wandeln Noten sich in Banknoten. Musik hat schon ihre guten Saiten.

J

Jansch, Bert, dessen musikalische Tätigkeit von gleichviel Unstimmigkeiten und Ungereimtheiten begleitet wird wie von schöpferischen Höhepunkten, gilt als eine der zentralen Figuren der englischen Folklandschaft und hat neben Davey Graham und →John Renbourne wesentlich zur englischen Gitarrenspezialität, dem «Folk Baroque», beigetragen. In der Zusammenarbeit mit John Renbourne entstand die legendäre Gruppe →PENTANGLE, mit der er über die Grenzen Englands hinaus bekannt wurde. Seine Gitarrentechnik, die von einem britischen Understatement zu leben scheint, beinhaltet Elemente der amerikanischen Folk Blues-Gitarre ebenso wie Strukturen einer mittelalterlich klingenden Lautentechnik, welche er in raffinierte Rhythmusabläufe verpackt. Bert Jansch, der für Überraschungen vieler Art sorgt und eine ausgesprochen schwierige Persönlichkeit ist, ist dazu ein ausgezeichneter Sänger, spielt gelegentlich Piano, Concertina und Banjo.

Bert Jansch wurde am 3. November 1943 in Glasgow, Schottland geboren, wuchs in Edinburgh auf, zog als 18jähriger Richtung Süden und hielt sich kurze Zeit in Marokko auf. Anschließend kam er in die Londoner Szene, die sich um Dominique Behan, →Ewan MacColl und Sandy Denny (→FOTHERINGAY) abspielte, und begann Gitarrenunterricht (nach eigenen Angaben von Davey Grahams Schwester Gill und Archie Fisher) zu nehmen. Nach seinem ersten eigenständigen Auftritt im «Troubadour» schaffte er sich einen Stammplatz in der damaligen Clublandschaft, die vorwiegend in Soho beheimatet war, und traf Mitte der sechziger Jahre auf John Renbourne.

1965 spielte er für Transatlantic sein erstes Solo-Album «Bert Jansch» ein, und nach weiteren zwei LPs erschien im folgenden Jahr «Bert & John», die erste gemeinsame Arbeit mit John Renbourne zusammen, die von vielen heute noch zu den wichtigsten Einspielungen der englischen Folk-Geschichte gezählt wird. 1967 kam es zu gemeinsamen Aufnahmen mit Jaqui McShee, und durch Erweiterung um Terry Cox und Danny Thompson entstand die «Supergruppe» PENTANGLE. 1972 löste sich PENTANGLE auf, da nach Worten von Bert Jansch musikalisch nur noch «Langeweile» produziert wurde und eine Menge an persönlichen Differenzen aufbrach. Durch die kommerziellen Erfolge hatte sich Bert Jansch, wie auch andere Mitglieder der Gruppe, ein Häuschen auf dem Lande leisten können, zog sich eine Zeitlang zurück und spielte 1974 sein erstes Album komplett in den USA ein: «Santa Barbara Honeymoon», welches von einer gewissen musikalischen Ratlosigkeit zeugt. In dieser Zeit versuchte er sich mit verschiedenen Musikern zu arrangieren, aber erst durch das Zusammentreffen mit Martin Jenkins, der sich bei den Gruppen DANDO SHAFT und HEDGHOG PIE einen Namen gemacht hatte, ergab sich 1976 wieder eine kontinuierliche Stütze, und gleich das erste gemeinsame Album «A Rare Conundrum» deutete ein musikalisches Aufwachen an. Das Ende 1978 erschienene Album «Avocet», an dem außer Martin Jenkins (mando-cello, f, fl) noch Danny Thompson (b) beteiligt war, wurde von den Kritikern mit Begeisterung aufgenommen und als seine beste Einspielung nach «Bert & John» gewürdigt. Seit 1979 gibt es die konstante Gruppe Bert Jansch Conundrum, bei der noch Nigel Portman-Smith (b, acc), ehemaliges Mitglied von Magna Charta, und der Drummer Luce Langridge mitwirken. In dieser Formation war Bert Jansch erstmals nach vielen Jahren im Juni 1980 in der BRD zu hören, und es war deutlich zu spüren, daß die Persönlichkeit und das musikalische Format von Martin Jenkins den Zusammenhalt der Gruppe gewährleisten.

● Auf Transatlantic: Bert Jansch (TRA 125); It Don't Bother Me (TRA 132); Jack Orion (TRA 143); Bert & John (TRA 144); Nicola (TRA 157); Birthday Blues (TRA 179); Rosemary Lane (TRA 235); The Bert Jansch Sampler (2 LPs, TRA SAM 10); Box Love (TRA SAM 27); Early Bert Vol 1, 2, 3 (XTRA 1163–65) ... auf Charisma: L. A. Turnaround (CAS 1090); Santa Barbara Honeymoon (CAS 1107); A Rare Conundrum (CAS 1127); Avocet (CAS 6) ... auf Exlibris: Poor Mouth (EXL 20011) ... auf Kicking Mule: 13 Down (162) ... im weiteren →Pentangle

Jara, Victor, einer der bedeutendsten Vertreter des neueren chilenischen Liedes, ist ein Sänger von Zärtlichkeit und Stärke, der nun, nach seiner Ermordung im September 1973, «auf einer Stufe steht mit Taras Shevchenko aus der Ukraine, Robert Burns aus Schottland, Joe Hill und →Woody Guthrie, deren Lieder in den Herzen der Menschen weiterleben. Solang wir seine Lieder singen, solang sein Mut uns zu noch mehr Mut verhilft, so lange wird Victor Jara nie sterben» (Pete Seeger, 1976). Mit ehrenwerter Überzeugungskraft und großer sozialer Sensibilität stellt Victor Jara in seiner Person und seinen Liedern die Sehnsucht des chilenischen Volkes nach Freiheit und Demokratie dar und ist auf internationaler Ebene ein Zeichen für die Stärke dieser Bewegung ebenso wie für die Brutalität der faschistischen Diktatur unter Pinochet, zu deren ersten Opfern er gehörte. «Falls die Gitarre eine Waffe in unserem Widerstand ist, falls man damit wie mit einem Gewehr in unserem Kampf schießt, muß der Mensch dahinter ein wirklicher Revolutionär sein» (Jara).

Victor Jara wurde am 28. September 1938 in Chillán als Sohn von Manuel, einem Landarbeiter, und der Wäscherin Amanda Jara geboren. Die Familie ließ sich 1942 in den Anden nieder. Victor Jara besuchte eine Pfarrschule und das Priesterseminar von San Bernardo und begann 1956 mit ersten Aktivitäten am Theater, als Mitglied der Gruppe «Mimos de Noisvander». Im folgenden Jahr kam er zum Studium an die Theaterschule der Universität von Santiago, schloß sich 1958 dem Chor der Universität an, mit dem er überwiegend klassische Werke aufführte, und wurde, beeinflußt durch →Violeta Parra, Mitglied der Folkloregruppe Cuncumén, mit der er 1959 auf Europa-Tournee ging. 1959 war er mit dieser Formation erstmals auf einer LP «Villancicos Chilenos» (Odeon-Chile) vertreten und begann etwa gleichzeitig, Lieder zu verfassen. Nach ersten Inszenierungen am Theater der Universität Chile ab 1963 wurde er 1965 als bester Regisseur des Jahres ausgezeichnet. Inzwischen Leiter der Akademie für Folklore des Kulturhauses von Nuñoa, trat er 1966 erstmals in Violeta Parras Folklore-Club «Pena de los Parra» als Solosänger auf und gab damit einen wichtigen Impuls für die Bewegung des neuen chilenischen Liedes. Sein erstes eigenständiges Album «Victor Jara» erschien 1967 bei Odeon-Chile; anderen Angaben zufolge wurde bereits ein Jahr zuvor ein gleichnamiges Album bei Geografia verlegt. Nach Übernahme der Leitung der Gruppe QUILAPAYUN, die er bis 1969 innehatte und mit der er die LP «Canciones Folkloricas de America» (1967) einspielte, kam es zum Höhepunkt des neuen chilenischen Liedes, mit dem er sich aktiv im Wahlkampf für die Unidad Popular einsetzte. Auf seiner in dieser Zeit produzierten LP «Canto Libre» (1970), die ebenfalls wie sein vorhergegangenes Album bei der Plattenfirma des kommunistischen Jugendverbandes (Dicap) erschien, beschrieb er mit großem Optimismus die Hoffnungen auf ein neues freies Chile nach der Wahl: «Meine Worte sind eine Schwalbe, / suchen einen Platz, um sich niederzulassen, / explodieren, breiten die Flügel aus, / wollen fliegen und fliegen und fliegen ...– Nach dem Wahlsieg der demokratischen Volksfront Allendes unternahm Jara ausgiebige Konzertreisen durch Chile, durch die lateinamerikanischen Länder ebenso wie durch die Sowjetunion, um die Bewegung des neuen chilenischen Liedes auch international bekannt zu machen.

Am 11. September 1973 riß eine Militärjunta die Macht im Lande an sich, einen Tag später wurde Victor Jara mit vielen Gefangenen ins Estadio Chile gebracht. Am 18. September mußte seine Frau Joan Jara den Leichnam von ihm unter Hunderten von Toten identifizieren. 1974 erschien ein englischer Film über ihn, «Compañero, Victor Jara of Chile» und 1976 bei Elm Tree Books «Victor Jara, His Life and Songs». Weitere Informationen finden sich in «Cantare, Songs aus Lateinamerika» (Weltkreis Verlag 1978).

● Auf Pläne: La Poblacion (S 88110); Die Betschwester und andere frivole Gesänge (88209) ... auf Dicap/Pläne: Victor Jara Presente. Vol. 2. (P 14 DF 70); Te Recuerdo Amanda (GP 0291); El Derecho De Vivir En Paz (GP 0292) ... auf Dicap/Eigelstein: Presente (ES 543); Canto Por Travesura (ES 544); Canto Libre (ES 545) ... vertreten auf Pläne: Chile Vencera (2 LPs, RR 4009/10); Folklore International (2 LPs, S 0500/01)

Jefferson, Blind Lemon, ist die große und im wahrsten Sinn des Wortes schwergewichtige Persönlichkeit des →Texas Blues. Er war in seinem Stil aber keineswegs typisch für diese Region, hat vielmehr als einer der ersten Bluesleute den Schritt von der ländlichen schwarzen Volksmusik zu einem «kultivierten» Blues vollzogen, was später als Ausgangspunkt für den →Folk Blues bezeichnet wurde. Blind Lemon Jefferson wurde einer der ersten erfolgreichen Schallplattenkünstler der zwanziger Jahre, da es ihm gelungen war, seinen Vortrag nicht aus landschaftlichen Eigenheiten, sondern aus seiner Persönlichkeit leben zu lassen. Sein Einfluß und seine Auswirkung auf andere Musiker sind von kaum zu überschätzendem Wert. →Leadbelly, der zeitweise mit ihm zusammengespielt hat, zeigt in seinen eigenen Stücken, wer sein Lehrmeister war, ebenso →Josh White. Angefangen bei Howlin' Wolf über Johnny Shines und →John Lee Hooker, die allesamt Blind Lemon Jefferson gehört und bewundert haben, ließe sich die Zahl derer, die in seinen Fußstapfen den Blues spielen, beliebig fortsetzen. Erwähnt sei, daß →Bob Dylan auf seiner ersten LP eine der bekanntesten Nummern von Jefferson interpretierte, *See That My Grave Is Kept Clean.* Die Gitarrentechnik von Blind Lemon Jefferson ist eine bemerkenswerte Übertragung des Ruf-und-Antwort-Schemas auf das Instrument und gewinnt zusätzlich an Spannung, indem er scheinbar wahllos die verschiedensten Stile miteinander verknüpft. Seine für einen Bluesmusiker ungewöhnlich hohe und

dünne Stimme entbehrt nichts von der Kraft der Holler, «er hollert, wie wenn einer die ganze Zeit auf ihn einschlägt» (Reverend Gary Davis). In seinen Texten, die voll sexueller und anderer Anspielungen sind, entwickelt er eine ungewöhnlich bilderreiche Sprache. Außerordentlich viele Passagen wurden zu klassischen Blueszeilen und sind in einer Unzahl von Texten nach ihm immer wieder zu finden.
Lemon Jefferson wurde im Frühjahr 1897 auf einer kleinen Farm in Couchman, Texas, als jüngstes von sieben Kindern geboren. Mit ziemlicher Sicherheit von Geburt an blind, blieb ihm als einzige Erwerbsquelle die Straßenmusik, und so war er von 1910 an auf der Hauptstraße von Wortham, einem Städtchen in der Nähe, zu finden. Er bekam ausgesprochen schnell einen guten Ruf als Musiker und folglich Einladungen, auf den Country Dances und ähnlichen Festen aufzutreten. 1917 kam er nach Dallas, wo er hauptsächlich in den Bordellen der Stadt auftrat und hier auch zeitweilig mit Leadbelly zusammengespielt haben wird. Anfang der zwanziger Jahre muß er ein ausgesprochen populärer Musiker gewesen sein, der zudem mit seiner Musik gutes Geld verdiente, denn er konnte sich ein Auto und einen Chauffeur leisten. Dadurch war es ihm auch möglich, den ganzen Süden zu bereisen und bis 1925 überall im Lande bekannt zu werden. Kein Wunder, daß es im selben Jahr zu ersten Probeaufnahmen mit Mayo Williams von Paramount kam und Blind Lemon Jefferson im folgenden Jahr eine Schallplattenkarriere beginnen konnte. «Hier ist ein richtig altmodischer Blues von einem richtig altmodischen Sänger – Blind Lemon Jefferson aus Dallas» (Ankündigung der Paramount vom 3. April 1926). Auf seiner ersten Aufnahmesession in Chicago hatte er den *Booster Blues* und den *Dry Southern Blues* eingespielt, und es folgten im Verlauf der nächsten Jahre ungefähr weitere achtzig Titel, darunter Standards wie *Black Snake Moan*, *See That My Grave Is Kept Clean*, *Prison Cell Blues*, *How Long, How Long*, *Mosquito Moan* und *Hangman's Blues*.
Seine Schallplatten verkauften sich ausgesprochen gut, und er war für die Plattengesellschaft eine der wichtigsten Stützen auf dem →Race Records-Markt. Im Frühjahr 1928 wurde eine Geburtstagsplatte für ihn von Paramount verlegt mit der Aufschrift «Happy Birthday Lemon». Auf seiner letzten Aufnahmesession im September 1929 in Richmond, Indiana, wurden noch einmal acht Bluestitel von ihm eingespielt, bevor er irgendwann in der ersten Hälfte des folgenden Jahres in Chicago starb und mit seinem Tod für reichlich Verwirrung sorgte. Nach Angaben von →Son House müßte er im Juli 1930 bei einem Verkehrsunfall ums Leben gekommen sein, was schier unmöglich scheint, da Paramount bereits mehrere Monate zuvor zwei Gedenkplatten, «Wasn't It Sad About Lemon» und «Death Of Blind Lemon», veröffentlicht hatte. Er dürfte infolge seiner Fettsucht an einem Herzinfarkt gestorben sein, die beliebtere Version allerdings besagt, daß er im tiefsten Winter einsam in einem Schneesturm in Chicago erfror, als er auf seinen Chauffeur wartete.

● Auf Milestone: The Immortal Blind Lemon Jefferson (MLP 2004); The Immortal Blind Lemon Jefferson Vol 2 (MLP 2007) ... auf Biograph: Blind Lemon Jefferson 1926–1929 (BLP 12000); Blind Lemon Jefferson Vol. 2 (BLP 12015) ... auf Roots; Blind Lemon Jefferson Vol 1 und 2 (RL 301 und RL 306) ... vertreten auf: Nearer My God To Thee (RL 304); Texas Country Music, 1927–1936 (RL 312) ... auf Folkways: Jazz Vol. 1 – The Blues (FJ 2802); Blind Willie Johnson Blues (FG 3585); The

Country Blues Vol. 1 (RF 1) ... auf Yazoo: Tex-Arkana-Louisiana Country 1927–1932 (L 1004)

Jiddische Folklore. Die Lieder in jiddischer Sprache sind entsprechend der jahrhundertelangen Unterdrückung und Verfolgung der Juden in Europa einmal ein Zeugnis dieses beispiellosen Schicksals, zum anderen Dokumente des Widerstands, wie in einem der bekanntesten Lieder *Schtil, di nacht is ojsgeschternt* (*Still die Nacht ist voller Sterne*), aber gleichzeitig auch voller Lebenslust und Kraft. «Die Lieder der Ostjuden waren immer mehr als ein Trost in ihrer Armut, sie waren ein lebensnotwendiges Mittel der Selbsterhaltung. Die jiddischen Lieder sind geprägt von Melancholie, Trotz, Traurigkeit und Hoffnung. Sie sind zu verstehen als Aufruf für eine Welt, in der ein derartiges Schicksal wie das der Juden unmöglich wird.» (Textbeilage der ZUPFGEIGENHANSEL-LP «Jiddische Lieder».
Die jiddische Sprache, die in hebräischen Buchstaben geschrieben wird, ist eine Vermischung der alten deutschen Sprache der Juden («Juden Teutsch») mit semitischen Elementen und durch die Flucht in den Osten mit slawischen Elementen, weshalb das Jiddisch auch als Sprache der Ostjuden bezeichnet wird. Eines der zentralen Themen der Lieder ist die Verfolgung, die über die angebliche Schuld an der Pest im 14. Jahrhundert, über Pogrome im Osten wie im Westen ihren Höhepunkt im Hitlerfaschismus hatte.
In der Nachkriegsgeschichte wurde das jiddische Liedgut auf internationaler Ebene zunächst von →Theodore Bikel bekannt gemacht und hatte bereits Anfang der sechziger Jahre auch einen bundesdeutschen Vertreter in →Peter Rohland. Weiteres Interesse entstand durch die englische Version des Liedes *Dos Kelbl* von Jtschak Katsenelson, der in diesem Lied seine Deportation aus dem Warschauer Getto in das Vernichtungslager Auschwitz beschreibt; mit der Fassung *Donna Donna* hatten sowohl →Joan Baez als auch →Donovan einen ihrer frühen großen Erfolge.
Mitte der siebziger Jahre entstand hierzulande eine Szene, die auch diese Kultur berücksichtigte. Erwähnenswert ist die Gruppe →ESPE, die zum Inbegriff für das jiddische Lied geworden ist. Ein bemerkenswerter Schritt war die Hinwendung des renommierten Folk-Duos →ZUPFGEIGENHANSEL zum jiddischen Lied; die «Zupfis» veröffentlichten 1979 ein ausgezeichnetes Album mit Musik aus dieser Kultur, und eine ausführliche Textbeilage informiert über die Hintergründe. Erwähnt sei auch der Liederschreiber Morchedaj Gebirtig, der zu den bekanntesten Textern dieser Kultur gehört.

● Auf Pläne: 'ch hob gehert sogn (88141) ... auf Hansa: Espe Jiddisch (28924)

Johnson, Robert, «King of the Delta Blues Singers», hat in seinem kurzen Leben insgesamt 29 Titel eingespielt, und jeder einzelne davon ist ein wichtiges Stück Blues-Geschichte. Johnson wurde beeinflußt von Musikern aus dem →Mississippi Delta wie →Son House, →Charley Patton und Willie Brown, aber auch von Bluesleuten aus anderen Regionen wie Lonnie Johnson, Scrapper Blackwell oder Kokomo Arnold. Johnson vereinigte diese Einflüsse zu einem neuen, ungewohnten Blues, der sich dann direkt auf Musiker wie Muddy Waters, Howlin' Wolf, Elmore James oder Johnny Shines nachhaltig auswirkte und über Umwege in die Rockmusik von Eric

Clapton, LED ZEPPELIN, ROLLING STONES u. a. einfloß. – Johnsons Bluestexte sind von großer sprachlicher Kraft und poetischer Sensibilität, und seine sorgfältig ausgearbeiteten musikalischen Arrangements präsentieren eine geordnet scheinende Bottleneck-Gitarrenspielweise, die jedoch nichts von der Ausdrucksstärke der Spielart aus dem Delta eingebüßt hat, sondern im Gegenteil noch aufregender geworden war. «Er hatte eine Gitarre, die erzählen konnte» (Johnny Shines).

Über das Leben von Robert Johnson gibt es wenig bekannte Fakten, aber viele Legenden. Mit ziemlicher Sicherheit wurde er zwischen 1913 und 1918 geboren, und zwar entweder auf einer Farm in Robinsonville, Tunica County, Mississippi, oder in Hazelhurst, Copiah County, Miss. Anfang der dreißiger Jahre spielte er Mundharmonika, und Son House berichtet, daß Johnson um diese Zeit Gitarre lernte, nachdem er ihm und Willie Brown in der Nähe von Robinsonville auf Tanzveranstaltungen zugehört hatte. Johnson spielte mit Henry Townsend zusammen und lernte 1935 den Bluesgitarristen Johnny Shines kennen, mit dem er durch die Gegend zog, bis er 1936 von der ARC für die legendären Aufnahmesessions in San Antonio verpflichtet wurde. Am 23. November spielte er für Vocalion seine ersten acht Titel ein, darunter *Ramblin' on My Mind*, *Come on in My Kitchen*, *Terraplane Blues* (später in Versionen von Big Joe Williams, Johnny Shines u. a. zu hören) sowie *I Believe I'll Dust My Broom*, das später der erste große Erfolg für Elmore James wurde und wonach James seine Gruppe BROOMDUSTERS nannte. – Im selben Monat folgte die zweite Aufnahmesession mit nur einer Einspielung, *32–20 Blues*, und die dritte in San Antonio, bei der sieben Titel festgehalten wurden, mit *If I Had Possession over Judgement Day*, später von Muddy Waters übernommen; *Walkin' Blues* und *Crossroad Blues*. Seine beiden letzten Sessions, ebenfalls für Vocalion, fanden bereits einige Monate später statt, am 19. und 20. Juni 1937 in Dallas. An diesen beiden Tagen spielte Johnson 13 Titel ein, darunter *I'm a Steady Rollin' Man*, *Hell Hound on My Trail*, *Me and the Devil Blues*, *Honeymoon Blues* und auch *Love in Vain*, welches die ROLLING STONES etliche Jahrzehnte später zu ihrem Eigentum machten.

Als John Hammond 1938 Robert Johnson für ein «Spiritual to Swing»-Konzert in der Carnegie Hall verpflichten wollte, mußte er erfahren, daß dieser irgendwann «umgebracht» worden sei. Nach einem Totenschein starb Johnson am 16. August 1938 in Greenwood, Mississippi – nach Willie Millers Angaben am Alkohol. Eine zweite Version besagt, daß ihm eine eifersüchtige Frau bzw. ein eifersüchtiger Mann den Whiskey vergiftet hatte, und schließlich gibt es im Delta noch immer Leute, die behaupten, daß Robert Johnson erstochen wurde, natürlich von einer Frau.

● Auf Columbia: King of the Delta Blues Singers Vol 1 und 2 (Cl 1654/G 30034) ... vertreten auf Folkways: The Country Blues Vol 1 (RF 1); Blues Roots/Mississippi (RF 14); The Rural Blues (RF 202) ... auf Yazoo: Mississippi Blues 1927–1941 (L 1001) ... auf Roots: Mississippi Blues Vol 1 und 3 (RF 302 und RL 314) ... auf Historical Records: Masters of the Blues 1928–1940 (HLP 31)

Jones, Wizz, gilt im Kreis der am →Folk Blues orientierten Gitarristen Englands als eine der konzertanten Größen. Er hat durch Vermischung der amerikanischen Elemente mit den Spielweisen englischer Gitarrenmeister wie Graham Davy, →Bert Jansch und →John Renbourne eine ausgesprochen eigenständige und ausdrucksvolle stilistische Variante entwickelt. In einem wahren Kraftakt auf dem Instrument verschafft er jedem einzelnen Ton Bedeutung bei einer durchdachten und einleuchtenden Rhythmusstruktur. Der «Folk Swing», wie man es bezeichnen könnte, macht aus den traditionellen Folk Songs, die er bearbeitet, furiose Stücke, ohne daß dabei die «Gemütlichkeit» verloren geht. In Jones' eigenen Songs, die ein wenig an Paul Simon erinnern, sind bei aller Spannung ungemein viel beruhigende Elemente zu finden. Mit seiner Technik hat Wizz Jones auch einen der renommiertesten bundesdeutschen Vertreter, →Werner Lämmerhirt, nachhaltig beeinflußt. Er war mit Lämmerhirt seit Jahren auf mehreren Sessions zusammen, bei denen ausgezeichnete Instrumentals für zwei Gitarren entstanden sind, wobei die Interpretation von *Eleanor Rigby* besonders erwähnenswert ist.

Wizz Jones wurde am 25. April 1939 in Croydon, Surrey, geboren und begann 1957, beeinflußt durch Konzerte von →Big Bill Broonzy, →Ramblin' Jack Elliot und →Derroll Adams, Musik zu machen. Wie viele seiner Kollegen zog er als →Straßenmusiker durch Europa und Nordafrika. Seine ersten größeren Erfolge in England hatte er zusammen mit dem Banjospieler Pete Stanley, mit dem er mehrere Jahre zusammen war und auch seine ersten beiden Singles einspielte, *The Ballad of Hollis Brown* von →Bob Dylan und *16 Tons of Bluegrass*. 1968 erschien seine erste eigene LP bei United Artist, «Wizz Jones». Ein Jahr darauf machte er seine erste Tournee durch die BRD und war von da an regelmäßig jedes Jahr in den Clubs der Folk Szene hierzulande zu hören. 1975 gründete er mit Jake Walton u. a. die kurzlebige Gruppe Lazy Farmer, mit der er für Songbird ein Album einspielte und eine erfolgreiche Tournee auch bei uns absolvierte. Nachdem er die Gruppe verlassen hatte, war er wieder mit eigenem Programm aus →Country Blues, Folk Songs und zeitgenössischen eigenen Liedern unterwegs, ist auf der LP «Folk Friends», aufgenommen in der Mühle von →Hannes Wader, vertreten und absolvierte im Frühjahr 1980 seine obligate Tournee durch die Bundesrepublik.

● Auf Autogram: The Legendary Me (FLLP 507) ... auf Plant Life: Magical Flight (PLR 009) ... vertreten auf Folk Freak: Folk Friends (2 LPs, FF 3001/02) ... auf Intercord: Acoustic Guitar Scene (INT 181004); Folk '78 (2 LPs, 155028)

K

Kabarett. «Die elfte Muse», das Kabarett, ist eine verhältnismäßig neue Form der darstellenden Kunst. In ihrer erst 100 Jahre alten Geschichte wurde sie regelmäßig totgesagt, bietet aber nach wie vor in ihrer ganzen Vielfalt ein ständig aktuelles Forum der Zeitgeschichte. Das Kabarett stellt «die Autorität von öffentlichen Personen, Institutionen und Tatbeständen mit dem Mittel der subjektiven und objektiven Komik wertmindernd in Frage» und gibt sie «einem als soziales Korrektiv wirkenden Lachen preis» (Reinhard Hippen). Der Kabarettist «entwirft eine virtuose Beobachtungsskala» (Hans Dieter Hüsch) und liefert in sogenannten Kleinformen wie Lied, Sketch u. a. Mosaiksteine, die der Zuschauer selbst zusammensetzen muß. Wichtig ist also die Eigenleistung des Publikums. Der überragende Assoziationscharakter der gebräuchlichen kabarettistischen Formen, welche seit ihrem Beginn eine «Politisierung des Vergnügens» (Hippen) beinhalteten, dient dabei dem Wiedererkennen öffentlicher Tatbestände, die durch diverse Stilmittel unvollständig, übertrieben oder anderweitig verfremdet dargestellt werden.

Das erste Cabaret (= eine in Fächer eingeteilte Speiseplatte), entstand am 18. November 1881 im «Chat Noir» (Schwarzer Kater), einer Künstlerkneipe am Montmartre in Paris, wo Rudolphe Salis auf der ersten Kleinkunstbühne in bunter Reihenfolge ein Programm aus Gedichten, Chansons, Tänzen und auch artistischen Einlagen vortragen ließ. Zu ersten großen Erfolgen kam dieses Kabarett, als es von Aristide Bruant übernommen wurde. Es brachte Impulse in deutsche Künstlerkreise, und nach Erscheinen von Otto Julius Bierbaums Roman «Stilpe, ein Roman aus der Froschperspektive» (1897), der ein Phantasiekabarett aus dem Tingeltangel vorstellte, entstand 1901 in Berlin das erste deutsche Kabarett, «Das Überbrettl». Diese «Bunte Bühne» wurde zunächst von Ernst von Wolzogen geleitet und war der Beginn des literarischen Kabarett mit den beiden Zentren in München und Berlin. Besonders bekannte Bühnen waren «Schall und Rauch» (Berlin), «Hungriger Pegasus» (Berlin), «Böse Buben» (Berlin), «Bonbonniere» (München) und die «Elf Scharfrichter» (München), um nur einige zu nennen. Zu dieser Zeit trat auch Frank Wedekind zu seiner Laute auf einer Schwabinger Bühne auf, und Joachim Ringelnatz, Erich Mühsam, Peter Hille u. a. m. gehörten ebenfalls zu den Persönlichkeiten des literarischen Kabaretts. Mit Beginn der Weimarer Republik entwickelte sich das politisch-literarische Kabarett, wobei Kurt Tucholsky, Walter Mehring, Erich Kästner und Erich Weinert zu den renommiertesten Autoren zählen. Von den vielen neugegründeten Bühnen seien die «Katakombe» und das «Tingel Tangel» aus Berlin wegen ihrer besonders engagierten Stellung genannt. Im Hitlerfaschismus wurden diese Kabaretts verboten, viele Mitglieder verhaftet – unter anderem Werner Finck, einer der einflußreichsten Kabarettisten bis heute –, und nach der Emigration entstanden im Ausland Bühnen im Exil. Eine besondere Form des politisch-literarischen Kabarett gab es durch den Volkskomiker Karl Valentin und seine Partnerin Liesl Karlstadt in München.

In der Nachkriegsgeschichte entstand das politisch-satirische Kabarett mit

den bekanntesten Bühnen «Kommödchen» (Düsseldorf), «Stachelschweine» (Berlin), «Schmiere» (Frankfurt) oder «Münchner Lach- und Schießgesellschaft». Wichtige Solisten sind →Hans Dieter Hüsch, Helmut Ruge, Dieter Hallervorden, Franz Josef Bogner und →Walter Hedemann. Helmut Qualtinger, Gerald Bronner und →Georg Kreisler lieferten Impulse aus Österreich, die im wesentlichen jene Kabarettisten berührten, die mit →Chansons umgingen. Eine wichtige Station waren die Festivals auf der Burg →Waldeck (1964–1969), die auch für die Kabarettisten zu einem ersten größeren Forum des Austauschens wurden und die aufkommende Liedermachergeneration mit →Franz Josef Degenhardt, →Walter Moßmann, →Eva Vargas, Schobert und Black u. a. nicht unbeeinflußt ließen. Im weiteren entwickelte sich einerseits der Nonsens mit zunächst INSTERBURG & Co, Theo Sommer, Otto, Mike Krüger u. v. m., andererseits gab es mit →Rolf Schwendter als Beispiel einen radikalen politischen Ansatz, der sich in den siebziger Jahren bei den vielen Theatergruppen ebenso zeigte wie beim rockmusikalischen Kabarett (FLOH DE COLOGNE). Von den heute aktiven Kabarettisten seien noch →Dietrich Kittner und Lutz Görner sowie Franz Hohler und Emil Steinberger aus der Schweiz genannt.
In Mainz befindet sich ein Kabarett-Archiv (→Archive), das von Reinhard Hippen geleitet wird.

Kannmacher, Tom, der als exzellenter →Drehleierspieler im wesentlichen das Revival auf diesem traditionsreichen Instrument eingeleitet hat und zu den vielseitigsten Instrumentalisten hierzulande gehört, hat sowohl in seiner solistischen Arbeit als auch im Duo mit →Jürgen Schöntges bewiesen, «daß Deutsch-Folk nicht gleich Romantik und Liedermachen, nicht gleich bierernste Politisierung oder flache Blödelei sein muß» (Folk Magazin).
Tom Kannmacher wurde 1949 in Säkkingen geboren, kam in einer klassischen schulmusikalischen Ausbildung nach Bonn und irrte nach eigenen Worten «durch erfolglose Amateurbeatkapellen, habe zu Hause Donovan-Dylan-Lieder gezupft, und nach fünf Jahren bin ich bei der Volksmusik Blues gelandet». 1969 gründete er TOM KANNMACHERS MODERN GUITAR BLUES, spielte zeitweise mit dem Akkordeonspieler Conny Kaufmann zusammen und stieß 1971 beim Besuch seines ersten Folk Festivals auf traditionelle Instrumente. Besonders beeindruckt vom Drehleierspiel Rene Zossos begann sein Interesse an diesem Instrument, gleichzeitig entdeckte er als einer der ersten hierzulande den →Dudelsack in einer schottischen Variante der Small Pipes aus Northumberland und ebenso die Volksliedtradition der eigenen Kultur. Das Ergebnis seiner frühen musikalischen Aktivitäten, bei denen auch die ersten selbstverfaßten Lieder entstanden, wurde auf der LP «Wacka Wacka Boing & Boom Boom Bang» festgehalten. 1974 kam es auf Einladung von Jürgen Schöntges zu einem wichtigen Zusammentreffen, und die beiden wurden eines der ersten bundesdeutschen Folk-Duos, das durch instrumentale Vielfalt und wertvolle Auswahl traditioneller Lieder überzeugen konnte. Nach der gemeinsamen Single *Tom Kannmacher & Jürgen Schöntges* folgte, ebenfalls in Eigenproduktion, die LP «Wer jetzig Zeiten leben will», die 1976 erschien und später von Pläne neu aufgelegt wurde. Nach einem weiteren gemein-

samen Album, «Wenn ich mein Schatz nicht rufen darf» (Pläne 1976), gingen die beiden eigene Wege. Tom Kannmacher, der inzwischen in Wuppertal lebt, kehrte 1980 nach einer längeren Pause von musikalischen Aktivitäten wieder auf die Folk-Szene zurück und stellte ein neues Soloprogramm unter dem Titel «Lieder Sänger» vor,

● Auf Songbird: Wacka Wacka Boing & Boom Boom Bang (1 C 062 – 31122) ... auf Pläne: Wer jetzig Zeiten leben will. Tom Kannmacher & Jürgen Schöntges (TK/JS–01/76); Wenn ich mein Schatz nicht rufen darf. Tom Kannmacher & Jürgen Schöntges (S 19 F 903)

Kastagnetten →Percussion

Katalanische Folklore. Die Sprache und Liedtradition des katalanischen Volkes, die im Nordosten Spaniens, im Süden Frankreichs und auf den Mittelmeerinseln Mallorca, Menorca, Ibiza und Formentera beheimatet ist und ein Gebiet von etwa 70000 km² mit fast 10 Millionen katalanisch sprechenden Einwohnern umfaßt, ist Ausdruck einer selbständigen nationalen Kultur. Diese Kultur steht im Widerspruch und Widerstand gegen den spanischen Zentralismus und hat ihre bisher größte Bedrohung durch den Frankismus überlebt, wie die heutige Blüte eindrucksvoll zeigt.

Erwähnenswert ist zunächst der traditionelle Tanz aus Katalonien, die Sardana. Hierbei handelt es sich um einen Kreistanz, der in seiner heutigen Form im letzten Jahrhundert von Pep Ventura, dem «Großvater der Sardana», entwickelt worden ist. Das Sardana Orchester, die Cobla, besteht aus elf Musikern: Ein Dirigent, der mit Flabiol (einhändige Flöte) und Tambourí den Takt vorgibt, Kontrabaß, zwei Tible (Schalmeienart), eine Trombó (Posaune), zwei Fiscorns (Trompeten), zwei Cornetins (Hörner) und schließlich die als besonders typisch geltenden zwei Tenoras mit ihrem nasalen, obertonreichen Klang. Die Sardanas sind komponierte Stücke, die von einfachen Tanzmelodien bis zu konzertanter Perfektion verschiedene Stile umfassen. Der Tanz selber basiert auf einem Gruppenprinzip, bei dem Jakken, Taschen und ähnliches als Symbol der Gemeinsamkeit in die Mitte gelegt werden und je nach Musik abwechselnd kurze Schritte (curts) mit den Armen nach unten und lange Schritte (llargs) mit erhobenen Armen gemacht werden. Bei den unterschiedlich taktierten Sardanas zeigt sich die Schwierigkeit und das Können guter Tänzer, nach Vorschrift den Tanz mit dem linken Bein zu beenden. Die Sardanas wurden 1939 von Franco verboten, wurden aber seit Anfang der fünfziger Jahre offiziell wieder getanzt.

Die Nova Cançó Catalana. Das Katalanische war bis 1939 offizielle Sprache neben dem Spanischen, mit 23 katalanischen Tageszeitungen und über 1000 Zeitschriften, bevor es von Franco verboten wurde. Dies allein kann die Funktion des Nova Cançó, das Ende der fünfziger Jahre entstand, als oppositionelle Kraft verdeutlichen. Auch die Tradition dieser Sprache war bedeutend, so wurde immerhin das erste Buch auf der Iberischen Halbinsel 1474 in Valencia auf Katalanisch veröffentlicht. Erst am 11. Sept. 1716, noch heute nationaler Trauer- und Feiertag, verlor diese Region ihre Selbständigkeit an den borbonischen Zentralismus, obwohl es bereits seit dem 15. Jahrhundert ein Königreich mit Castilien gebildet hatte. Aber auch in dieser Situation kam es ab 1830 zu einem Sprachrevival mit Höhepunkten in der Dichtung und im katalanischen Theater. Einen bedeutenden Platz nahmen

Ende des letzten Jahrhunderts die Coros de Clave, die Arbeiterchöre ein, die ebenfalls von Franco verboten wurden. Die erste massive Bedrohung setzte, anders als beispielsweise in der Bretagne, in Occitanien oder im Elsaß, erst 1939 ein. In den Centres excursionista de Catalunyá, den sogenannten Wandervereinen, der größten Opposition gegen Franco, entstanden die ersten Gruppen, welche die eigene Kultur und Sprache organisiert weiter pflegten. In diesen Vereinen wurde auch die damals verbotene Sardana getanzt, ebenso wie auf den Ausflügen weiter katalanisch gesprochen wurde. Mit der Öffnung Spaniens nach Amerika (1953) und der anschließenden leichten Liberalisierung entstand der mögliche Freiraum für das Neue Katalanische Lied. 1957 erschien die erste Schallplatte in dieser Sprache mit einem spanischen Cover, im folgenden Jahr bereits drei Schallplatten, und am 30. September 1961 fand das erste öffentliche Konzert mit katalanischen Liedern in Barcelona statt. Im selben Jahr wurde erstmals der Begriff Nova Cançó gebraucht, und ein weiterer Meilenstein innerhalb der Entwicklung war die Gründung der SETZE JUTGES, (16 Richter), die über Jahre hinaus eine dominierende Stellung einnahmen. Die Lieder, die zu dieser Zeit vorgetragen wurden, waren harmlose unpolitische Texte, welche die Zensur unberührt ließ. Eine inhaltliche Wende deutete sich an mit dem Auftreten von →Raimon, der ebenfalls 1962, im Jahr der Gründung der ersten eigenen Schallplattenfirma Edigsa, auf der Bildfläche erschien. Neben Espinás wurde er der erste Star dieser Firma, und sein Konzertpublikum wuchs bis 1964 auf 4000 Zuhörer an. Nach Gründung einer zweiten Plattenfirma Concentric und beachtlichen Auslandserfolgen wurden die Texte, vorwiegend durch Raimon, immer mehr «zu Manifestationen des Volkszorns» (Tilbert D. Stegmann), und mit Auftreten von →Maria del Mar Bonet, →Lluís Llach und J. M. Serrat, der in der Folgezeit der kommerziell erfolgreichste Musiker wurde, war ein erster Höhepunkt erreicht. Wegen der ungeheuren Popularität und der gleichzeitigen Politisierung begann die Zensur, Auftritte zu verbieten und zu kürzen. Ab 1969 wurden davon alle Vertreter der Nova Cançó berührt, aber dennoch etablierte sich in Canet, in der Nähe von Barcelona, das erste Festival, das 1971 zweitausend Zuhörer hatte, 1974 bereits 15000 und 1976 stattliche 60000. Nach Francos Tod zeigte sich denn auch die Blüte der Nova Cançó mit Konzerten von Rafael Subirach, La Trinca, Teresa Rebull, Quico Pi de la Serra, Joan Isaac, Ramon Muntaner, Pere Tápias, Marina Rossell und Ovidi Montllor, um nur einige zu nennen.

● Auf Chant du Monde/Pläne: Diguem No – Raimon (LDX 74469); T'Adones Amic ...? (LDX 74523); J. M. Serrat – Chansons Traditionelles (LDX 74491); Lluís Llach – Viatge a Itaca (LDX 74587); Lluís Llach – Campanades a Morts (LDX 74658); Lluís Llach – Barcelone Konzert (88197)

□ Tilbert Diego Stegmann, Diguem no – Sagen wir Nein! Lieder aus Katalonien (Rotbuch Verlag 1979)

Kazoo. Ein in der Skifflemusik übliches, einfachstes Instrument aus Blech oder Plastik, bei dem die Töne durch «Sprechen», Singen oder Summen durch eine Membrane verfremdet werden. Auch bei den Jug Bands der dreißiger Jahre war dieses Musikrohr sehr beliebt.

Keane, Dolores & Faulkner, John, das Folk-Duo, das in der BRD durch die Teilnahme am 5. →Irish Folk Festival (1978) bekannt wurde, stellt eine be-

merkenswerte Vermischung der irischen und englischen Tradition dar. Gerade ihre unterschiedlichen Wurzeln und ihre Herkunft aus zwei verschiedenen Kulturbereichen, deren Zusammenarbeit bei Betrachtung der englisch-irischen Geschichte fast unmöglich scheint, ergeben die Grundlage für ihren Vortrag, der im wesentlichen von den irischen Elementen geprägt scheint, aber ebenso Elemente der englischen Country Music enthält. Als exzellenter Balladensänger wurde John Faulkner, geboren am 7. August 1943 in London, in den sechziger Jahren durch seine Zusammenarbeit mit →Ewan MacColl bekannt und war bei mehreren Einspielungen von Industriearbeiterliedern und den sonst in England vernachlässigten kritischen Liedern der Country Sides beteiligt. Weitere Erfahrungen sammelte Faulkner durch Straßenmusik in Europa, er war kurze Zeit in Lateinamerika, hatte Kontakte zu den vielen irischen Musikern, die sich in London aufhielten, und ist ein versierter Instrumentalist auf →Gitarre, →Fiddle, →Drehleier und →Bodhrn.
Dolores Keane, geboren am 26. September 1953, wuchs in der musikalisch bekannten Familie der Keanes in Caherlistrane, County Galway auf, gilt als eine der führenden Sängerinnen aus Irland und ist mit den Traditionen ihrer Region auch auf der →Flöte vertraut, die sie von dem Flötisten Gabriel O Sullivan gelernt hatte. Bei der Gruppe →De Danann war sie in der frühen Zeit die Sängerin und an der ersten LP «De Danann» beteiligt, zog kurz darauf mit John Faulkner durch die USA und Kanada und ließ sich schließlich 1975 in London nieder. Von hier aus traten die beiden regelmäßig als Solointerpreten auf, waren als Duo mehrfach in der BRD zu hören, letztmals im Frühjahr 1980, und gründeten die Gruppe The Reel Union, bei der die beiden Kulturbereiche gleichberechtigt erweitert wurden. Eamonn Curran aus Lifford, County Donegal, ergänzte die Gruppe um den traditionellen irischen →Dudelsack, und Terry Yarnell, der ebenfalls mit Ewan MacColl zusammengewesen war, brachte als Balladensänger, Gitarrist und Fiddler eine weitere englische Komponente.

● Auf Mulligan: Broken Hearted I'll Wander (LUN 033) ... mit De Danann auf Shanachie/Polydor: De Danann (79001) ... vertreten auf Intercord: 5th Irish Folk Festival (2 LPs, INT 180046)

Keyboard. Sammelbegriff für Tasteninstrumente mit Klaviatur, wie Klavier, Orgel u. ä. – Keyboards werden in der Folk Music selten gebraucht, wurden aber in der zweiten Hälfte der siebziger Jahre von verschiedenen Gruppen in ihr zeitgenössisches volksmusikalisches Konzept eingebaut. Als Beispiel →La Manivelle, →Battlefield und die bundesdeutsche Formation →Singspiel, um nur einige zu nennen, bei denen die Verbindung besonders gelungen ist.

Killen, Louis, als folkmusikalischer Pendler zwischen den USA und England ständig unterwegs, zählt zu den Traditionalisten, die persönlich an das vorliegende Material herangehen und es nicht als tote Materie betrachten, somit den Folk Process in Gang halten. Killen wurde im Januar 1934 in Gateshead on Tyne/County Durham, Nordengland, geboren, wuchs in einer Familie auf, in der Singen zum täglichen Leben gehörte und hatte früh Kontakte zur →Konzertina, die sein Hauptinstrument wurde. Er wird allgemein als der exponierteste Vertreter auf der englischen Variante neben

Alistair Anderson von den →HIGH LEVEL RANTERS gezählt. In seiner Jugend kam er, wie er selbst beschreibt, über einen merkwürdigen, aber um so interessanteren Umweg zur heimatlichen Folk Music: zunächst über den damals modernen Jazz nach New Orleans, dann zum →Country Blues. Hier entstand sein Interesse an der ländlichen weißen Volksmusik, und über die Lieder der englischen Siedler in den →Appalachen entdeckte er die eigene heimische Folklore. Mitte der fünfziger Jahre hatte er in Oxford Kontakte zu dem dortigen Folk Club und gründete 1958 den ersten Club in Newcastle, «Folk Song and Ballad». 1961 begann er professionell als Folk-Sänger und bewies seine Qualitäten im →a capella-Gesang, der deutlich von →Ewan MacColl geprägt war. 1967 wanderte er in die USA aus und mußte feststellen, daß es dort kaum noch Interesse an traditioneller Musik gab. Er schloß sich der Gruppe CLEARWATER an und 1971 den →CLANCY BROTHERS, wodurch er immerhin seinen Lebensunterhalt gewährleisten konnte. Die Stabilisierung der Folk-Landschaft in England ermöglichte es ihm, regelmäßig Konzertreisen über den Atlantik zu unternehmen. Er zählt bis heute zu einer gefragten Person auf englischen Festivals und in Clubs und hat gleichzeitig einen festen Platz in der amerikanischen Folk-Szenerie.

● Auf Front Hall Records: Old Songs, Old Friends (FHR 012); Lou & Sally Killen. Bright Shining Morning (FHR 06) ... auf Seaport: 50 South to 50 South (SPT 102) ... auf Topic: Ballads and Broadsides (12 T 126); Along The Coaly Tyne (mit Johnny Handle, 12 T 189) ... vertreten auf: The Iron Muse (12 T 86); Farewell Nancy (12 T 110); Folk Songs. Topic Sampler No 1 und No 6 + 7 (12 T 114, TPS 201, TPS 205); Tommy Amstrong of Tyneside (12 T 122); Men at Work (TPS 166)

Kingston Trio. Das KINGSTON TRIO «brachte das Folk Revival aus den Konzertsälen in die Musicboxen, Radios und in die häuslichen Fernseher» (Lilian Roxon) und war mit sauber herausgeputzten, auf einen bürgerlich-akademischen Standard gebrachten Folk Songs ein wesentlicher Wegbereiter für den Massenandrang auf authentisches Material im Revival. Mit ihrer geschmeidigen Interpretationsweise folkloristischer Themen, die sie oft genug von ihrem Ausgangspunkt derart entfremdeten, daß jede Ursprünglichkeit fehlte, sorgten sie zwar für die kommerzielle Öffnung dieses Genres, zeigten aber durch ihre eigenen Praktiken gleichzeitig die Kehrseite der Medaille. So hatte das KINGSTON TRIO bei der Einspielung seines größten Erfolges *Tom Dooley* sich schnellstens die Urheberrechte gesichert – eine sichere und lange Einnahmequelle – und die Rechte von →Frank Proffit, dem eigentlichen Überlieferer dieses Liedes, und Frank Warner, der es bereits sechs Jahre zuvor aufgenommen hatte, übergangen.

Die Gruppe wurde 1957 in Kalifornien von Dave Guard und Bob Shane, beide 1934 auf Hawaii geboren, und ihrem Studienkollegen Nick Reynolds, geboren 1937 in San Diego, Kalifornien, gegründet und trat zunächst auf Parties und Festen auf dem Universitätsgelände gegen Freibier auf. Ihre professionelle Laufbahn begann in einem Club in San Francisco, wo sie über acht Monate auftraten. 1958 spielten sie ihre erste LP «The Kingston Trio» für Capitol ein, aus welcher *Tom Dooley* als Single im November des Jahres die Nummer 1 der Hitparaden wurde. Bis 1961 war das Trio «pausenlos» auf Konzertreisen und auf allen Festivals von Folk bis Jazz zu hören. Im selben Jahr verließ der führende Kopf Dave Guard die Gruppe, und die restlichen Mitglieder vervollständigten sich mit John Stewart, der zwar für sechs Jahre als bezahlte «Arbeitskraft» (500 Dollar die Woche) bei dem Trio blieb, aber durch diese Bedingungen nie ein Mitglied wurde. 1958 wurde die Gruppe endgültig aufgelöst. Nick Reynolds zog sich auf eine Farm zurück, Bob Shane arbeitet weiter als Musiker mit der Gruppe New Kingston Trio, und John Stewart etablierte sich als erfolgreicher Schreiber von Countryballaden und als Einzelinterpret.

● Auf Crystal: Star Collection (222 EVC 85875); Two Originals of the Kingston Trio (2 LPs, 134 EVC 52746/47); Bay of Mexico (054 EMD 31553); Tom Dooley (054 EMD 31552); Where Have All the Flowers Gone (054 EMD 31554) ... auf Electrola: Reverend Mr. Black (1 C 056-85343); Top Twenty Hits USA Vol. 3 (1 C 056-85342)

Kirkpatrick, John, der von manchen als «Opportunist» der britischen Folk-Szenerie bezeichnet wird und dessen Ansichten über die Country Dance- und Morris Dance-Gruppen ebensolche Verwunderung hervorgerufen haben wie die Äußerung, daß die Punk Music einen guten Einfluß auf die Folk-Szene haben wird, ist als Melodeonspieler unumstritten einer der profiliertesten Instrumentalisten. In der späten Phase des Folk Rock war er Mitglied in verschiedenen Gruppen, über die er heute nur noch abwertende Bemerkungen macht. Lediglich an →Martin Carthy, mit dem er die längste Zeit zusammen war, findet er noch positive musikalische Seiten. In seinen eigenen Alben spiegelt sich denn auch die gleiche Widersprüchlichkeit, indem instrumental Hervorragendes geboten wird, seine Liedtexte hingegen oft aus nichtssagenden Platitüden bestehen: «Die Blätter waren grün/so klar anzusehn» (*As the Sun Is Setting*).

John Kirkpatrick wurde 1947 geboren, schloß sich 1959 in London den Hammersmith Morris Men an und begann 1963 mit dem Knopfakkordeon. 1970 gründete er in Tottenham einen Folk Club, spielte mit der Folk Dance-Gruppe Dingles' Chillbom Band und lernte Ashley Hutchings kennen, der 1967 die →Fairport Convention, das große Vorbild von Kirkpatrick, mitbegründet hatte. Er folgte einer Einladung von Hutchings, mit Richard Thompson und Royston Wood Shirley Collins auf einer Tournee zu begleiten, war anschließend bei der Einspielung von «Morris On» (1972) dabei und schloß sich mit seiner Frau Sue Harris 1973 der Albion Country Band an, bei der zu dieser Zeit auch Martin Carthy beteiligt war. Nach der Auflösung der Gruppe im selben Jahr, spielte er sich mit seiner Frau durch die Clublandschaft und kam 1977 noch einmal mit Carthy bei →Steeleye Span zusammen, zu deren Besetzung noch Maddy Prior (voc), Tim Hart (g, voc) und Rick Kemp (b) gehörten. In der Zwischenzeit hatte er 1976 sein zweites Soloalbum «Plain Capers» produziert und schloß sich im selben Jahr der Plattenfirma Free Reed an. Die meisten seiner Soloalben spielte er mit Sue Harris zusammen ein, ließ sich aber gelegentlich von mehreren Musikern wie Nigel Pegrum (dr), Bill Caddick (bottleneck g, 12 str. g) u. a. begleiten und war seinerseits als Akkordeonspieler bei den Aufnahmen der Souer Grapes, Richard & Linda, Martin Carthy und anderen dabei.

● Auf Trailer: Jump at the Sun (LER 2033) ... auf Free Reed: Plain Capers (FRR 010); Going Spare (FRR 030) ... mit Sue Harris auf Topic: The Rose of Britain's Isle (12 TS 247); Among The Many Attractions at the Show Will Be a

Really High Class Band (12 TS 295); Shreds and Patches (12 TS 355); Facing the Music (12 TS 408) ... mit Ashley Hutchings u. .a auf Island: The Compleat Dancing Master (HELP 17); Battle of the Field. Albion Country Band (HELP 25); Morris On (HELP 5) ... mit STEELEYE SPAN auf Chrysalis: Storm Force Ten (CHR 1151)

Kittner, Dietrich, der «linkfrechste Kabarettist» unserer Republik, zählt zu den fleißigsten seines Genres, hat an seiner politischen Position niemals Zweifel aufkommen lassen und ist als «Ein-Mann-Programm» ständig im Einsatz, sei es in seinem eigenen Theater in Hannover («Theater an der Bult») oder unterwegs auf Festivals, in Stadthallen oder bei politischen Aktionen. Der Charakter seines Programms ist dabei eine lebendige Mischung von spritziger Spontaneität und durchdachten und genauestens recherchierten Beiträgen von argumentativer Qualität. «Er manikürt nicht an der Gesellschaft herum, er seziert sie» (Günter Wallraff).
Dietrich Kittner wurde am 30. Mai 1935 geboren. In seiner Studienzeit in Göttingen (Jura und Geschichte) gründete er ein Studentenkabarett, «Die Leid-Artikler». In Hannover meldete er 1961 einen «Gewerbebetrieb für politische Satire» an, machte kabarettistische Aktionen und war erstmals 1966 mit Dieter Höss auf der bei Philips erschienenen LP «Schwarzbraunrotes Liederbuch» vertreten. Weitere Langspielplatten folgten bei Pläne: «Schöne Wirtschaft», «Heil die Verfassung» u. a. Seine LP «Der rote Feuerwehrmann» verdient besonders erwähnt zu werden, da er hier Texte des fast unbekannten Erich Weinert vorstellt und dadurch eine wichtige Verbindung zwischen traditionellem literarischem Kabarett und dem zeitgenössischen herstellt. 1975 erschien im Fischer Verlag die Textsammlung «Dollar geht's nimmer» und im weiteren eine dreibändige Ausgabe von Kittners Texten im Verlag Atelier im Bauernhaus, «Der gesammelte Kittner».
Anfang der siebziger Jahre war er einer der Aktivsten in den Rote-Punkt-Aktionen. Er legt, wie er selbst sagt, auf seinen Tourneen jährlich 70000 Reisekilometer zurück und gründete im Dezember 1975 sein eigenes Theater, dem bezeichnenderweise 1979 die Mittel gestrichen wurden.

● Auf Philips Fontana: Bornierte Gesellschaft. Kittners Staatstheater (9294027) ... auf Pläne: Konzertierte Reaktion (S 33301); Dein Staat, das bekannte Unwesen (S 33302); Schöne Wirtschaft (S 33303); Heil die Verfassung (S 33304); Der Rote Feuerwehrmann – eine Erich Weinert Revue (G 30135); Dem Volk aufs Maul (2 LPs, 88184/85) ... auf Litera (DDR): Politisches Kabarett aus der BRD (Litera 865236) ... vertreten auf Pläne: Konzert für Chile (S 88113)

Kolbe, Martin, & Illenberger, Ralf. Das süddeutsche Gitarrenduo Martin Kolbe & Ralf Illenberger ist ein Zusammenschluß von Gitarrenartisten im wahrsten Sinn des Wortes. Ihre erstaunliche Fingerfertigkeit und Schnelligkeit entfacht einerseits Begeisterung, kann aber auf der anderen Seite ebenso in undurchschaubaren Strukturen enden, die den Zuhörer in eine gewisse Ratlosigkeit entlassen. Ohne Zweifel gleiten sie «so sicher über die Saiten, daß man sich fragt, ob auch Martin & Ralf nur je zehn Finger haben» (Michel Folk Zeitung). Sie beweisen ihre enormen musikalischen Fähigkeiten in ihren gemeinsamen Kompositionen, die «ein verqueres Wechselbad aus beschaulichem und unverkrampftem Aufruhr, aus weit ausholender Wellendynamik und abendlicher Elegie, aus Wandervogel-Attitüde und jazzoider Verfremdung» (Badische Zeitung) ergeben. Ihre Charakterisierung ist dabei ebenso unmöglich als Folk- wie als Jazzmusiker, da sie weder mit den stilistischen Eigenheiten der einen noch der anderen Richtung zu fassen sind.

Martin Kolbe wurde am 24. März 1957 in Herrenberg in der Nähe von Stuttgart geboren, begann 1968 mit Gitarre und Schlagzeug, spielte in verschiedenen Rockgruppen und nahm 1974 seine erste Solo-LP «Last Lust of Billy the Kid» auf, die als perfekte →Werner Lämmerhirt-Kopie einiges an Verwunderung hervorrief. In der Folgezeit konnte er sich stilistisch als eigene Persönlichkeit profilieren und brachte bis 1977 zwei weitere Soloalben heraus.

Ralf Illenberger, geb. am 20. Dezember 1956 in Stuttgart, begann ebenfalls 1968 mit dem Gitarrespielen, hatte seine ersten Soloauftritte erst 1975, gründete zwei Jahre darauf das Folk-Duo JÜRGEN UND RALF und hatte im selben Jahr seine erste Schallplattenaufnahme mit Jürgen Kirsch zusammen, bei der das Album «Des Sängers Vorüberzieh'n» entstand. Ende 1977 begann die Zusammenarbeit von Kolbe/Illenberger und die erste gemeinsame Tournee folgte Anfang des folgenden Jahres. Bereits im Frühjahr wurde die Debüt-LP «Waves» in Zusammenarbeit mit Wolfgang Dauner und Eberhard Weber produziert, der sich ausgiebige und erfolgreiche Konzertreisen anschlossen. Das zweite Album von Martin Kolbe & Ralf Illenberger erschien im November 1979, «Colouring the Leaves». Beteiligt waren die beiden noch an der →Hannes Wader-LP «Wieder unterwegs», und sie genießen inzwischen bundesweit einen solchen Ruf, daß sie mühelos größere Säle füllen können.

● Auf Mood: Waves (22900); Colouring the Leaves (23700) ... Martin Kolbe auf Intercord: 37 ¼ (INT 150017) ... auf Stockfisch: Blue Moment (SF 5010) ... Ralf Illenberger auf Stage: Des Sängers Vorüberzieh'n ... Beide vertreten auf Intercord: Folk '78 (2 LPs, INT 155028) ... auf Pläne: Hannes Wader, Wieder Unterwegs (88173)

Konzertina. Die Akkordeonvariante Konzertina (oder Concertina), die in der Regel in einem sechseckigen (bisweilen achteckigen) Rahmen gebaut wird, läßt sich in zwei von der Spielweise her verschiedene Typen einteilen. Die English Concertina ist chromatisch und erzeugt beim Ziehen und Drücken den gleichen Ton, während die Anglo Concertina, die ähnlich der Deutschen Konzertina diatonisch ist, dabei unterschiedliche Töne hervorbringt.

Die erste Concertina wurde am 19. Juni 1829 von dem englischen Physiker Sir Charles Wheatstone patentiert und erlebte im letzten Jahrhundert sowohl auf den Britischen Inseln als auch in Deutschland einen gewaltigen Boom, in dem dieses leicht transportierbare Instrument zu einem der populärsten Musikgeräte überhaupt wurde. Wie vielfältig und unterschiedlich dabei die Modelle besonders um die Jahrhundertwende waren, mag die Sammlung des Conzertina-Museums von Free Reed in England zeigen, die 800 verschiedene Modelle umfaßt. – Nach dem fast völligen Verschwinden der Konzertina kam es erst wieder im Folk Revival zu einer erneuten Popularisierung; →Louis Killen und Alistair Anderson (→HIGH LEVEL RANTERS) zählen zu den exponiertesten Vertretern. Auch in der Bundesrepublik gibt es eine stattliche Anzahl ausgezeichneter Konzertinaspieler, von denen Rainer Prüß (→LIEDERJAN) hervorgehoben sei.

● Auf Topic: Concertina Workshop (12 TFRS 501); Corby Crag (12 TS 371); William Kimber (12 TS 249); Chris Droney (12 TFRS 503); Mu-

sic from Sliabh Luachra, Vol. 6 (12 TS 358); Along the Coaly Tyne (12 T 189)
□ Frank Butler, The English Concertina (Free Reed 1974); Alistair Anderson, Concertina Workshop (Topic 1974); Richard Carlin, English Concertina (Oak Publications 1977)

Kreisler, Georg, gilt als Vertreter des bürgerlichen traditionellen →Kabaretts. Ihm kommt dabei eine Außenseiterrolle zu, da er mit seinen Chansons, die von skurillem Sprachwitz und makabren Geschichten leben, einerseits zwar eindeutig in diese Kategorie einzuordnen ist, aber andererseits durch seine unbestimmten Positionen nicht durchgehend von der bürgerlichen Szenerie akzeptiert wird.
Georg Kreisler wurde am 18. Juli 1922 in Wien geboren, genoß eine klassische Ausbildung auf Klavier, Geige und in Komposition. 1938 emigrierte er mit seinen Eltern in die USA, kam dort über die Arbeit an Theater, Filmmusiken und musikalische Aktivitäten an der Front im Zweiten Weltkrieg 1946 nach New York, wo er seine ersten Gehversuche mit Chansons machte. Noch bevor er 1955 nach Wien zurückkehrte, nahm er in den Staaten seine erste Schallplatte auf, «Please Shoot Your Husband», und konnte durch Auftritte in den Lokalitäten New Yorks einige Erfahrungen sammeln. Innerhalb der «Wiener Szenerie» fiel es ihm folglich nicht schwer sich zu etablieren, und er wurde ein Bestandteil des Wiener Kabaretts um Qualtinger, Bronner u. a., bis er 1958 nach München auswanderte, von wo aus er regelmäßige Tourneen mit seiner Frau Topsy Müller durch die Bundesrepublik und die Schweiz veranstaltete. 1955/56 hatte er bereits seine ersten Aufnahmen für Amadeo eingespielt, der weitere folgten – unter anderem «Seltsame Liebeslieder», eine LP mit Stücken wie *Das Grammophon, Der Luftballon* und *Barbara*. In dieser Zeit zeigte er in seinen Programmen wie «Nichtarische Arier» und «Sodom und Andorra» seine möglichen politischen Qualitäten, arbeitete an verschiedenen Theatern und bekam 1968 schließlich die Fernsehserie «Die heiße Viertelstunde», welche ihn zu einem Geheimtip stilisierte, aber innerhalb der politisch ausgerichteten Szenerie der Liedermacher und Folksänger als «belanglos» abstempelte. Im weiteren zeigte sich eine politische Unsicherheit, die ihm fast jedwedes mögliche Publikum übelnahm, und innerhalb seiner Texte eine Widersprüchlichkeit, die angefangen bei seinem bekanntesten Lied *Taubenvergiften* über die sprachliche Sensation *Telefonbuchpolka* und Standards wie *Das Triangel* auch einen Text möglich macht, der in seiner Radikalität kaum übertroffen werden kann: «Es hat keinen Sinn mehr, Lieder zu machen, / statt die Verantwortlichen niederzumachen. / Es hat keinen Sinn mehr, Worte zu wählen. / Die Zeiten sind vorbei» (aus seinem *Vorletzten Lied*). In der breiteren Öffnung der Szenerie fand Georg Kreisler seinen Platz als «Kabarettist der Alten Schule» innerhalb der Kleinkunstbühnen.

● Auf Intercord: Allein wie eine Mutterseele (INT 160005); Liebeslieder am Ultimo (INT 160120); Rette sich wer kann (INT 160052); Everblacks (2 LPs, INT 180020); Everblacks 2 (2 LPs, INT 18000)

Kröher, Hein und Oss. Seit es in der Bundesrepublik eine volksmusikalische Landschaft mit Folk Clubs, Festivals und Musikertreffen gibt, gehören die Brüder Hein und Oss mit ihrem Repertoire von über 1500 internationalen Volksliedern zum Inventar dieser Landschaft, obwohl sie ihre Musik nicht voll professionell betreiben und

nach wie vor als selbständige Kaufleute in ihrem Wohnort Pirmasens tätig sind. Dabei hatten sie in ihrer über dreißigjährigen musikalischen Tätigkeit niemals spektakuläre Erfolge wie etwa →Hannes Wader, →Wolf Biermann oder →Franz Josef Degenhardt, haben aber mit Kontinuität und konsequenter demokratischer Haltung eine fortschrittliche Szenerie wesentlich mitgeprägt und dürften von allen Aktiven in ganz besonderem Maße respektiert und geschätzt werden.
Heinrich und Oskar Kröher wurden als Zwillinge am 17. September 1927 in Pirmasens geboren. Der Grundstein für ihre Musik wurde mit Piano und Flöte gelegt, bis die Gitarre aus der Jugendbewegung dazukam. Nach dem Krieg waren sie als Schmuggler und Waldarbeiter tätig, verunsicherten die Bündische Jugend mit dem Vortrag von Spirituals und zogen schließlich 1951 mit Motorrad und Beiwagen durch den mittleren und fernen Osten, wo sie in einem Programm mit Feuerschluckern und Zauberern umherzogen und ihre erste Radiosendung im Sender Bagdad hatten. In den fünfziger Jahren machten sie hierzulande Volkslieder aus den verschiedensten Ländern bekannt und waren schließlich gemeinsam mit →Peter Rohland maßgeblich an der Organisation des Festival Chanson International auf der Burg →Waldeck beteiligt, welches sie über die ganzen Jahre als Musiker und Planer unterstützten. 1969 erschien von ihnen die erste wichtige Veröffentlichung über die Liedbewegung der sechziger Jahre, «Rotgraue Raben. Vom Volkslied zum Folk Song», im Südmark Verlag. In den folgenden Jahren unternahmen sie Reisen in fast alle Teile des Erdballs, vertonten Texte von Brecht, Kästner u. a., spielten Langspielplatten mit «Soldatenliedern», «Seemannsliedern» und «Arbeiterliedern» ein und schrieben für die Fachpresse über die Hintergründe der Folk-Szenerie. Auch heute noch zählen sie zu den festen Mitarbeitern der Zeitschrift Folk Magazin und beziehen regelmäßig Stellung. 1977 veröffentlichten sie eine der umfangreichsten und sorgfältigsten Volksliedersammlungen, «Das sind unsere Lieder» (Büchergilde Gutenberg). «Hein & Oss haben sich, lange bevor man von einer neuen Volksliedbewegung sprach, um das wahrhaft volkstümliche, das demokratische Lied bemüht. Sie sind sich treu geblieben. Die Entwicklung hat ihnen recht gegeben.» (Thomas Rothschild)

● Auf Songbird: Deutsche Lieder 1848/49 (1 C 06231126) ... auf Büchergilde: Arbeiterlieder (15001); Volkslieder (2 LPs, 15003); Freiheitslieder (20151); ... auf Stockfisch: Espe-Hein & Oss – Wenn alle Brünnlein fließen (P 801) ... vertreten auf Pläne: Song Festival '73 (S 13 F 300)

Krummhorn. Das Doppelrohrblattinstrument mit sechs bis acht vorderen Grifflöchern und einem Daumenloch hatte seine Blütezeit im sechzehnten Jahrhundert und findet seinen Einsatz heute in Folk Gruppen, die sich mit Tänzen aus der Renaissance beschäftigen, wie →Lilienthal oder →Linnenzworch. Auf dem Folk-Sektor wurde das Krummhorn erstmals von →Elster Silberflug vorgestellt.

L

La Farge, Peter, ist neben →Buffy Sainte-Marie zweifellos der bedeutendste volksmusikalische Vertreter der indianischen Völker und stellt in erschütternder biographischer Übereinstimmung das Schicksal seiner Brüder und Schwestern dar. Im zunehmendem Widerstand, der sich zunächst in der Bewegung «All Indian Tribes» (einer Vereinigung aller indianischen Stämme) äußerte und später seinen ersten Höhepunkt im Zusammenstoß an der historischen Stätte Wounded Knee (1973) hatte, ist Peter La Farge eine der treibenden Kräfte gewesen und konnte, da er über sein eigenes Volk hinaus bekannt war, eine wichtige Öffentlichkeitsarbeit leisten.

Peter La Farge wurde nach einer eigenen Äußerung 1931 als Pima Indianer im Stamm der Nargasets in Fountain Colorado geboren. Sein Vater Oliver La Farge, der im Reservat der Navajos eine indianische Schriftsprache entwikkelt hatte – eine wesentliche Voraussetzung für den Kampf der Indianer – zählt zu den Wegbereitern in der Einigungsbewegung der Ureinwohner Amerikas. Peter La Farge wuchs in einem Reservat in der Nähe von Santa Fé bei den Hopis auf. In fast allen seinen Texten und Liedern, klassischen →Topical Songs, beschäftigt er sich mit Problemen seines Volkes, das gezwungen ist, sein Leben in Indianerreservaten zu verbringen – auf kleinen Gebieten, die durch Verpachtung an Siedler und Industriekonzerne in ihrer Ausdehnung ständig weiter reduziert werden. Die *Ballad of Ira Hayes*, die stark authentische Züge trägt, schildert in eindrucksvoller Weise den Teufelskreis im Indianerdasein. Dieses Lied, das auch →Bob Dylan in sein Repertoire übernommen hat, wurde Ende 1964 vom Country & Western-Helden Johnny Cash an die Spitze der amerikanischen Hitliste gebracht. Peter La Farge ging es allerdings nicht um die kommerzielle Verwertung des Schicksals seines Volkes, sondern um die Bewußtmachung der Probleme, die bei Johnny Cash (der behauptet, etwas von einem Cherokee in sich zu haben) in unglaubwürdigen Händen scheinen. Peter La Farge bleibt denn auch nicht bei der bloßen Beschreibung der Situation stehen, sondern zeigt Lösungsversuche auf. In seinem Lied *War Whoop* steckt eine ganze Portion Ermutigung: «... sie haben nie geglaubt, daß sich die Indianer organisieren werden, die Indianer haben es nie getan, und sie werden es nie tun, glauben sie. Sie werden sich wundern, wenn sie es doch tun.» – Das besonders starke Engagement innerhalb der Ökologiebewegung zeigt sich im Lied vom radioaktiven Eskimo, das er bereits Anfang der sechziger Jahre geschrieben hatte und das eine gelungene Auseinandersetzung mit der Expansion der Atomindustrie ist.

Peter La Farge beschäftigte sich schon in früher Kindheit mit Folk Music und betreute als 14jähriger bereits eine Radiosendung in Colorado-Springs. Er lernte →Cisco Houston kennen, woraus sich eine lange Freundschaft ergab, und hatte durch ihn die Möglichkeit, seine Lieder einer größeren Öffentlichkeit vorzustellen. Nach seinem Militärdienst – er war im Korea-Krieg mehrmals verwundet worden – und nach einigen Aushilfsjobs als Boxer und Rodeoreiter, was er körperlich auch nicht unbeschadet überstand, entschloß er sich Anfang der sechziger Jahre zu einer intensiveren Tätigkeit auf der Folk Music-Szene. 1963 trat er auf dem →Newport Folk Festival auf, seine Texte wurden regelmäßig von Broadside publiziert, und er war auf dem ersten Sampler «Broadside Ballads» mit Bob Dylan, →Len Chandler →Phil Ochs und anderen aus →Greenwich Village vertreten. Er arbeitete für verschiedene Folk-Zeitschriften, unter anderem für →Sing Out, und war im Sing Out Hootenanny am 21. September 1963 in der Carnegie Hall einer der Aktiven. In seinen Auftritten in den Clubs und Colleges stieß Peter La Farge oft auf Unverständnis und eine gewisse Ratlosigkeit seiner Musik gegenüber. Er spielte fünf LPs bei Folkways ein, die mit ausgezeichneten Textbeilagen über die Situation und Geschichte der Indianer Nordamerikas versehen sind.

Peter La Farge starb völlig überraschend und unerwartet am 27. Oktober 1965 in New York City. In Gesprächen mit Freunden hatte er angekündigt, fortan nur noch an Texten zu arbeiten, mit denen er viel vermitteln könne von den Menschen, die «die Welt verstehen, indem sie ein Blatt bewegen, die Beschaffenheit des Nebels und die Farbe des Himmels betrachten» (Skip Weshner).

● Auf Folkways/Pläne: Iron Mountain and Other Songs (FN 2531); Peter La Farge Sings of the Indians (FN 2532); Peter La Farge Sings of the Cowboys (FA 2533); Peter La Farge Sings Women Blues (FA 2534); Peter La Farge on the Warpath (FN 2535); Querschnitt daraus: As Long as the Grass Shall Grow (FTS 31013); ...vertreten auf: Broadside Reunion Vol. 6 (FR 5315)

Lämmerhirt, Werner, ist als einer der profiliertesten Gitarristen einer der möglichen Höhepunkte innerhalb der Entwicklung einer Szenerie, die nicht aus der reinen Reproduktion traditioneller Themen lebt, sondern sich mit vorhandenen folkloristischen Materialien offen und ungezwungen schöpferisch auseinandersetzt. Dabei entstehen bei Lämmerhirt die ungewöhnlichsten Klangkombinationen, die teilweise beherrscht werden von der raffinierten Verspieltheit der «Folk Baroque»-Gitarre eines →Renbourne oder Davey Graham, andernteils den «disziplinierten» Charakter des →Folk Blues von →Mississippi John Hurt vorweisen oder durch ein swingendes Feuerwerk von Triolen und Trillern den Weg zur musikalischen Clownerie andeuten. Seine Perfektion, die ihn zu einem der wenigen bundesdeutschen Vertreter der Gitarre gemacht hat, die auch im Ausland viel beachtet werden, brachte nach Ansicht einiger Kritiker zeitweise durch nicht mehr durchschaubare Strukturen einen Verlust der Natürlichkeit, barg aber gleichzeitig die Entwicklung der Folk Blues-Gitarre zu konzertanter Gleichberechtigung neben Jazz und Klassik. Werner Lämmerhirt, der zunehmend zur «Natürlichkeit» zurückkehrt und das selber nicht auf die veränderten musikalischen Inhalte, sondern auf mehr Erfahrungen mit komplizierten harmonischen Materialien zurückführt, zählt außerdem mit mehr als 100000 verkauften LPs zu den kommerziell erfolgreichsten Gitarrenkünstlern hierzulande.

Werner Lämmerhirt wurde am 17. März 1949 in Adlershof, Berlin Ost, geboren, kam 1957 nach Westberlin und begann dort als Siebzehnjähriger mit den ersten Versuchen auf der Gitarre. Nach einer abgebrochenen Schulausbildung zog er 1968 aus seinem Elternhaus, lebte kurze Zeit in Skandinavien, Frankreich und England, nahm verschiedene Gelegenheitsjobs an und machte straßenmusikalische Erfahrungen, die ihm eine Lungenentzündung einbrachten, aber auch eine Gitarrentechnik, die ein wesentlicher Bestandteil seiner musikalischen Qualitäten wurde. So versuchte er beim Buskin den zu lauten Baß abzudämpfen, wodurch sich ein Shuffle ergab, der ansonsten →Big Bill Broonzy zugeschrieben wird. Ebenso zufällig entdeckte Lämmerhirt nach eigener Beschreibung das Fingerpicking und hatte seine ersten Erfolge zu Beginn der siebziger Jahre im «Dannys Pan» in Berlin, wo seine Gage innerhalb kürzester Zeit von DM 3,50 auf 5 Mark erhöht wurde. Hier traf er auf →Hannes Wader, der ihn zur Aufnahmesession seiner zweiten LP «Ich hatte mir noch so viel vorgenommen» einlud, und es ergab sich eine Zusammenarbeit, die bis Ostern 1973 auf dem Folk Festival Ludwigshafen den Ruf beider Musiker festigte. So wurde die erste Solotournee von Lämmerhirt, der inzwischen noch an einer LP mit →Alex Campbell, «Life is just that way» (Pläne), beteiligt war, mit Spannung erwartet und brachte die Anerkennung als Einzelinterpret. Beeinflußt durch →Wizz Jones und interessanterweise durch →Hamish Immlach hatte er den für ihn typischen Folk Swing entwickelt, der auf seiner ersten eigenen LP «Ten Thousand Miles» (1974) zu hören ist. Es folgte eine experimentierfreudige Zeit, bei der 1975 das Album «Session» unter Mitwirkung von →Sammy Vomacka, Klaus Weiland u. a. entstand und 1977 «Die Dritte» mit Michael Lohrengel und Jockel Wagner, die von vielen als Enttäuschung bezeichnet wurde. Zu dieser Zeit hatte Lämmerhirt seine ersten elektrischen Versuche, angeregt durch Michael Chapman, unternommen, war unterwegs mit verschiedenen Tourneen, «Gitarre '75 und '76», «5 Gitarren» und dem «Gitarren-Päckchen», bei dem die LP «White Spots» (1978) aufgezeichnet wurde, und hatte sich auf dem Lande in der Nähe von Hameln niedergelassen. 1980 erschien «All Alone», bei der er alleine mit seinen Gitarren zu hören ist und zum größten Teil Eigenkompositionen vorstellt, die von Folk-Kreisen mit Begeisterung aufgenommen wurden. Auch auf seinen jüngsten Solotourneen zeigte er sich in bisher noch nicht gekannter Ausgeglichenheit als Spitzenmusiker.

● Auf Stockfisch: Ten Thousand Miles (SF 5001); Session (SF 8001) ... auf Froggy Records: Die Dritte (SF 5007); White Spots (FFR 7809); All Alone (FRR 7810) ... vertreten mit Hannes Wader auf Philips: Ich hatte mir noch so viel vorgenommen (6305082); 7 Lieder (6305165) ... mit Alex Campbell auf Pläne: Life Is Just That Way (S 11 F 100) ... mit Guy & Candie Carawan auf Intercord: Sitting on Top of the World: (2 LPs, INT 181012) ... auf Stockfisch: Gitarre 76 (SF 8003) ... auf Folk Freak: Folk Friends (2 LPs, FF 3001/02) ... auf Intercord: Acoustic Guitar Scene (2 LPs, INT 181004)

Langeleik →Dulcimer

Lateinamerikanische Folklore. Erst mit dem Entstehen einer lateinamerikanischen Befreiungsbewegung und dem damit verbundenen Bewußtseinsprozeß entwickelte sich das neue südamerikanische Lied, ein gemeinsamer folkloristischer Ausdruck der Völker auf diesem Kontinent. Über Jahrhunderte war die Volksmusik der indianischen Urbevölkerung von den Kolonialherren unterdrückt, die Instrumente waren verboten; in den Kämpfen um die Befreiung und im Widerstand wurde dann die wiederentdeckte eigene Tradition zu einem kräftigen Motor. Kein Wunder, daß in den zumeist diktatorisch regierten Ländern Lateinamerikas die Herrschenden ein besonders kritisches Augenmerk auf die volksmusikalisch Aktiven haben und sogar durch Folter und Mord versuchen, diese Triebkraft zu zerbrechen.

Natürlich ist die südamerikanische Folklore nicht erst in den letzten Jahrzehnten entstanden, sondern war fester Bestandteil einer Kultur, die sich allerdings nur in entlegenen Gebieten erhalten konnte. Somit war es die Aufgabe der ersten Folkloristen, die dort erhaltenen Lieder und Tänze zu sammeln und in die Metropolen zu bringen, um dort erst einmal die Grundlage für eine eigene Tradition zu schaffen, die nicht von oben oktroyiert ist. Aus dieser Arbeit ergab sich dann auch international eine wichtige Korrektur zu der bis dahin angebotenen Heile-Welt-Touristik-Folklore.

Ein wesentliches Element für die lateinamerikanische Folklore findet sich in den verschiedenen Tanzmusiken: Zamba, ein langsamer Tanz; Habanera, ein Tanz mit afrikanischem Ursprung und entsprechender Rhythmik; im weiteren finden sich der Ballecito, ein schneller Paartanz aus Argentinien, Bolivien und Peru; aus Chile und Argentinien der Cueca; ein Rundtanz aus den Anden, der Huayno-Carnavalito; und zwei Tänze mit ausgeprägten indianischen Rhythmen, Resfaloza und Trote.

Als Beginn und Ausgangspunkt der Bewegung für ein neues lateinamerikanisches Lied gelten die Arbeiten von →Violeta Parra aus Chile und →Atahualpa Yupanqui aus Argentinien. Das begonnene Werk von Violeta Parra wurde in ihrer Heimat von ihren Kindern Isabel und Angel Parra weitergeführt, und das neue chilenische Lied hatte in dieser Zeit mit →Victor Jara eine überragende Persönlichkeit. Seit dem Putsch der Faschisten in Chile (1973), zu deren ersten Opfern Victor Jara gehörte, befinden sich verschiedene Folklore-Gruppen wie TIEMPO NUEVO, →INTI ILLIMANI und →QUILAPAYUN im Exil. Ebenfalls im Exil lebt der bekannteste Volksmusiker aus Uruguay, →Daniel Viglietti.

Erwähnt seien noch Ali Primera aus Venezuela, der über 300 Lieder verfaßt hat, Nanny Barret aus Paraguay und Nilo Soruco aus Bolivien, der im Exil in Caracas lebt. Eine besondere Stellung kommt der mexikanischen Folklore zu, die mit der großen Corrido-Sängerin Judith Reyes und Oscar Chaves zwei herausragende Persönlichkeiten hat. Die politische und kulturelle Entwicklung in Kuba schließlich ist von ganz außerordentlicher Bedeutung für die gesamte lateinamerikanische Entwicklung gewesen und bot mit ihren Festivals eine Plattform für die neue folkloristische Bewegung, ebenso wie es innerhalb des Movimiento de la Nueva Trova ausgezeichnete Musiker wie Silvio Rodriguez und Sara Gonzales gibt. Der berühmteste Sänger dieses Landes ist Joseíto Fernandez, der mit seiner Vertonung des José Marti-Textes *Guantanamera* das vermutlich bekannteste lateinamerikanische Lied verfaßt hat.

Zu den traditionellen Instrumenten zählen neben der normalen spanischen Gitarre verschiedene Gitarrentypen wie →Charango und →Cuatro, eine stattliche Anzahl Flöten wie →Quena, →Pinkullo, Tarka, →Zampona und →Gaita. Außerdem werden →Harfen benutzt und die berühmten Percussionsinstrumente Maracas, Tambourin (Pandero), Bongos und verschiedene Arten von Holztrommeln.

● Auf Chant du Monde/Pläne; Le Chant Profond de l'Amerique Latine (LDX 74395); Chants de la Révolution Cubaine (LDX 4288);

Peru – Waskar Amaru (LDX 74648); Canto Nuevo Au Chile (LDX 74681); Judith Reyes – Cronica Mexicana (LDX 74421); Manduka (LDX 74594); Una Ramos – Flûte des Andes (LDX 74585) ... auf Pläne: Cuba – Grupo de Experimentatión Sonora ICAIC Cuba Va! (G 80218); Mexico – Los Folkloristas (G 80203); Venezuela – Ali Primera (S 88116); Liberación Americana (G 80204)

☐ Carlos Rincón und Gerda Schattenberger-Rincón (Hg.), Cantare, Songs aus Lateinamerika (Weltkreis Verlag 1978)

Laute. Die Laute, die zu den Flankenwirbelinstrumenten zählt und deren Ursprung spätestens mit Beginn unserer Zeitrechnung in Persien und im Nordwesten von Indien nachgewiesen ist, hat in ihren verschiedenen Ausführungen als Charakteristikum einen apfel- oder mandelförmigen Körperumriß und einen bauchigen Korpus. Unterschieden werden Kurz- und Langhalslaute, zur letzteren zählen die →Bouzouki, die →Balalaika, Tamboura (Jugoslawien), Saz (Türkei), Tambur (Iran), Colascione, Chittarone (beide Italien) und im weitesten Sinne die indische →Sitar.

Das Wort Laute leitet sich her aus Al Ud («das Holzstück, das biegsame Holz»). Das Instrument kam vor dem zehnten Jahrhundert über Spanien und das islamische Süditalien nach Europa und verbreitete sich rasch über den ganzen Kontinent. Durch verschiedene Weiterentwicklungen wurde es der europäischen Fingerspielweise gerecht und genoß vom 15. Jahrhundert an eine überragende Stellung als Begleit- und Soloinstrument. Von besonderer Bedeutung ist dabei, daß sich die Laute sowohl in der Volks- als auch in der Kunstmusik jener Zeit durchgesetzt hatte. Die Renaissance-Laute war in der Regel mit fünf Doppelsaiten und einer einfachen Saite bespannt, es gab aber auch Modelle mit über zwanzig Saiten. Zahllose Kompositionen wurden verfaßt. In diesem Zusammenhang ist John Dowland erwähnenswert, der die Blüte des englischen Lautenspiels um 1600 verdeutlichen kann und dessen Kompositionen heutzutage u. a. von Julian Bream vorgestellt werden.

Ende des 16. Jahrhunderts büßte die Laute ihre Bedeutung ein, um schließlich zu Beginn des 18. Jahrhunderts gänzlich zu verschwinden. Erst in neuerer Zeit ist dieses Instrument wiederentdeckt worden und hat bemerkenswerte Interpreten gefunden, so in Jean David und →Christof Stählin, der die Laute in einen neuen musikalischen Kontext stellt.

● Auf Pläne: Jean David, Die Laute (G 10015)

Leadbelly. In der Entwicklungsgeschichte der Folk Music bis in die vierziger Jahre ist Huddie Ledbetter, genannt Leadbelly, die Schlüsselfigur und entscheidende Persönlichkeit mit einem unvorstellbaren Einfluß auf den amerikanischen Folk Song. «Der größte lebende Folksänger» (Woody Guthrie 1946) war eine schier unausschöpfbare Quelle für Volksliedforscher wie John und Alan Lomax, da sein musikalisches Spektrum fast jede volksmusikalische Variante enthielt, vom →Blues angefangen über Cowboy-Songs und →Cajun Music bis hin zur →Ballade, zum →Worksong und zum →Spiritual.

Huddie Ledbetter wurde um 1885 in der Nähe von Morringsport, Louisiana, geboren und kam mit seinen Eltern nach Texas, wo sein Vater als Sharecropper (Teilpächter, der seine Arbeitskraft gegen einen Anteil der Ernte an den Landbesitzer verkauft) arbeitete. Von seinen Eltern lernte er Kirchenlieder und Songs aus den Tagen der Sklaverei, in seiner Umgebung schnappte er Worksongs auf, und er

begann mit etwa zehn Jahren Akkordeon zu spielen.
Er trat für fünfzig Cents die Nacht auf «Sukey Jumps» (Tanzparties) und Square Dances auf. Ledbetter heiratete, zog in den Westen von Texas und nahm jeden möglichen Job an. Nachdem er durch den dauernden Wechsel der Tätigkeiten wie Baumwollpflükken, Pferdepflege und alle möglichen sonstigen Hilfsarbeiten die verschiedensten musikalischen Ausdrucksformen der ländlichen Bevölkerung erfahren konnte, hatte er, wie er sich selbst erinnert, 1910 sein erstes persönliches Erlebnis mit der gerade entstehenden Jazzmusik, die «wir immer Ragtime nannten». Das war in Dallas, als eine New Orleans Jazzband in einer Zelt-Show auftrat. Inzwischen spielte er selbst Gitarre und schaute sich öfter in der «Fannin Street» um, dem Vergnügungsviertel in Shrevenport, Louisiana, wo er die damalige Bar-Musik in den Barrelhouses mit Piano und manchmal Gitarre kennenlernte und aus dem Boogie Woogie seine Technik auf der Gitarre ableitete: «Daher habe ich meinen Baß – von der Fannin Street. Und genau das ist es, was ich auf der Gitarre spielen will, den Piano-Baß.» Vor 1918 spielte er dann für eine kurze Zeit mit Blind Lemon Jefferson zusammen in den Bordellen in Dallas und erlernte neue Techniken und neue Lieder. «Er ist ein Mann mit vielen Büchern in ihm» (Charles E. Smith).
Die «zweite Lebensgeschichte» von Huddie Ledbetter beginnt 1918 und ist in ihren Daten und Fakten wesentlich genauer und leichter zu ermitteln, da er in diesem Jahr wegen Mordes zu dreißig Jahren Zuchthaus verurteilt wurde. Nach über sechs Jahren Haft wurde er begnadigt, aber 1930 – «Leadbelly war ein zäher, rücksichtsloser und arroganter Bursche» (Paul Oliver) – wieder auf zehn Jahre ins Zuchthaus geschickt. 1933 besuchten die Lomax' auf einer Forschungsreise im Süden Amerikas auch Huddie Ledbetter, machten «ihre zweifellos bedeutendste Entdeckung» (Geschichte der Popmusik) im Staatsgefängnis von Louisiana und setzten sich verstärkt für die Freilassung von Huddie Ledbetter ein. Er wurde im August 1934 erneut begnadigt, nachdem er, wie es heißt, den Gouverneur durch seine Lieder überzeugt hatte.
Nachdem er bereits am 16. Juli 1933, damals noch im Zuchthaus, seine ersten Aufnahmen für die Library of Congress gemacht hatte, nahm er im ersten Jahr seiner erneuten Freiheit bei Lomax weitere Einspielungen vor, darunter *Take this Hammer*. Nach einem Jahr der Zusammenarbeit trennte er sich von Lomax, da dieser, wie →Pete Seeger sagt, ein konservativer Texaner war, und Leadbelly, der oben im Norden eine Freiheit fand, die er nie zuvor gekannt hatte, seine Unabhängigkeit erklärte.
Seine musikalischen Aktivitäten wurden 1939 noch einmal durch eine einjährige Gefängnisstrafe unterbrochen. Ansonsten war er beständig unterwegs, um Konzerte zu geben und Aufnahmen zu machen. →Moses Asch von Folkways soll insgesamt 900 Titel von Leadbelly auf Band haben.
Sein New Yorker Apartment, welches er mit seiner zweiten Frau Martha, die er 1935 geheiratet hatte, bewohnte, wurde zu einem der ersten Treffpunkte der aufkommenden Folk Music. Anfang der vierziger Jahre zählten zu den beständigen Gästen Pete Seeger und →Woody Guthrie, die u. a. vom *Bourgeois Blues* lernen wollten, den Huddie Ledbetter 1938 geschrieben hatte. In diesem Song be-

schreibt er die Suche nach einem Zimmer in Washington, wo er erfahren muß, daß er überall rausgeschmissen wird. – In den Jahren bis 1949 spielte er zusammen mit →Brownie McGhee und →Sonny Terry, mit →Big Bill Broonzy und →Cisco Houston, machte eine Unzahl von Radiosendungen und war der erste amerikanische Bluessänger, der nach Frankreich eingeladen wurde, um seine Musik dort vorzustellen. Leadbellys Stimme war rauh und ungewohnt, und sein Holler (→Blues) kam krächzend, aber kräftig. Seine zwölfsaitige Gitarre – er nannte sich selber «King of the Twelve String Guitar» – spielte er ohne große Tricks und Experimente, aber dennoch sehr bedeutungsvoll und einfühlsam.

Unter der großen Anzahl von Liedern, die ihm zugeschrieben werden, sind die meisten von ihm übernommen, textlich bearbeitet und arrangiert worden. «Und das ist es, was dieser großartige Mann gemacht hat, er sang jedes Lied, ob alt oder neu» (Pete Seeger). Dazu hat er eine beträchtliche Anzahl von Stücken, die zu Standards der Folk Music geworden sind, selbst verfaßt, wie *Goodnight Irene, Midnight Special, Rock Island Line, Old Cotton Fields at Home, Backwater Blues*.

Als Huddie Ledbetter, schon zu Lebzeiten Mythos und Legende, am 6. Dezember 1949 im Bellevue Krankenhaus in New York an lateraler Sklerose starb, verlor die amerikanische Folk Music den ersten Vertreter der schwarzen Musik, der die Rassenschranken musikalisch und inhaltlich durchbrochen hatte und einen wichtigen Beitrag für die Einigung der amerikanischen Arbeiterbewegung geleistet hatte (→ALMANAC SINGERS). «Die Jazzwelt trauerte um den Verlust des letzten lebendigen Bindeglieds zum Blues» (Paul Oliver), und die Folk Singer in den USA waren um Hunderte neuer und alter Lieder reicher. Ein Jahr nach seinem Tod hatten die →WEAVERS mit dem bekanntesten Lied von ihm, *Goodnight Irene*, den größten kommerziellen Erfolg, den ein Folk Song je zuvor hatte und waren mit diesem Lied 13 Wochen Spitzenreiter der amerikanischen Hitparade.

● Auf Folkways/Pläne: Leadbelly's Last Sessions, Vol. 1 (FA 2941 AB und 2 LPs, FA 2941); Vol. 2 (FA 2941 CD und 2 LPs, FA 2942) – Übereinstimmungen!; Shouton (FTS 31030); Midnight Special (FTS 31046); Leadbelly (FTS 31006; in der BRD FWX-M 52488) ... auf Folkways: Leadbelly's Legacy Vol. 3 (FA 2024); Easy Rider: Leadbelly's Legacy Vol. 4 (FA 2034); Take this Hammer (FTS 31019) ... auf Capitol: Leadbelly (T 1821) ... auf Stinson: Leadbelly Memorial Vol. 1–4 (SLP 17, 19, 48, 51); Play Party Songs (SLPX 39); Leadbelly Sings and Plays (SLP 91) ... auf Storyville: Leadbelly (SLP 139) ... auf Biograph: Early Leadbelly 1935–1940 (12013) ... auf Tradition: Legend of Leadbelly (2093) ... auf Bellaphon: Leadbelly (BJS 4035); The Legend of Leadbelly (BJS 4049) ... auf Albatros: Leadbelly Sings Folk and Blues (Alba 8294); Midnight Special (Alba 8393) ... auf Electrola: World of Jazz, Leadbelly's Best (1 C 056-80701) ... vertreten auf Historical Records: Rare Blues of the Twenties, Vol. 3 (ASC 5829-4) ... auf Arhoolie: Zydeco (F 1009)

Leierkasten. Der fahrbare oder tragbare Leierkasten mit Lippen- oder Zungenpfeifen, auch Drehorgel genannt, wird durch eine Kurbel betätigt. Die Kurbelbewegung gewährleistet die Luftzufuhr und bewegt eine Walze oder gelochte Scheibe, auf welcher die Melodie vorgeprägt ist. Eingesetzt wurde der Leierkasten von →Bänkelsängern und bei →Moritaten.

Lerryn (Dieter Dehm), dessen gewerkschaftspolitische Position für seine Aktivitäten als Liedermacher und

für sein soziales Engagement bestimmend ist, geht nach eigenem Selbstverständnis davon aus, «daß Lieder nicht neue Gedanken vermitteln können, sie können nur an vorhandenem Bewußtsein anknüpfen». Aus diesem Verständnis agiert er mit Themen der BEATLES, arrangiert fast schlagerhafte Titel, wobei der Unterschied sich fast ausschließlich an den Texten ablesen läßt, und zeigt auf der anderen Seite in der Zusammenarbeit mit hervorragenden Jazzmusikern neue Wege für das politische Lied.
Dieter Dehm wurde am 3. April 1950 in Frankfurt geboren und begann seine politischen Aktivitäten mit 16 Jahren, als Mitbegründer des «Aktionszentrums Unabhängiger und Sozialistischer Schüler» in seiner Heimatstadt. Mit ersten Liedern hatte er bereits 1967 Fernsehkontakt, und seine Auftritte im folgenden Jahr in Rumänien wurden von der Sendung «Monitor» dokumentiert. In jenem Jahr gewann er einen Preis auf den Essener Songtagen, erwartete 16 Prozesse als Organisator von Demonstrationen gegen die Notstandsgesetze und gewann einen weiteren Preis beim Hootenanny '69 in Koblenz. Nach erfolgreichem Auftreten auf der Burg →Waldeck 1969 und nach Platzen eines Schallplattenvertrags mit Ariola spielte er 1971 seine erste Single für Pläne ein, *Lehrlinksmachtgebeat.* Eine Buchveröffentlichung im Josef Melzer Verlag folgte, «Schulreport», und im weiteren war er an Pläne-Produktionen beteiligt, wie «Arbeiterlieder-Festival», «Angela Davis» und «Solidarität mit Chile», die 1974 erschien. Im selben Jahr produzierte Electrola seine erste LP «Der Sänger mit den besseren Liedern», und Lerryn trat, nachdem seine Programmankündigung zuvor «APOliedisches» geheißen hatte, jetzt unter diesem Titel auf. 1978 kam es zu einem weiteren Album, «Goya malt Karl IV», an dem sich die Jazzmusiker Manfred Schoof, Albert Mangelsdorff, Gerd Dudek, Rainer Brüninghaus u. a. beteiligten.

● Auf Electrola: Der Sänger mit den besseren Liedern (1 C 062-29536); Goya malt Karl IV (1 C 066-32699) ... vertreten auf Pläne: Arbeiterlieder Festival '70 (S 66201)

Lewis, Furry Walter. Als eine ausgesprochen interessante Persönlichkeit des Blues der zwanziger Jahre kann «Furry» Walter Lewis ein eindrucksvolles Bild der Musikszenerie der schwarzen Bevölkerung jener Zeit liefern. Dabei scheint es ihm sehr früh gelungen zu sein, eine Verquickung der verhältnismäßig professionellen Techniken der Medicine- und Minstrel Shows mit den hausmusikalischen Varianten der Picknicks und Country Dances zu schaffen.
Walter Lewis wurde urkundlich am 6. März 1893 in Greenwood, Mississippi, geboren – er selbst gibt das Jahr 1900 als sein Geburtsdatum an. Er wuchs in Memphis, Tennessee, auf, wo er den größten Teil seines Lebens verbrachte und sich seinen Unterhalt als Straßenkehrer verdiente. Aus der lebendigen Szenerie in Memphis, wo sich eine der frühesten Formen des städtischen Blues entwickelte, erhielt er seine wichtigen Anregungen, um seinen eigenen Stil zu finden, der sich von der städtischen wie auch ländlichen Musik unterschied. Um 1920 spielte er regelmäßig auf Picknicks und Country Dances, war zusammen mit Will Shade, Jim Jackson und →Gus Cannon und kam 1927 zur ersten Aufnahmesession für Vocalion, bei welcher er unter anderem *Rock Island Blues, Jelly Roll* und *Mr. Furry's Blues* einspielte. Es müssen erfolgreiche Titel geworden sein, da es im selben Jahr zu weiteren Ein-

spielungen kam, diesmal mit Jim Jackson. Lewis' Version von *Stackerlee* wurde unter dem Titel *Bill Lyons And Stock O'Lee* veröffentlicht. In den folgenden beiden Jahren kam es zu zwei weiteren Sessions für Victor, bei denen u. a. *Kassie Jones, I Will Turn Your Money Green* und *John Henry* aufgenommen wurden. Die wirtschaftliche Depression unterbrach seine Schallplattenkarriere für ungemein lange Zeit, wie bei vielen seiner musikalischen Zeitgenossen, und es kam erst 1959, nachdem ihn Samuel Charters wiederentdeckt hatte, zu erneuten Aufnahmen für seine erste LP, die bei Folkways erschien. In den folgenden Jahren folgten weitere Platten und Auftritte bei Festivals und in Clubs. Furry Lewis wurde aber nie in die Lage versetzt, sich von seiner Musik zu ernähren, so daß er bis zu seiner Pensionierung als Straßenkehrer in Memphis arbeiten mußte, wo er immer noch lebt.

● Auf Folkways: Furry Lewis Blues (FS 3823) ... auf Yazoo: In His Prime 1927–1929 (L 1050) ... auf Roots: Furry Lewis in Memphis (SL 505) ... vertreten auf: Memphis Blues Vol. 1 (RL 323) ... auf Yazoo: 10 Years in Memphis 1927–1937 (L 1002); Memphis Blues (L 1008); Memphis Jamboree (L 1021) ... auf Folkways: Anthologie of American Folk Music. Vol 1 (FA 2951) ... auf Historical: They Sang the Blues (ASC 5829-22) ... auf Biograph: When I Lay My Burdon down (BLP 12017) ... auf Arhoolie: Mississippi Delta Blues, Vol 1 (F 1041)

Liederjan aus Hamburg ist ein «Volksliederfeuerwerk» mit spritziger Vortragsweise voller Lebenslust, und einer der exponiertesten Vertreter innerhalb der Wiederbelebung von deutschem Liedgut. Die Gruppe geht mit Schwung und Spaß an eine Sache, die von vielen bundesdeutschen Vertretern durch übertriebene «Ernsthaftigkeit» im Vortrag oft trocken und gefühllos serviert wird. LIEDERJAN ist dabei keine unpolitische Formation, wie Einspielungen vom *Stempellied* oder *Die Weber* zeigen können, hat aber den Schwerpunkt auf den Unterhaltungscharakter der Volksmusik gelegt, der sich nicht in den Ansatz einiger «Volksliеddemokraten» einpaßt, obwohl sicherlich die Kultur des Volkes von diesem Typus vorwiegend bestimmt wird. Sicher ist ihre Vortragsweise, sind die deftigen humorvollen Passagen und die Volkstanzrhythmik in ihrer musikalischen Vergangenheit begründet, die sie teilweise in der Gruppe TRAMPS AND HAWKERS verbrachten, wo sie sich mit irischen Sauf- und Politliedern vertraut machten und zu hervorragenden Entertainern wurden.

Nach beachtlichen Erfolgen mit irischen Liedern beschlossen die Gruppenmitglieder 1975, zunächst aus einer sehr praktischen Motivation (einem Auftrittsangebot auf einem Festival), nach deutschsprachigem Material zu suchen. Daraus ergab sich die Gründung der Gruppe LIEDERJAN: Jörg Ermisch, geb. am 17. April 1948 in Hamburg, kam über klassisches Cello, Oldtime Jazz mit Trompete und Alt-Saxophon zur irischen Musik und spielt bei LIEDERJAN vorwiegend Gitarre und Concertina. Anselm Noffke, geb. am 29. Oktober 1946 in Kiel, kam über Kirchenchor und Geige an Banjo und Mandoline und spielte schon vor den anderen Mitgliedern mit Tom Nitsch, jenem Mitglied von TRAMPS AND HAWKERS, das nicht mehr bei LIEDERJAN dabei blieb. Jochen Wiegand wurde am 18. Mai 1947 in Güstrow, Mecklenburg, geboren, hatte ebenfalls die Entwicklung über Kirchenmusik und Oldtime Jazz zur irischen Musik und ist, durch sein Germanistikstudium bedingt, der Hauptzuständige für die Texte innerhalb der Gruppe. Der Erfolg stellte sich rasch ein, und schon 1976 kam es zur ersten LP, aufgenommen bei einem Live Konzert in der Hamburger Fabrik, auf der sich erstmals auch eines der ältesten Volkslieder überhaupt, der *Lindenschmid* (ca. 1420) befand, ebenso wie politische Lieder (*Die Moorsoldaten*) oder das lippische Scherzlied *Die Lippischen Schützen*, welches sie um besonders spritzige Strophen aus einem ähnlichen Spottlied, der *Krähwinkler Landwehr* erweiterten und dadurch an Witz noch steigern konnten. In der Folgezeit wurde LIEDERJAN eine der begehrtesten Gruppen ihres Genres und trat auf Festivals, in Clubs und Sälen regelmäßig auf, spielte eine weitere LP, «Mädchen, Meister, Mönche», ein, welche auch einen Teil der Lieder enthält, die auf dem 1979 erschienenen Doppelalbum «Liederjan» zu hören sind. «Volkslieder aus der heilen Welt» erschien ebenfalls 1979. 1980 schied Jochen Wiegand, der in den Schuldienst ging, aus der Gruppe aus, und Rainer Prüß trat an seine Stelle. Prüß, geb. am 6. März 1945 in Dithmarschen, kam über Rock, Pop und Jazz an die Volkstanzkultur seiner Heimat, hatte die ZUPF-, STREICH-, ZIEH- UND DRÜCKMUSIK gegründet und gilt hierzulande als einer der exponiertesten Vertreter der Concertina. Innerhalb kurzer Zeit seiner Mitgliedschaft fand die Gruppe LIEDERJAN zum alten Schwung zurück, den sie nach Ansicht vieler Kritiker in der Vergangenheit zunehmend eingebüßt hatte, worauf sie sich erneut als die erfrischendste Formation des bundesdeutschen Revivals behauptete.

● Auf WEA: Live aus der Fabrik (EKL 52042) ... auf Polydor: Mädchen, Meister, Mönche, (2371876); Volksmusik aus der heilen Welt (2371928); Liederbuch (2 LPs, 2630106) ... vertreten auf Stockfisch: Volkslied 76 (SF 8 004)

Liedermacher ist ein von →Wolf Biermann in Anlehnung an Brecht als Stückeschreiber eingeführter Begriff, der in den sechziger Jahren populär geworden ist und angewandt wird auf diejenigen, die Lieder machen (?!), Texte schreiben und Lieder vortragen. In der Regel wird er in einem positiven, nicht kommerziellen, ehrlichen Sinne gebraucht; allerdings handelt es sich um einen sehr breitgefächerten Begriff, der eine individuelle Beschreibung schwierig macht. Er wird gebraucht für Topical Sänger (→Phil Ochs, →Bob Dylan, Tom Paxton), Flugblattliedermacher (→Walter Moßmann, Otfried Halver), Straßenmusiker (Klaus der Geiger, Klaus Grabenhorst), bürgerliche Chansonniers (Reinhard Mey, Schobert und Black), er wird angewandt auf →Wolf Biermann, →Franz Josef Degenhardt, →Hannes Wader, →Ekkes Frank, um nur einige wenige zu nennen. Man bezeichnet aber auch Jürgen von der Lippe, Mike Krüger u. ä. als Liedermacher, und sogar Knesel, ein Sänger von nationalistischen deutschen Texten, wird in dieser Terminologie geführt. – 1980 erschien das Buch «Liedermacher» von Thomas Rothschild, bei dem sich in 23 Porträts eine Gebrauchsmöglichkeit des Begriffs andeutet.

Lilienthal, das Folk-Orchester aus Göttingen, das sich musikalisch vorwiegend an der Tanzmusik der Renaissance orientiert und dadurch eine besondere Stellung innerhalb der bundesdeutschen Folk-Szene einnimmt, zählt durch seine vielfältige und ungewöhnliche Instrumentierung bei Konzerten zu einem optischen und akustischen Erlebnis. Bei ihren Schallplattenaufnahmen hingegen zeigt sich die Schwierigkeit, schwungvolle Tanzmusik zu konservieren. Die Textbeilagen

zu den LPs sind freilich dermaßen fach- und sachkundig zusammengestellt, wie es besser kaum möglich ist.
Die Gruppe Lilienthal wurde im September 1976 gegründet und bezieht sich mit dem Namen auf einen kleinen Ort in der Nähe von Bremen, in welchem drei der Gruppenmitglieder erstmals zusammengespielt hatten. Nach erfolgreichen Festivalauftritten im ersten Jahr spielte die Gruppe 1977 ihre LP «Lieder und Tänze» für Folk Freak in folgender Besetzung ein: Anette Schwagmeier (glockenspiel, perc, voc), Manfred Bartmann (bouzouki, waldzither, bodhran), Wolfgang Beisert (harp, f, krummhörner, g, bouzouki, glockenspiel, voc), Hans Jörg Mauksch (fl, krummhörner, b), Rainer Schobeß (g, baßkrummhörner, cister, dulcimer, psalter, perc) und Herwig Steymanns (f, cister, g, tenorkrummhorn, voc). 1978 trennte sich Anette Schwagmeier von der Gruppe, und an ihre Stelle trat Christine Schmidt (bodhran, perc, voc), die auch an der zweiten LP «Drei Winter Vier Sommer» beteiligt war, auf der sich verschiedene instrumentale Neuerungen finden. Der Einsatz eines elektrisch verstärkten Basses ist zu vermerken, aber auch die Ergänzung um weitere traditionelle Instrumente wie Drehleier und Spinett.

● Auf Folk Freak: Lilienthal – Lieder & Tänze (FF 1001); Drei Winter Vier Sommer (FF 1003) ... vertreten auf Stockfisch: Folk & Rock (SF 5018)

Linnenzworch. Schwäbische Musiker aus dem Remstal in der Nähe von Stuttgart haben sich zu LINNENZWORCH zusammengeschlossen, um «Lieder aus Deutschland und Schwaben, Volkstänze und Tänze aus der Renaissance, Instrumentalstücke und Eigenkompositionen» (Selbstdarstellung) mit reichhaltiger Instrumentierung vorzustellen. Nach eigenem Selbstverständnis werden die traditionellen Materialien nicht originalgetreu reproduziert, sondern «respektlos» umgearbeitet und verändert, «wie es uns paßt». Die vielseitigen musikalischen Erfahrungen der einzelnen Gruppenmitglieder von Kammermusik bis Jazz und Pop schaffen denn auch die Stärke der Gruppe bei den Instrumentals, die von einfallsreichen Arrangements leben und hervorragendes Handwerkszeug nachweisen, während die gesanglichen Passagen ein wenig blaß wirken. Die LINNENZWORCH schlossen sich im Februar 1976 als Gruppe zusammen und haben seitdem in unveränderter Besetzung gespielt und sich einen Stammplatz auf den Festivals und in der Clublandschaft verschafft.
Angelika Maier (blockflöten, cister, bouzouki, waldzither, fl, hackbrett, krummhorn, streichpsalter, voc), geb. am 29. Dezember 1953, gründete in ihrer Studienzeit in Fribourg, Schweiz, ein Blockflötenquintett, ist Psychologin und kam über eine Folk-Gruppe an LINNENZWORCH. Roswitha Maier (oboe, blockflöten, krummhörner, hackbrett, voc), geb. am 7. Juli 1957, machte eine klassische Ausbildung an der Musikhochschule in Stuttgart und ist neben der Gruppe noch kammermusikalisch in verschiedenen Ensembles aktiv. Reinhard Fischer Russ (g, bouzouki, voc), geb. am 11. Juni 1949, von Beruf Lehrer, kam über angloamerikanische Folk Music und Free Jazz schließlich ans deutsche Liedgut. Michael Kannicht (g, dulcimer, perc), geb. am 16. Oktober 1949, kam ebenfalls über die verschiedene Musiken aus dem englischsprachigen Raum erst mit Gründung der LINNENZWORCH auf die eigene Kultur. Komplett ist die

Formation mit dem Techniker Hans Georg Braun, der am 4. Mai 1947 geboren wurde.
Ihre gründliche volksmusikalische Arbeit zeigt sich an verschiedenen Liederbüchern, die sie zusammengestellt haben, ebenso wie an bisher zwei veröffentlichten LPs in Eigenproduktion, wovon die erste 1978 erschien («Vom Kriega ond Bettla»). Aber erst ihr 1980 eingespieltes Live-Album «Ghopft wie gschpronga» mit fast ausschließlich Tänzen konnte voll überzeugen.

● Auf Eigenproduktion: Vom Kriega ond Bettla; Ghopft wie Gschpronga (Schwalbenstr. 9, D-7065 Winterbach)

Llach, Llouís, der bedeutendste Texter und Sänger des Nova Cançó der →katalanischen Folklore, ist gleichzeitig derjenige, der am häufigsten von Auftrittsverboten betroffen war – was jedoch auf die Popularität seiner Lieder keinen Einfluß hatte. Vergleichbar mit der Kraft von *Grandola, Vila Morena* (→José Afonso) ist er der Verfasser von *L'estacan*, der Hymne des Widerstands gegen Franco, die fast jeder politisch bewußte Katalane auswendig singen kann. So spielte Llouís Llach 1969 in einem Konzert in Barcelona, nachdem ihm die Zensur untersagt hatte, dieses Lied zu singen, nur die Melodie, und das Publikum im überfüllten Konzertsaal übernahm den Gesang. Llach gilt als musikalischer Höhepunkt in der Nova Cançó und zeigt sowohl mit seiner Stimme als auch mit Flügel und Gitarre in seinem Orchester seine vielfältigen Qualitäten.
Llouís Llach (gespr. Ljuis Ljak) wurde 1949 in Verges, nicht weit von der französischen Grenze geboren, hatte nach dem Abitur eine klassische Ausbildung in Gesang und Klavier und studierte anschließend Wirtschaftswissenschaften in Barcelona. Mit seinem Anschluß an die SETZE JUTGES (16 Richter), der dominierenden Kraft des Nova Cançó, wurde er von 1967 an zu einer der überragenden Persönlichkeiten dieser Bewegung. Seine erste Schallplatte spielte er im selben Jahr für Edigsa ein, und 1968 erschien auf seiner dritten Platte *L'estaca*, welches ihn berühmt und für die Herrschenden in Madrid gefährlich machte. 1969 gab er sein erstes Solokonzert im Palast der Musik in Barcelona mit überwältigendem Erfolg, und seine Popularität wuchs dermaßen, daß Ende 1970 ein Theater auf höchste Anweisung in Valencia von der Polizei geräumt wurde, um seinen Auftritt zu verhindern, Llouís Llach ging ins Exil nach Frankreich und trat außer hier in Lateinamerika und der Schweiz auch erstmals in der BRD auf, bevor er 1973 wieder in seine Heimat zurückkehren konnte. Hier bot ihm CBS 3 Millionen Peseten, falls er sich entschließen würde, auf Spanisch zu singen. Llouís Llach lehnte ab, und trotzdem war der katalanische Sänger in den Jahren 1975 bis 1978 mit jährlich einer halben Million verkaufter Platten der erfolgreichste Schallplattenkünstler Spaniens. Nach dem Tod von Franco gab er im Sportpalast von Barcelona am 15. Januar 1976 ein inzwischen legendäres Konzert, das auf seiner ersten in der BRD beziehbaren LP «Llouís Llach. Barcelona Konzert» (Pläne 1980) dokumentiert ist.

● Auf Chant du Monde/Pläne: Viatge A Itaca (LDX 74587); Campanades A Morts (LDX 74658); Barcelona Konzert (88197)

Löffel. Musikalischer Hausrat, der als →Percussionsinstrument vorwiegend in Irland eingesetzt wird und in →Jürgen Schöntges einen renommierten bundesdeutschen Vertreter hat.

□ Jürgen Schöntges, Lirum Larum Löffelstiel (Edition Venceremos)

Lomax, John A. und Alan. Die Volksliedsammler und -forscher John A. Lomax, geb. am 23. September 1875 in Goodman, Mississippi, und sein Sohn Alan, geb. am 31. Januar 1915 in Austin, Texas, sind in ihrem Einfluß ohne Zweifel die wichtigsten Persönlichkeiten auf diesem Gebiet. Zwar sind beide durchaus konservative bürgerliche Forscher gewesen, von daher vergleichbar mit Cecil Sharp in England und Ludwig Erk für unseren Bereich, haben aber im Gegensatz zu den ganz der Herderschen Ideologie verbundenen Sammlern in amerikanischer Gründlichkeit und verhältnismäßig wertfrei jedes greifbare Material für die Library of Congress aufgezeichnet. Innerhalb der sogenannten Feldforschung auf dem Volksliedsektor haben beide eine gewaltige Materialsammlung schwarzer und weißer Volksmusik erstellt, deren Wert tatsächlich unschätzbar ist. Allerdings muß man hinzufügen, daß John und Alan Lomax in ihren Veröffentlichungen eine Auslese nach ihrem bürgerlichen Ansatz getroffen und die Ergebnisse dementsprechend beeinflußt haben, was sich am deutlichsten in den theoretischen Arbeiten niederschlägt und ebenso erkennbar ist in den veröffentlichten Volksliedsammlungen.

John A. Lomax hatte bereits im letzten Jahrhundert begonnen, Volkslieder seiner Region aufzuzeichnen, gab nach seinem Studium an verschiedenen Universitäten 1910 seine erste Sammlung «Cowboy Songs and Other Frontier Ballads» heraus und machte kurze Zeit später seine erste Sammlerreise, nach welcher «Songs of the Cattle Trail and Cow Camp» erschien. Mit der eigentlichen Feldforschung begann er allerdings erst in den dreißiger Jahren zusammen mit seinem Sohn. Er machte sich erstmals mit einem transportablen Aufnahmegerät der Library of Congress 1933 auf den Weg durch Mississippi, Louisiana, Kentucky und Tennessee. Außer einer respektablen Anzahl von Einspielungen erbrachte diese Fahrt auch eine ausgesprochen wichtige Sammlung amerikanischer Volkslieder, «American Ballads and Folk Songs» (erschienen 1934). Besonders erwähnenswert sind die Aufnahmen, die in den Gefängnissen der Südstaaten gemacht wurden, weil sie einzigartige Zeugnisse über den → Worksong und den Field Holler beinhalten und interessante Aufschlüsse über die ursprünglichen Formen des Blues vermitteln können. Dabei kam es auch zur Entdeckung von →Leadbelly (Huddie Ledbetter), die von vielen Folk- und Blues-Spezialisten als der entscheidende Beitrag der Lomax' für die Geschichte der Folk Music bezeichnet wird. 1935 erschien «Negro Folk Songs as Sung by Leadbelly» und kurz vor dem Tod von John A. Lomax (26. Januar 1948 in Greenville, Mississippi) «Folk Song, U.S.A.»

Alan Lomax setzte die Arbeit fort, leitete mehrere folkloristische Rundfunksendungen, war Mitarbeiter bei verschiedenen Schallplattengesellschaften und trat als Musiker bei Festivals auf. In den fünfziger Jahren machte er verschiedene Forschungsreisen nach Spanien, Italien, Schottland, England und Irland und war maßgeblich beteiligt an der Herausgabe einer aus zehn Langspielplatten bestehenden Sammlung traditioneller englischer Folklore, die in diesem Bereich ohne Vergleich ist. Alan Lomax hat mehrere LPs für Tradition und Kapp besungen und eine große Anzahl an Büchern veröffentlicht, so u.a. «Mister Jelly Roll» (1949), «Penguin Book of American Folk Songs» (1961), «3000 Years of Black Poetry» (1969). Nach →Pete Seegers Ansicht ist er die wichtigste Einzelpersönlichkeit der amerikanischen Folk Music.

M

MacColl, Ewan. Die Bewertungen von Ewan MacColl fallen sehr unterschiedlich aus, treffen sich aber uneingeschränkt beim Respekt vor seinen Leistungen im schottischen und englischen →Folk Revival und bei seiner Sammlung von Industrial Ballads, die bis dahin von den bürgerlichen englischen Volksliedsammlern bewußt übersehen worden waren. Auch für die Veröffentlichungen der Lieder der Tinker und anderer Fahrender hat er bahnbrechende Arbeit geleistet. Innerhalb der heute bestehenden Folk-Szenerie ist Ewan MacColl sowohl in Schottland als auch in England aus den verschiedensten Gründen nicht übermäßig beliebt, was sich in England aus seiner «kommunistischen» Gesinnung, gepaart mit seiner Sympathie für die irische Sache, erklären läßt, während er in Schottland (und bei den spärlichen fortschrittlichen Folk-Institutionen in England) als arrogant, überheblich und unkollegial bezeichnet wird.

Ewan MacColl wurde am 25. Januar 1915 in Auchterarder, Perth, Schottland, geboren, kam mit seinen Eltern in das Industriegebiet in Lancashire, wo er aufwuchs und als 14jähriger die verschiedensten Jobs und Gelegenheitsarbeiten übernahm. 1945 kam er nach London und arbeitete mit John Littlewood an einem Theaterprojekt, schrieb in den folgenden Jahren einige Stücke, die internationale Beachtung fanden, und wandte sich Ende der vierziger Jahre der traditionellen Folk Music zu. Mit dem Iren Dominique Behan gründete er in London einen der ersten Folk-Clubs, aus dem sich der «Singing Club» entwickelte, der heute noch besteht und Vorbild für eine Unzahl weiterer Clubs wurde, die im folgenden Revival entstanden. 1953 erschien von ihm «Scotland Sings», eine Sammlung, von der Kenner behaupten, daß es die erste nennenswerte der schottischen Folk-Geschichte sei, und in den folgenden Jahren «The Shuttle and the Cage» und «The Singing Island», um nur einige zu nennen. Ewan MacColl zählte zu den ersten Folk-Sängern, die in England auf Schallplatte zu hören waren, und 1957 hatte er mit →Peggy Seeger (die er wenig später heiratete) und Charles Parker eine dokumentarische Folk-Sendereihe im BBC-Radio, «The Ballad of John Axon», in der seine Feldforschung an Liedern und Interviews dargestellt wurde. Von dieser Zeit an spielte er fast ausschließlich mit Peggy Seeger zusammen, die auch bei den meisten der unzähligen Schallplatteneinspielungen dabei war. In seiner bereits dreißig Jahre währenden aktiven Beschäftigung mit der Folk Music trug er auch einiges an selbstverfaßten politischen Texten vor, an denen sich die Gemüter scheiden, da sie vielen zu schulmeisterlich und zu parolenhaft sind und sie den «großartigen Sänger traditioneller Lieder» bevorzugen. Bei alledem beweist MacColl seine politische Position immer wieder aufs neue, sei es, daß er ein «Konzert der Folk-Sänger gegen die Nazis» organisiert oder wie auf einem seiner letzten Alben «Hot Blast» (1978) versucht, die Kolonisation Afrikas von der Position der Ureinwohner aus zu beschreiben. Eine stattliche Anzahl LPs von ihm sind bei uns über den Pläne Verlag zu beziehen, darunter ein Album mit aktuellen politischen Liedern, «At the Present Moment».

● Auf Folkways/Pläne: The English and Scottish Popular Ballads Vol. 1 bis 3 (FG 3509–11); Ewan MacColl and Dominique Behan – The Singing Streets (FW 8501); Ewan MacColl and Peggy Seeger – Popular Scottish Songs (FW 8757); Ewan MacColl and Peggy Seeger – Bothy Ballads of Scotland (FW 8759) ... auf Topic mit Peggy Seeger: Chorus from the Gallows (12 T 16); The Jacobite Rebellions (12 T 79); Steam Whistle Ballads (12 T 104); Bundock Ballads (12 T 130); The Manchester Angel (12 T 147) ... auf Folkways: Broadside Ballads Vol. 1 u. 2 (FW 3043/44); The Unfortunate Rake (FW 3805); Great Scottish Ballads (FW 6927); British Broadside Ballads (FW 8708); Songs of Two Rebellions (FW 8756); Two Way Trip (FW 8755); Songs of Robert Burns (FW 8758); Traditional Songs and Ballads (FW 8760); Whaler out of New Bedford (FW 3850) ... auf Rounder/Pläne: At the Present Moment (RR 4003) ... vertreten auf Topic: Men at Work (TPS 166) English & Scottish Folk Ballads (12 T 103); Folk Songs Topic Sampler No 1, 2, 5, 6, 7 (TPS 114, 145, 169, 201, 205)

MacKintosh, Ian, der «stille Mann der schottischen Folk Music», schafft in seinen Auftritten in der Art eines «Country Boy» mit spärlichem musikalischem Vortrag von gleichbleibender Ruhe und Ausgeglichenheit eine familiäre Atmosphäre, in welcher er mit bemerkenswerter Geschicklichkeit und Überzeugung nachdenkliche pazifistische Lieder mit kritischen Inhalten und Unpolitisches vermischt. Sein Konzept des Einfachen ist sein Konzept des Erfolges. So ist auch seine Begleitung, zumeist auf dem Five String Banjo, schlicht und zurückhaltend, ebenso wie der Gesang nichts von den uns gewohnten kräftigen Stimmen aus diesen Breiten hat.
Ian MacKintosh wurde am 20. Juli 1932 in Glasgow, Schottland, geboren. Die Herkunft seiner Eltern, der Vater von der Isle of Lewis und die Mutter aus Irland, zeigen seinen musikalischen Hintergrund, der nicht wie bei vielen schottischen Folk-Sängern aus einer «Singing Tradition» besteht – was sich deutlich an leichten Schwächen beim →a capella-Gesang niederschlägt. Als Siebenjähriger machte er seine ersten Erfahrungen mit dem →Dudelsack, begann allerdings erst mit 28 Jahren mit dem Folk Singing und spielte in den sechziger Jahren mit verschiedenen →Skiffle-Gruppen, Irlanders, Sherries u. a. zusammen. 1970 entschloß er sich, professionell als Solointerpret mit Five String Banjo, →Koncertina, Whistle und →Dudelsack aufzutreten. 1973 war er erstmals in der BRD zu hören, wo er seitdem regelmäßig jedes Jahr auf Konzertreise ist und auch 1975 seine erste LP «By Request» für Autogram einspielte. Sein nächstes Album «Encore» erschien bei der französischen Firma Dara Records, ein weiteres wieder bei Autogram, «A Man's a Man», schotti-

sche Lieder über Krieg und Frieden mit →Hamish Immlach zusammen. Erst 1978 wurde eine LP von ihm in seinem Heimatland veröffentlicht: «Live in Glasgow» wurde bei Kettle verlegt, einer winzigen Plattenfirma, die von den Folk-Musikern →Cilla Fisher und Artie Trezise gegründet worden war. Seine bislang letzte Einspielung fand wiederum in der Bundesrepublik statt, «Straight to the Point», bei welcher er von der deutschen Folk Gruppe →FIDEL MICHEL unterstützt wurde, und erschien im Verlag Atelier im Bauernhaus. Besonders erwähnenswert ist seine Interpretation von *Writing of Tipperary*, aus welchem er durch seinen Vortrag eines der eindrucksvollsten Antikriegslieder in englischer Sprache gemacht hat.

● Auf Autogram: By Request (ALLP 196); Hamish Immlach & Ian MacKintosh, A Man's A Man (ALLP-215) ... auf Kettle: Live in Glasgow (KOP 2) ... auf Verlag Atelier im Bauernhaus: Straight to the Point

Macon, «Uncle» Dave. Unter den Mitgliedern der Country Music Hall of Fame (→Nashville), die sich fast allesamt durch besonders konservatives und kommerzielles Verhalten ausgezeichnet haben und insgesamt die ideologische Ausrichtung der Country-Industrie um Nashville tragen, ist Dave Macon eine große Ausnahme. Macons Aufnahme in dieses «Ehrenregister» im Oktober 1966, 14 Jahre nach seinem Tod, wirkt wie ein Zugeständnis an die ursprünglich ländliche Volksmusik, die Dave Macon mit all seinem ehrlichen Witz, aber auch mit seinen deutlichen musikalischen Äußerungen über die Situation der Siedler und Minenarbeiter präsentiert hatte.

David Harrison Macon wurde am 7. Oktover 1870 in Warren County, Tennessee, geboren und kam 1883 mit seinen Eltern nach Nashville. Im Hotel, das die Eltern erworben hatten, unternahm Dave seine ersten Versuche auf dem Banjo, angeregt von Schauspielern und fahrenden Sängern, die dort Station machten. 1900 gründete er in Kitrell, Tennessee, ein Transportunternehmen, die Macon Midway Mule and Wagon Transportation Company, mit der er ein gutes Auskommen hatte und so aus reinem Vergnügen auf Festen in der Nachbarschaft und bei anderen Anlässen mit seinem Banjo als Entertainer auftrat, bis er 1918 vom Talentsucher eines Theaters entdeckt wurde. (Wie er selbst beschreibt, wollte er auf der Party, auf welcher er entdeckt wurde, eigentlich gar nicht spielen und hatte den Nachbarn verschrekken wollen, indem er 15 Dollar für seinen Auftritt verlangt hatte.) Dave Macon wurde dann mit seinen 48 Jahren zum professionellen Entertainer, zunächst in einem Theater in Birmingham, Alabama, schließlich 1924 als Schallplattenkünstler. Bereits 1926 war er Mitglied der WSM Barn Dance, dem direkten Vorläufer der →Grand Ole Opry. Er spielte mit Sam und Kirk →McGee Titel unter verschiedenen Namen ein, als UNCLE DAVE MACON AND HIS FRUIT JAR DRINKERS, DIXIE SACRED SINGERS oder als MCGEE BROTHERS. In den ersten 15 Jahren der Grand Ole Opry war er der populärste Entertainer auf dieser Bühne – und das, obwohl er sich mit seinen Liedern zwar musikalisch dem kommerziellen Country Sound anpaßte, aber durchaus Texte mit kritischen Inhalten vortrug. Weit über siebzig Jahre alt zog er mit →Bill Monroe als Banjospieler durch die Lande und hatte im Alter von 82 Jahren in der Grand Ole Opry seinen letzten Auftritt, bevor er am 22. März 1952 in Readyvelle, Tennessee, starb.

In seiner politischen und sozialen Position ist Uncle Dave Macon sicherlich einzigartig unter jenen Country Musikern, die auch in Nashville auftreten durften. Vielleicht war er der einzige, der es sich leisten konnte, in der Opry ein Lied der Minenarbeiter über deren Aufstand vom 4. Juli 1891 zu singen, in dem es heißt: «Vor einiger Zeit in Tennessee / wurden die Sträflinge vermietet, / sie sollten in den Minen arbeiten / gegen die mutigen freien Arbeiter. / Die freien Arbeiter wehrten sich dagegen, / um zu gewinnen brauchte es seine Zeit, / aber als die Streikbrecher tatsächlich eingesetzt wurden / zeigten sie ihnen, wo's lang geht.»

● Auf Folkways: Uncle Dave Macon – Recordings from the Original Masters (RF 51); des weiteren →McGee, Sam

Malicorne widerlegte zu Beginn der achtziger Jahre Karl Dallas' Behauptung, daß der Folk Rock nach dem Ableben von →Fairport Convention tot sei und liefert «das Differenzierteste und technisch Beste, was das französische Folklore-Revival hervorgebracht hat» (FAZ). Allein der fantastische Harmoniegesang in den →a capella-Stücken, der kaum mit irgendeiner anderen Gruppe vergleichbar sein dürfte, läßt jeden denkbaren Superlativ auf die Malicorne-Musiker zu, die Michel Kröher von der deutschen Sounds «Vertrauen in die Zukunft der europäischen Musik machen». Dabei ist die multi-instrumentale Konzeption der Gruppe eine weitere Qualität, die allerdings über lange Zeit Live-Auftritte fast unmöglich machte. Die Formation Malicorne, die mit einem traditionellen Instrumentarium – Drehleiern, Krummhörner, Fagott, Rebec u. v. a. – ebenso umzugehen versteht wie mit elektrischen Gitarren und Synthesizern und die gregorianische Choräle beherrscht, ist außerdem kommerziell überaus erfolgreich gewesen. So erhielt sie 1976 den «Grand Prix de l'Académie du Disque» (entspricht in etwa dem Deutschen Schallplattenpreis) für ihr drittes Album «Almanach», und für die beiden vorangegangenen LPs jeweils eine Goldene Schallplatte.

Die Gruppe Malicorne entwickelte sich, nachdem Gabriel und Marie Yacoub 1973 das Album «Pierre de Grenoble» eingespielt hatten und Gabriel Yacoub die Band von →Alain Stivell verlassen hatte. Im selben Jahr entstand «Malicorne I» auf Hexagon, und die Gruppe spielte als Quartett, ergänzt um Laurent Vercambre und Hughes de Courson, weitere zwei Alben ein. 1976 schloß sich noch Oliver Zdrzalik an, und «Malicorne IV» hatte ein Quintett als Grundlage. In dieser Besetzung entstand auch das bemerkenswerte Konzeptalbum «Tour de France», welches auf dem von Hughes de Courson gegründeten Label Ballon Noir erschien. Beschrieben werden auf dieser LP die Reiseerlebnisse des Handwerksburschen Adélard Rousseau durch das Frankreich des 19. Jahrhundert, die in einem beiliegenden, nur auf französisch erschienenen Tagebuch zusätzlich erläutert werden. Auf der ersten live eingespielten Schallplatte, in Kanada aufgenommen, «En public», deutete sich dann eine mögliche Besetzung an, die in der Lage ist, die Qualität der Studioproduktionen auch auf die Bühne zu übertragen. 1979 spielte das inzwischen bühnenerfahrene Septett die LP «Le Bestiaire» ein, «eine schillernde Mischung französischer Volksmusik» (Spiegel), mit folgenden Mitgliedern: Gabriel Yacoub (g, bj, mandocello, dulcimer, voc); Marie Yacoub (drehleier, dulcimer, Épinette des Vosges, perc, voc); Oliver Zdrzalik (eb, ep, voc); Brian

Gulland (fagott, krummhörner, schalmei, fl, keyboards, voc); Dominique Regef (cello, drehleier, rebec, voc); Patrick Lemercier (f, eg, fl, gaita, voc); Jean-Pierre Anoux (dr, perc).

● Auf Hexagon: Malicorne I und II (883002/004); Almanach (883007); Malicorne IV (883015) auf Ballon Noir: L'extraordinaire Tour de France d'Adélard Rousseau ... (BAL 13006); Live – En public à Montreal (BAL 13010); Le Bestiaire (BAL 13012); Gabriele Yacoub Solo Album: Trad. Arrangements (BAL 13004); Hughes de Courson Solo Album: Fonds de Tiroir 1967 (BAL 13011)

Mandola. Die Mandola ist ein lautenähnliches Instrument, welches seit dem Mittelalter in Europa bekannt ist. Mit halbbirnenförmigem Korpus bei doppelsaitiger Bespannung ist die Mandola der entwicklungsgeschichtliche Vorläufer der →Mandoline.

Mandoline. Die Mandoline, eine Weiterentwicklung der →Mandola, war zunächst auf Süditalien beschränkt. Um 1700 wurde sie in der Form der neapolitanischen Mandoline zum Nationalinstrument der Apenninenhalbinsel; in der klassischen italienischen Ausführung hat sie einen birnenförmigen Korpus mit vier Drahtsaitenpaaren in Violinenstimmung. In dieser Form verbreitete sich die Mandoline in Europa und wurde Bestandteil sowohl der Kunst- als auch der Volksmusik. In den sogenannten Mandolinenorchestern, die auch hierzulande einen Stellenwert in der Arbeitervolksmusik haben (Arbeitermandolinenorchester), wurden noch die Altmandoline, das Mandoloncello und die Mandolone verwendet. Zu der bauchförmigen Form gab es durch den amerikanischen Geigenbauer Orville Gibson 1898 ein erstes fast flaches Modell mit Zargen, das wegen der einfacheren Haltung von vielen Folk-Musikern bevorzugt wird. In den USA entwickelte sich die Mandoline im →Bluegrass, bestimmt von →Bill Monroe, zu einem festen Bestandteil innerhalb dieser Musikrichtung, und innerhalb des europäischen Folk-Revivals hatte sie eine stattliche Anzahl hervorragender Interpreten, welche die Mandoline in beiden Formen als instrumentalen Bestandteil vieler Folkgruppen durchsetzen konnten. Erwähnenswert ist Erich Schmeckenbecher von →ZUPFGEIGENHANSEL, der hierzulande als der versierteste Spieler auf dem flachen Modell gilt.

● Auf Pläne: Die amerikanische Mandoline (G 10017)
☐ Jack Tettle, Bluegrass Mandolin (Oak Publications 1975); Andy Statman, Teach Yourself Bluegrass Mandolin (Amsco 1978); Theodor Ritter, Theoretisch-praktische Mandolinenschule (Fr. Hofmeister 1974)

La Manivelle. Die »Musik vorem Fenschter» des elsässischen Trios LA MANIVELLE, ein großartiges musikalisches und visuelles Spektakel mit Engagement, ist perfekte Commedia dell' arte aus Straßburg und Umgebung. Dreisprachig liefern die drei Musiker ein «Feuerwerk an guten Einfällen» (Badische Zeitung) und zeigen in außergewöhnlicher instrumentaler Vielfalt mit Präzision und Disziplin eine Synthese zwischen Weillschen Besonderheiten und musikalischer Clownerie. Mit erfrischender Freizügigkeit behandelt LA MANIVELLE die überlieferten Formen, läßt aber in ihren «italienisch»-elsässischen Arrangements deutlich den Boden erkennen, auf dem sie stehen.

Die MANIVELLE-Musiker traten erstmals nach sechsmonatiger Probezeit 1978 im Kornmarkttheater von Bouxviller auf. Sie nannten sich MANIVELLE nach der Kurbelwelle der Drehleier, da sie ihren gemeinsamen Start als

Adje liewer Vater, jetz wurr i Musikant: La Manivelle aus dem Elsaß. Foto: Thierry Gachon.

Drehleiertrio hatten. Liselotte Hamm (voc, drehleier, krummhorn, sopranflöte, perc), geb. am 5. Juni 1951 in Straßburg, kam über Chorgesang und eine Ausbildung zur Vokalistin an verschiedene experimentelle Theatergruppen. Jean François «Jeff» Benignus (voc, drehleier, g, eg, perc, bj), geb. am 13. März 1954 in Dakar, Senegal, seine Mutter kam aus dem Elsaß, ließ sich 1972 in Straßburg nieder, hatte erste musikalische Erfahrungen in einer Folk-Gruppe und ebenfalls Kontakt zum Theater. Vollständig ist La Manivelle mit Jean-Marie Hummel (voc, drehleier, p, sax, acc, perc), geb. am 10. Mai 1950 in Straßburg; Hummel durchlief verschiedene musikalische Stationen über Tanz und Barmusik und landete schließlich ebenfalls am Theater, wo sich die Mitglieder kennenlernten. Das Ergebnis ihrer Zusammenarbeit ist auf der ersten selbstproduzierten LP «Adje Liewer Vater Jetzt Wurr I Musikant» (Omega Studio) dokumentiert. Außer ihrem normalen Musikprogramm «Musik vorem Fenschter» treten die Manivelle als poetisches Kabarett mit dem Stück «Krawall» auf und haben ein französischsprachiges Kinderprogramm «Les Pouvoirs de la Musique», in dem die Drehleiern dominieren. In der Zeit ihres Bestehens können die Manivelle auf eine beachtliche Anzahl Rundfunk- und Fernsehauftritten auch in der Bundesrepublik zurückblicken, bei denen sie ihr musikalisches und textliches Spektrum von Karl Valentin bis Dario Fo vorstellen konnten.

● In Eigenproduktion: Adje Liewer Vater Jetz Wurr I Musikant (Omega Studio Straßbourg, 20 Rue Charles Appell, Frankreich)

Mar Bonet, Maria del, repräsentiert als einzige Sängerin die Liedtradition

Mallorcas auf internationaler Ebene und hat die Eigenheiten im Gesangsvortrag dieser Insel mit ihrer starken muselmanischen Prägung zu konzertanter Reife geführt. Sie ist die wichtigste Vertreterin des neuen katalanischen Liedes (→Katalanische Folklore). Dabei ist ihre Stellung innerhalb des Nova Cançó von ihrer besonderen folkloristischen Arbeit geprägt – «die Volksmusik hat meine Art Lieder zu machen sehr stark beeinflußt, und ich halte das für einen guten Einfluß». Maria del Mar Bonet ist gleichermaßen als Volskliedsammlerin wie als Komponistin anerkannt. Vor allem ihre Vertonung von *Què volen aquesta gent* («Was wollen diese Leute/die am frühen Morgen klingeln? ...»), ein Text von Llouís Serrahima, der die Angst vor der Guardia Civil beschreibt, brachte ihr viel Anerkennung. – In der Regel wird sie von dem großen Gitarristen Lautaro Rosas begleitet, der auch ihr Lehrer auf diesem Instrument ist.
Maria del Mar Bonet wurde 1947 in Ciutat auf Mallorca geboren. Sie kam über die Beschäftigung mit traditionellen mallorquinischen Liedern an die Bewegung Nova Cançó und wurde 1966 das vierzehnte Mitglied der SETZE JUTGES, der dominierenden Gruppierung des neuen katalanischen Liedes. Im folgenden Jahr wurde sie mit *Què volen* ... zur bedeutendsten Vertreterin dieser Bewegung. Hierzulande war sie mit Lautaro Rossas zusammen 1980 auf dem Folk Festival auf der Domplatte in Köln zu hören.

Maultrommel. Die Maultrommel oder Jews Harp ist ein volksmusikalisches Instrument, welches in sehr entfernten Kulturen wie Neuguinea, Borneo, Hawaii u. a. ebenso beheimatet ist wie in den Alpenländern, in Rußland oder auf den Britischen Inseln. Man unterscheidet Maultrommeln aus Holz, deren Zunge aus demselben Materialstück besteht wie der Rahmen, und Metallinstrumente mit einer gesonderten Stahlzunge. Die Mundhöhle dient beim Spiel als Resonanzkörper; durch veränderte Stellung von Lippen, Wangen und Zähnen können verschiedene Töne erzeugt werden.

● Auf Chant du Monde: La Guimbarde (LDX 74434)

The McCalmans, das populäre Trio aus Edinburgh, Schottland, hat in den siebziger Jahren, vergleichbar mit der Funktion des →KINGSTON TRIOS für das Revival in den USA, durch publikumsgefällige Arrangements von alten Folk Songs als einer der wenigen Vertreter dieser Musikrichtung den Einstieg in Fernsehen und Rundfunk vollziehen können. Ihre lautstarke und effektvolle Interpretation erinnert dabei an →Skiffle-Musik ohne Waschbrett und Baß, der sie durch gut ausgearbeitete Mehrstimmigkeit im Gesang ihren Stempel aufprägen. In mehreren Tourneen durch die BRD haben sie durch die Auswahl der Stücke zu einem einseitigen Bild der schottischen Folklore beigetragen, aber auch sehr viel Interesse an dieser Musik wecken können.
Ian McCalman (g, voc), Hamish Bayne (bouzouki, whistle, voc, concertina), der instrumental Vielseitigste der Gruppe, ein ausgezeichneter Whistlespieler, und Derek Moffat (g, voc, mandolin, bodhran), beschlossen Mitte der sechziger Jahre als Architekturstudenten an der Universität von Edinburgh, gemeinsam Musik zu machen und zogen in den folgenden Jahren in den Ferien als Straßenmusiker durch Europa. 1970 entschieden sie sich, als THE MCCALMANS professionell zu wer-

den und arbeiteten ein Programm mit makabren Scherzen aus: «Jesus McChrist, der gekreuzigt worden ist, da er Whisky zu Wasser verwandelt hatte». Innerhalb eines Jahres sicherten sie sich einen festen Platz in den Clubs und machten ausgiebige Tourneen durch Europa, wobei sie erstmals in der BRD zu hören waren. 1974 erhielten sie einen Schallplattenvertrag von Transatlantik, spielten im selben Jahr ihre erste LP «Schmuggler» ein und bekamen eine eigene Fernsehsendung im schottischen Bereich der BBC, für die sie bis heute mehrere Serien gemacht haben.

● Auf Transatlantic: Smuggler (XTRA 1149); House Full (XTRA 1166); Side by Side by Side (TRA 346); Burn the Witch (TRA 357); The Best of The McCalmans (2 LPs, MTRA 2016) ... vertreten auf: The Vintage Years Vol. 3. (2 LPs, MTRA 2003)

McCoy, Charlie, der «Dekan der Studiomusiker in →Nashville» (Roxon), gilt für jeden, der dorthin kommt, als Garant, um den bestimmten Nashville Sound auf seine Platte zu bekommen.
Charlie McCoy wurde am 28. März 1941 in Oak Hill, West Virginia, geboren und begann seine musikalische Laufbahn mit einer Mundharmonika, die er als Achtjähriger für 50 Cents bekommen hatte. In den fünfziger Jahren spielte er Gitarre in einer Rock 'n' Roll Band und sparte sich dadurch die Busfahrkarte nach Nashville zusammen. Er hatte keinen Erfolg, kehrte zurück, kam jedoch ein Jahr später wieder und hatte das Glück, als Mundharmonikaspieler bei einer Aufnahme dabeizusein, die ein Hit wurde. Von nun an bewies er sein außerordentliches Können und seine Musikalität auf sehr vielen Instrumenten. Außer Gitarre und Mundharmonika spielt er noch Orgel, Baß, Piano, Trompete, Saxophon, Marimba und Vibraphon, und er wurde der begehrteste Studiomusiker in der «Music City USA» mit im Jahr durchschnittlich vierhundert Schallplattenaufnahmen, wobei fast jeder Name der Musikgeschichte dieser Stadt auftaucht. Dabei zeigt sich seine Vielseitigkeit durch die Verschiedenartigkeit der Musiker, mit denen er zusammengearbeitet hat, angefangen bei →Bob Dylan, →Joan Baez, →Buffy Sainte-Marie über Ringo Starr und Elvis Presley bis hin zur Steve Miller Band. Inzwischen hat er eine Reihe Soloalben herausgebracht und macht seine eigenen Konzertreisen, ist aber nach wie vor in den Studios von Nashville zu finden.

● Auf CBS: Stone for Chase (MNT 81886) ... auf Columbia: The Real McCoy (Z-31329); Good-Time Charlie (KZ-32215)

McCurdy, Ed, verfügt über ein nahezu unerschöpfliches Repertoire: Elisabethanische Balladen, Folk Songs aus England, Lieder der →Appalachen, →Worksongs, Blues, Traditionelles und Zeitgenössisches. Dank dieser Bandbreite und seiner Kunst, Geschichten zu erzählen, war Ed McCurdy, der trotz seiner sanften Art die Leute bei jeder Gelegenheit durch gewaltiges Fluchen zu verunsichern versteht, eine Bereicherung der Folk-Szenerie vor allem der fünfziger und sechziger Jahre. «Sein Meisterstück *Last Night I Had a Strangest Dream*, geschrieben 1950, ist die inoffizielle Hymne der nicht direkt politischen Friedensgruppen in der englisch sprechenden Welt» (Joan Baez). In diesem Lied beschreibt McCurdy auf fast naive Art und doch mit Sarkasmus, Ironie und einer gehörigen Portion Wärme den Beschluß der Menschheit, nie wieder Krieg zu führen.
Ed McCurdy wurde am 11. Januar 1919 in Willow Hill, Pennsylvania, ge-

boren, beschloß in seiner Collegezeit, Gitarre zu lernen und hatte seinen ersten öffentlichen Auftritt 1937 in Oklahoma. Mitte der vierziger Jahre zog er mit seinem inzwischen reichhaltigen Material an gesammelten Liedern nach Kanada, bekam Radio- und Fernsehauftritte und spielte für eine kanadische Plattenfirma sein erstes Album ein. 1952 entdeckte er seine größte Leidenschaft im Spiel mit Kindern, machte Kinderlieder und -geschichten und bekam, als er 1954 nach New York kam, ein eigenes Kinderprogramm im Fernsehen. 1959, 1960 und 1963 war er auf dem Newport Folk Festival und organisierte im gleichen Zeitraum eines der bekanntesten →Hootenannies im Bitter End in →Greenwich Village. Bevor seine Aktivitäten 1966 durch eine schwere Krankheit unterbrochen wurden nahm er für Folkways seine Langspielplatte «Children Storys and Songs» auf, von der →Pete Seeger sagt, daß es «eine der besten LPs für Kinder ist, die jemals erschienen ist». 1976 machte McCurdy, der mit seiner reichen und angenehmen Baritonstimme den Liedern ein wenig zu viel Kunstcharakter verleiht, eine Tournee durch die Bundesrepublik und die Schweiz.

● Auf Folkways: On Jordan's Stormy Banks (FTS 32430); American History in Ballad and Song Vol. 1 (FH 5801)

McDowell, Fred, ist einer der Bluesveteranen und Meister der →Bottleneck-Gitarre des ländlichen Blues. Er machte seine ersten Aufnahmen erst 1959 und gilt von dieser Zeit an als eine der einflußreichsten Persönlichkeiten bei der Suche nach unverfälschter Bluestradition und deren musikalischer Kraft. Nach seinen eigenen Angaben wurde Fred McDowell etwa 1905 in Rossville, Tennessee, geboren und kam als ungefähr Zwanzigjähriger nach Memphis. Von seinem Onkel lernte er die Bottlenecktechnik mittels eines abgefeilten Knochens. Ungefähr 1941 bekam McDowell seine erste eigene Gitarre. Zu dieser Zeit ließ er sich auf einer kleinen Farm in Como, Mississippi, nieder, spielte von Zeit zu Zeit auf Tanzveranstaltungen und wurde 1959 von →Alan Lomax entdeckt, der seine Schallplattenkarriere einleitete. Er spielte Bluesstücke ein wie den *Gravel Road Blues*, der in der Gitarrentechnik sehr an →Bukka White erinnert, aber ebenso von einem modernen →Robert Johnson stammen könnte, *Highway 61*, *Baby Please Don't Go* und *Lord I'm Going Down South*, was einen Eindruck von seiner tiefen Religiosität gibt. 1964 war er auf dem →Newport Folk Festival und ein Jahr später mit dem →American Folk Blues Festival in Europa zu hören. Fred McDowell starb am 3. Juni 1972 in Memphis.

● Auf Arhoolie: Mississippi Delta Blues (F 1021); Vol. 2 (F 1027); Fred McDowell and his Blues Boys (F 1046) ... auf Archieve of Folk Music: Mississippi Fred McDowell (FS 253) ... auf Milestone: Long Way from Home (MSP 93003) ... auf Testament: My Home is on the Delta (T 2208); Amazing Grace (T 2219) ... vertreten auf: The Sound of the Delta (T 2209) ... auf Arhoolie: Bad Luck'n Trouble (F 1018); The Roots of American Music (2 LPs, R 2001/02) ... auf Atlantic: Sounds of the South (1346); Roots of the Blues (1348); The Blues Roll on (1352) ... auf Biograph: When I Lay My Burden Down (BLP 12017)

McGee, Sam, der Veteran der Oldtime Country-Gitarre, war einer der wenigen weißen Gitarristen, der maßgeblichen Einfluß auf die Entwicklung von Spielweisen hatte, wie man sie sonst nur von schwarzen Bluesgitarristen wie →Big Bill Broonzy oder →Blind Boy Fuller zu hören gewohnt ist.

Sam McGee wurde am 1. Mai 1894 in Williamson County, Tennessee, geboren. Fünf Jahre später kam sein Bruder Kirk auf die Welt, mit dem zusammen er die größte Zeit seines Lebens Musik machte. Die Familie war ausgesprochen musikalisch, der Vater spielte Fiddle, ein älterer Bruder Banjo, und Sam begann ebenfalls mit dem Banjospiel. Als die Familie in eine größere Stadt zog, konnte Sam McGee schwarzen Straßenmusikern zuhören, die schon damals das synkopierte Spiel des Five String Banjo auf die Gitarre übertragen hatten, und so wurde Sam einer der ersten Weißen, die diese Technik der →Country Blues-Gitarre beherrschten. Er gilt sogar als einer der Schöpfer der Dreifingerspielweise, die er als einer der ersten praktiziert haben dürfte. 1923 kam es zur Bekanntschaft mit →Uncle Dave Macon, aus der eine langwährende und fruchtbare Zusammenarbeit entstand, zunächst in der Gruppe von Macon, dann 1925 beim WSM Barn Dance in →Nashville, und schließlich vom Beginn der →Grand Ole Opry an in dieser legendären Institution der →Country Music. 1928 spielte Sam McGee mit dem *Railroad Blues* seine erste Schallplatte ein. In diesem berühmt gewordenen Fingerpicking-Stück imitiert McGee auf der Gitarre typische Zuggeräusche wie das Quietschen der Bremsen, den klagenden Ton der Zugpfeife, die Glocke und den ratternden Rhythmus der Fahrt. In den dreißiger Jahren gründete Sam mit seinem Bruder Kirk und dem Fiddler Arthur Smith die DIXIELINERS, eine der damals bekanntesten String-Bands. Er zog eine Zeitlang in der Zelt Show von →BILL MONROE AND THE BLUE GRASS BOYS mit und trat weiterhin regelmäßig in der Orpy auf.
Ende der fünfziger Jahre wurden die DIXIELINERS auf Anregung von →Mike Seeger wieder zusammengebracht und nahmen 1957 in ihrer ursprünglichen Formation ihr erstes Album «The McGee Brothers and Arthur Smith» für Folkways auf. Im Folk Revival der sechziger Jahre erlebte die Gruppe einen Erfolg nach dem andern und war regelmäßig auf dem →Newport Folk Festival zu hören. Sam McGee war zu seiner Zeit mit 81 Jahren das älteste noch aktive Mitglied der Grand Ole Opry; er starb 1975 nach einem schweren Traktorunfall auf seiner Farm in Williamson County, Tennessee.

● Auf Arhoolie: Country Guitar (ARH 5012) ... auf Folkways: The McGee Brothers and Arthur Smith (FA 2379); Milk 'Em in the Evening (FTS 31007) ... vertreten auf Yazoo: Mister Charlie's Blues (L 1024)

McGhee, Brownie, einer «der größten Bluessänger Amerikas» (New York Times), verkörpert als «Good Time-Musiker», vergleichbar mit Big Bill Broonzy, die fröhliche, vor Lebenslust sprühende Seite dieser Musik. Dabei ist er ein sehr religiöser Mensch und sagt von sich, daß er «ein Ehre-sei-Gott-Wahre-Geschichten-Erzähler» ist und seine Gitarre gebraucht, um seinen Weg zu machen. Kurz nach Beginn seiner Aufnahmetätigkeit wurde er als «Blind Boy Fuller Nr. 2» festgelegt und hatte zunächst Schwierigkeiten, sich einen eigenen Namen zu schaffen. In seiner Zusammenarbeit mit →Woody Guthrie und Millard Lampell (→ALMANAC SINGERS) entstand eines der wichtigsten Bindeglieder zwischen schwarzer und weißer Volksmusik. Zum andern hat Mc Ghee mit →Sonny Terry eine für die Bluesgeschichte einmalig kontinuierliche Zusammenarbeit (über vierzig Jahre mit Unterbrechungen) und mit ihm zusammen eine Formation, die in Europa zum Inbegriff für den →Folk

Blues wurde. Er darf mit Sicherheit zu den produktivsten Bluesleuten aller Zeiten gezählt werden. Dazu ist er einer der schwarzen Sänger, die sich mit den politischen und sozialen Verhältnissen ihres Landes auseinandersetzten, und dank seiner außergewöhnlichen Wahrheitsliebe sind seine Informationen über sich und andere Musiker von unschätzbarem Wert.

Walter Brown McGhee wurde am 30. November 1915 in Knoxville, Tennessee, in einer musikalischen Familie geboren. Wie sein Vater sagte, wurde der Blues mit ihm geboren, und eines seiner bekanntesten Lieder sollte später *Born with the Blues* heißen. Mit sieben Jahren baute er sich sein erstes Saiteninstrument aus einer Tabakdose, die er mit Gummibändern bespannte. Von seinem Vater lernte er das Gitarrespielen, machte mit ausgesprochen vielen Instrumenten Bekanntschaft und hörte die in seiner Gegend übliche →Hillbilly-Musik, die ein Einfluß von ganz besonderer Art gewesen sein dürfte. In seiner Jugend hatte er Kinderlähmung und wurde seine Krücken erst nach einer erfolgreichen Operation als 19jähriger los. Mitte der dreißiger Jahre begann er seine Wanderschaft, traf 1938 Blind Boy Fuller, mit dem er eine Zeitlang gemeinsam spielte, und ein Jahr später Sonny Terry. Im August 1940 kam es zu seiner ersten Aufnahmesession, bei der er für Okeh seine ersten zwölf Bluestitel mit Jordan Webb und Robert Young einspielte. Nach dem Tod von Fuller wurde er von J. B. Long, der um seine Einnahmen bangte, als «Blind Boy Fuller No. 2» eingesetzt und spielte *The Death of Blind Boy Fuller* und weitere elf Bluestitel unter diesem Namen für Okeh ein. Nachdem er kurze Zeit mit einer Washboard-Band umhergezogen war, folgte er 1942 Sonny Terry nach New York, hatte im selben Jahr seinen ersten großen Auftritt mit →Paul Robeson zusammen und schloß sich Woody Guthrie und den Headline Singers an. Nach dem Krieg zählte er zu den ersten, die bei →Moses Asch Aufnahmen machten, lebte eine Zeitlang mit Sonny Terry zusammen bei →Leadbelly und kannte inzwischen jeden Folk-Musiker, der sich in New York aufhielt, →Pete Seeger, →Josh White, Burl Ives, um nur einige zu nennen. 1948 gründete er eine Schule, «The Home of Blues», und machte sich einen Namen als ausgezeichneter Gitarrenlehrer. Nachdem Sonny Terry sich der Finians Rainbow angeschlossen hatte, gründete McGhee zunächst die Three B's und anschließend die Gruppe Brownie McGhee and His Mighty House Rockers, die in den Jahren bis 1950 beachtliche kommerzielle Erfolge hatten (*I Feel So Good, My Fault*). Anfang der fünfziger Jahre kam er wieder mit Sonny Terry zusammen und gründete die Brownie Mc Ghee & his Jook Block Busters, mit der er eine Unzahl Bluestitel einspielte. 1955 war er in dem Film «Die Katze auf dem heißen Blechdach» zu sehen, kam 1958 erstmals nach England und gründete im selben Jahr einen Folk Blues Club in Denver, Kalifornien, «The Ash Grove». 1959 und 1963 war er auf dem →Newport Folk Festival, machte mit Sonny Terry 1960 eine Tournee durch Indien und war mehrfach mit dem →American Folk Blues Festival in Europa, wo er auch öfter in eigenständigen Tourneen zu hören war. 1971 erschien bei Oak «Guitar Stles of Brownie McGhee», herausgegeben von Happy Traum, mit einer ausgezeichneten Autobiographie. Eine der schönsten LPs, auf der er mit →Big Bill Broonzy und Sonny Terry zu hören ist, erschien 1959 bei Folkways unter dem Titel «Blues with Big Bill Broonzy, Sonny Terry, Brownie McGhee» und enthält nicht nur Songs, sondern auch sehr aufschlußreiche Gespräche zwischen diesen drei legendären Musikern des Folk Blues. Im Sommer 1980 trat er gemeinsam mit Sonny Terry auf dem Festival auf der Domplatte in Köln auf.

● Auf Folkways: Get on Board, Blues (FA B2028); Brownie McGhee Blues (FA 2030); Brownie McGhee & Sonny Terry (FA 2327); Traditional Blues Vol. 1 und 2 (FA 2421/22); Brownie McGhee Sings the Blues (FG 3557); Blues with Big Bill Broonzy, Sonny Terry & Brownie McGhee (FS 3817); Preachin' the Blues (FTS 31024) ... auf Mainstream: Hometown Blues (308) ... vertreten auf Folkways: The Folk Music of the Newport Folk Festival Vol. 2 (FA 2432); Music Down Home-Blues & Ballads (FA 2691); Preachin' the Blues (FTS 31024)

McTell, Blind Willie, ist in seinem Blues ausgesprochen vielseitig und verbindet in seinem Gesang Elemente der weißen Volksmusik mit schwarzen Klangbildern zu seinem eigenen, sehr persönlichen Stil. Der «meisterhafte und mystische Musiker» (Simon A. Napier) beherrscht das Fingerpicking auf der zwölfsaitigen Gitarre in ungewöhnlich lockerer Weise, wodurch seine Aufnahmen für jeden Freund des Blues zu einem ganz besonderen Erlebnis werden. McTell wird von vielen «Volksliedbetrachtern» als größter religiöser Sänger bezeichnet – er spielte zeitweilig mit dem Gospelsänger Blind Willie Johnson aus Texas und nahm auch einige Gospeltitel auf –, an seiner Musik jedoch bestand lange Zeit wenig Interesse. Das änderte sich erst, als neuere Veröffentlichungen zeigten, um was für eine schillernde Gestalt des Blues es sich bei McTell handelt.
Willie McTell wurde am 5. Mai 1901 in Tompkins, Georgia, geboren und wuchs in Statesboro auf. Über den Zeitpunkt seiner Erblindung ist nichts Sicheres bekannt. Mit dem Gitarrenspiel begann er, als er um 1920 Blindenschulen zunächst in Georgia, dann in New York und anschließend in Michigan besuchte. Mitte der zwanziger Jahre war er mit verschiedenen Medicine Shows unterwegs, und am 18. Oktober 1927 kam es zu ersten Aufnahmesessions durch Ralph Peer von Victor. Blind Willie spielte vier Titel zur sechssaitigen Gitarre ein, darunter *Stole Rider Blues* und *Mr. McTell Got the Blues*. Ab seiner nächsten Session etwa ein Jahr später spielte McTell ausschließlich zwölfsaitige Gitarre. Bis 1940 spielte er weit über hundert Titel ein, darunter *Statesboro Blues*, *Georgia Rag*, *Warm It up to Me* und *St. James Infirmary*. McTell war ein ausgesprochen tüchtiger Geschäftsmann, und weil die Honorare der Schallplattenfirmen ziemlich miserabel waren, spielte er unter verschiedenen Namen für verschiedene Gesellschaften: als Blind Sammie für Columbia, Georgia Bill für Okeh, Hot Shot Willie für Victor, Pig'n Whistle Red für Regal, Barrelhouse Sammy für Atlantic. Seine religiösen Titel für Vocalion und Regal spielte er unter dem Namen Blind Willie ein und lehnte sich damit an den «Star» auf diesem Gebiet, Blind Willie Johnson, an. Für Decca schließlich spielte er unter seinem eigenen und vollständigen Namen, Blind Willie McTell.
1940 wurde er von →Alan Lomax mit Gesprächen und Liedern für die Library of Congress aufgenommen. McTell ließ sich 1945 endgültig in Atlanta nieder und spielte im folgenden hauptsächlich mit dem Gitarristen Curley Weaver zusammen. Mit ihm bestritt er auch seine nächste Aufnahmesession 1949 für Atlantic mit *Love Changin' Blues*, *Salty Dog*, *If I Had Wings* und

anderen Titeln. 1956 nahm er in Atlanta einige Bänder auf, die erst nach seinem Tod veröffentlicht wurden. Blind Willie McTell, der mit seiner Behinderung ungewöhnlich gut zurechtkam und «in seinem Gedächtnis eine genauestens detaillierte Fotografie von Atlanta hatte» (Alan Lomax), starb mit ziemlicher Sicherheit im Oktober 1960.

● Auf Yazoo: The Early Years 1927–1933 (L 1005) ... auf Roots: Blind Willie McTell 1929–1935 (RL 324) ... auf Biograph: Blind Willie McTell (BLP 12008) ... vertreten auf Folkways: The Country Blues Vol. 1 + 2 (RF 1, RF 9); The Atlanta Blues (RF 15); The Rural Blues (RF 202) ... auf Blues Classics: Country Blues Classics Vol. 3 (BC 7) ... auf Roots: Blues from Georgia (RL 309) ... auf Historical Records: Masters of the Blues (HLP 31)

McTell, Ralph, der als Verfasser und Interpret eines der erfolgreichsten →Folk Songs aller Zeiten, *Streets of London*, binnen kürzester Zeit zur Berühmtheit wurde, hatte im Anschluß an seinen Hit die Schwierigkeit, seinem eigenen Ruhm hinterherlaufen zu müssen. Durch seinen selbstgewählten Ausstieg aus der Folk-Szene in einen rein kommerziellen Markt verlor er zeitweilig den Bezug zu seinen Qualitäten als Songwriter von sozialkritischen Texten und konnte sich erst langsam in der zweiten Hälfte der siebziger Jahre in der Folk-Landschaft wieder akzeptabel machen.
Ralph McTell wurde 1945 in Farnborough, Kent, geboren, ging als 18jähriger freiwillig zur Armee, wurde aber nach einem halben Jahr auf eigenen Wunsch entlassen. Anschließend begann er, beeinflußt durch →Ramblin' Jack Elliot, →Wizz Jones u. a., Gitarre zu spielen, machte wichtige Erfahrungen als →Straßenmusiker auf dem Kontinent und begann, seine ersten eigenen Lieder zu schreiben. 1968 spielte er für Transatlantic sein erstes Album ein, «8 Frames a Second», und kurze Zeit später seine zweite LP «Spiral Staircaise», auf der sich *Streets of London* befand. Nach einem längerwährenden Ausflug in die Pop-Landschaft zu Beginn der siebziger Jahre und seiner Rückkehr zum Folk gelang es ihm, einen Platz innerhalb der irisch beeinflußten Londoner Musikszene zu erlangen; die irischen Einflüsse zeigen sich deutlich bei seinen Liedern seit Mitte des Jahrzehnts. So beschreibt er in seinem Titel *From Clare to Here* die Gefühle eines Iren, der aus seiner Heimat nach London gekommen ist, um hier sein Glück zu machen, und der herausfinden muß, wie schwierig es ist, in London zu überleben und von Clare träumt. Dieses Lied, das von Eddie und Finbar Furey in Irland bekannt gemacht wurde, brachte Ralph McTell 1979 eine Einladung zu einem der größten Folk-Festivals der grünen Insel nach Lisdoonvarna, wo er in einem eindrucksvollen Konzert in der Heimat seiner Eltern begeistert aufgenommen wurde.

● Auf Transatlantic: Eight Frames a Second (TRA 165); Spiral Staircase (TRA 177); My Side of Your Window (TRA 209); Ralph McTell Revisited (TRA 227); The Ralph McTell Collection (TRA SAM 39) ... auf Intercord: Streets (INT 146505); Starportrait (2 LPs, INT 156504); Slide Away The Screen (INT 146514) ... auf Pickwick: Streets of London (SHM 926) ... auf Kicking Mule: Easy (KM 307)

Melodeon →Akkordeon

Michel →Zeitschriften der Folk Music

Mississippi Delta Blues. Das Mississippi-Delta gilt vielen als Ursprungsgebiet des →Blues. Es ist im Norden begrenzt durch Memphis, Tennessee. Der musikalische Mittelpunkt im Süden ist Jackson. Im Zentrum des Deltas liegt Clarksdale, und die nicht weit entfernte Dockery's Plantation im Sun Flower County gilt einigen Spezialisten als der eigentliche Geburtsort des Blues. Auf der Dockery's wuchs →Charley Patton auf, der «Founder of the Delta Blues». – Zwischen Clarksdale und Jackson entwickelte sich durch viele gegenseitige Beeinflussungen die kräftigste und ergreifendste Form des Blues, die nach →Son House, Willie Brown, Tommie Johnson u. a. in den dreißiger Jahren ihre Verkörperung in →Robert Johnson fand. Die 29 Titel, die Johnson in seinem kurzen Leben einspielte, sind allesamt Bluesgeschichte geworden. Diese Impulse wurden aufgegriffen von Muddy Waters und Elmore James, beide ebenfalls aus dem Delta, und mit ihnen, Johnny Shines, →Bukka White und anderen kam es auch in Chicago zum →Rhythm & Blues, der wichtigsten Grundlage für den späteren Rock 'n' Roll.

Im Delta selbst gab es gleichzeitig noch eine andere Entwicklung, die in Richtung →Folk Blues ging und von Musikern wie →Mississippi John Hurt und →Skip James getragen wurde. In Memphis schließlich zeigt sich eine entwicklungsgeschichtliche Variante des frühen städtischen Blues, vertreten von den berühmtesten Jug-Bands aller Zeiten, der Memphis Jug Band und den Cannon's Jug Stompers.

Moin. Die Volksmusikanten der norddeutschen Gruppe Moin, die im wesentlichen Lieder aus ihrer Region vorstellten, versuchten mit instrumentaler Vielfalt und einer gehörigen Portion Spielfreude «Volksmusik in traditioneller Art wieder lebensfähig» (Moin) zu machen. Dabei versuchten sie «an die Tradition, sofern diese noch existiert oder überliefert ist, anzuknüpfen. Jedoch wollen wir diese Musik nicht einfach restaurieren, sondern sie, wo es uns notwendig erscheint, kritisieren, sie weiterentwickeln, wo es möglich ist, und schließlich eine Grundlage für neue Volksmusik schaffen, d. h. Lieder der Gegenwart finden, die die Tradition des Volksliedes in Deutschland fortsetzen» (Selbstdarstellung 1977).

Das Trio, das in der Zeit seines Bestehens zu den populärsten und begehrtesten bundesdeutschen Gruppen zählte, wurde 1974 gegründet: Manfred Jaspers (f, mandola, dulcimer, voc), geboren am 27. November 1947 in Aurich, Ostfriesland; Mense Schwitters (bj, g, waldzither, bandonium, handtrommel, voc), geb am 23. Oktober 1948 in Wittmund, ebenfalls Ostfriesland; Jutta Schmeck (f, harmonium, flutes, voc), geb. am 12. April 1949 in Eckernförde. 1976 spielte die Moin, benannt nach dem friesischen Morgengruß für jede Tageszeit, ihre erste LP für Polydor ein, «Lieder, Tänze und Balladen aus Norddeutschland», der nur noch das Album «Leder, Lüüd und Fresenland» folgen sollte. 1979 trat die Gruppe nur noch gelegentlich auf und hatte ihren letzten gemeinsamen Auftritt im März 1980, da Manfred Jaspers sich auf eine Solokarriere konzentrieren wollte und die anderen Mitglieder beruflich überlastet waren, so daß sie beschlossen, die Formation aufzulösen.

● Auf Polydor: Lieder, Tänze und Balladen aus Norddeutschland (2371792); Leder, Lüüd und Fresenland (2459105)

Monroe, Bill. Wohl kaum eine andere Stilrichtung der populären Folk Music wird, was ihren Ursprung betrifft, so eindeutig mit einer Person verbunden wie der →Bluegrass. Diese Musik wird in einem Atemzug mit Bill Monroe genannt, der sich auch selbst als «Father of Bluegrass» bezeichnet. Sicherlich ist er, zusammen mit →Earl Scruggs und Lester Flatt, einer derjenigen, die den Bluegrass kultiviert haben und weit über die Grenzen der USA zu einem Qualitätsbegriff für Good Time Music werden ließ. Im →Folk Revival der sechziger Jahre wurde diese schnelle, spielerische «Schlacht der Instrumente» zu einer der beliebtesten Richtungen der Folk Music.

Bill Monroe wurde am 13. September 1911 in Rosine, Kentucky, geboren. Er wuchs in einer musikalisch aktiven Familie auf und hatte schon früh Kontakte zu schwarzen Musikern, die sein späteres Instrumentalspiel wesentlich beeinflußten. Der Kontakt zu dem farbigen Tanzmusiker Arnold Schultz, mit dem Bill Monroe auch seine ersten Auftritte hatte, war dabei von ganz entscheidender Bedeutung. Monroe spielte mit Schultz, der Fiddle und Gitarre für damalige Verhältnisse hinlänglich beherrschte, auf den sogenannten «Country Dances» und lernte dabei, ähnlich wie →Jimmie Rodgers oder Maybelle Carter, weiße ländliche Volksmusik mit schwarzer Rhythmik zu verbinden. Nach dem Tod seiner Eltern zog er in die Nähe von Chicago, wo er, gemeinsam mit seinen beiden älteren Brüdern, Musik professionell zu betreiben begann. Seinen ersten größeren Erfolg hatte er beim WSM-Barn Dance (→Nashville), für den er mehrere Jahre auftrat. 1936 machte er mit seinem Bruder Charlie seine erste Schallplatte für RCA Victor, der in den folgenden Jahren etwa sechzig weitere Titel folgten, darunter *Roll in My Sweet Baby's Arms*. 1938 trennten sich die Brüder, und Charlie Monroe gründete seine eigene Gruppe KENTUCKY PARDNERS, der auch Lester Flatt eine Zeitlang angehörte. Bill stellte seine BLUEGRASS BOYS zusammen und hatte den ersten größeren Erfolg, als er bereits 1939 mit dieser Formation in der →Grand Ole Opry auftreten konnte. Er zog in den folgenden Jahren mit einer Zeltshow herum, der auch →Uncle Dave Macon angehörte, und wurde damit vor allem in den ländlichen Gebieten und Kleinstädten ausgesprochen bekannt. 1945 kam es dann zur «absoluten», richtungweisenden Bluegrass Formation: →Earl Scruggs und Lester Flatt stießen zu Bill Monroe und den BOYS und schufen, gemeinsam mit Howard Watts und Chubby Wise den unverkennbaren Klang des modernen Bluegrass, der sich durch eine lockere Spielweise bei gleichzeitiger Perfektion auszeichnet. Monroe hatte sich inzwischen auf die Mandoline als Hauptinstrument festgelegt. Er verstand sein Spiel auf diesem Instrument als eine Vermischung von Fiddle und Gitarre und sorgte in den «Gesprächen der Instrumente untereinander» (→Bluegrass) dafür, daß die Mandoline denselben Stellenwert bekam wie Banjo und Gitarre. – Die Entwicklung in dieser Gruppe war bis 1948 abgeschlossen, und Lester Flatt und Earl Scruggs trennten sich von den BOYS, um mit einer eigenen Formation nach neuen Wegen zu suchen. Bill Monroe seinerseits blieb weiterhin diesem «neuen» traditionellen Bluegrass verhaftet, den er selbst mitbegründet hatte.

Das aufregende Zusammenspiel, bei dem jedes Instrument gegen das andere antritt, verdrängt oft die überwiegend banalen Songtexte und auch die Einstellung Bill Monroes dieser Musik gegenüber. «Ich nahm in meine Musik alles auf, was ich drin haben wollte. Sie werden schottischen Dudelsäcken und methodistischer Frömmigkeit begegnen. Ich spiele nur das Echte. Bluegrass ist die sauberste Musik der

Welt. In ihr gibt es keinen Sex und keinen Dreck.» (Bill Monroe)

● Auf MCA Records: Mr. Bluegrass (MCA -82); Bluegrass Ramble (DL – 7 – 4266); Bluegrass Special (DL – 7 – 4382); Bluegrass Instrumentals (DL–7–4601); The High Lonesome Sound (DL – 7 – 4780); Bluegrass Time (MCA 116); Greatest Hits (MCA 17); Bill and Charlie Monroe (DL – 7 – 5066); A Voice from on High (DL – 7 – 5135); Kentucky Bluegrass (MCA 136); Country Music Hall of Fame (DL – 7 – 5281); Uncle Pen (DL – 7 – 5348); I Saw the Light (DL – 7 – 8769); Bill Monroe Sings Country Songs (VL – 7 – 3702); Bluegrass Style (VL – 7 – 3870); Father and Son (MCA 310) ... auf Rounder: Bill Monroe with Flatt & Scruggs (RDR SS06)

Moore, Christy, ist einer der exzellenten Sänger aus Irland, greift durch die Auswahl seiner Lieder die große politische Liedtradition seines Landes auf und hat wesentlich dazu beigetragen, daß die Rebel Songs auch über die Grenzen seines Landes hinaus bekannt geworden sind. Als seine größte Leistung gilt die Einladung zu der historischen Session für das Album «Prosperous» (1972), die schließlich zur Gründung von →PLANXTY führte, der irischen Folk-Gruppe, die für die erste Hälfte der siebziger Jahre die Szene wesentlich bestimmte.

Christy Moore stammt aus einer politisch und musikalisch engagierten Familie aus Newbridge, County Kildare und hatte seinen ersten wichtigen musikalischen Kontakt zu Liam Clancy, den er auf einem der vielen Fleadh Ceoils (→Irish Folk) in Gorey erstmals traf. Beeinflußt im weiteren von den →CLANCY BROTHERS und den frühen →DUBLINERS gründete er 1963 zusammen mit Donal und Frank Lunny die RAKES OF KILDARE, die sich nach kurzer Zeit auflösten.

Christy Moore ging als Solointerpret in den Nordwesten Englands und lud 1972 außer Kevin Conneff (später CHIEFTAINS), Clive Collins und Dave Bland auch Donal Lunny, Liam O' Flynn und →Andy Irvine, mit denen er anschließend die Gruppe PLANXTY gründete, zu einer Aufnahmesession ein. Christy Moore, der auf allen drei LPs von PLANXTY vertreten ist, verließ die Gruppe im Juli 1974 und konzentrierte sich auf seine Solokarriere. Im folgenden Jahr gründete er die CHRISTY MOORE BAND mit Jimmy Faulkner (g), Declan McNelis (b) und Kevin Burke (f), die ihn bei seinen Soloalben «Whatever Tickles Your Fancy» und «Black Album» unterstützten. Gelegentlich war er als Gastmusiker mit der →BOTHY BAND zusammen, spielte 1978 für Tara «The Iron behind the Velvet» ein und ein Jahr später mit Donal Lunny und Jim Faulkner das Album «Live in Dublin», das von Nikky Ryan, dem Sound-Mann der irischen Folk-Szene, produziert wurde. Neben seinen musikalischen Aktivitäten ist Christy Moore in seiner familiären Tradition politisch aktiv und in der irischen Bewegung gegen Atomkraftwerke engagiert.

● Auf Polydor: Whatever Tickles Your Fancy (2383344); Christy Moore – Black Album (2383426) ... auf Tara: Prosperous (TAR 1001); mit Jimmy Faulkner u. a.: The Iron behind the Velvet (TAR 2002); Donal Lunny u. a.: Live in Dublin (TAR 2005) des weiteren →PLANXTY

Moritat. Als Moritat wird ein →Bänkellied bezeichnet, das durch zusätzliche visuelle Informationen – einzelne Bildfolgen zur jeweiligen Geschichte – in seinem Eindruck verstärkt wird. Fahrende Sänger, oftmals Familien, trugen in der Moritat (von Mordtat) zumeist schaurige Geschichten zur Drehorgel vor, deren Texte anschließend als Fliegende Blätter verkauft wurden, um den Unterhalt zu gewährleisten. In revolutionären Zeiten wurde die Moritat immer wieder als besonders wirksames Agitationsmittel aufgegriffen, da durch das bildliche Erlebnis starke Emotionen freigesetzt werden konnten. In unserem Jahrhundert fand die Moritat als Stilmittel Eingang in das Epische Theater und wurde vor allem durch Bertold Brecht sehr häufig eingesetzt, so in der Dreigroschenoper, um das bekannteste Beispiel zu nennen. Heutzutage gilt vor allem →Wolf Biermann als einer der exponiertesten Vertreter dieser Art des Bänkelgesangs (*Moritat auf Biermann seine Oma Meume in Hamburg*).

Moßmann, Walter, «in Sachen Atomindustrie mit der Gitarre seit '75 unterwegs» (Moßmann), hat mit der Konzeption seiner Flugblattlieder eine der konsequentesten Positionen innerhalb des →politischen Lieds eingenommen. Die Flugblattlieder bedeuten eine Absage an die Institutionen, die üblicherweise Musik verwerten (allerdings dadurch oft für die Existenzgrundlage der Interpreten sorgen), sind frei von jeglicher Zensur und in ihrer Anwendung bei politischen Aktionen von großer Bedeutung. Der Gebrauchswert der Lieder für Betroffene ist dabei der entscheidende Maßstab und beinhaltet, daß die Lieder wichtiger sind als der Macher. Unvereinbar mit Moßmanns Konzeption der Flugblattlieder, welche sich etwa mit den →Topical Songs von →Phil Ochs vergleichen lassen, ist eine Situation, in der die Person des Sängers über die Inhalte gestellt wird. Walter Moßmann hatte daher im Sommer 1979 seinen musikalischen Dienst in der AKW-Bewegung vorübergehend quittiert, war aber nach wie vor in Sachen Atomindustrie ohne Gitarre unterwegs.

Walter Moßmann wurde am 31. August 1941 in Karlsruhe geboren, kam 1950 nach Freiburg und studierte von 1960 bis 1968 Germanistik, Soziologie und Politikwissenschaften in Freiburg, Tübingen und Hamburg. Seine ersten Auftritte hatte er 1964 und war vom folgenden Jahr an auf allen →Waldeck-Festivals vertreten. Seine frühen Texte waren oft bis zur Unverständlichkeit verschlüsselt, er konnte sich dennoch eine große Zuhörerschaft sichern und wurde von der FAZ als «singende Verkörperung der Soziologie» bezeichnet. 1966 erschien bei Da Camera seine erste LP «Achterbahn. Chansons», auf der seine Orientierung an französischen Chansonsängern wie →Georges Brassens und Boris Vian deutlich zu spüren ist und wo er in seinen Texten aus Puzzles und Zitaten den Zuhörer oft vor schwer lösbare Rätsel stellt. Im folgenden Jahr erschien die «Große Anfrage», bei der sich eine Konkretisierung der Texte andeutete. 1968 und 1969 war er aktiv beim SDS und begann in dieser Zeit, seine Lieder vor allem in politischen Aktionen zu schreiben, an denen er selbst beteiligt war. Diese «Lieder aus der Studentenbewegung» sollten mit Kommentaren von ihm bei Hoffmann und Campe erscheinen, wurden aber kurz vor dem Druck vom Verleger zurückgewiesen. 1970 zog sich Moßmann aus der aktiven Musiker-Szenerie zurück, machte regelmäßige Sendungen für den Südwestfunk über Musik und Politik, Schule und Unis, selbstverwaltete Jugendzentren u. ä. und kehrte 1974 gleichzeitig mit dem Manifest der Badisch-Elsässischen Bürgerinitiativen, an dem er mitgearbeitet hatte, in die Musikszene zurück. Im selben Jahr stellte er unter anderem die Lieder *Wacht am Rhein* und den *KKW Nein Rag* vor – Lieder, die in den kommen-

den Auseinandersetzungen um die Atomenergie zu den wichtigsten Stükken wurden, gleichzeitig deutliche Auskunft über die Position Moßmanns geben konnten und seine zukünftigen Arbeiten andeuteten. Im folgenden Jahr erschien seine erste LP bei Trikont, «Flugblattlieder», der 1977 «Neue Flugblattlieder» folgten. Seine bislang letzte LP, «Frühlingsanfang», (Doppelalbum, 1979) steht im Zeichen der Auseinandersetzungen um Gorleben und Atomindustrie mit Titeln wie *Lied vom Lebensvogel* oder *Radio Grün*, ein Lied über den Radiosender der Badisch-Elsässischen Bürgerinitiativen, hat aber auf der anderen Seite ein breites politisches Spektrum mit *Lied für meine radikalen Freunde, Ballade von Jaime* über den Franco-Faschismus in Spanien, *Ballade vom toten Matrosen Walter Kröger* über das Ende der Hitlerzeit und Filbinger oder mit einem Lied nicht über Wolf Biermann: *Grußadresse an einen sozialdemokratischen Machthaber, der Freiheit für Wolf Biermann fordert, ohne dabei rot zu werden.*
Nachdem Walter Moßmann bereits 1977 mit Peter Schleuning und Frans van der Meulen einen Fernsehfilm für die ARD gedreht hatte («Zweierlei Volksmusik»), schloß er Anfang 1980 mit Jörg Störer eine weitere ARD-Produktion («Dreyeckland») über regionale Lieder im Kampf ab. Von seinen Veröffentlichungen, unter denen zahlreiche Aufsätze sind, so über Wyhl und die Folgen in den Kursbüchern 39 und 50, zu Wolf Biermann (rororo 4017), über Lieder aus dem Elsaß in «Rocksession 1» (ebenfalls Rowohlt) u. a., ist das im selben Verlag erschienene Taschenbuch «Alte und neue politische Lieder. Wir haben jetzt die Schnauze voll» (rororo 7159), welches er zusammen mit Peter Schleuning geschrieben hat, ganz besonders erwähnenswert, da es von vielen Kennern als die wichtigste Arbeit über politische Volksmusik in der BRD bezeichnet wird. Walter Moßmann lebt seit 1979 wieder in Freiburg, ist freier Mitarbeiter bei Radio Verte Fessenheim (Radio Grün) und ist außer auf seinen eigenen Schallplatten auf vielen Samplern und Benefizplatten zu hören.

● Auf Trikont: Flugblattlieder (US 10); Neue Flugblattlieder (US 31); Frühlingsanfang (2 LPs US 53) ... vertreten auf Neue Welt/Eigelstein: Lieder gegen Atomkraftwerke (NWKL 2003); Kalte Zeit – Lieder gegen deutsche Zustände (NWKL 2004); Bauer Maas-Lieder gegen Atomenergie (ES 402) ... vertreten auf Trikont: Marckolsheim/Wyhl – Lieder im Frendschaft's Huss (US 23); Dreyeckland (2 LPs, US 26/27); Leben – Kämpfen – Solidarisieren (2 LPs, US 12/13)

Mundbogen. Der Mundbogen gilt als das einfachste der Zupfinstrumente. Er ist in Afrika, Asien und Amerika zu finden. Der gewöhnliche Bogen des Jägers dient als Instrument, die Mundhöhle als Resonanzkörper. Der Mundbogen ist dem Folk-Publikum erstmals von →Buffy Sainte-Marie auf dem →Newport Folk Festival vorgestellt worden.

Mundharmonika. Die Mundharmonika (engl. harmonica, mouth organ oder mouth harp) ist ein Rohrblattinstrument, welches zu Beginn dieses Jahrhunderts entwickelt worden ist und seine Vorläufer in dem Symphonium (1829) von Sir Charles Wheatstone, dem Erfinder der →Konzertina, hat. Als einfaches und leicht transportables Instrument wurde die Mundharmonika, die es in diatonischen und chromatischen Ausführungen gibt, rasch verbreitet. Im →Blues wurde die kleine Mundharmonika, auch Blues Harp genannt, zu einem hochklassischen Stilmittel entwickelt und hatte ihren ersten großen Meister in De Fort Bayley. Erwähnenswert sind in diesem Zusammenhang →Sonny Terry, → Sonny Boy Williamson I und II und Little Walter, um nur einige zu nennen. Mit der Popularität von →Bob Dylan, der die Mundharmonika an einem Metallständer um den Hals trug, wurde die Blues Harp überaus bekannt, trat einen Siegeszug durch die USA und Westeuropa an und fand Eingang in die verschiedensten Folk-Gruppen.

● Auf Chant du Monde: L'Harmonica Jean Jacques Milteau (LDX 74524)
□ Tony Glover, Blues Harp (Oak Publications 1965); The Harp Styles of Sonny Terry (Oak 1975); Helmut Herold, Blues Harp (Hohner Verlag 1973)

Musikblatt →Zeitschriften der Folk Music

Musik deutscher Zigeuner. «Ein Land ohne Zigeuner ist kein freies Land» (→Roger Siffer, Folk-Musiker aus dem Elsaß). – Die Musik deutscher Zigeuner ist der volksmusikalische Ausdruck einer diskriminierten Minderheit, deren Angehörige sich selbst Sinte oder Sinti nennen. Nur als Musiker genießen die Zigeuner hierzulande eine gewisse Achtung, ansonsten sind sie mit beispiellosen Vorurteilen konfrontiert und leben teilweise unter Bedingungen, die einer dauernden Mißachtung der Menschenrechte gleichkommen. «Wenn wir auf dem Kanzlerfest spielen, sagen alle: schöööön. Wenn wir hinterher auf den Campingplatz kommen, heißt es sofort wieder: Schwarzköpp! Haut ab!» (→La Romanderie) – In ihrer Blüte und Vielfalt war die Sinti-Musik am 13. und 14. Oktober 1979 auf dem Meßplatz in Darmstadt beim ersten «Musikfest der Zigeuner» zu erleben.

Ungefähr ums Jahr 1000 kamen die Zigeuner auf ihren Wanderungen über Persien und Armenien nach Europa, erhielten sich ihre Großfamilien- und Sippenstruktur und sind im 15. Jahrhundert auch in den deutschen Sprachraum eingewandert. Ihre eigene Sprache, das Romani oder Romanes (von Rom = Mensch) behielten sie in ihren abgeschlossenen Gemeinschaften zwar bei, vermischten sie aber mit den Sprachen der Gastvölker. «Jenseits von Bürgertum wie von Bohème wurden sie zur nomadischen Konstante in Europa» (Spiegel 1979). Wegen ihrer fremden Hautfarbe und Gebräuche und der anrüchigen Gewerbe wie Topf- und Kesselflickerei, Schaustellerei u. ä. wurden sie zum «herumvagabundierenden Gesindel» abgestempelt und vielfach verfolgt. Im Hitlerfaschismus schließlich wurden über eine halbe Million Angehörige dieser Bevölkerungsgruppe in den KZs ermordet. Diese Tatsache blieb in der Nachkriegsgeschichte weitgehend unerwähnt, und die Stellung der Sinti innerhalb der Bundesrepublik verdeutlicht die Äußerung «Bei Hitler waren wir wenigstens Deutsche» (Spiegel-Titel 1979). Die unerträgliche Situation der «Landfahrer» mündete erst in den siebziger Jahren in unüberhörbare Forderungen nach Respekt und Achtung und äußerte sich in Organisationen wie auf nationaler Ebene im «Verband deutscher Sinti» und in der «Cinti Union» und international in der Roma Welt Union, die inzwischen von der UNO anerkannt wird. – 1977 erschien erstmals ein politisch orientiertes Lied der Zigeuner, *Lass maro tschatschepen* (Laßt uns unser Recht fordern) von →Häns'che Weiss.

Die Musik deutscher Zigeuner – «mal nicht als die stehgeigenden Diener, die für zehn Mark extra auch den musikalischen Nachtisch servieren, auch nicht die ungarisch-folkloristisch gestickten Zwangsjäckchen» (Siegfried Maeker) – geht auf den legendären Django Reinhardt zurück. Reinhardt, «der einzige nichtamerikanische Musiker, der in den dreißiger Jahren Einfluß auf den amerikanischen Jazz ausübte» (Joachim Ernst Berendt), gründete 1934 mit dem Geiger Stephane Grapelli im QUINTETTE DU HOT CLUB DE FRANCE die erste Gruppe, die Jazzelemente in eine volksmusikalische Tradition einfließen ließ und mit den Erfahrungen aus Musette-Kapellen den Zigeunerswing ergab, so wie er sich heute noch mit der geschrubbten und gestremmelten Gitarrenspielweise lebendig zeigt. In den Sinti-Gemeinschaften wurde diese Musik zu einem wichtigen Medium innerhalb der Entwicklung eines neuen Selbstbewußtseins. Am 28. Mai 1967 kam es auf der Burg →Waldeck durch →Schnuckenack Reinhardt zur ersten größeren öffentlichen Manifestation dieser Kultur, die sich von da an einen festen Platz innerhalb der Jazz- und Folk-Szene sichern konnte. In der ersten Zeit dominierten Schnukkenack Reinhardt und Häns'che Weiss. In den siebziger Jahren ergab sich eine stattliche Anzahl Gruppen wie LA ROMANDERIE, Vadi Mettbach und seine GIPSY FAMILY, HOTCLUB DE ZIGAN, HOTCLUB DA SINTI, um einige zu nennen. Erwähnenswert sind noch →Titi Winterstein, Zipflo Reinhardt und das DUO Z mit Tornado Rosenberg und «Rudko» Rudolf Kawczynski. Das DUO Z war die erste Musikgruppe der Zigeuner aus politischer Motivation und nahm im April 1980 am Hungerstreik für die Rechte seines Volkes im KZ Dachau teil.

● Auf Intercord: Fünf Jahre Musik deutscher Zigeuner (INT 160088); Swing Session – Schnuckenack Reinhardt (INT 160010); Zipflo Reinhardt – Violin Impression (INT 160022); New Generation (INT 160055); Oceana (INT 160114); Titi Winterstein – Saitenstraßen (INT 160117) ... auf CBS: Gipsy Swing (81502)

N

Nashville, die «Music City USA», ist das Zentrum der kommerziellen Country & Western Music und mit ihren Verlagen, Studios und Musikern eine der wichtigsten Stützen der internationalen Musikindustrie.
1925 führte der damalige Direktor der lokalen Rundfunkstation WSM den ersten Barn Dance (Tanz auf der Scheune) in Nashville ein, der als Radiosendung ausgestrahlt wurde. Hieraus ging die →Grand Ole Opry hervor, deren Geschichte für die Entwicklung der kommerziellen →Country Music steht. Entscheidend für die Entwicklung der «Music City USA» war die Gründung des ersten Verlages 1943, der Acuff Rose Publications (→Roy Acuff). Ihr

folgte 1945 das erste Schallplattenstudio von Decca. «1963 war Nashville bereits zum Hillbilly-Himmel geworden: 10 Studios, 10 Talentagenturen, 4 Plattenpreßfabriken, fast 2000 Musiker und Songwriter» (Paul Hemphill), und die Country Music baute sich direkt an der Music Row bereits 1967 ihr eigenes Denkmal, die Country Music Hall of Fame – ein Museum mit Gedenktafeln und Erinnerungsstücken der Stars dieses Genres.

Der *Nashville Sound* ist eine «leicht zugängliche Mischung aus hausbackener Roheit und völliger Perfektion» (Roxon). Er wird von Studiomusikern produziert (Sidemen, «Nashville Cats») und hatte einen Ansturm von Musikern aller Art zur Folge, die ihre Platten in Nashville produzieren wollten (→Bob Dylan, →Buffy Sainte-Marie, →PETER, PAUL & MARY, THE BYRDS, Leonard Cohen, →NITTY GRITTY DIRT BAND). Unter den Sidemen befinden sich hervorragende Instrumentalisten, die zum Teil auch Soloalben herausgebracht haben. So Chet Atkins (g), →Charly McCoy (g, harm) und Junior Huskey (b), um nur einige zu nennen.

National Guitar →Dobro

The New Lost City Ramblers zählen zu den Interpreten der amerikanischen Folklore, die durch die Veröffentlichungen der französischen Schallplattenfirma Chant du Monde schon verhältnismäßig früh auch im bundesrepublikanischen →Folk Revival bekannt wurden. Sie dürften auf den Colleges der USA ebenso wie bei uns durch ihre lebendige Country- und Bluegrass-Interpretation zu den Wegbereitern des Interesses nach Oldtime String-Musik gehören. Die Gruppe, die sich bewußt und erfolgreich bemüht, die Musik der zwanziger und dreißiger Jahre wiederzubeleben und dem Publikum von heute zugänglich zu machen, spielt mit unverfälschter Freude und kann deutlich machen, wo manche Rockmusiker Anfang der siebziger Jahre ihren musikalischen Ursprung hatten.

Als traditioneller Gegenpol zu den bekannten Gruppen der damaligen Zeit, KINGSTON TRIO, PETER, PAUL & MARY, die im wesentlichen die Folk-Szenerie bestimmten, sahen die RAMBLERS ihre Funktion darin, innerhalb der immer städtischer werdenden Folk Music «einen Berührungspunkt zu der echten Kraft, dem Schwung und der Verrücktheit irgendwo da draußen» (John Cohen) wiederherzustellen.

1958 wurden die NEW LOST CITY RAMBLERS gegründet von John Cohen, Tom Paley und Mike Seeger, in Anlehnung an die String-Bands der früheren Zeit wie THE →MCGEE BROTHERS, THE CAROLINA TAR HEELS oder THE FRUIT JAR DRINKERS. – John Cohen wurde 1933 in New York City geboren, machte seine ersten musikalischen Erfahrungen mit seinem Bruder und begann 1952 an der Yale University Hillbilly-Musik zu spielen. Sein Partner Tom Paley wurde 1928 ebenso in New York geboren und kam über eine klassische Ausbildung zu Banjo und Gitarre. Mike Seeger, geboren 1933 in New York City, wuchs in *der* Folk Music-Familie der USA auf und war durch Soloauftritte bereits ein Bestandteil der Szenerie.

Die RAMBLERS trafen sich auf Anregung von →Moses Asch von Folkways und probten zunächst für eine Schallplatte, die 1959 unter dem Titel «The New Lost City Ramblers» eingespielt wurde. Bis 1962 blieb die Gruppe in dieser Formation zusammen, hatte unter anderem am ersten Newport Folk Festival teilgenommen und viele Konzerte in Folk-Clubs und Universitäten abgehalten. Tom Paley verließ die Gruppe und ging nach England. An seine Stelle kam Tracy Schwarz, geboren 1938 ebenfalls in New York, der hauptsächlich die Fiddle übernahm und dafür sorgte, daß sich die RAMBLERS noch deutlicher als zuvor an den Ursprüngen der Country Music orientierten. 1964 erschien bei Oak das «New Lost City Ramblers Songbook», eine der bestedierten Materialsammlungen über die ländliche weiße Volksmusik. Die RAMBLERS sind keine feste Formation mehr, sondern jeder der Musiker macht Soloauftritte oder spielt noch in einer anderen Formation; aus dieser lockeren, freundschaftlichen Zusammenarbeit hat sich der besondere leichte Session-Charakter bei fast allen ihren Aufnahmen entwickelt.

● Auf Folkways: The New Lost City Ramblers Vol 1–5 (FA 2396/ 97/98/99/95); The «New» New Lost City Ramblers (FA 2491); The New Lost City Ramblers Instrumentals (FA 2492); Sing Songs of The New Lost City Ramblers (FA 2494); Ramblers with Cousin Emmy (FTS 31015); Modern Times (FTS 31027); Remembrance of Things to Come (FTS 31035); On the Great Divide (FTS 31041); 20th Anniversary Album (FF 102) ... Solo Alben Tracy Schwarz: Look Out! Here It Comes (FA 2419); Down Home (FTS 31052); Dancing Bow & Singing Strings (FTS 6524) ... Tom Paley mit Peggy Seeger auf Topic: Who's Going to Shoe Your Pretty Little Foot (12 T 113) ... The Putnam String County Band auf Rounder: The Putnam String County Band (RDR 3003); Raintree (GMT 1071) des weiteren →Mike Seeger.

Newport Folk Festival. Die größte Institution im →Folk Revival der USA verstand sich als Gegenpol zur kommerziellen Verwertung der Volksmusik à la →Grand Ole Opry. In dieser Funktion allerdings war sie durch den Massenandrang im zunehmenden Folk-Boom von Anfang an gefährdet. Newport wurde in den Jahren seines Bestehens zum Machtfaktor, zum Talent«schuppen» für Neulinge, zur unumgänglichen Station auf dem Weg zum erfolgreichen Folknik. →Joan Baez erlebte hier 1960 ihren endgültigen Durchbruch und →Bob Dylan 1965 sein Desaster, als er mit einer elektrisch verstärkten Gitarre auftrat. Das Festival schuf aber auch ein Podium für die Darstellung jeder möglichen traditionellen amerikanischen Musik in ihrer reinsten Kultur und trug so wesentlich dazu bei, daß die ländlichen volksmusikalischen Formen nicht ganz von der immer stärker werdenden städtischen Folk Music verdrängt wurden. Ein besonderer Beitrag war die Wiederbelebung der →Cajun-Musik (Balfa Frères), wobei das Organisationskomitee von Newport auch finanziell und durch Instrumentenbeschaffung hilfreich war.

Das erste Newport Folk Festival wurde 1959 auf Anregung von →Pete Seeger und →Theodore Bikel von Georg Wein und Albert Grossmann in Newport, Rhode Island, durchgeführt. Während bei Wein und Grossmann, die auch das Newport Jazz Festival veranstalteten, kommerzielle Überlegungen an erster Stelle standen, wollten die eigentlichen Träger der Idee ein Fest der Gleichberechtigung ohne Gewinne. Nach anhaltenden Konflikten überließ Georg Wein die Verantwortung für das dritte Festival einem siebenköpfigen Organisationskomitee: Theodore Bikel, Clarence Cooper, Bill Clifton, Eric Darling, →Jean Ritchie, Pete Seeger und Peter Yarrow. Wein akzeptierte die Bedingungen für eine Weiterführung von Newport: Jeder Akteur erhält die gleiche garantierte Gage, seine Fahrtkosten und eine Übernachtung, ohne Unterschied von Rang und Namen. Unbekannte ländliche Folk-Musiker treten gleichberechtigt mit den Stars der Szene auf.

F

Alle Gewinne gehen in die folkloristische Arbeit ein und werden den Musikern zugeführt. – 1963 hatte Newport 40000 Besucher.
In den folgenden Jahren wurde Newport die Bühne sowohl für die amerikanischen Topical Singer (→Tom Paxton, →Peter La Farge, →Eric Anderson) als auch für die traditionelle Oldtime Country Music (McGee Brothers, →New Lost City Ramblers) und Blues-Veteranen (→Jesse Fuller). 1965 brachte das Festival 80000 Leute zusammen und begann in der Folge, sich durch seine eigene Größe selbst zu zerstören. Das für 1971 geplante Festival wurde wenige Tage vor Eröffnung von der Stadt verboten.

● Auf Folkways/Pläne: The Folk Music of the Newport Folk Festival Vol 1 und 2 (FA 2431/32)

Nitty Gritty Dirt Band. Die Gruppe erlangte 1971 nach einer sehr wechselhaften Geschichte endgültig ihre Anerkennung durch «eine der wichtigsten Schallplatten in den 45 Jahren des Nashville Music Business» (The Nashville Tennessean), indem es der Gruppe gelang, fast alle Größen der Country-Szenerie zu einem Dreifach-Album zusammenzubringen. «Will the Circle be Unbroken», nach dem Standardtitel der →Carter Family, ist der Versuch, die unterschiedlichen Positionen der verschiedenen Generationen (Studenten, Langhaarige einerseits – andererseits «gutes Amerika», manchmal auch gute Musiker) wieder zu einer musikalischen Gemeinschaft zusammenzuschließen («Circle» = Kreis, Gemeinschaft). Die sensationelle Besetzung auf diesem Album – Maybelle Carter, →Roy Acuff, →Doc Watson, Merle Travis, →Vassar Clements, →Earl Scruggs u. a. – läßt zwar eine Bereitschaft erkennen, aufeinander zuzugehen, andererseits waren sicher kommerzielle Gründe ausschlaggebend für diesen «historischen Kompromiß der Country Music». Das Album wurde weit über eine millionmal verkauft. – Die Dirt Band geht dabei voll in den traditionellen Elementen von Bluegrass und Country auf, besonders deutlich bei dem Instrumental *Soldiers Joy*, in welchem John McEuen →«Uncle Dave Macons Banjo» spielt; weiter beteiligt sind Earl Scruggs (bj) und Junior Huskey (b).
Die Nitty Gritty Dirt Band trat erstmals 1966 im Paradox Club in Orange County im südlichen Kalifornien in Erscheinung und spielte zunächst eine reine Jug-Band-Musik, «hausgemachte Musik mit dem Witz, der gelegentlich von Gruppen wie der New Vaudeville Band, der Bonzo Dog Doo Dah Dah Band und der Jim Kweskin Jug Band eingesetzt wurde. Good time, old time music, mit einer ganzen Menge ländlicher Einflüsse» (Roxon). 1966 nahm die Dirt Band ihr erstes Album auf, bei dem Jackson Browne Mitglied der Gruppe war, aber anschließend eigene Wege ging. An seine Stelle kam John McEuen, der von nun an die wichtigsten Impulse in die Gruppe brachte. Die Nitty Gritty Dirt Band brachte eine theatralische Show auf die Bühne, die, wie John McEuen sagt, «ein visueller Akt war, bevor Alice Cooper» kam. Die Musiker traten in verrückten Kostümen auf, malten ihre Gesichter an und begannen elektrische Instrumente einzusetzen. 1969 trennte sich die Dirt Band, kam aber im selben Jahr mit der erfolgreich-

Auf dem Festival: Pete Seeger und Brownie McGhee. Foto: David Gahr.

sten Besetzung wieder zusammen: John Mc Euen (bj, g, acc, voc), Jeff Hanna (g, washboard, dr, voc), Jimmie Fadden (dr, harp, g, jug, tbj, voc), Les Thompson (g, b, mandolin, voc) und Jim Ibbotson (acc, dr, b, g, p, voc). Mit dem ersten Album in dieser neuen Formation, «Uncle Charlie and His Dog Teddy», auf der unter anderem eine Bearbeitung von *Mr. Bojangles* besondere Beachtung fand, wurde ihr Weg zurück zu akustischen Instrumenten angedeutet.

● Auf Ariola: Banjoman (200242-320) ... auf United Artists: Will the Circle be Unbroken (3 LPs, UAS 29461-3 XE)

Northumbrian Small Pipes →Dudelsack

Nyckelharpa →Fiddle

O

Ochs, Phil, zählt zu den wichtigsten Trägern der Ideen der amerikanischen Bürgerrechtsbewegung und war eine der treibenden Kräfte bei Versammlungen gegen den Vietnamkrieg in den sechziger Jahren. Seine →Topical Songs, bei uns irreführend als Protestsongs bezeichnet, behandelten die Auswüchse (Vietnam, Lateinamerikapolitik) der amerikanischen Außen- und Innenpolitik und entwickelten sich im Laufe der Zeit von einer bloßen Kritik der Symptome zu einer konsequenten politischen Analyse der «großen amerikanischen Tragödie» und der sozialen Widersprüchlichkeiten seines Landes. In ihrer Scharfsichtigkeit sind seine Topical Songs vergleichbar mit den Flugblattliedern von →Walter Moßmann hierzulande, der nachhaltig von Phil Ochs beeinflußt worden ist.
Philip David Ochs wurde am 19. Dezember 1940 in El Paso, Texas, geboren und kam über Ohio und Virginia Anfang der sechziger Jahre nach New York. Bereits in Ohio hatte er begonnen, Lieder zu schreiben und zu singen. Mit seinem Gitarrenlehrer Jim Glover trat er dort unter dem Namen «Singing Socialist» auf, was noch einmal deutlich Auskunft über seine politische Position geben kann. In →Greenwich Village, New York, traf er auf die Folk-Musiker der Szene, →Bob Dylan, →Tom Paxton, →Dave van Ronck, →Peter La Farge und die vielen anderen, welche die Bewegungen innerhalb der Folk Music damals im wesentlichen bestimmten. Von 1961 bis zu ihrem ersten Höhepunkt 1964/65 wurde Phil Ochs ein fester Bestandteil dieser Bewegung und schrieb in dieser Zeit seine beeindruckendsten Lieder, *There But for Fortune*, *Changes*, *Rhythms of Revolution*, *Links on*

the Chain. Ein weiterer Titel von ihm, *I Ain't Marchin' Any More*, wurde in der immer stärker werdenden Bürgerrechtsbewegung zu einer Art Hymne. In seiner weiteren Entwicklung wurde die pazifistische Einstellung, wie in diesem Lied, von einer wesentlich militanteren Einstellung der amerikanischen Armee gegenüber abgelöst – «in Vietnam würde ich wahrscheinlich für den Vietkong kämpfen» (Phil Ochs). Im Sommer 1967 gründete er eine Bewegung, die den Krieg für beendet und diejenigen für verrückt erklärte, die ihn weiterführten. Zu dieser Zeit war er längst wie die meisten seiner gleichgesinnten Zeitgenossen von den Massenmedien ausgeschlossen und wurde auch nicht mehr zum →Newport Folk Festival eingeladen, ein deutliches Zeichen für die veränderten Prinzipien der Folk-Szenerie, die zunehmend eine Distanz zur politischen Entwicklung bekam. Auch Phil Ochs machte einen kurzen Ausflug in die romantische Hippie-Bewegung, kehrte anschließend zurück in die politische Landschaft und unterstützte mit einigen Vorbehalten, wie er selbst sagte, Senator McCarthy 1968 im Wahlkampf. Im selben Jahr machte er eine Konzertreise durch Europa – er war bereits 1966 unter anderem auch auf dem Ostermarsch in der BRD gewesen – und sang für amerikanische Deserteure in Schweden und auf dem legendären Folk Festival der Burg →Waldeck. Seine musikalische Laufbahn wurde 1973 durch einen Unfall auf einer Afrikareise, bei dem seine Stimme ruiniert wurde, abrupt beendet. Er trat zwar noch gelegentlich auf, versuchte sich als Schallplatten- und Filmproduzent, verlor aber in seinen letzten Jahren seine Stimme immer mehr. Am 9. April 1976 erhängte sich Phil Ochs im Haus seiner Schwester in Far Rockaway, Queens. Mit ihm begraben wurde, nach Ansicht von →Moses Asch, der politische Folk Song Nordamerikas.

● Auf Elektra: All the News That's Fit to Sing (EKS 7269); I Ain't Marching Any More (EKS 7287); Phil Ochs in Concert (EKS 7310); Pleasures of The Harbour (EKS 4133) ... auf A & M: Tapes from California (SP 4148); Rehearsels from Retirement (SP 4181); Greatest Hits (SP 4253); Gunfight at Carnegie Hall (SP 9010) ... auf Folkways: Broadside No 10 (FH 5320); Interviews with Phil Ochs, Broadside No 11 (FH 5321) ... vertreten auf: Songs for Freedom (FD 5488); Broadside Reunion Vol 6 (FR 5315)

Oos Ŭrjelschesma →Zeitschriften der Folk Music

Ossian, die schottische Folk-Gruppe, die sich selbst als ein Produkt des →Folk Revival in ihrem Lande betrachtet und inzwischen zu den populärsten Vertretern der Folk Music in ihrer Heimat wie auch auf dem Kontinent zählt, spielt ausschließlich traditionelles Material und zeigt in instrumentaler Vielfalt die beschaulichen melodiösen Lieder und Tänze aus dieser Region. Bezeichnenderweise verzichtet die Gruppe auf jede Percussion. Die Entwicklungsgeschichte von Ossian entspricht der vieler Musiker, die erst verhältnismäßig spät die eigene Tradition entdeckten und sich binnen kürzester Zeit darin zu Hause fühlten.

Ossian wurde Anfang 1975 in der Nähe von Glasgow von drei Mitgliedern der elektrischen schottischen Gruppe Contraband gegründet: Billy Jackson (harp, uillean pipes, whistle, voc), geboren am 14. September 1955 in Cambuslang, seinem Bruder George, (f, bouzouki, g, whistle, fl), geboren am 9. Juni 1954, und John Martin (f, cello, voc), geboren am 1. April 1953, ebenfalls in Cambuslang, fünf Meilen von

Glasgow entfernt. Martin war eines der traditionell vorbelasteten Mitglieder und hatte in der «Reel and Strathspey Society» bereits als Neunjähriger die schottischen Fiddle-Stile kennengelernt. Eine weitere traditionelle Stütze ergab sich durch Billy Ross (voc, g, dulcimer, whistle), geboren am 16. Februar 1954 in Glasgow, der sich OSSIAN anschloß. Durch die Herkunft seines Vaters von der Isle of Skye brachte Ross das gälische Elementen, welches den Gesang der Gruppe weitgehend bestimmte und ihn zum dominierenden Sänger machte; seine große Lehrmeisterin war Flora MacNeill.

1976 spielte OSSIAN in dieser Besetzung die erste LP «Ossian» ein, die später von Autogram in der BRD neu aufgelegt wurde. 1977 war OSSIAN erstmals in der BRD zu hören, ist seitdem hierzulande regelmäßig auf Tournee und spielte 1978 auf dem eigenen Label Ioana Records «St. Kilda Wedding» ein. Anfang 1980 schloß sich Tony Cuffe, (voc, g, whistle, tiple), geboren am 6. April 1954 in Greenock, der Gruppe an. Er hatte vorher bei dem TANNAHILL WEAVERS-Vorläufer ALBA und anderen Folk-Gruppen gespielt und brachte die ungewöhnliche Tiple, ein der Bombard ähnliches Instrument, ein. Kurze Zeit später verließ der reisemüde Billy Ross zum Bedauern der Gruppenmitglieder OSSIAN. Obwohl die interessante gälische Komponente entfiel, konnte die Formation auf ihrer Tournee Mitte 1980 auch in dieser Besetzung überzeugen.

● Auf Autogram: Celtic Music & Songs from Scotland (ALLP 223) ... auf Ioana Records: St. Kilda Wedding (IR 001)

Ougenweide bringt «mittelhochdeutsche Minnelieder im Rock-Gewand von heute» (Pressetext). Die Hamburger Gruppe kann für sich in Anspruch nehmen, die erste namhafte bundesdeutsche Folk Rock-Band gewesen zu sein und war in den siebziger Jahren in diesem Genre richtungsweisend. Ihr Auftritt auf dem renommierten Cambridge Folk Festival 1978 und ausgezeichnete Kritiken zeigen, daß die Gruppe auch auf internationaler Ebene Anerkennung findet. Ihr Ansatz zur Schaffung einer nationalen Rockmusik (→Folk Rock) ist hierzulande einzigartig, da sie auf Lieder und Instrumente zurückgreifen, die bereits im Mittelalter angesiedelt waren. OUGENWEIDE bearbeitete beispielsweise die Merseburger Zaubersprüche (ums Jahr 1000), Texte des Minnesängers Walther von der Vogelweide und Vorlagen von Burkhart von Hohenfels oder Neidhart von Reuenthal. Ebenso bringt die Gruppe mit ihrem reichhaltigen Instrumentarium auch Lieder aus den Bauernkriegen oder Texte aus der deutschen Revolution von 1848 in ein zeitgenössisches Gewand.

Die Gruppe entwickelte sich Ende der sechziger Jahre in Hamburg und nannte sich 1971 nach ihrem ersten mittelhochdeutschen Text von Neidhart OUGENWEIDE. 1973 spielte sie ihre erste LP «Ougenweide» bei Polydor ein und besteht bis heute in unveränderter Besetzung: Minne Graw (voc, keyboards, blockflöte), geboren am 7. September 1952 in Freiburg, liefert im wesentlichen das musiktheoretische Fundament der Gruppe. Olaf Casalich (voc, perc), geboren am 3. Oktober 1947 in Hamburg, ist in der Star Club-Atmosphäre großgeworden, ist bei OUGENWEIDE Vorsänger und erläutert die Stücke. Frank Wulff (g, fl, blockflöte), geboren am 28. Juni 1952 in Hamburg, kam über die Arbeit als Roadie ans Musizieren. Sein Bruder Stephan

Wulff (b, keyboards, harm), geboren am 3. August 1954, hat als Hauptinstrument die Mundharmonika in die Gruppe eingebracht. Jürgen Isebart (perc), geboren am 24. April 1944 in Hamburg, ebenfalls aus der Star Club-Szene, bringt mit reichhaltigem Schlaggerät die rhythmische Grundlage. Wolfgang von Henko (g, mandolin), geboren am 12. Dezember 1949 in Elmshorn, kam ebenfalls über Rock und Blues an den «Minnerock». – Seit 1973 erschienen in gleichbleibender Regelmäßigkeit LPs von der Gruppe, von denen das Doppelalbum «Ougenweide» (1979) in der Liederbuchreihe von Polydor besonders erwähnt sei, weil es einen repräsentativen Querschnitt durch die bis dahin erschienenen Alben vermittelt. Für die Fernsehproduktion «Dokumente deutschen Daseins» steuerte Ougenweide neben →Zupfgeigenhansl die Musik bei und stellte u. a. eine bemerkenswerte Interpretation von *Lützows wilde verwegene Jagd* vor.

● Auf Polydor: Ougenweide 2371687); All die Weil ich mag (2371517); Ohrenschmaus (2371700); Eulenspiegel (2371714); Ungezwungen (2634091); Fryheit (2437576); Ousflug (2413120); Liederbuch (2 LPs, 2630108); Ja Markt (2372034)

P

Panflöte. Die Panflöte zählt zu den ältesten Blasinstrumenten; ihr Name ist an den griechischen Gott der Wälder, Felder und Hirten angelehnt. Hierzulande wurde die Panflöte in den letzten Jahren durch den Rumänen Gheorge Zamfir bekannt gemacht. – In der Regel bestehen die verschiedenen Panflöten aus unterschiedlich langen und starken Bambusrohren, die nebeneinander angeordnet sind, wobei es auch doppelte und dreifache Reihen gibt. In der →lateinamerikanischen Folklore, wo sich auch altertümliche Panflöten aus Ton gefunden haben, gibt es die berühmten Zamponas, welche in ihren verschiedenen Ausführungen von den Gruppen Iljapu, →Quilapayun und →Inti Illimani vorgestellt werden.

● Auf Pläne: Indianische Flöten (G 10018) ... auf Philips: Été d'amour, Gheorge Zamfir (9120122); Gheorge Zamfir (6325047); Master of the Pan Flute (9279014);
□ Hein Jung «Panflötenschule» Universal Edition 1979; Gheorge Zamfir «Traite Du Nai Roumain» Chappell 1975

Parra, Violeta. «Violeta war standhaft, unerbittlich, zärtlich, eine Frau von großer persönlicher Disziplin, einer Disziplin, die sie auch allen, die sie umgaben, auferlegte» (Angel Parra 1976 über seine Mutter). – Violeta Parra, die «Mutter des Nueva Canción

Chilena», war zweifellos die herausragende Einzelpersönlichkeit bei der Entstehung des neuen chilenischen Liedes als gesellschaftspolitischer Kraft und Ausdruck einer Kultur von unten. Die «große Volkssängerin Chiles» (Victor Jara), die früh erkannte, daß ihre eigene Kultur nicht eine rein spanische (also kolonialistische) sein kann, sammelte auf ihren Reisen durch die entlegensten Dörfer ihrer Heimat indianisch beeinflußte Musiken. Violeta Parra stellte erstmals den Bezug zur eigenen Tradition her und schuf damit die Voraussetzungen für einen qualitativ neuen «Gesang des Volkes» (Victor Jara), ebenso wie sie die verpönten und teilweise verbotenen Instrumente wie →Quena, →Charango u. a. in ihre Musik einbezog und damit eine Signalwirkung auslöste für Gruppen wie →Quilapayun oder →Inti Illimani.

Violeta Parra wurde am 4. Oktober 1917 in San Carlos, Ñuble, in der Nähe von Chillán, der Geburtsstadt von →Victor Jara, geboren. Als Autodidaktin auf der Gitarre begann sie 1929 mit ersten Kompositionen, hatte Ende der dreißiger Jahre erste Auftritte im Zirkus, in Cafés und in Bars, spielte mit ihrer Schwester Hilda in einem Duo zusammen und heiratete in Santiago Luis Cereceda. Nach der Trennung von ihrem Mann 1948 wurde sie wieder aktiver als Sängerin und reiste ab 1952 gemeinsam mit ihren Kindern Isabel und Angel durchs Land, um Lieder zu sammeln. 1953 hatte sie erste Radiosendungen, erhielt 1954 den Preis Caupolican als bedeutendste Folkloristin, unternahm im selben Jahr ihre erste Europafahrt und ließ sich für zwei Jahre in Paris nieder. Dort hatte sie auch ihre ersten Schallplattenaufnahmen.

Violeta Parra kehrte 1956 nach Chile zurück und wurde im folgenden Jahr Leiterin des Museums für Volkskunst. Sie spielte regelmäßig LPs ein, machte Keramik, begann zu malen und verließ 1961 nach einer langen Krankheit mit Isabel und Angel Parra noch einmal ihre Heimat, um sich für einige Jahre in Paris niederzulassen. Sie nahm an den Weltfestspielen in Helsinki teil, hatte 1964 eine Ausstellung ihrer Bilder und Drahtskulpturen im Louvre und kehrte 1965, im Erscheinungsjahr ihrer Anthologie «Volksdichtung aus den Anden» nach Chile zurück. Hier gründete sie den Folklore-Club «Peña de los Parra», in dem auch Victor Jara seinen ersten Soloauftritt hatte, und spielte 1966 ihre letzte LP ein, die unter dem Titel «Letzte Kompositionen» erschien. Am 5. Februar 1967 beging Violeta Parra, die «Avantgardistin des Volkes», Selbstmord.

Die von ihr begonnene Arbeit wurde von zweien ihrer Kinder, Isabel und Angel Parra, aufgegriffen und konsequent weitergeführt. Angel Parra, geboren 1941, der nach dem Putsch der Faschisten ein halbes Jahr im Konzentrationslager gefangen war, kam über Mexiko nach Paris ins Exil, wo er heute lebt. Von seinen eindrucksvollen Kompositionen und Texten, die zu einem großen Teil von den Erfahrungen mit faschistischer Gewalt im KZ berichten, gibt es eine stattliche Anzahl LPs im Pläne Verlag. – Isabel Parra, geboren 1937, die verschiedene Alben mit ihrem Bruder zusammen eingespielt hat, kam nach dem Putsch zunächst nach Kuba, anschließend in die DDR ins Exil. Heute lebt sie mit ihrem musikalischen Kompagnon Patricio Castillo in Paris und widmet «ihre Kraft und ihre Musik ganz der Solidaritätsbewegung mit Chile» (Cantaré, Weltkreis Verlag).

● Auf Dicap/Pläne: Santiago Penando Estas

(P 12 DF 45) ... auf Chant du Monde/Pläne: Presente ... Ausente ... Cantos De Chile (2 LPs, LDX 74572/73) ... vertreten mit Isabel und Angel Parra auf Rounder/Pläne: Chile Vencera (2 LPs, RR 4009/10) ... Angel Parra auf Chant du Monde/Pläne: Pisagua (LDX 74628); La Passion Selon Saint Jean (LDX 74633); Angel Parra – De Chile (LDX 74611) ... Isabel und Angel Parra auf Dicap/Pläne: La Pena de Los Parra (P 11 DF 44) ... auf Chant du Monde/Pläne: Isabel Y Angel Parra (LDX 74634) ... Isabel Parra auf Chant du Monde/Pläne: Isabel Parra – De Chile (LDX 74610) ... vertreten auf Pläne: Konzert für Chile (S 88113)

Patton, Charley. Die Lebensgeschichte von Charley Patton steht für die Entstehungsgeschichte des →Mississippi Delta Blues. Jeder «angesehene» Bluesmusiker, der etwas auf sich hält, behauptet, Patton gekannt zu haben und ihm nachzueifern. Zwar ist Pattons Stellung in der Entstehungsphase des →Blues umstritten, aber man kann seinen Einfluß schwerlich zu hoch einschätzen. Er war zu seinen Lebzeiten der mit Abstand bekannteste Musiker seiner Region und sogar 1963, lange nach seinem Tod, war er bei vielen älteren Bewohnern dieses Gebiets noch in bester Erinnerung.
Charley Patton, «Founder of the Delta Blues», wurde nach Angaben seiner Schwester im Jahre 1887 auf einer kleinen Farm in Edwards, Mississippi, geboren, kam als Junge mit seiner Familie auf die Dockery's Plantage und begann dort vermutlich um die Jahrhundertwende mit dem Gitarrespiel. Zu dieser Zeit heiratete er das erste Mal, ein junges Mädchen namens Gertrude. Seine zweite Ehe begann 1908 mit Millie Toy. Um 1912 war ganz in der Nähe der Plantage eine beachtliche Musikszene-rie entstanden, und Patton dürfte in dem kleinen Städtchen Drew von Musikern wie Willie Brown oder Tommie Johnson wesentliche Impulse für seinen Blues bekommen haben. Anfang der zwanziger Jahre wurde Patton von der Plantage gefeuert, kam nach Merigold und «heiratete» Minnie Franklin Washington, mit der er einige Jahre zusammen war, bevor er 1929 nach Jackson ging und im folgenden Jahr Bertha Lee zur Frau nahm.
In Jackson wurde Charley Patton von einem Agenten der Paramount entdeckt, und am 14. Juni 1929 kam es zur ersten Aufnahmesession in Richmond, Indiana, auf der er 14 Bluestitel einspielte, u. a. *Mississippi Bo Weavil Blues*, *A Spoonful Blues* und *Down the Dirt Road Blues*. Der *Pony Blues*, der ebenfalls bei dieser Session aufgenommen wurde, wurde von Paramount folgendermaßen angekündigt: «Hier ist eine heiße Scheibe von dem einzigartigen Künstler Charley Patton – ein neuer Paramount Künstler –, einer der bekanntesten Sänger und Gitarristen im Süden. Was er nicht auf der Gitarre kann, ist nicht erwähnenswert. Er beginnt für Paramount mit einem Knaller – mit Schallplatte Nr. 12792, Pony Blues ...» – Die Platte wurde gut verkauft, und es kam zu zwei weiteren Sessions im selben Jahr. Bei der zweiten dieser Sessions, die im Dezember in Grafton, Wisconsin, stattfand, wurde Patton von dem Fiddler Henry Simms begleitet. Aufgenommen wurden u. a. der *Rattle Snake Blues*, *Running Wild Blues* und seine vermutlich bekannteste wie auch expressivste Nummer, *Highwater Everywhere*. Dieses Stück, das zwei Plattenseiten füllte, beschreibt die große Überschwemmungskatastrophe am Mississippi mit all ihren grausamen Auswirkungen auf die Bevölkerung.
Anfang 1930 ließ Charley Patton sich in Lula nieder, wo er →Son House kennenlernte. Mit ihm, Willie Brown und der Bluespianistin und Sängerin Louise Johnson spielte er im Mai weitere Titel ein. Nach dieser letzten Ses-

sion für Paramount ließ er sich mit Bertha Lee eine Zeitlang in Cleveland nieder. Aus jenen Tagen wird die Geschichte erzählt, daß ihn seine Frau bei einer der vielen heimischen Prügeleien mit einem Küchenmesser an der Kehle verletzt habe.
Am 30. und 31. Januar und 2. Februar 1934 hatte er in New York eine Aufnahmesession für ARC, bei der er zusammen mit Bertha Lee noch einmal 29 Bluestitel einspielte. Nach seiner Rückkehr ins Delta wurde er krank, und am 28. April 1934 starb Charley Patton, die erste Legende des Mississippi Delta Blues, an einem Herzversagen.

● Auf Origin: Charley Patton (OJL 1); Charley Patton Vol. 2 (OJL) ... auf Yazoo: Founder of The Delta Blues (2 LPs, L 1020) (Übereinstimmungen mit Origin) ... vertreten auf Folkways: Anthologie of American Folk Music Vol 1 (FA 2951); ... auf Origin: Mississippi Blues Vol 2 (OJL 11); In the Spirit Vol 1 und 2 (OJL 12/13) ... auf Yazoo: Mississippi Moaners (L 1009) ... auf Roots: Mississippi Blues Vol 1 und 2 (RL 302/03)
□ John Fahey, Charley Patton, Studio Vista

Paxton, Tom, stand so lange im Schatten von →Bob Dylan, bis jener sich aus der Folk-Szenerie löste und andere Wege ging – während Paxton nach wie vor Lieder schrieb, deren Wert er darin sieht, daß sie in einen praktischen politischen Zusammenhang gestellt werden.
Tom Paxton wurde am 31. Oktober 1937 in Chicago, Illinois, geboren und kam, nachdem er einen Teil seines Studiums der Theaterwissenschaften abgeschlossen hatte, 1960 nach →Greenwich Village. Paxton gilt als einer der fleißigsten und profiliertesten Song Writer dieser Szene, er beschreibt «mit unterkühlter Ironie und getarnter Satire Zeitphänomene und Figuren des gesellschaftlichen und politischen Alltags» (Rock-Lexikon). Sein erstes Lied *The Marvelous Toy* wurde in der Version des CHAD MITCHEL TRIO ein großer Erfolg, und viele andere Interpreten begannen, Stücke von Tom Paxton zu übernehmen. Das →KINGSTON TRIO spielte seinen *Ramblin' Boy* ein, und →PETER, PAUL & MARY übernahmen eines seiner bemerkenswertesten Kinderlieder, *Going to the Zoo*. Nachdem Paxton 1963 geheiratet hatte, spielte er sein erstes eigenes Album «Ramblin' Boy» (1964) ein, auf dem vor allem Kinder- und Liebeslieder sowie →Topical Songs zu hören sind – ein Spektrum, dem er immer treu geblieben ist. Im selben Jahr erschien bei Oak die erste Sammlung mit 41 seiner Stücke, die außer den genannten noch weitere Folk Songs enthält, die inzwischen zu Standards geworden sind. Dazu gehören *Last Thing on My Mind*, *I Can't Help but Wonder* und *What Did You Learn in School Today*, von dem Tom Paxton sagt, daß es den Unsinn darstellt vom «Washington-lügt-niemals-Kirschenbaum». Als die amerikanische Vietnam-Misere auf ihren Höhepunkt zusteuerte, wurden Paxtons Lieder scharfzüngiger, behielten aber dennoch ihren Witz bei – so im *Talking Vietnam Pot Luck Blues* oder in *Lyndon Johnson Told the Nation*, in dem er «Johnsons unpopuläre Zeit mehrere Jahre voraussah» (Roxon).
1971 ging er für einige Jahre nach England, wo er durch frühere Konzertreisen in Folk-Kreisen bereits ausgesprochen populär war. Er nahm LPs für das Reprise-Label auf und war mehrfach auch in der Bundesrepublik zu hören, zuletzt auf einer Tournee 1980. Tom Paxton lebt mit seiner Familie zusammen in einer ländlichen Kooperative in der Nähe von New York und versteht seine Lieder als eine Fortsetzung jener Arbeit, die →Woody Guthry be-

gann: «Die Tradition ist der Lebenssaft der Folk Music» (Paxton).

● Auf Crystal: Heroes (064 CRY 62082)

Pentangle, 1967 in London gegründet, ist in der Zeit ihres Bestehens eine der aufregendsten und experimentierfreudigsten Formationen gewesen und hatte wesentlichen Anteil an dem um 1970 herum musikalisch einmaligen Spektrum mit Gruppen wie →Fotheringay, →Steeleye Span und →Fairport Convention. Dabei ist der Vortrag der Pentangle von einem einzigartigen sanften Swing geprägt, der «zart und ätherisch wirkte» und eine «sensible Jazz-Folk-Rock-Mischmusik voll schwieriger Taktwechsel und ungewöhnlicher Klangkombinationen» (Rock-Lexikon) bot.
Zu den Stützen der Gruppe zählten →Bert Jansch (g, bj, voc) und →John Renbourne (g, sitar, voc), zwei der renommiertesten Gitarristen der englischen Szene, die vorher bereits beachtliche Solokarrieren hinter sich hatten und seit 1966 als Duo auftraten. Zu einer Schallplattenaufnahme wurde die großartige Folk Sängerin Jacqui McShee eingeladen, und die Gruppe war durch Danny Thompson (b) und Terry Cox (dr), beides Jazzmusiker, in ihrer Besetzung vollständig. 1968 präsentierte sich Pentangle auf ihrem ersten Album für Transatlantic, «The Pentangle», auf dem sich mit dem Sieben-Minuten-Titel *Pentangling* ihre musikalische Konzeption der «Überraschungen» besonders eindrucksvoll nachhören läßt. 1969 machten sie eine erfolgreiche Tournee durch die USA und wurden beim →Newport Folk Festival begeistert aufgenommen. Ihr 1971 erschienenes Album «Reflection» brachte nach Ansicht vieler Kritiker noch einmal einen weiteren Höhepunkt und eine der ideenreichsten Folk-Schallplatten bis dahin, bevor sich die Gruppe Ende 1972 trennte, da sie gemeinsam musikalisch das geschafft hatte, was in dieser Besetzung möglich war, und die einzelnen Mitglieder eigene Wege gehen wollten.

● Auf Transatlantic: The Pentangle (TRA 162); Sweet Child (2 LPs, TRA 178); Basket of Light (TRA 205); Reflection (TRA 240); Anthologie – The Pentangle (MRTA 2015); The Pentangle History Book (TRA SAM 23); Pentangling (TRA SAM 29); Cruel Sister (TRA 1172); des weiteren →Jansch, →Renbourne

Percussion. Die Rhythmus- und Schlaginstrumente, die in der neueren Geschichte im wesentlichen den Rock-, Jazz- und Popmusiken zugeschrieben werden, haben in den Volksmusiken aller Kulturen eine überragende Bedeutung. Sie werden bei Tänzen eingesetzt – als Besonderheit ist der Holzschuhtanz (Clog Dance) aus Wales erwähnenswert, der von der Gruppe →Ar Log vorgestellt wird – oder zur rhythmischen Begleitung verschiedener Arbeiten. Zu den bekanntesten Percussioninstrumenten zählen die vielfältigen Bongos, Congas, verschiedene Handtrommeln, Rasseln und Schellen, die Kastagnetten aus Spanien, Tambourin, Maracas, Klangstäbe und Klangbleche, Gongs, Timbals und Xylophone. Besonderheiten stellen dar die sogenannten Friktionsinstrumente wie der Rummelpott oder Fuckepott, das Bodhran, die Bones und die Löffel aus der irischen Folk Music, der Triangel als Bestandteil der →Cajun Music, der Galoubet aus der Provence, Guacharaca und Güiro aus Lateinamerika und das Waschbrett als Bestandteil von Skiffle- oder Jug Band-Musik.

● Auf Chant du Monde: «Guem et Zaka Percussion» (LDX 74674); «Percussions, Martin Saint Pierre» (LDX 74655); «Special Percussions» (LDX 74567); «Les Percussions Africaines, Guem» (LDX 74517); «Le Galoubet Provencal» (LDX 74480)

Peter, Paul & Marys Nachlaß besteht bei oberflächlicher Betrachtung aus Verkaufszahlen, die für den folkloristischen Bereich ausgesprochen ungewöhnlich sind und aus einer Interpretationsweise von Folk Songs, die von Kritikern auf der puristischen Seite als seicht und professionell geglättet, somit als «Verrat an der Sache» bezeichnet wird. PPM stellen ein breitgefächertes Repertoire vor und sind dabei eine der exponiertesten städtischen Folk-Gruppen. Durch ihren stilisierten, durchdachten und durchschaubaren Vortrag sind sie ein Meilenstein auf dem Wege zur Popularisierung der Folk Music in direkter Folge des →KINGSTON TRIOS und der →WEAVERS. Bei all dem ist erwähnenswert, daß das Trio niemals einen Zweifel an seinem politischen Engagement hat aufkommen lassen. «Sie hatten einen Hammer, sie hatten eine Glocke, sie hatten ein Lied zu singen und sangen es da, wo es etwas zählte» (Lilian Roxon).

Peter Yarrow, geboren am 31. Mai 1938 in New York City, kam nach einem Psychologiestudium und über erste Kontakte zur Folk Music in einem Seminar 1960 nach →Greenwich Village, um als Einzelinterpret «ein oder zwei Jahre aufzutreten» (Peter Yarrow). Noel «Paul» Stokey, geboren am 30. Dezember 1937 in Baltimore, Maryland, versuchte sich in den fünfziger Jahren in einer Rock'n'Roll Band und nach seiner Übersiedlung nach New York als Folk-Sänger in Clubs mit Liedern von →Tom Paxton, →Ramblin' Jack Elliot u. a. Mary Allin Travers wurde am 9. November 1936 in Louisville, Kentucky, geboren, zog mit ihren Eltern in der frühesten Kindheit nach New York, hatte in ihrer Jugend erste Kontakte zur Folk-Szenerie um →Pete Seeger und begann mit 15 Jahren vereinzelt Folk Songs vorzutragen. Ende 1960 traf sie auf Noel Stokey, kurz darauf mit Peter Yarrow und dem Manager Albert Grossmann zusammen, der auf der Suche war nach einer Gruppe in der Art des KINGSTON TRIO, welches er sich mit einem weiblichen Mitglied à la →Joan Baez als kommerzielle Sensation vorstellte. Nach Gerüchten soll er Mary Travers vorgeschlagen haben, sich einer Gesichtsoperation zu unterziehen, um der Baez ähnlicher zu sehen. Ab Frühjahr 1961 spielten PETER, PAUL & MARY zusammen, hatten im selben Jahr ihre ersten Sendungen in Radio und Fernsehen und spielten 1962 ihre erste LP «Peter, Paul & Mary» ein mit den beiden großen Erfolgen *If I Had a Hammer* und *Lemon Tree*. Innerhalb von wenigen Jahren wurden sie zur bekanntesten Folk-Gruppe in den USA, verhalfen durch ihre Interpretation von *Blowin' in the Wind* →Bob Dylan zu erstem großem Ruhm und waren in der Lage, auch Lieder mit kritischen Inhalten über die großen Medien des Landes zu verbreiten. Bei alledem ist ihre Beteiligung an politischen Aktionen immer voll deutlicher Überzeugung und effektiv gewesen – sei es nun bei den Märschen der Bürgerrechtsbewegung, auf den Demonstrationen gegen den Vietnamkrieg oder bei Solidaritätsveranstaltungen für die entstehende Opposition im Lande. 1970 löste sich die Formation auf, und die Mitglieder gingen ihrer eigenen Wege als Solointerpreten. Eine Wiederbelebung des Trios im Jahre 1978 wurde in Folk-Kreisen als große Enttäuschung empfunden und als rein kommerzielles Unternehmen kritisiert.

● Auf Warner Brothers/WEA: Star Collection (WB 26001); The Most Beautiful Songs of Peter, Paul and Mary (2 LPs, WB 66015); The Best of Peter, Paul and Mary (WB 46012); Ten

Years (WB 46051); Gold – Starportrait (WB 56101); Reunion (WB 56554)

Piano →Keyboards

Pinkullo →Bombarde

Pipes →Dudelsack

Pläne Verlag →Schallplatten der Folk Music

Planxty zählt in ihrer Besetzung mit exzellenten Einzelpersönlichkeiten zu den dominierenden und richtungweisenden Gruppen für die irische Folk Music in der ersten Hälfte der siebziger Jahre. Ihre erstaunliche musikalische Überzeugungskraft und Vielseitigkeit und nicht zuletzt ihr differenziertes, vielfältiges Instrumentalspiel hat über die Grenzen Irlands hinaus eine wesentliche Korrektur zu dem einseitigen Bild einer reinen Saufkultur liefern können und ein breites Interesse an der irischen Geschichte und den musikalischen Traditionen des irischen Tanzes (Jigs and Reels) wecken können. 1978 kam es zu einem mit Spannung erwarteten PLANXTY-Revival, das für viele zunächst zu einer großen Enttäuschung wurde, obwohl die seit ihrem Bestehen legendäre Formation sicher kaum schlechter war als in ihrer Blütezeit. Bezeichnenderweise konnten nur die Mitglieder überzeugen, die stärker traditionell orientiert sind, wie Matt Molloy und Liam O'Flynn.
Die Gruppe wurde 1972 von →Christy Moore (g, bodhran, harmonium, voc), →Andy Irvine (mandolin, mandola, bouzouki, hurdy gurdy, harp, voc), Donal Lunny (bouzouki, g, bodhran, voc) und Liam O'Flynn (uillean pipes, whistle) gegründet. Liam O'Flynn, der «Traditionalist» der Gruppe, gilt als einer der führenden Dudelsackspieler, stammt aus einer Musikerfamilie in Kill, County Kildare, ganz in der Nähe von Dublin, und sammelte seine ersten Erfahrungen durch den unvergleichlichen Dudelsackbauer und -lehrer Leo Rowsome. Unter Obhut der →Comhaltas Ceoltoiri Eireann, die sich besonders stark für traditionelle Bewegungen machten, hatte er seine ersten Auftritte und lernte Willie Clancy kennen, einen der bekanntesten Volksmusiker Irlands, der ihn nachhaltig beeinflußte, wie er selbst sagt. Anfang der siebziger Jahre traf er auf →Christy Moore und war bei der Aufnahmesession zu der LP «Prosperous» dabei, die von vielen als die Geburtsstunde von PLANXTY bezeichnet wird. Christy Moore kam, beeinflußt durch die CLANCY BROTHERS und die frühen →DUBLINERS, zur Folk Music und hatte 1972 zu dieser Session eingeladen. Mit von der Partie war auch Donal Lunny, das Universalgenie der irischen Folk-Szene, der von sich behaupten darf, mit fast jedem lebenden Musiker der Insel zusammengespielt zu haben und aus Newbridge, County Kildare, stammt und dort bereits 1963 zusammen mit Christy Moore bei den RAKES OF KILDARE zusammengespielt hatte. Er kam über verschiedene Gruppen der Dubliner Szene, EMMET FOLK, später EMMET SPICELAND, zu den WEE FOUR und schließlich bei dieser Session wieder mit Christy Moore zusammen. Vervollständigt wurde die Gruppe durch →Andy Irvine, der, in London von irischen Eltern geboren, in Dublin aufwuchs und zu den Begründern von SWEENEY'S MEN zählt. Diese englisch-irische Gruppe, der nachgesagt wird, einer der auslösenden Faktoren für den →Folk Rock in England gewesen zu sein, verließ er 1968. Er zog für knapp zwei Jahre auf den Balkan, wo sich ihm musikalisch

vollständig neue Dimensionen öffneten, die er in die Gruppe einbrachte und die sicherlich einen Teil der Besonderheiten bei PLANXTY ausmachten. In dieser Besetzung spielte die Gruppe die LP «Planxty» (Polydor) ein, bevor sich Donal Lunny 1973 auf den Weg zur →BOTHY BAND machte. An seine Stelle trat Johnny Moynihan (mandolin, bouzouki, whistle, harp, voc), der mit Andy Irvine bereits bei SWEENEY'S MEN zusammengespielt hatte und an der REHEARSAL GROUP, dem direkten Vorläufer von →STEELEYE SPAN, beteiligt gewesen war. Im folgenden Jahr kam es zu einer weiteren Umbesetzung, als Christy Moore sich entschloß, ein zweites Mal Soloauftritte zu geben. Bis zur Auflösung von PLANXTY im Dezember 1975 schloß sich einer der namhaftesten Gitarristen der irischen Szene, →Paul Brady, der zuvor in einer der bis dahin erfolgreichsten irischen Gruppen, den JOHNSTONS, gespielt hatte, der Formation an.

Bei der Wiederbelebung 1978 war außer den vier Gründungsmitgliedern Liam O'Flynn, Andy Irvine, Donal Lunny und Christy Moore noch Matt Molloy (fl), dabei, der aus Ballaghadeen, im Norden vom County Roscommen, stammt und zuvor ständiges Mitglied der →BOTHY BAND war. Er wuchs in einer Familie von Flötenspielern auf und wurde von den großen irischen Traditionalisten →Seamus Ennis, Willie Clancy und Johnny Doran beeinflußt, bevor er sich der Gruppe 1691, dem direkten Vorläufer der BOTHY BAND, anschloß. Matt Molloy zählte zu den großen Überraschungen beim PLANXTY-Revival und schraubte durch seinen Ruf die ohnehin hochgesteckten Erwartungen auf ein wohl kaum erreichbares Niveau, so daß hier ein weiterer Grund für die negativen Stimmen liegt, die von «irgendwie eine Enttäuschung» (Karl Dallas, Folk News) bis zu «die Gruppe schien unruhig und überspannt» (The Scotsman) gingen. Bei den folgenden Konzerten konnte PLANXTY dann wieder überzeugen, und auch das Album «After the Break» (1979) hat das von der Gruppe erwartete Niveau.

● Auf Tara: Prosperous (TAR 1001); Auf Polydor: Planxty (2383186); The Well below the Valley (2383232); Cold Blow and Rainy Night (2383301); The Planxty Collection (2 LPs, 2383397) auf Tara: After the Break (TAR 2006) ... Donal Lunny mit Mick Hanly auf Mulligan: A Kiss in the Morning Early (LUN 005) ... mit Liam Weldon: Dark Horse on the Wind (LUN 006) ... mit Matt Molloy: Matt Molloy (LUN 004) ... vertreten auf: Andy Irvine & Paul Brady (LUN 008) ... auf Tara: Christy Moore – Live in Dublin (TAR 2005) des weiteren →Christy Moore, →Andy Irvine

Politisches Lied. Der Begriff politisches Lied findet seine Anwendung zunächst auf die Songwriter im →Folk Revival Nordamerikas (→Bob Dylan, →Joan Baez, →Tom Paxton, →Phil Ochs u. v. a.), deren Lieder als Protest- oder richtiger als →Topical Songs bezeichnet werden. Dabei handelt es sich nicht um ein Phänomen der USA, sondern ist international, sei es nun, daß man die Lieder der irischen Widerstandskämpfer (Rebel Songs), die demokratischen Volkslieder aus Chile (→Victor Jara) oder die Musik aus der Bretagne nennt. Die Entwicklung des politischen Liedes scheint dabei in den USA im internationalen Vergleich vollständig im Sande verlaufen zu sein, und wie →Moses Asch (Folkways), einer der Kenner dieser Szenerie, behauptet, ist das amerikanische politische Lied mit Phil Ochs 1976 gleichzeitig begraben worden. Ganz wesentlich von der amerikanischen Landschaft um das →Newport Folk Festival wurde das politische Lied in der BRD ge-

Hannes Wader beim Stahlarbeiterstreik, Dortmund 1979. Foto: Michael Meyborg.

prägt, wo es seine entsprechende erste Heimat auf der Burg →Waldeck fand. Mit →Liedermachern wie →Franz Josef Degenhardt, →Dieter Süverkrüp, →Walter Moßmann, →Hein und Oss Kröher, →Hannes Wader u. a. etablierten sich auf dem ersten bundesdeutschen Folk Festival ein großer Teil der politisch orientierten Sänger, die noch heute einen wesentlichen Teil der Liedermacher-Szenerie ausmachen. Zu dieser ersten Generation, die in den Jahren 1964 bis 1968 den Schritt vom sozialkritischen Lied zum politischen vollzog, gesellte sich in den siebziger Jahren ein breitgefächertes Spektrum an Musikern mit unterschiedlicher Ausgangsposition: →Helmut Debus, der seine Lieder in seiner Heimatsprache vorträgt. →Frank Baier und →Werner Worschech aus dem Ruhrgebiet, die auf die Besonderheiten einer Industrielandschaft mit all ihren Problemen eingehen. Straßenmusiker wie Klaus der Geiger und Klaus Grabenhorst, die versuchen, Volkslieder aus intellektueller Umklammerung zu befreien. Verschiedene Frauenmusikgruppen, die ihre Probleme darstellen. →Tom Kannmacher und →Jürgen Schöntges, die versuchen, aus der demokratischen Liedtradition dieses Landes eine lebendige Musik zu entwickeln. Zusammengefaßt könnte man die siebziger Jahre innerhalb der politischen Lieder-Szenerie als die Zeit der Wiederbelebung der eigenen demokratischen Volkslieder bezeichnen. Zu erwähnen wären noch Gruppen wie →ZUPFGEIGENHANSL, →FIEDEL MICHEL und ganz besonders →LIEDERJAN, welche den nötigen Spaß

an der Sache beisteuern. Bereichert wurde die Szenerie um →Wolf Biermann, der von vielen als die Verkörperung des politischen Liedes schlechthin bezeichnet wird.
Mit dem zunehmenden Interesse an der politischen Liedkultur anderer Länder sind bei uns auch Vertreter der verschiedensten Regionen bekannter geworden: →INTI ILLIMANI, →QUILAPAYUN (Chile), →Mikis Theodorakis, →Maria Farantouri (Griechenland), →José Afonso (Portugal), →Gilles Servat (Bretagne), →Roger Siffer (Frankreich/Elsaß), um nur einige zu nennen.

Proffitt, Frank, machte eine traditionelle Musik, die ein unverfälschter Teil seiner angloamerikanischen Herkunft und seiner ländlichen Lebensbedingungen war – weiße Volksmusik in ehrlicher und ungeschminkter Beziehung zu den sozialen Verhältnissen und dadurch auch von der industriellen Verwertung durch den Hillbilly-Kult von→ Nashville verschont.
Frank Noah Proffitt wurde 1913 in Laurel Bloomerey, Tennessee, geboren und kam mit seinen Eltern ins Watauga County, North Carolina, wo sein Vater als Kesselflicker und Faßmacher für die Familie sorgte. In der großen Familie lernte er eine Unzahl von Liedern, das notwendige Wissen für den Bau eines ordentlichen Banjos und für den Dulcimer und sammelte weitere traditionelle Stücke von den Nachbarn in der Umgebung, so daß die Volksliedforscher Anne und Frank Warner, als sie 1937 die Proffitt-Familie erstmals besuchten, über 120 Volkslieder aufschreiben konnten, von denen die meisten noch gänzlich unbekannt waren. Darunter befand sich auch ein Lied mit dem Titel *Tom Dewey*, welches Frank Warner 1952, ohne sich um die Rechte an diesem Lied zu kümmern, unter *Hang down Your Head, Tom Dooley* für Elektra einspielte. Das KINGSTON TRIO machte daraus 1959 einen Welthit, sicherte sich die Rechte und somit auch die Tantiemen, sorgte aber durch den ungeheuren Erfolg des Liedes dafür, daß Frank Proffitt ein begehrter Musiker für alle Folk-Festivals in den USA wurde. Im →Folk Revival der sechziger Jahre waren er und seine von ihm selbst gebauten Instrumente ein wichtiger Bestandteil, um die ländliche Tradition in ihren Ursprüngen einem großen Publikum vorzustellen. Frank Proffitt baute seine Banjos auf die älteste Art ohne Bundabgrenzung («Fretless»), so daß der charakteristische Klang des Oldtime Mountain Banjo mit fließenden Tonverbindungen und Slides entstand, im Vergleich zum normalen Banjo wesentlich weicher und gedämpfter im Ton. Den Dulcimer spielte er auch auf seine ihm eigene und besondere Art, indem er eine Art Banjotechnik anwandte und dabei den Rhythmus durch sehr unerwartete Hammerings bestimmte.
Frank Proffitt nahm bei Folkways mehrere Alben auf. Sie wurden für die Folk Music wichtig, weil hier traditionelle Techniken vorgestellt werden, die man in dieser Echtheit sonst nirgends hören kann. 1962 spielte er für Folk Legacy auf einer bei ihm zu Hause aufgenommenen Langspielplatte auch *Tom Dooley* ein. Frank Proffitt starb am 24. November 1965.

● Auf Folkways: Frank Proffitt Sings Folk Songs (FA 2360) ... auf Folk Legacy: Frank Proffitt (FSA 1); A Memorial Album (FSA 36) ... auf Topic: North Carolina Songs and Ballads (12 T 162)

Psalter →Zither

Q

Qualey, David, ist als Gitarrist und Komponist mit seinen technischen und virtuosen Fähigkeiten eine der tatsächlichen Ausnahmeerscheinungen der bundesdeutschen Szene. In einer einzigartigen Zitatspielweise hat er auf der Gitarre die verschiedensten Elemente aus Klassik, →Blues und →Ragtime, Pop- und Rockmusik nicht nur vermischt, sondern er läßt diese Elemente in ihren ganz besonderen Eigenheiten teilweise bestehen und führt sie zu einer «hohen Kunst der leisen Töne» (Main Post) zusammen. Mit einer überraschend harmonischen Vielfalt entstehen sensibelste Klangbilder, die ihn zum Konzert-Gitarristen unter den Folk-Musikern gemacht haben.
David Qualey wurde am 30. Dezember 1947 in Oregon, USA, geboren, begann als Neunjähriger mit dem Gitarrenspiel, schloß sich einer kleinen Gruppe an und begann mit 19 Jahren professionell in einer Jazzformation zu arbeiten. Nebenher arbeitete er autodidaktisch weiter an klassischen Gitarrentechniken, trat ab 1971 als Backgroundmusiker an der Westküste in Bars und Hotels auf und hatte ein Jahr später in New York seine ersten erfolgreichen Auftritte mit eigenem Programm. 1973 kam David Qualey nach Europa und ließ sich 1974 in der Nähe von Hameln nieder. In der bestehenden Clublandschaft wurde er schnell ein gefragter Interpret, und 1976 erschien sein Debüt-Album «Only Guitar» (Stockfisch), das insbesondere von aktiven Gitarristen begeistert aufgenommen wurde. Ein weiteres Album erschien bei Teldec, «Guitar Solo», und 1980 wurde «Guitar Parables» wiederum bei Stockfisch veröffentlicht. Diese von ihm selbst im eigenen Studio produzierte LP zeigt in Titeln wie *Ride of the Headless Horseman* oder *Grandma's Old Pajama Rag* seine instrumentale Fertigkeit und bietet außerdem mit dem Stück *Parable* eine Überraschung in vielerlei Hinsicht. Hier zeigt er sich auch als einfühlsamer Arrangeur, der einen von Frieda Späth rezitierten Text mit Gitarrenmusik unterlegt und für ein musikalisches Erlebnis besonderer Art sorgt.

● Auf Stockfisch: Only Guitar (SF 5003); Guitar Parables (SF 5025) ... auf Teldec: Guitar Solo (AO 623413) ... vertreten auf Stockfisch: Gitarre '76 (SF 8003)

Quena →Flöte

Quilapayun, die chilenische Gruppe, die neben →INTI ILLIMANI zu den bekanntesten Formationen der Bewegung des neuen chilenischen Liedes auch auf internationaler Ebene zählt, gilt als einer der wesentlichen Impulsgeber bei der Wiederbelebung einer eigenständigen Volksmusik ihrer Heimat. Ihr ganz besonderes Verdienst ist das Aufgreifen fast vergessener traditioneller Instrumente, die sie als erste Formation der Öffentlichkeit wieder vorstellten. Die «drei Bärte» (Übersetzung Quilapayun aus dem Indianischen) haben sich in ihrer Geschichte vom ursprünglichen Trio zu einem Ensemble von sieben Mitgliedern entwikkelt, die in Kutten, der Festtagskleidung der chilenischen Landarbeiter, auftreten. In ihrer Heimat sind sie die bekannteste folkloristische Gruppe, so wurden sie 1971 und 1972 zum populärsten Ensemble gewählt; ihre «Cantata Santa Maria» zählt zu den zehn meistverkauften Schallplatten Lateinamerikas. Die Qualitäten der QUILA-

PAYUN ergeben sich aus einem außergewöhnlich ausdrucksstarken Gesang und ihrer Instrumentierung, mit der sie traditionelle Lieder und Tänze aus dem Hochland interpretieren. Die Gruppe kommt von ihrer Entwicklung her zwar aus einer chilenischen Tradition, greift aber ebenso Elemente aus Argentinien, Bolivien, Peru u. a. auf, macht also eine *lateinamerikanische* Musik und ist dadurch auf dem ganzen Kontinent überaus bekannt.

QUILAPAYUN wurde 1965 als Trio gegründet und stellte erstmals das Konzept einer chilenischen Folk-Gruppe mit traditionellen Instrumenten vor. 1967 übernahm →Victor Jara die musikalische Leitung der Gruppe, und im selben Jahr erschien die erste LP «Canciones Folkloricas de America» (Odeon–Chile). 1969 verließ Victor Jara die Gruppe, aber ebenso wie er zogen auch die Musiker von QUILAPAYUN für die Unidad Popular durchs Land und erlebten in der Zeit nach dem Wahlsieg ihre größte Popularität. In dieser Zeit machten sie Tourneen durch Frankreich, Italien, Spanien, BRD ebenso wie in die sozialistischen Länder UdSSR, Ungarn, DDR. Zur Zeit des Putsches befand sich die Gruppe auf einer Tournee in der Bundesrepublik und lebt heute, wie viele chilenische Musiker, im Exil in Paris. Die Mitglieder von QUILAPAYUN sind: Hernán Gómez, ehemaliger Ingenieurstudent, spielt →Gitarre und →Charango. Rubén Escudero, fertiger Ingenieur, →Quena und ebenfalls Charango. Hugo Lagos, gelernter Musikpädagoge, ist Gitarrist, spielt Quena und Tiple, ein der →Bombarde ähnliches Instrument. Carlos Quezada, von Beruf Raumgestalter, ist zuständig für Percussion. Guillermo Oddó, Chemiker, ist ein weiterer Gitarrist. Rodolfo Parada, ein Wirtschaftswissenschaftler, spielt Gitarre, →Cuatro und Tiple. Vollständig ist das Ensemble mit Eduardo Carrasco, ehemaliger Professor der Philosophie an der Universität in Santiago und Leiter des Orchesters, der die traditionellen →Flöten spielt. Alle Mitglieder singen.

● Auf Dicap/Pläne: El Pueblo Unido Jamás Será Vencido (P 13 DF 66); Adelante (P 16 DF 72); Patria (GP 0290); Umbral (88210) ... auf Pläne: Chile (S 88105) ... vertreten auf Konzert für Chile (S 88113); Folklore International (2 LPs, S 0500/01)

R

Race Records ist die Bezeichnung für die 78er-Schallplatten schwarzer Musik, «mit schwarzen Künstlern für schwarze Käufer», die von den zwanziger Jahren bis Ende der vierziger Jahre gebräuchlich war. Heute werden diese Platten in Liebhaberkreisen für Rekordsummen gehandelt. Führend auf diesem Sektor waren zunächst Columbia und Paramount, Mitte der dreißiger Jahre aber hatte fast jede Schallplattengesellschaft ihr eigenes Race Record-Label und eine Abteilung für schwarze Musik. Besonders wichtig dabei waren die sogenannten Talentsucher mit ihren Fieldteams, die mobile Aufnahmegeräte in den verschiedenen kleinen Orten einsetzten, um an traditionelles Material zu kommen. Besonders erwähnenswert dabei sind Ralph Peer und Mayo Williams, die vermutlich bedeutendsten Personen auf Seiten der Musikindustrie neben John Hammond und J. B. Long. Letzterer hat sich durch besonders rücksichtslose Ausbeutung der von ihm betreuten schwarzen Schallplattenkünstler (→Blind Boy Fuller, →Sonny Terry u. a.) einen Namen gemacht. Zu Beginn der fünfziger Jahre wurde der Begriff, der den weißen Musikproduzenten peinlich erschien, umbenannt in →Rhythm&Blues-Records.

Ragtime. Die seit 1870 belegte Musikform aus den USA ist eine Vermischung der afro-amerikanischen Musik mit Elementen der europäischen Salonmusik. Sie wurde in der Regel nach strengen Prinzipien komponiert und vorwiegend auf dem Piano gespielt. Der Ragtime, eine der wichtigen Komponenten bei der Entstehung des Jazz, besteht aus einer stark synkopierten Melodielinie und einer hämmernden Konstante im Baß. Im Zusammenhang mit der sich entwickelnden Musikindustrie und der mechanischen Vervielfältigung auf Papierwalzen trat der Ragtime um die Jahrhundertwende einen wahren Siegeszug zunächst durch die USA an und verbreitete sich, bedingt durch den Erfolg des Irving Berlin-Schlagers *Alexander's Ragtime Band*, als eine neue Tanzmusik um 1910 auch in Europa. «Dieser Ragtime-Rhythmus bedeutete eine Revolution der Tanzmusik» (Heinz Pollack, ein namhafter Tanzpädagoge, 1922).

Die Rags wurden in Orchesterbearbeitungen von den damals üblichen Bands übernommen und zählten zum Standardrepertoire jeder Tanzkapelle. Die in der Regel schwarzen Pianisten, davon der berühmteste, Scott Joplin, komponierten ungemein schwierige Musikstücke, die im Verlauf der Entwicklung immer komplizierter wurden, bis hin zur Unspielbarkeit, so daß im Laufe der Zeit immer weniger Musiker in der Lage waren, die Kompositionen zu reproduzieren. Die überragende Stellung des Pianos erklärt sich auch aus der Möglichkeit der direkten Übertragung durch den Pianisten auf die Papierwalze und eine problemlose Vervielfältigungsmöglichkeit. Bezeichnend, daß die Ragtime-Ära mit Aufkommen der Schallplattenindustrie um 1920, die es möglich machte, andere musikalische Formen industriell ebenso zu verwerten, zu Ende ging.

In den siebziger Jahren gab es durch den Film «Der Clou» mit dem Ragtime *The Entertainer* von Scott Joplin eine Wiederbelebung dieser Musik, und es kam zu zahllosen Interpretationen der

Rags auf den verschiedensten Instrumenten. Innerhalb der Folk Music hat sich der Begriff «Ragtime-Gitarre» für einen bestimmten Stil eingebürgert, der allerdings nur ungenau die Spielweisen von →Werner Lämmerhirt, →Stefan Grossmann u. a. beschreibt.

Raimon ist neben den Mitgliedern der SETZE JUTGES die wichtigste Einzelpersönlichkeit des neuen katalanischen Liedes. Er gilt im wesentlichen als der Musiker, der die Politisierung des Nova Cançó eingeleitet und zu einem ersten Höhepunkt gebracht hat. Der geschichtsbewußte Katalane, der ursprünglich eine Professur auf diesem Gebiet angestrebt hatte, ist mit seinem berühmten «Raimonianischen» Schrei eine aufregende musikalische Persönlichkeit seit seinem ersten Auftreten und ist in der Bundesrepublik seit Jahren der bekannteste Vertreter seiner Kultur.
Raimon Pelegero Sanchis wurde 1940 in Xàtiva im südlichsten Teil Kataloniens als Sohn eines Möbeltischlers geboren. Die katalanische Sprache war in dieser Region die Sprache der Unterschicht; Raimon wurde in dieser Kultur groß und hatte durch die vielen Verhaftungen seines Vaters die ersten nachhaltigen politischen Erlebnisse mit dem Frankismus. Trotz der Armut seiner Familie war es ihm möglich, das Gymnasium zu absolvieren und anschließend ein Studium zu beginnen. 1962 hatte er in Barcelona seine ersten Kontakte zu den SETZE JUTGES, und am 15. Dezember desselben Jahres gab er sein erstes öffentliches Konzert. Gleichzeitig mit der Gründung der ersten Schallplattenfirma dieser Region, Edigsa, wurde er zum ersten Star der Nova Cançó. 1963 kam es zu einer Sensation, als er mit dem harmlosen katalanischen Lied *Se'n va anar* (Er ging fort) den ersten Preis beim 5. Festival des Mittelmeerliedes gewann. Die Folge davon war, daß in den nächsten Jahren katalanische Lieder aus der Endausscheidung offiziell ausgeschlossen waren. Zu dieser Zeit hatte Raimon bereits eines seiner wichtigsten politischen Lieder *Diguem no* (Sagen wir nein) geschrieben, das von vielen als Beginn des politischen Nova Cançó bezeichnet wird: «Nein, ich sag nein, / sagen wir nein. Wir sind nicht von solch einer Welt.» 1965 absolvierte Raimon seine erste Europatournee, feierte im folgenden Jahr im Olympia in Paris seinen ersten großen Auftritt in diesem renommierten Konzertsaal und erhielt im selben Jahr den Grand Prix du Disques für die LP «Raimon a l'Olympia» (100000 verkaufte Exemplare).
In der Folgezeit wurden die Auftritte von Raimon zunehmend verboten, und er erhielt von 1968–1970 generelles Auftrittsverbot in ganz Spanien, was aber keinen Einfluß auf seine Popularität hatte. 1976 trat er erstmals bei dem wichtigsten und größten Festival des katalanischen Liedes in Barcelona vor 60000 Zuhörern auf und gilt heute neben →Llouis Llach und →Maria del Mar Bonet als der populärste Sänger seiner Region.

● Auf Chant du Monde/Pläne: Diguem No (LDX 74469); T'Adones Amic ...? (LDX 74523) ... auf Folkways: Catalonian Protest Songs (FH 5411)

Reagon, Bernice, die radikale Aktivistin innerhalb der amerikanischen Bürgerrechtsbewegung, spielte in den vergangenen zwei Jahrzehnten eine bedeutende Rolle im Kampf der Schwarzen um Gleichberechtigung: «Sie machten einen Neger – einen Farbigen – einen Schwarzen; die Frage ist, warum. Warum war es nötig, einen Schwarzen zu haben? Warum konnten sie den Namen Afrikaner nicht beibehalten, so wie die Leute aus Italien immer noch Italiener sind und die aus Spanien immer noch Spanier? Warum war es notwendig für den weißen Mann, sich einen Untermenschen zu schaffen – einen Schwarzen?»

Bernice Johnson Reagon wurde in Albany, Georgia, geboren, wo sie unter dem Einfluß baptistischer Musik und Tradition aufwuchs. Zu Beginn der sechziger Jahre hatte sie innerhalb der Bürgerrechtsbewegung bei Massenveranstaltungen die Funktion einer Vorsängerin übernommen. Aus dem Bewußtsein der Wichtigkeit von Liedern für die kommenden Auseinandersetzungen gründete sie die erste Musikgruppe dieser Bewegung, die FREEDOM SINGERS, zusammen mit Cordell Reagon, Ruth Harris und Chuck Neblett. Die Gruppe verbreitete die Ideen des Student Non-Violent Coordinating Commitee (SNCC), einer Organisation für den gewaltlosen Widerstand. 1963 spielte Bernice Reagon mit der Gruppe auf dem →Newport Folk Festival. Wenig später gründete sie in Atlanta, Georgia, das jährliche «Penny Festival» als Ausgangspunkt für eine Liedbewegung «über unsere Wurzeln und unser Leben» (Reagon). Das Festival sollte die schwarze Musik Amerikas deutlicher in Bezug zur afrikanischen Herkunft bringen. Anfang der siebziger Jahre machte Bernice Reagon eine Forschungsreise nach Afrika und in die Karibik, um weiteres Material über die eigene schwarze Kultur und Vergangenheit zu sammeln. Mit Evelyn Harris, Pat Johnson, Carole Mailard und Louise Robinson gründete sie 1974 die Gruppe SWEET HONEY ON THE ROCK, die hauptsächlich auf schwarzen Familienfesten, Hochzeiten und Beerdigungen spielte – eine bewußte Abkehr von der «kulturellen Unwirklichkeit» der Festivals, auf denen schwarze und weiße Musiker gemeinsam auftreten.

In einem ihrer bekanntesten Lieder (ohne Titel) beschreibt Bernice Reagon voll Bitterkeit die Frage eines Kindes an seine Mutter, warum die Schwarzen geboren sind, und die Mutter antwortet: «Irgendwer mußte die Baumwolle pflanzen / Irgendwer mußte das Korn ernten / Irgendwer mußte diese Nation aufbauen / Das ist es, warum die Schwarzen geboren wurden.» – Dieses Lied befindet sich auch auf der einzigen bei uns erhältlichen Solo-LP.

● Auf Folksways: Folk Songs – The South (FA 2457)

Redpath, Jean, gilt als eine Meisterin des →a capella-Gesanges und als eine der größten lebenden schottischen Persönlichkeiten des traditionellen Singing auf professioneller Ebene. Ihre Besonderheit liegt darin, daß sie nicht Vertreterin einer bestimmten regionalen Eigenheit und des entsprechend begrenzten Materials ist, sondern, wie ihr biographischer Hintergrund zeigt, ein vielfältiges volksmusikalisches Spektrum zu ihrem persönlichen Vortrag erarbeitet hat.

Jean Redpath wurde am 28. April 1937 in Edinburgh, Schottland, geboren, wuchs zwar in einer gesangsbewußten Familie auf, hatte aber, wie sie selbst sagt, die verschiedensten musikalischen Erfahrungen über Schallplatten, Radio und Konzerte. Ihr Interesse am Folk Singing entstand erst, als sie ihr Studium an der Universität von Edinburgh begann und dort in den späten fünfziger Jahren in einem der ältesten Folk-Clubs der Vereinigten Königreiche aktiv wurde. Ermuntert von →Hamish Henderson zog sie 1961 in die USA, kam mit Hilfe von Norman Kennedy nach →Greenwich Village und bekam sechs Wochen nach ihrer Ankunft ihren ersten größeren Auftritt in Gerde's Folk City, dem eine ausgezeichnete Besprechung in der New York Times folgte. Ihrer Karriere auf amerikanischem Boden stand nichts mehr im Wege, und sie spielte in den folgenden Jahren mehrere Langspielplatten ein, bei welchen sich die Sehnsucht, in ihre Heimat zurückzukehren, besonders deutlich auf dem Album «Frae My Ain Countrie» (1973) spüren läßt. In ihren Konzerten begleitete sie sich zunehmend auf der →Gitarre, und zwar als Kompromiß an die Zuhörer, für die der unbegleitete Gesang zu ungewohnt ist: «Je weniger ich das Instrument gebrauche, desto weniger fühle ich, daß ich Kompromisse mache.» 1976 kehrte Jean Redpath nach Schottland zurück und ließ sich im County Fife nieder. Innerhalb der Szenerie dort zählt sie zu den gefragtesten Persönlichkeiten auf Festivals und in den Folk-Clubs, mit einem Repertoire von mehreren hundert Liedern, die sie fast ausschließlich ohne Begleitung vorträgt. Bemerkenswert ist noch, daß es sich dabei um Balladen handelt, die teilweise bis zu fünfzig Strophen haben.

● Auf Folk Legacy: Frae My Ain Countrie (FFS 49) ... auf Leader/Trailer: There Were Minstrels (LER 2106) ... auf Philo: Songs of Robert Burns (PH 1037); Song of the Seals (PH 1054); Jean Redpath (PH 2015); Father Adam (PH 1061)

Renbourne, John, «ein faszinierender Mischling» (Folk News), gilt als einer der dominierenden Gitarristen der Britischen Inseln und hat in der Zusammenarbeit mit →Bert Jansch wesentlich dazu beigetragen, den sogenannten englischen Folk Baroque-Stil auf der Gitarre zu entwickeln. Diese aufregende und schwierige Gitarrentechnik, die von wenigen Instrumentalisten beherrscht wird, beinhaltet einmal die englische Stille und Gemütlichkeit, zum anderen rhythmische Verspieltheiten, überraschende Breaks und raffinierte offene Stimmungen, was eine vollständig neue und einzigartige Struktur ergibt und sowohl Interpretationen amerikanischer →Folk Blues Stücke wie auch traditioneller englischer →Balladen zu einem ungewohnten Erlebnis macht. Als einer der experimentierfreudigsten Musiker der englischen Szene war John Renbourne Mitglied der →PENTANGLE und wurde durch diese legendäre Formation auch über Folk-Kreise hinaus bekannt.

John Renbourne wurde 1944 in London geboren, machte seine ersten musikalischen Gehversuche im Torquai-Gebiet, spielte in Guildford in einer →Rhythm&Blues-Gruppe und kam nach seiner Rückkehr in die Großstadt in die Folk Club-Szene. Hier traf er auf Bert Jansch, woraus sich eine der fruchtbarsten und schöpferischsten Verbindungen der englischen Folk Music ergab, und spielte im selben Jahr wie Bert Jansch sein erstes Album für Transatlantic ein, «John Renbourne» (1966). Ebenfalls in diesem Jahr erschien die erste gemeinsame LP mit Jansch unter dem schlichten Titel «Bert & John». Kurz darauf kam es zur ersten Zusammenarbeit mit Jacqui McShee, «Another Monday» (1967), und um Danny Thompson (b) und Terry Cox (dr) erweitert ergab sich die Gruppe PENTANGLE. Auch in der Zeit des Bestehens der Formation spielte Renbourne weitere Soloalben ein, so unter anderem «The Lady and the Unicorn» (1970) mit mittelalterlichen Klängen und einer bemerkenswerten Interpretation des Titelsongs. Nach Auflösung der PENTANGLE 1972, inzwischen war Renbournes erstes Song Book «Guitar Pieces» bei Oak Publications erschienen, kam es zur lockeren Zusammenarbeit mit Bert Jansch und Jacqui McShee, mit der er zusammen die JOHN RENBOURNE BAND gründete, an der noch der Flötist Tony Roberts und der Tablaspieler Keshav Sathe beteiligt waren. In dieser Besetzung erschien die LP «Maid in Bedlam». 1978 spielte John Renbourne «The Black Balloon» ein, wo sich überraschend irische Elemente zeigen und ein seltener Einsatz der provenzalischen Tabor-Trommel durch Stuart Gordon zu hören ist. Im Frühjahr 1980 erschien sein Album «The Enchanted Garden».

● Auf Transatlantic: John Renbourne (TRA 135); Bert & John (TRA 144); Another Monday (TRA 149); Sir John Alot of Merrie Englands Musyk Thynge (TRA 167); The Lady and the Unicorn (TRA 224); Faro Annie (TRA 247); A Maid in Bedlam (TRA 348); The Black Balloon (TRA 356); The Enchanted Garden (TRA 356); The John Renbourne Sampler (TRA SAM 29); So Clear Vol II (TRA SAM 28); des weiteren →Pentangle

Reynolds, Malvina, «the Grandmother of Folk Song», ist mit ihren →Topical Songs eher mit unseren sozialkritischen Liedern der sechziger Jahre zu vergleichen als irgendein anderer Aktiver der amerikanischen Folk Music. Gleichzeitig hat sie einen Teil des Konzepts der Flugblattlieder von →Walter Moßmann vorweggenommen, indem sie jedes Lied, das sie geschrieben hat, auf einem eigenen Kopiergerät vervielfältigt und an jeden ihr bekannten Folk-Musiker schickt und an die Leute, die ihr sonst wichtig für den Inhalt und die Verbreitung der Lieder sind.

Malvina Reynolds wurde 1900 in San Francisco geboren, traf Anfang der dreißiger Jahre Bud Reynolds, einen radikalen Gewerkschafter und Arbeiterführer, den sie 1934 heiratete, und hatte sehr früh Kontakt zu →Woody Guthrie, woraus eine lang andauernde Freundschaft und Zusammenarbeit wurde. «Ich denke, daß ich nach Woody eine der ersten war, die hauptsächlich daran interessiert waren, Lieder zu schreiben, die aus der Tradition der Arbeiterbewegung und der Folk Music kamen, Lieder mit sozialem Inhalt» (Malvina Reynolds). Ganz in diesem Sinne schrieb sie 1962 ihr bekanntestes Lied *What Have They Done to the Rain*, eine sanftmütige und fast schon liebevolle Beschreibung der Gefahren durch zunehmende Umweltverseuchung durch Radioaktivität, die aber nichts an Deutlichkeit vermissen läßt. →Joan Baez sang dieses Lied und machte es über die Grenzen der USA hinaus bekannt.

Anfang der sechziger Jahre gründete Malvina Reynolds ihren eigenen Verlag, die Schroder Music Company, und eine eigene kleine Schallplattengesellschaft, die Cassandra Records, bei der auch einige ihrer Alben erschienen. Sie spielte aber ebenso für Folkways, Pacific und Cascade Langspielplatten ein. →Pete Seeger übernahm sehr viele ihrer Lieder, «sie ist verantwortlich für mindestens ein Dutzend meiner liebsten Songs», und hatte 1963, nach langem Boykott durch die Musikindustrie, mit ihrem Titel *Little Boxes* seinen ersten kommerziellen Erfolg.

Malvina Reynolds, die mit 45 Jahren nach abgeschlossener Ausbildung für den Lehrerberuf keine Stelle bekam, weil sie auf der «schwarzen Liste» stand, «ist hart, wenn sie es sein muß, und weich und fröhlich, und voll von Liebe und Leidenschaft und auch Haß. Malvinas Lieder kommen aus unserer Zeit – und sie kümmert sich um die Menschen unserer Zeit» (Covertext von «The Muse of Parker Street», Oak Publications).

● Auf Folkways: Another Country Heard From (FN 2524) ... vertreten auf: American History in Ballad and Song, Vol 2 (FH 5802)

Rhythm & Blues ist eine städtische Interpretation der schwarzen Volksmusik und als Bezeichnung irreführend, da Rhythmus ein wesentlicher Bestandteil von fast jedem Blues ist. Von vielen aktiven Musikern «Rhythmblues» genannt, beinhaltet diese Spielweise traditionelle Elemente ebenso, wie sie auf die veränderten ökonomischen Bedingungen und die elektrischen musikalischen Möglichkeiten eingeht. Es wäre durchaus berechtigt, den Rhythm & Blues als früheste →Folk Rock-Variation zu bezeichnen, und es ist sicher, daß diese moderne Bluesinterpretation ein Vorläufer und Impulsgeber für den Rock'n'Roll und die Rock Musik war. In den gängigen Beschreibungen lediglich als Übergang zu dieser Musik beschrieben oder gar auf eine kurzlebige Zwischenstufe zur Soulmusik reduziert, wird die eigene Vitalität dieser Ausdrucksform der schwarzen Bevölkerung oft unterschlagen. Ganz im Gegensatz dazu ist der Rhythm & Blues ein entwicklungsgeschichtlicher Höhepunkt des städtischen Blues, der sich organisch aus der Bluesgeschichte entwickelt hat und nach wie vor lebendig ist. Besonders verbunden mit der Szenerie in Chicago, deren Musiker zum größten Teil aus dem →Mississippi-Delta stammten und die Delta-Tradition fortführten, entstand dort bis auf den heutigen Tag das Zentrum für den Rhythm & Blues. (Erwähnenswert ist, daß dieses musikalische Phänomen in den vierziger Jahren gleichzeitig auch in anderen Regionen der USA entstand, so etwa im «Juky Jumps» an der Westküste. In der Folge von →Robert Johnson, mit den Bindegliedern Elmore James und →Bukka White, wurde Chicago mit Muddy Waters, →Jimmy Rogers, J. B. Hutto u. v. m. aber das Sinnbild und produktive Zentrum des Rhythm & Blues bis auf den heutigen Tag. Als Form des Blues ist er «Ausdruck der Kultur des afro-amerikanischen Proletariats» (Joachim Ernst Berendt).

Ritchie, Jean. Ihre «nicht geformte Stimme steht stellvertretend für die Echtheit und ehrliche Einfachheit ihrer Herkunft aus den Cumberland Mountains.» (Folk Music Encyclopaedia)
Jean Ritchie wurde am 8. Dezember 1922 in Viper, Kentucky, als jüngstes von 14 Kindern geboren. In ihrer äußerst traditionell ausgerichteten Familie, deren Vorfahren England im Jahre 1768 verlassen hatten und einige Jahre später zu den ersten Siedlern in den →Appalachen gehörten, hatte sich bis zu der Generation von Jean Ritchie wenig verändert, so daß der englische Folkloreforscher Cecil Sharp bei seinem Besuch der Ritchies im Jahre 1917 einen großen Teil seiner Sammlungen über englische Volkslieder vervollständigen konnte. In dieser ausgesprochen volksmusikalischen Umgebung wuchs Jean Ritchie auf. Ihre Lebensgeschichte ist die Geschichte der Veränderungen innerhalb dieser Volksmusik und zeigt den Aufstieg und die Entwicklung der Appalachen Mountain-Dulcimer, denn niemand sonst wird so mit diesem Instrument in Verbindung gebracht und hat einen derart großen Beitrag zur Popularisierung der Dulcimer geleistet.
Nachdem Jean Ritchie 1946 ihr Abschlußexamen als Sozialarbeiterin erfolgreich bestanden hatte, kam sie für ein Praktikum nach New York, wo sie

mit ihrem äußerst seltenen und ungewohnten Instrument auf verschiedene Veranstaltungen eingeladen wurde und dadurch auch →Alan Lomax kennenlernte, der sie auf eines der großen Folk-Festivals von damals einlud. Dort lernte sie unter anderem →Pete Seeger und →Brownie McGhee kennen. Auf ihrem ersten →Hootenanny kurz darauf traf sie auch →Woody Guthrie («Wie nennst du dieses komische Ding? Wieso kriegst du aus diesen drei Saiten mehr Musik, als ich aus meinen zwölf?») und wurde innerhalb der damaligen Folk-Szenerie zu einer sehr begehrten Musikerin. Sie erhielt 1952 von der Fulbright Stiftung ein Stipendium, um die englische Folklore auf den Britischen Inseln kennenzulernen, spielte 1959 auf dem ersten Newport Folk Festival und wurde 1963 Mitglied des siebenköpfigen Organisationskomitees des Festivals, gemeinsam mit Eric Darling, Bill Clifton, Theodore Bikel, Clarence Coppert, Peter Yarrow und Pete Seeger. Sie veröffentlichte bei Oak Publications verschiedene Bücher («The Dulcimer Book», «Dulcimer People») und nahm Langspielplatten bei Folkways, Westminster, Elektra, Riverside, Tradition, Classic Edition und auch bei den englischen Gesellschaften HMV und Argo auf.

● Auf Folkways: British Traditional Ballads in The Southern Mountains Vol 1 und 2 (FA 2301/02); Jean Ritchie & Doc Watson at Folk City (FA 2426); Precious Memories (FA 2427); Jean Ritchie, Oscar Brand, Dave Sear-Concert (FA 2428); The Ritchie Family of Kentucky (FA 2316); Children's Songs and Games from the Southern Mountains (FC 7054); Marching across The Green Grass (FC 7702); The Appalachian Dulcimer (FI 8352)

Robeson, Paul, gilt als ein Symbol für den Kampf um die Freiheit aller Unterdrückten. Der Schauspieler, Folk- und Konzertsänger, «der immer noch größte Baß seit Schaljapin» (Hudtwalcker), war zeit seines Lebens eine Herausforderung an die amerikanische Wirklichkeit. «Der Künstler muß auswählen, ob er für die Freiheit oder für die Sklaverei kämpft, ich habe mich entschieden und habe keine Alternative» (Robeson). Dementsprechend angefeindet und verfolgt war er in der McCarthy-Ära, wo er einer der wenigen war, die ihre Unterschrift vor dem Ausschuß für unamerikanische Umtriebe verweigerten. →Pete Seeger 1968: «Ich wünschte, ich wäre aufgestanden und hätte die HUAC (offizielle Bezeichnung für den Ausschuß für unamerikanische Umtriebe) angeschrien, wie es Paul Robeson gemacht hat: ‹*Ihr* seid die Unamerikaner!›»

Paul Robeson wurde am 9. April 1898 in Princeton, New Yersey, als Sohn des dortigen Methodistenpfarrers geboren und konnte ein College besuchen, studierte anschließend Jura und begann 1920 mit dem Theaterspielen. 1923 kam er nach New York, hatte im selben Jahr sein erstes Gastspiel in Großbritannien und 1925 in New York sein erstes Konzert. 1928 sang er *Ol Man River*, das Lied, mit welchem er fortan identifiziert wurde, und verließ Anfang der dreißiger Jahre die Vereinigten Staaten, ließ sich in England nieder, spielte hier klassische Rollen (Othello u. a.) und machte verschiedene Konzertreisen mit Spirituals und Gospels in Europa, wobei er auch mehrfach Einladungen in die Sowjetunion annahm, was ihm sehr viel Kritik der konservativen amerikanischen Politiker einbrachte. Noch stärkere Nachwirkungen brachte eine Äußerung von ihm in Paris, wo er erklärte, daß sich die schwarze Bevölkerung Amerikas weigern würde, gegen die UdSSR zu kämpfen, da Amerika die einzige Nation sei, welche die Rassendiskriminierung zum Gesetz erhoben habe. Ende 1930 sang er vor den Freiheitskämpfern im spanischen Bürgerkrieg und entschloß sich 1939, in die Vereinigten Staaten zurückzukehren. Hier nahm er →Earl Robinsons «Ballad for Americans» für Victor auf, mit der er «Ende 1939 durch die Radioausstrahlung eine Sensation auslöste» (Folk Music Encyclopaedia). Im September 1949 wurde Paul Robeson zu einem Konzert in der Nähe von Peeksskill, vierzig Meilen nördlich von New York, eingeladen, welches zunächst abgesagt werden mußte, da antikommunistische Freiwilligenkorps die Straßen abgesperrt und blockiert hatten, die Bühneneinrichtung zerstörten und mehrere Personen schwer verletzten. Das Wiederholungskonzert, an dem auch Pete Seeger teilnahm, konnte nur durchgeführt werden, weil tausend Gewerkschaftsmitglieder aus New York angereist waren, um die Veranstaltung zu sichern. Die durch Steinwürfe zerstörten Scheiben an Pete Seegers Auto und die umgeworfenen Busse waren ein Vorgeschmack der anbrechenden McCarthy Ära, in welcher Robeson 1950, nach seinem Auftreten vor der HUAC, der Paß entzogen wurde. Er erhielt seinen Paß 1958 wieder, zog noch einmal nach England und kehrte 1963 wegen einer Krankheit nach New York zurück. Paul Robeson starb am 23. Januar 1976 an einem Schlaganfall in einem Krankenhaus in Philadelphia.

● Auf Chant du Monde/Pläne: Paul Robeson – Negro Spirituals (LDX 74376); Paul Robeson (LDX S 4338)

Robinson, Earl, zählt zu den besonders fleißigen Komponisten der US-amerikanischen Folk-Szenerie. Er stellt authentisches traditionelles Material vor und ist gleichermaßen für seine Experimentierfreudigkeit bekannt. Robinsons bekanntestes Lied ist *Joe Hill* über den legendären Songwriter und Arbeiterführer, der zwischen 1911 und 1915 maßgeblich am Aufbau der amerikanischen Arbeiterbewegung beteiligt gewesen war und – trotz weltweiter Appelle – wegen eines ihm angelasteten Mordes hingerichtet wurde. *Casey Jones* wurde von vielen namhaften Folk-Musikern übernommen, so von →Woody Guthry, →Pete Seeger und →Joan Baez, und taucht mit dem Stück *I Dreamed I Saw St. Augustine* in veränderter Form auf →Bob Dylans LP «John Wesley Harding» auf.

Earl Robinson wurde am 2. Juli 1910 in Seattle, Washington, geboren. Er wuchs in einer gutsituierten Familie auf, studierte klassische Musik und machte nach dem Studium eine Rundreise durch China. Nach seiner Rückkehr traf er Woody Guthrie und die anderen Mitglieder der →ALMANAC SINGERS, trat ab und zu mit ihnen zusammen auf und lernte dadurch die kulturelle Gewerkschaftsarbeit mit ihren Liedern kennen. Er schloß sich einem New Yorker Arbeitertheater an und schrieb die «Ballad for Americans» – das erfolgreiche Theaterstück, in dem →Paul Robeson nach seiner Rückkehr aus England 1939 auftrat. 1943 ging Earl Robinson nach Hollywood und schrieb neben neuen Folk Songs auch Filmmusiken sowie eine Folk-Oper, die nach seiner Rückkehr nach New York 1954 aufgeführt wurde. – Nachdem er bereits in den dreißiger Jahren für die →Lomax' Platten mit rein traditioneller Musik eingespielt hatte, zeigte er sich auf seinen späteren Alben als besonders experimentierfreudiger Folk-Musiker und versuchte immer wieder, folkloristische und klassische Elemente zusammenzubringen – u. a. in einem «Concerto for Five String Banjo and Orchestra». Earl Robinson, «der die alten Volkslieder so erklären kann, daß sie den Zuhörern lebendig werden» (Pete Seeger), hat auch einige bemerkenswerte Bücher veröffentlicht, darunter eines über deutsche Volkslieder sowie ein Brecht- und Eisler-Songbook mit 42 Stücken (Oak Publ. 1967), übersetzt von Eric Bentley und «gewidmet Eisler und Wolf Biermann».

● Auf Folkwways: Earl Robinson Sings (FS 3545)

Rodgers, Jimmie, war «der singende Bremser – Amerikas Blue Yodeler. Seine Musik wird ewig leben» (Teil der Inschrift auf einem Denkmal für ihn in seiner Geburtsstadt Meridian, Mississippi, wo er am 8. September 1897 geboren wurde).
Als Jimmie Rodgers vier Jahre alt war, starb seine Mutter. Mit seinem Vater, der Vorarbeiter bei der Eisenbahn war, zog er von Station zu Station durch den Süden, bis er als Vierzehnjähriger ebenfalls bei der Eisenbahn zu arbeiten begann. Dabei lernte er bereits als Kind von farbigen Eisenbahnarbeitern Gitarre spielen und übernahm in dieser Zeit viele Elemente der schwarzen Musik. Er lernte den Blues kennen und gleichzeitig die Tradition der weißen Volksmusik (→Country). Weitere Erfahrungen machte er in einer Tanzkapelle, die auf kleinen Feiern der Siedler und Arbeiter spielte. Als er 28 Jahre alt war, wurde bei ihm Tuberkulose festgestellt – eine Krankheit, die ihm nur noch eine geringe Lebenserwartung gab. Er beschloß, sich einer Medicine Show mit Frank Stokes und Dan Sane anzuschließen. Danach ließ er sich mit seiner Frau Carrie in Asheville, North Carolina, nieder und gründete die JIMMIE RODGERS ENTERTAINERS. Der Erfolg blieb aus, und er war gezwungen, als Detektiv für seinen Lebensunterhalt zu sorgen. 1927 kam die entscheidende Wende. Ralph Peer machte in Bristol für die Firma Victor (später RCA) Schallplattenaufnahmen. Jimmie Rodgers fuhr nach Bristol, machte eine Probe und bekam schließlich einen Vertrag, bezeichnenderweise gleichzeitig mit der →CARTER FAMILY. In einzigartiger Weise wurde er jetzt von der Schallplattenindustrie als weißes Gegenstück zu den schwarzen Bluesinterpreten aufgebaut und so das erste herausragende Beispiel industrieller Verwertung weißer Volksmusik. Er wurde zum Inbegriff der weißen Volkskultur, zum Vertreter «einer jungen und aufstrebenden Nation» stilisiert und zum Mitbegründer der Country Music gemacht. Dabei spielte er auf seinen insgesamt 111 Aufnahmen eine vereinfachte Imitation der schwarzen Musik. Seine mittelmäßige Gitarrentechnik wurde zwischen den Strophen durch ein Jodeln, welches sein Markenzeichen wurde, kaschiert. Durch seine Erfolge konnte er sich 1931 für 50000 Dollar sein «Blue Yodelers Paradise» bauen, das er aber schon bald wieder verkaufen mußte, da die Aufwendungen durch seine Krankheit zu hoch wurden. Er starb zwei Tage nach seiner letzten Aufnahmesession am 26. Mai 1933 in New York. Das eigentliche Geschäft mit dem ersten Mitglied der Country Music Hall of Fame (→Nashville) begann nach seinem Tod. Inzwischen sind über 20 Millionen Schallplatten von ihm verkauft worden.

● Auf Roulette/Ariola: Folksongs (200725-241); The Story of Rock'n'Roll (200623-241); No One Will Ever Know (2 LPs, XBT 25724)

Rogers, Jimmy, zählte in den fünfziger Jahren zu den führenden Persönlich-

keiten der →Chicagoer Bluesszenerie um Muddy Waters, Little Walter u. a. Als Gitarrist und Mundharmonikaspieler war er von 1945 bis 1959 aktiv, zog sich dann zurück, wurde Taxifahrer in West Chicago und kehrte Anfang der siebziger Jahre in die Musikerlandschaft zurück.
Jimmy Rogers wurde als James A. Lane am 3. Juni 1924 in Atlanta, Georgia, geboren und übernahm vermutlich später den Namen seines Stiefvaters Henry Rogers. Seine erste Gitarre bastelte er sich wie die meisten Bluesmusiker seiner Zeit selbst. Er nahm dazu, wie er sagt, für die Saiten nicht wie üblich Packdraht, sondern dünneren Draht von alten Besen, um den Sound so schärfer zu machen. Obwohl er aus dem →Mississippi-Delta stammte, hatte er kaum Kontakt zu den regionalen Eigenheiten des Blues dieser Gegend, orientierte sich vielmehr an Schallplatten von →Bill Broonzy, →Blind Boy Fuller u. a. Über seinen Weg nach Chicago gibt es einiges an Unklarheiten. Angeblich war er ein Jahr mit Howlin' Wolf zusammen, zog dann mit Sunnyland Slim nach St. Louis und kam mit Sicherheit 1945 in Chicago an. Im selben Jahr lernte er Muddy Waters kennen und wurde zunächst als Mundharmonikaspieler Mitglied der Gruppe um diesen Giganten des →Rhythm&Blues. Später übernahm er die zweite Gitarre als Ergänzung zum →Bottleneckspiel von Waters und spielte im folgenden mit ihm, Sunnyland Slim, Lee Brown, Baby Face Leroy und Little Walter eine gewaltige Anzahl Bluestitel für das Aristocrats Label ein. Jimmy Rogers veröffentlichte bei Chess, dem Aristocrats-Nachfolger, den ersten Blues unter seinem Namen. Bis 1956 war er mit Muddy Waters zusammen und maßgeblich an der Entwicklung der besonders aggressiven Variante des Rhythm & Blues beteiligt, die in Chicago üblich wurde. Dabei sind die Aufnahmen unter *seinem* Namen (bei gleicher Besetzung) von ganz anderem Charakter und zeigen so die Vielfalt innerhalb dieser Musikszenerie. Während bei Muddy Waters der Blues kräftig und urwüchsig war und Jimmy Rogers dort den Rhythmus über betonte Baßfiguren trug, ist er auf Rogers' eigenen Schallplatten eher entspannt und beruhigend. Die Gruppe JIMMY ROGERS AND HIS ROCKING FOUR hatte erfolgreiche Titel wie *Thats All Right*, *The World Is in a Tangle* und den von vielen übernommenen Blues *I'm Gonna Dig Myself a Hole*.
1956 kam es zu Differenzen mit Muddy Waters, da Rogers sich nicht an bestimmte Spielregeln auf der Bühne halten wollte, und schließlich zur Trennung. Bis 1959 machte er noch zahlreiche Versuche mit anderen Musikern und verschwand von der Szenerie «irgendwo im Westen von Chicago». John Broven, der von Rogers sagt, daß sein Blues «philosophisch» sei, «zwischen Verehrung und Verachtung», lenkte nach längerer Pause die Aufmerksamkeit wieder auf ihn, und Jimmy Rogers kehrte Anfang der siebziger Jahre wieder in die Musikszene zurück.

● Auf Chess: Chicago Bound (407) ... auf Bell: Chicago Bound (BJS 4002); vertreten auf Chess: Genesis – The Beginning of Rock Vol 1 (4 LPs, 6641 047); Vol 3 (4 LPs, 6641 174)

Rohland, Peter, nahm in seiner kurzen musikalischen Schaffenszeit, die schon 1966 durch seinen Tod abgebrochen wurde, das vorweg, was in der zweiten Hälfte der siebziger Jahre als Wiederbelebung deutscher Volkslieder demokratischer Tradition große Verbreitung fand. Er gilt als die legendäre

Person innerhalb des →Folk Revival der bundesrepublikanischen Nachkriegsgeschichte. Rohland, einer der Mitinitiatoren des Festivals auf der Burg →Waldeck, hat dabei mit den üblichen Traditionen der Bündischen Jugend, aus welcher er stammt, gebrochen und die Voraussetzungen mitgestaltet, aus welchen sich ein politisches Lied entwickeln konnte, das nicht nur in Anlehnung an den →Topical Song aus den USA entsteht, sondern vor dem Hintergrund der eigenen Liedkultur: «Deutsche Volkslieder haben weder mit ‹Volksseele› noch mit ‹ewigen Werten› etwas zu tun. Es sind einfach Lieder, die den ganzen Aspekt menschlichen Lebens umfassen, von der äußersten Sentimentalität bis zur harten oder derben Darstellung» (Rohland).
Peter Rohland wurde im Jahr der Machtübernahme durch Adolf Hitler am 22. Februar 1933 in Berlin geboren, wuchs in der Umgebung von Stuttgart auf und hatte seine ersten musikalischen Impulse aus der Jugendbewegung. Mitte der fünfziger Jahre begann er in Weinlokalen in Berlin, wie er selbst sagte, mit trink- und bibelfesten Volksliedern zu seiner Gitarre aufzutreten. 1962 ging er nach Paris, wo er in Chansonkellern spielte und wesentlich von französischen Chansonniers beeinflußt wurde, wie seine späteren Einspielungen deutlich erkennen lassen. Nach seiner Rückkehr aus Paris trat er 1963 in Berlin erstmals mit einem für damalige Verhältnisse sensationellen Programm jiddischer Lieder auf. Ebenso ungewöhnlich war sein zweites Programm, das er zusammen mit Schobert Schulz (später Teil von SCHOBERT UND BLACK) aus Landstreicherballaden zusammengestellt hatte und auf dem ersten Festival der Burg Waldeck aufführte. Im folgenden Jahr waren es die Lieder aus der Revolution von 1848 – darunter auch das *Bürgerlied*, welches 15 Jahre später im Repertoire fast jedes Volksmusikinterpreten und jeder Gruppe dieser Schattierung zu finden ist. Sein geplantes Programm mit Liedern von François Villon kam nicht mehr zur Ausführung, da er vor dem folgenden Waldeck Festival am 5. April 1966 starb. Er geriet weitgehend in Vergessenheit und wurde erst in den siebziger Jahren hierzulande wieder bekannter gemacht. 1976 erschien in der Edition Venceremos ein Buch über ihn, «Peter Rohland 1933–1966», und 1977 «Das Gesamtwerk» (Thorofon) in einer Cassette mit 5 LPs.

● Auf Thorofon: Lieder deutscher Demokraten (FTH 151); Lieder des François Villon (FTH 152); Lieder der Ostjuden (FTH 153); Landstreicherballaden (FTH 154); Lieder von Anderswo (FTH 155) ... Alle LPs zusammen: Peter Rohland – Das Gesamtwerk (LTHK 151/5)

La Romanderie, die Dortmunder Sinti-Gruppe, die vor allem durch ihre außergewöhnliche Besetzung mit Akkordeon und Konzertharfe auffällt, ist neben →Häns'che Weiss und →Schnukenack Reinhardt der bekannteste bundesdeutsche Vertreter der →Musik deutscher Zigeuner. Die Botschafter des «Gipsy Swing» (LP-Titel) haben dabei Tourneen durch fast alle westeuropäischen Länder und Einladungen zu nahezu allen europäischen Jazz- und Folk-Festivals vorzuweisen. Sie spielten auch in einer Fernsehshow von Kulenkampff und auf dem Sommerfest des Bundeskanzlers in Bonn. – «Wenn wir auf dem Kanzlerfest spielen, sagen alle: schöööön. Wenn wir hinterher auf den Campingplatz kommen, heißt es sofort wieder: Schwarzköpp! Haut ab!» (LA ROMANDERIE)

La Romanderie wurde 1973 vom Chef des Ensembles Wilhelm «Nannu» Krause (acc) mit internationalen Zigeunermusikern gegründet. Zum sensationellen Einsatz des Akkordeons kommt noch die Konzertharfe von Reinhold «Panzeli» Frantz aus den USA hinzu, und Tom Schröder meint, daß selbst solche hierzulande eher mißbrauchten Instrumente noch «die Sonne auf die Erde swingen». Der Sologitarrist Hugo «Schabein» Krause aus Brasilien gilt ebenso wie der Geiger Reinhold «Kleiner» Lora als exzellenter Instrumentalist. Als Rhythmusgruppe sind noch Wilmor «Gigi» Freiwald (rhythmus-g), Josef «Ballaku» Krause (rhythmus-g) und Anteon «Florian» Frantz (bg) Mitglieder von La Romanderie. In kürzester Zeit avancierte die Formation zu einer der populärsten Zigeunergruppen und spielte 1974 ihr erstes Album «Swing Mamam Bruderherz» für CBS ein, dem 1976 «Gipsy Swing» folgte.

● Auf CBS: Swing Maman, Bruderherz (80654); Gipsy Swing (81502)

Rummelpott →Percussion

S

Sainte-Marie, Buffy. Bei den in unseren Breiten üblichen Hörgewohnheiten und der dadurch bedingten Einstellung den fremdartigen Klängen indianischer Musik gegenüber sind die frühen Lieder von Buffy Sainte-Marie, als Verbindung zwischen Elementen der weißen und roten Volksmusik, ein idealer Einstieg in diesen Kulturbereich. Während →Peter La Farge, ein weiterer jener wenigen musikalischen Vertreter seines Volkes, die über die eigene Kultur hinaus bekannt sind, seine musikalischen Elemente zu einem großen Teil aus der indianischen Vergangenheit nimmt, ist Buffy Sainte-Marie wesentlich flexibler. «Ein Indianer muß sich nicht anziehen und handeln wie ein Indianer, denn er ist schon einer» (Buffy Sainte-Marie). Auf dem Weg zu Wounded Knee (1973), der ersten großen Manifestation des erwachenden Widerstandes ihres Volkes, gilt sie als eine entscheidende Wegbereiterin, die über eine winzige politisch aufgeklärte Minderheit hinaus die Problematik und Unmenschlichkeit der Lebensverhältnisse ihrer Brüder und Schwestern einer breiteren Öffentlichkeit hat bekannt machen können. Sie dürfte mit bewirkt haben, daß auch →Joan Baez, →Richard und Mimi Farina und →Bob Dylan sich mit kritischen Liedern zu diesem Thema äußerten.
Buffy Sainte-Marie wurde am 20. Fe-

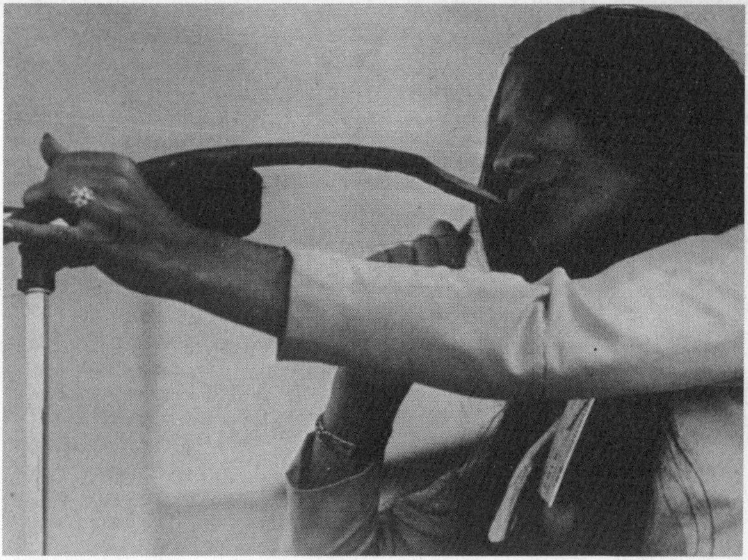

Amerikanische Volksmusik: Buffy Sainte-Marie mit Mundbogen. Foto: Joe Alper.

bruar 1941 als Tochter von Cree-Indianern geboren. Ihr genauer Geburtsort ist ihr selber nicht bekannt, er liegt entweder im Norden der USA oder im Süden Kanadas. Sie wurde von Pflegeeltern aufgezogen, studierte orientalische Philosophie und Erziehungswissenschaften an der Universität von Massachusetts, trat gelegentlich in einem coffee house in der Nähe des Universitätsgeländes auf und kam 1962 nach →Greenwich Village, wo sie ihre Karriere in Lokalen wie Gaslight, Gerde's Folk City und Bitter End begann. Bevor sie 1963 an einer schweren Lungenentzündung erkrankte, bei deren Behandlung sie kodeinabhängig wurde (ihr *Cod'ine* ist ein Lied über die Qualen der Entziehung), schrieb sie ihre bekanntesten Lieder, *Now that the Buffalo's Gone*, *Cripple Creek* und *Universal Soldier*, welches fälschlich oft →Donovan zugeschrieben wird, der den Welthit daraus gemacht hat. Diese Titel befanden sich auch auf der nach ihrer Genesung aufgenommenen LP «It's My Way» (1964). In den folgenden Jahren spielte sie fast jedes Jahr ein Album für Vanguard ein, trat mit Johnny Cash und Chuck Berry in der Carnegie Hall auf und war auf den meisten Folk-Festivals in den USA vertreten. Dort hatte sie auch den →Mundbogen, eines der ältesten Instrumente der Menschheit, vorgestellt und dadurch für die Popularisierung der vom Prinzip her ähnlichen →Maultrommel gesorgt. Auf ihren Alben zeigte sie sich mit den verschiedensten musikalischen Gesichtern, welche nicht immer von besonderer Überzeugungskraft waren, aber ihre Experimentierfreudigkeit unter Beweis stellen konnten – sei es nun auf rockmusikalischer Ebene oder bei perfektionistischen Studioproduktionen, die sie in Nashville aufnahm.

● Auf Vanguard: It's My Way (VSD 79142); Many a Mile (VSD 79171); Little Wheel Spin and Spin (VSD 79211); Fire, Fleet & Candlelight (VSD 79250); She Used to Wanna Be a Ballerina (VSD 79311); Quiet Places (VSD 79330); Native North American Child: An Odyssee (VSD 79340) ... auf MCA: Buffy (405) ... auf Crystal: The Very Best of Buffy (2 LPs, 134 CRY 62233/4)

The Sands Family zählt seit Jahren zu den bekannten irischen Gruppen hierzulande und ist bei uns der einzige Repräsentant auf der musikalischen Plattform, der direkt aus der besonderen nordirischen Situation kommt. Dementsprechend ist der Vortrag der SANDS FAMILY im wesentlichen geprägt von der großen irischen Tragödie, und ihr politisches Engagement ist die Grundlage der Musik. Im Unterschied zu anderen populären irischen Musikern oder Gruppen, die fast ausnahmslos *auch* Lieder aus dem irischen Widerstand gegen englische Herrschaft in ihrem Repertoire haben, ist bei der SANDS FAMILY dieser Teil das alles überragende, zentrale Thema, was in ihrer Herkunft aus Ulster, der letzten britischen Kolonie, begründet ist. Gleichzeitig setzen sie sich mit der Situation in Chile und Vietnam oder der Lage der Indianer auseinander.
Die Familie Sands stammt aus Mayobridge in den Mourne Mountains in der Provinz Ulster. Über die Grenzen ihrer irischen Heimat bekannt wurden vier Geschwister der SANDS FAMILY 1971, als sie auf Einladung des Managers von Tommy Makem (→CLANCY BROTHERS) in New York auftraten. Colum (b, f, g, voc), Tom (g, gbj, voc) und Eugene Sands, (whistle, mandolin, bouzouki, g, leanbh guitar) sowie Anne Keane (bodhran, voc, whistle), die jüngste Schwester der Familie, schufen sich in den folgenden Jahren auch in der Folk Szene der Bundesrepublik einen Stammplatz. Seit 1974 ist die SANDS FAMILY regelmäßig in der BRD unterwegs und spielte im Oktober jenes Jahres ein bemerkenswertes Album für Pläne ein: «The Winds Are Singing Freedom» ist ein eindrucksvolles Dokument der Situation in Nordirland, so beschreibt die Gruppe in dem Lied «Right Will Conquer Might» ihre Erfahrungen bei Konzerten in ihrer Heimat, wo um die Konzertsäle herum Soldaten zu finden waren, welche die Zuhörer und Künstler behinderten und belästigten. 1975 traf die Gruppe bei einer weiteren Tour durch die BRD ein besonders schwerer Schlag, als Eugene Sands durch einen Autounfall getötet wurde. Ein Jahr später war die Familie wieder unterwegs, diesmal erweitert um Ben Sands (g, mandolin, whistle, uillean pipes), und spielte das Album «The Sands Family Live» ein, welches nicht überzeugen konnte, aber auch für Leaf (EMI) ein weiteres ausgezeichnetes Album «After the Morning». In der zweiten Hälfte der siebziger Jahre zeigte sich durch die besseren Vergleichsmöglichkeiten zu anderen irischen Spitzengruppen mit instrumentalen Meistern ihre Position als Songgruppe, deren Stärke die Interpretation von zeitgenössischen, oft eigenen Texten ist. Ein Beweis für die Qualitäten der SANDS FAMILY auf diesem Gebiet bietet sich auf der im Frühjahr 1980 erschienenen LP «High Hills and Valleys», die über weite Strecken keineswegs besonders «irisch» klingt und auch in ihrem politischen Engagement überaus international ist: «Sie verhöhnten dich in Belfast, und in Spanien folterten sie dich, / und in jenem Warschauer Getto, da legten sie Ket-

ten dir an. / In Vietnam und Chile, als sie Kanonen und Panzer auffuhr'n, / da hast du die Saat des Friedens gesät in deinen Töchtern, deinen Söhnen» (*Your Daughters and Your Sons*, Tom Sands. Übersetzung Christel Kauder).

● Auf Autogram: The Third Day (ALLP 233); The First & The Second Day (ALLP 501) ... auf Pläne: The Winds Are Singing Freedom (S 16 F 600); The Sands Family Live (S 16 F 601); High Hills and Valleys (88 206)

Schallplatten der Folk Music. Die Folk Music wird von den großen Schallplattenkonzernen immer noch weitgehend als Stiefkind betrachtet. In der Regel sind es kleinere Firmen und Eigenproduktionen, die diese Musik auf Platten bringen. Das entspricht den Selbstverständnissen einer Musik, die nur bedingt kommerziell verwertbar ist. Die wesentliche Pionierarbeit auf diesem Gebiet hat →Moses Asch von Folkways (USA) geleistet, so daß fast alle Folk Labels von hier aus wesentliche Impulse bekommen haben.

BRD

Pläne Verlag. Der Größte unter den Kleinen in der BRD wurde 1961 von Gerd Semmer, Arno Klönne, Frank Werkmeister und →Dieter Süverkrüp zunächst als Buchverlag gegründet, veröffentlichte Platten mit Liedern der Ostermarschbewegung und produzierte die erste eigene LP 1965. Von da an entwickelte sich die Produktion deutschsprachiger politischer Musik (FLOH DE COLOGNE, Süverkrüp, Brechtvertonungen u. a.), und Internationales kam hinzu wie →Mikis Theodorakis, →SANDS FAMILY, →José Afonso und →INTI ILLIMANI. In den siebziger Jahren übernahm Pläne den Vertrieb für verschiedene ausländische Labels. Durch Übernahme der Produktion von Folkways (USA), Chant du Monde (Frankreich), Topic (England) und den Vertrieb von Stockfisch, Atelier im Bauernhaus u. a. hat der Dortmunder Verlag das derzeit breitest gefächerte folkloristische Programm hierzulande.

Folk Freak. Die Folk Freak Produktion, die 1977 von Carsten Linde, einem alten Aktivisten der Folk Szene gegründet wurde, «entstand aus negativen Erfahrungen in der Zusammenarbeit vieler internationaler und deutscher Folkgruppen und Musiker mit großen, mittleren und kleinen (sich zum Teil als ‹alternativ› verstehenden) Plattenfirmen und Labels in der Bundesrepublik» (Linde). Mit dem Anspruch, musikergerechte Produktionsbedingungen zu schaffen, sind inzwischen verschiedene LPs erschienen, wie Tänze von →LILIENTHAL, die bisher einzige LP von →Werner Worschech, das Doppelalbum «Folk Friends» aus der Mühle von →Hannes Wader und neben den ruhigen Tönen von Jake Walton auch die erste LP der Folk Rock-Gruppe COCHISE, um nur einige zu nennen.

Stockfisch. «Das Label für Folk Musik» (Werbung) wurde 1975 von Hansi

Folgende Doppelseite: Folk Friends 1980 im Studio.
Reihe oben: Günther Pauler, Ralf Flechner, Carsten Linde, Walther Gomme. 2. Reihe von oben: Candie und Guy Carawan, Davey Arthur, Hannes Wader, Alex Campbell, Ramblin' Jack Elliott, Jürgen Burkhard. 3. Reihe von oben: Derroll Adams, Finbar Furey, John Faulkner, Wizz Jones. Reihe unten: Dick Gaughan, Andy Irvine, Dolores Keane, Werner Lämmerhirt, Barbara Dodge, Hannelie Haars-Linde (jeweils v. l. n. r.). Foto: Hartmut Rosen.

Dobratz und Günter Pauler, dem inzwischen renommiertesten Aufnahmeleiter auf dem Folk-Sektor, in Braunschweig gegründet. Mit dem Schwerpunkt auf die Gitarrenspezialisten hierzulande ist es das Label von →Werner Lämmerhirt (mit über 100000 verkauften LPs der erfolgreichste Stockfisch-Künstler), von →Sammy Vomacka, →David Qualey und Klaus Weiland. Einige interessante Volksliedproduktionen wie →ESPE mit Hein & Oss Kröher, →FIEDEL MICHEL und →ELSTER SILBERFLUG sind ebenfalls hier erschienen, des weiteren die erste LP von Barbara Schönbauer, einer Chansonsängerin aus der DDR, und der Folk und Rock-Sampler mit AQUARELL, EMMA MYLDENBERGER, HARTLEED und LILIENTHAL.

Trikont. Unter dem Titel «Unsere Stimme» produziert der Münchner Verlag Schallplatten von Bürgerinitiativen, italienische Arbeiterlieder, die neueren Schallplatten von Walter Moßmann u. ä. In einem linken Buchverlag entstanden, ergab sich aus der Zusammenarbeit mit der italienischen Organisation Lotta Continua mit der Veröffentlichung der LP «Arbeitersache» der Beginn der Schallplattenproduktion von Trikont. Mit erwähnenswerten Produktionen von Straßenmusik-Platten ist inzwischen ein Programm vorrätig, das nach eigenem Selbstverständnis von Achim Bergmann, dem Hauptaktivisten, «dokumentiert, was in der linken Szene und in den Bürgerinitiativen kulturell lebendig ist und ist eben ein Beitrag, diese Kultur oder besser gesagt diese Kulturen weiterzuentwickeln».

Eigelstein. Die Kölner Musikproduktion mit Schallplattenvertrieb, die 1975 von Wolfgang Hamm aufgebaut worden ist, zählt mit ihrem außergewöhnlichen Programm zu einer der wichtigen Ausnahmen auf dem Musiksektor. Die Konzeption orientiert sich nicht an folkloristischen Gesichtspunkten, sondern ist eine rein politische. So vertreibt Eigelstein ebenso die Schneeball-Platten mit fast ausschließlich Rockmusik, wie es auch eine der wenigen Firmen ist, über die italienische Volkslieder zu beziehen sind. Erwähnenswert ist der Vertrieb des Labels Extraplatte aus Österreich, dem Label der SCHMETTERLINGE, des weiteren eine Möglichkeit, an die von Trikont produzierten →Walter Moßmann-Platten und verschiedene weitere engagierte LPs zu kommen. Außerdem sind noch die französischen Gruppen →MALICORNE und LA BAMBOCHE vertreten, und nicht vergessen werden sollten die Produktionen von L'Orchestra aus Italien, die zwar im wesentlichen Rockmusik liefern, aber mit der →GRUPPO FOLK INTERNAZIONALE auch eine folkloristische Sensation bieten.

Weitere wichtige Firmen sind Autogram, eines der frühen Labels, und die Folk Werkstatt in Hamburg, die ihren Schwerpunkt nach England und Schottland gelegt hat. Der Deutsche Kleinlabel Vertrieb ist eine weitere Bezugsquelle für Topic, Kettle, Highway und andere schottische und englische Produktionen, bietet auch auf dem Blues-Sektor ein gutes Spektrum und macht eigene Produktionen. Das Atelier im Bauernhaus vertritt u. a. →Helmut Debus, die Mood-Produktion von 2001, →Kolbe & Illenberger. Eine besondere Stellung nimmt Intercord ein, die mit dem nach Pläne umfangreichsten Folk-Programm in den meisten Schallplattengeschäften vertreten ist.

USA

Von der stattlichen Anzahl der Firmen, die sich im Mutterland der Musikindustrie mit Folk beschäftigen (die meisten großen Schallplattenkonzerne dort haben eigene spezielle Labels für die verschiedenen Volksmusiken), soll nur eine kurze Auswahl gegeben werden: Folkways, Folk Legacy, Stinson, Tradition, Rounder, Vanguard. Ein besonderes Gewicht auf Blues legen Arhoolie, Blues Classics, Biograph, Sonet, Red Lightnin', Chess und Yazoo. (Spezialisten für die Schwarze Musik aus den USA sind aber auch Roots in Österreich und Storyville aus Skandinavien.)

BRITISCHE INSELN

Hier ist vor allem Bill Leader zu nennen, der in England eine ähnliche Stellung genießt wie →Moses Asch in den USA. Die englischen Labels sind Topic (unbestritten in seiner Führungsposition), Transatlantic (repräsentativ für die Stars der Szene wie →Renbourne und →Jansch) sowie Leader/Trailer. – Für die irische Musik zählen Mulligan, Tara, Claddagh, Shanachie und Gael-Linn zu den wichtigsten Firmen. – Für Schottland seien Highway, Iona und Kettle genannt.

FRANKREICH

Chant du Monde nimmt eine Sonderstellung ein und zählt seit vielen Jahren zu den renommiertesten Firmen auf dem Folk-Sektor. Weitere Firmen sind Evasion, Cezame, Ballon Noir und Barclay.

VERSANDGESCHÄFTE

Versandhäuser wie 2001, Folk Mail, Konkret-Shop u. a. bieten ein stattliches Sortiment an. Free Reed, die 1979 in Konkurs gingen, hatten mit nahezu 3000 lieferbaren LPs im Mail Order Service den effektivsten Versand. Als Alternative bietet sich der holländische Versand Munich Records an oder Alcazar von den Britischen Inseln. – Viele der kleinen hier erwähnten Firmen liefern auch direkt an privat.

Adressen Bundesrepublik: Pläne Verlag, Braunschweigerstr. 20, 4600 Dortmund 1; Folk Freak, Bergstr. 28, 3401 Ebergötzen; Stockfisch, Sanddornweg 13b, 3300 Braunschweig; Eigelstein, Hansaring 80, 5000 Köln 1; Trikont, Kistlerstr. 1, 8000 München 90; Autogram, Burgstr. 9, 4405 Nottuln; Folk Werkstatt, Frohmestr. 66, 2000 Hamburg 61; Atelier im Bauernhaus, 2802 Fischerhude; Intercord, Aixheimerstr. 26, 7000 Stuttgart 75; Eulenspiegel Schallplattenvertrieb, Marktstr. 1, 2000 Hamburg 6; Folk Mail, Postfach 701214, 6000 Frankfurt; Remy Music, In der Gasse 6, 5239 Unnau; Edition Venceremos, Postfach 1212, 6090 Rüsselsheim; 2001, Postfach 710249, 6000 Frankfurt 71; Musikiste, Prekerstr. 3, 4830 Gütersloh; Ornament Records, Görrestr. 3, 5400 Koblenz; Deutscher Kleinlabel Vertrieb, Schladenweg 20, 3580 Fritzlar; Celtica Record Service, Konviktstr. 39, 7800 Freiburg

Adressen Ausland: Folkways, 43 W. 61 ST., New York City 10023, USA; Topic Records Ltd, 27 Nassington Road, London NW 3 2 TX, England; J & F Southern Record Sales, 4501 Rising Hill Road, Altadena California 91001 USA; Alcazar Productions Inc. RD 2, Box 82, Waterbury, VT 05676 Great Britain; Munich Records bv, Albert Schweitzerlaan 9, 6721 AW Bennekom, Niederlande

Scheitholz →Dulcimer

Schmetterlinge, die politische Musikgruppe aus Wien, die «Konturen einer neuen Musikkultur» (Frankfurter Rundschau) erkennen läßt und durch ihr Konzeptalbum «Proletenpassion» eine der bemerkenswertesten Schallplattenproduktionen der siebziger Jahre auf den Markt gebracht hat, hat mit dieser Dreier-Kassette sowohl inhalt-

lich als auch ökonomisch für eine Sensation gesorgt. Hinter dem etwas unglücklich gewählten Titel, inspiriert durch die Passionen von Bach, verbirgt sich die Geschichte «derer da unten», die in den Geschichtsbüchern verschwiegen wird. Die SCHMETTERLINGE beschreiben in diesem Drei-Stunden-Zyklus geschichtlich wichtige Stationen, angefangen bei den Bauernkriegen über die revolutionären Bewegungen Frankreichs, die Oktoberrevolution in Rußland, den Faschismus bis hin zur Gegenwart und lassen bei allen möglichen Kritikpunkten den Vergleich zu der geschichtlichen Arbeit von Bernt Engelmann zu. Beispielhaft ist die Entstehung der Proletenpassion, die kollektiv erarbeitet worden ist und durch aktive Publikumskritik unzählige Veränderungen erfahren hat, somit kein elitäres Spektakel geworden ist.
Die SCHMETTERLINGE begannen 1969 als internationale Folklore-Gruppe mit leichtem Wiener Einschlag. Willi Resetarits (perc, voc), Jahrgang 1948, Georg «Schurli» Herrnstadt (p, acc, g, voc), Jahrgang 1948, Erich Meixner (b, acc, perc, voc), Jahrgang 1944, und Pippa Amstrong-Tinsobin (voc) waren die erste Besetzung der SCHMETTERLINGE. Nachdem sich Herbert Tampier (g, mandolin, b, voc), Jahrgang 1948, der Gruppe angeschlossen hatte und der Texter Heinz R. Unger die Mitglieder motiviert hatte, deutschsprachige Lieder in ihr Programm zu übernehmen, begannen die SCHMETTERLINGE 1973 ihre Konzeption zu verändern und spielten 1975 ihr erstes deutschsprachiges Album «Lieder fürs Leben» ein. Anschließend verließ Pippa Amstrong-Tinsobin die Gruppe, und Beatrix Neundlinger, Jahrgang 1948, trat an ihre Stelle. Mit dem ständigen technischen Begleiter Günter Großlercher stand die endgültige Besetzung der SCHMETTERLINGE. 1976 wurde die Proletenpassion erstmals bei den Wiener Festwochen aufgeführt, und es kam zu einer stattlichen Anzahl von Aufführungen, bevor der Zyklus im eigenen Studio in Wien auf Platte gebracht wurde. In kürzester Zeit wurden die SCHMETTERLINGE auch in der BRD eine begehrte Formation, die sich durch unkonventionelles Verhalten einigen Ärger auch mit den Gewerkschaften hierzulande einhandelte. Erwähnenswert ist noch ihre Beteiligung 1977 am Grand Prix Eurovision de la Chanson, bei der sie den vorletzten Platz belegten, sowie ein weiteres Album, «Herbstreise – Lieder zur Lage», «eine beißend-ironische Auseinandersetzung mit dem ‹Modell Deutschland›, seinen Spitzel- und Schnüffelpraktiken, seinen alten Nazirichtern, FDGO-Schützern, Berufsverbietern, Atomkraft-Mafiosi und Arbeitsplatzwegrationalisierern» (Plattenwerbung).

● Auf Extraplatte/Eigelstein: Proletenpassion (3 LP, ES 100); Herbstreise – Lieder zur Lage (ES 101) ... vertreten auf; Künstler gegen Zwentendorf (ES 572); Bauer Maas – Lieder gegen Atomenergie (ES 402)

Schnappsack war als Folk-Duo in der kurzen Zeit seines Bestehens eine musikalische Erfrischung bei der Wiederbelebung alter deutscher Lieder und Tänze, wobei es durch die ungezwungene Art seiner Auftritte Volkstänze mit den Zuhörern organisierte, aber ebenso traditionelle Lieder der demokratischen Kultur vorstellte und eigenes kritisches Material zu Umweltschutzfragen, Militärdienst u. ä. lieferte. Bereits Ende 1975 ergab sich in Göttingen durch die Zusammenarbeit von Jürgen Wolf und Bernd Goymann ein SCHNAPPSACK-Vorläufer, bis sich das endgültige Duo 1977 mit Bernd

Goymann und Peter Braukmann vorstellte.
Peter Braukmann (g, concertina, acc, voc) wurde am 23. Januar in Hildesheim geboren, wuchs in Bockenem auf, kam nach einem Studium in Hildesheim nach Brundorf/Bremen und kehrte Anfang der siebziger Jahre nach Hildesheim zurück, wo er 1972 zu den Organisatoren des dortigen Folk-Clubs gehörte. Nach verschiedenen musikalischen Stationen – Rock, amerikanische und englische Folk Music – entdeckte er sein Interesse an der eigenen traditionellen Kultur. Bernd Goymann (g, concertina, f, bouzouki, voc) wurde am 22. Oktober 1951 in Düsseldorf geboren, kam als Kellner in der Folk-Kneipe «Nörgelbuff» in Göttingen 1974 zufällig mit Folk-Musikern in Kontakt, spielte mit Agi Ban und Jim Wimmer in der Stringband HOGWOOD und gründete mit Jürgen Wolf Ende 1975 den SCHNAPPSACK-Vorläufer. 1977 brachte Peter Braukmann zu den traditionellen Liedern eigenes Material hinzu, und die fruchtbare Zusammenarbeit der beiden begann. Im Juli 1978 spielte das Duo seine erste und einzige LP «Schnappschuß» ein und stellte gleichzeitig sein eigenes Label «Rillenschlange» vor. Die Konzeption war es, eine Musiker-Kooperative zu gründen, die Produktion und den Vertrieb gemeinsam zu organisieren und sich gegenseitig zu unterstützen. Die Probleme zeigen sich darin, daß es nur ein einziges weiteres Album (von der Gruppe →LINNENZWORCH) auf «Rillenschlange» gibt. Ende 1979 löste sich SCHNAPPSACK auf, wegen zu verschiedener musikalischer Interessen, die zu große Kompromisse an ein gemeinsames Programm bewirkten, und nach einem gewissen persönlichen Verschleiß. Bernd Goymann konzentrierte sich nach der Auflösung auf Beschallungsaufgaben und ist für den Sound der FOLK OPERA, einer der neueren Folk Rock-Gruppen, zuständig. Peter Braukmann hat sich mit Rainer Jordan, Dietrich Krämer und Willi Beck zu einer neuen Gruppe zusammengeschlossen, die mit dem Programmtitel «Deutsch sein – ein Hauch von Freiheit und Abenteuer» «eine in sich geschlossene Aneinanderreihung von Liedern, Gedichten, Kurzgeschichten, Gehörtem, Gelesenem und Erlebtem» (Selbstdarstellung von PETER BRAUKMANN & BAND) vorstellt.

● Auf Rillenschlange: Schnappschuß (RL 001)

Schnuckenack Reinhardt, der Primas einer der weitverzweigtesten Zigeunersippen, der 1965 in dieser Funktion von Papst Paul VI eine wertvolle Geige als Geschenk erhielt, gilt als bester Violinspieler unter den in Deutschland lebenden Angehörigen dieses Volkes und ist mit dem SCHNUCKENACK REINHARDT QUINTETT der erste Musiker gewesen, der den Sinti-Swing einem größeren Publikum vorgestellt hat. Die →Musik deutscher Zigeuner, die sich vom Folk Jazz Django Reinhardts, der ebenfalls zu dieser Großfamilie zählte, ableitet und Swing, Walzer, Musette, ungarische und deutsche Zigeunerfolklore zu einer besonderen Interpretationsweise verbindet, hatte ihre erste größere öffentliche Vorstellung durch Schnuckennack Reinhardt im Mai 1967 auf der Burg →Waldeck. Im November desselben Jahres präsentierte sich erstmals das SCHNUCKENACK REINHARDT QUINTETT und spielte, gelegentlich um Gastmusiker erweitert, in der Regel in folgender Besetzung: Schnukkenack Reinhardt (vi), geb. 1921 in Rheinland-Pfalz, mußte eine klassische Ausbildung am Konservatorium in Mainz im Hitlerfaschismus abbrechen, konnte diesen als Musiker aber

überleben. Daweli Reinhardt (solo g), geb. 1932, war als Kind im Konzentrationslager und kam in der Nachkriegszeit über Zirkusartistik schließlich an die Musik von Django Reinhardt. Bobby Falta (solo g) geb. 1941 in Salzburg, ist im wesentlichen von Jazzgitarristen wie Barney Kessel u. a. beeinflußt. Spatzo Weiss (rhythmus g), geb. 1942 in Paris, entstammt einer berühmten Musikerfamilie. Hojok Merstein (b), geb. 1923 in Karlsruhe, wurde im Krieg wegen Spionageverdachts verfolgt und hatte anschließend erste musikalische Erfahrungen als Bassist auf Dorffesten in Lothringen.
Die erste LP des SCHNUCKENACK REINHARDT QUINTETTS erschien 1969 bei Da Camera, «Musik deutscher Zigeuner», und 1972 waren es bereits 4 LPs geworden, auf denen die Gruppe sich vorstellte, wobei sich →Häns'che Weiss (solo g) 1969 als weiterer Solist eingestellt hatte. Nach der Mai-Tournee 1972 löste sich das SCHNUCKENACK REINHARDT QUINTETT nach persönlichen Differenzen auf, und Häns'che Weiss stellte mit seinem Quintett einen direkten Nachfolger mit Übernahme einiger Gruppenmitglieder. Zum Ende des Jahres 1972 präsentierte sich Schnuckenack in neuer Besetzung mit Jani Lehman (b), einem der exponiertesten Bassisten der Sinti-Musik, Schmeling Lehman (rhythmus g), Bobby Falta (solo g) und seinem Sohn Ricardo Reinhardt (rhythmus g). In dieser Formation wurde für das kleine Label SCM eine Aufnahme eingespielt. Nachdem Bobby Falta die Gruppe verlassen hatte, kam ein weiterer Sohn, Forello Reinhardt (solo g), dazu, und mehrere Alben wurden zunächst für Intercord, dann für Phonogram aufgenommen. Im weiteren spielte das SCHNUCKENACK REINHARDT QUINTETT in unterschiedlicher Besetzung mit den beständigen Mitgliedern Forello, Ricardo und Schnuckenack Reinhardt und wurde zunehmend wegen seiner Kommerzialisierung kritisiert.

● Auf Intercord: Swing Session (INT 160010); 15. 3. 1973 (INT 160031); Live (INT 160035); Starportrait (2 LPs, INT 155012); Pußtaklänge (2 LPs, INT 180010) ... auf Philips; Musik der Zigeuner (6305260); 's Wonderful Swing (6305323); Remember Django (6305354); Swing on My Mind (2 LPs, 6623130)

Schöntges, Jürgen, der bundesdeutsche Löffelspezialist, der zu den instrumental vielseitigsten Musikern zählt, ist in der Zusammenarbeit mit →Tom Kannmacher an der Wiederbelebung deutschsprachiger Lieder und Tänze maßgeblich beteiligt und zählt zu den ersten hierzulande, welche die traditionsreiche Drehleier einem größeren Kreis vorstellten und dafür sorgten, daß es heutzutage wieder eine stattliche Anzahl Vertreter auf diesem Instrument gibt.
Jürgen Schöntges wurde am 12. Oktober 1949 in Koblenz geboren, wuchs in Lahnstein auf, kam nach Abitur und Bundeswehrzeit zum Studium der Betriebswirtschaft nach Köln und anschließend nach Mainz. Nach einer Lehrerausbildung arbeitet er dort als Studienreferendar beim Studienseminar für das Lehramt an höheren Schulen. Der Expfadfinder lernte in diesem Kreis Gitarre und Fahrtenlieder, kam über Beatmusik an →Bob Dylan und →Donovan und schließlich als Zwanzigjähriger bei seiner ersten der zahlreichen Irlandreisen an die irische Folklore. Gemeinsam mit Sepp Thümmel trat er Anfang der siebziger Jahre mit irischen Folk Songs unter dem Namen SEPP & JÜRGEN auf den verschiedenen Festivals auf und begann sich zunehmend für die eigene Kultur zu interessieren. 1974 lud er Tom Kannmacher

zu einem Folklore-Workshop auf die Burg Waldeck ein, aus der sich eines der wichtigsten Duos für die Wiederbelebung der deutschen Volksmusik ergab. Mit einer für damals einmaligen instrumentalen Vielfalt aus Drehleiern, Scheithölzern (darunter die Épinette des Vosges), Fiddle, Maultrommel, Five String Banjo, Mandolinen, Gitarren, Tin Whistle, Northumbrian Small Pipes, Blockflöten, Autoharp, Dulcimer, Percussion wurden die beiden ein erstes Markenzeichen für die Vielfalt der eigenen Kultur und veröffentlichten ihre erste eigene Single mit *Die Geige* und *Es ist noch Whiskey da*. 1976 folgte in eigener Produktion die erste gemeinsame LP «Wer jetzig Zeiten leben will», die später von Pläne neu aufgelegt wurde. Nach einer weiteren gemeinsamen LP «Wenn ich mein Schatz nicht rufen darf» (Pläne) konzentrierte sich Jürgen Schöntges auf seine weitere berufliche Ausbildung und trat als Einzelinterpret auf verschiedenen Festivals auf, wo seine Löffelworkshops ebensolche Zustimmung fanden wie die Interpretationen traditioneller und selbstverfaßter Lieder. Erwähnenswert ist noch seine Veröffentlichung «Lirum Larum Löffelspiel. Der wohltemperierte Löffel» in der Edition Venceremos, die eine Anleitung für den Umgang mit diesem musikalischen Hausrat bietet.

● Auf Pläne mit Tom Kannmacher: Wer jetzig Zeiten leben will (TK/JS 01/76); Wenn ich mein Schatz nicht rufen darf (S 19 F 903)

Schottische Folk Music. Die traditionelle schottische Folk Music, die vergleichbar mit der irischen im besonderen geprägt ist vom Widerstand gegen englische Vorherrschaft, ist bestimmt von Balladen aus den Highlands und Volkstänzen aus den verschiedenen Regionen des Landes. Ebenso unterschiedlich wie die politische Entwicklungsgeschichte der schottischen Hochlande und der Lowlands, ist auch die Tradition der Volksmusik von sehr verschiedenen Elementen beeinflußt. So zeigt sich in den Highlands und auf den Shetland Inseln eine starke keltische Ausrichtung, während in Südschottland englische, irische und schottische Traditionen vermischt worden sind. Gerade in dieser Region ist die Volkskultur einer ständigen Bedrohung ausgeliefert gewesen, so wurde als Beispiel nach einem Dekret von 1449 den Barden und fahrenden Sängern ein Nagel durchs Ohr getrieben, ihnen anschließend die Ohren abgeschnitten und sie danach in die Verbannung geschickt. Umso erstaunlicher ist, daß eine der ersten Liedersammlungen mit 38 Balladen bereits 1549 erschien, «The Complaint of Scotland». Mitte des 16. Jahrhunderts gab es durch die Reformation des Calvinisten John Knox einen tiefgreifenden Einschnitt in die Geschichte Südschottlands, die bemerkenswerte Auswirkungen auf die Volksmusik hatte. Teilweise wurde der Gesang durch die Reformation legalisiert, einige Städte stellten sogar offiziell Minstrel-Sänger, Dudelsackspieler und Trommler an, jedoch wurden nach wie vor weltliche Musikanten bestraft, und vor allem die Tanzmusik wurde als Vergehen betrachtet, da sich die Musik mit dem Lobe des Herrn beschäftigen sollte. In der Cromwell-Ära im 17. Jahrhundert kam es noch einmal zu einer verstärkten Verfolgung der Volksmusikanten, jedoch entwickelte sich auch jetzt die traditionelle Musik weiter, so daß im 18. Jahrhundert die schottischen Balladen in voller Blüte standen und Schottland zu dieser Zeit «eine Nation der Balladensänger» (Hamisch Henderson) war. In jenem Jahrhundert schrieb auch Robert Burns, einer der bedeutendsten schottischen Dichter, seine Balladen und Lieder. Ihm folgte Anfang des 19. Jahrhunderts Sir Walter Scott, der berühmteste Dichter aus dem Norden der Insel. Innerhalb der Industrialisierung der Lowlands entwickelten sich hier ähnlich wie in den englischen Industrierevieren die Industrial Ballads, von denen besonders die Bergarbeiterlieder einen großen Bestandteil der schottischen →Folk Songs ausmachen.

In den fünfziger Jahren unseres Jahrhunderts entstand auch in Schottland das →Folk Revival. Die dominierende Persönlichkeit in dieser Wiederbelebung ist →Hamish Henderson, der seit 1951 die Peoples Festival Ceilidhs organisierte und damit die erste Plattform für die gälischen Sänger aus Caledonien (Nordschottland) ebenso wie für die Musiker aus Northumberland schuf. Zu den ersten großen Persönlichkeiten auf diesen Bühnen zählten Jimmy MacBeath und Jeannie Robertson, eine Sängerin aus Aberdeen, wo Arthur Argo einen der ersten Folk-Clubs gründete. Eine weitere wichtige Person war →Ewan MacColl, der mit seinen Londoner Radiosendungen wesentliche Impulse auch nach Schottland lieferte, und Norman Buchan und Morris Blythman, die das Revival in Glasgow und Umgebung auslösten. Die Folk-Szene festigte sich rasch, und die ersten Zeitungen erschienen, von denen sich allerdings nur «Sandy Bell's Broadsheet», aus Sandy Bell's Bar, der berühmtesten Folk-Kneipe in Edinburgh, bis heute halten konnte. Ebenfalls in Edinburgh wurde die School of Scottish Studies an die Universität angegliedert, deren Leitung Hamish Henderson hat, und im County Fife gab es durch Josh Macrae und Archie Fisher den ersten Folk-Gitarrenunterricht an Schulen. In den sechziger Jahren wurde die Folk-Landschaft noch von Musikern wie →Hamish Immlach, →Alex Campbell und →Jean Redpath geprägt und bekam zusätzliche Impulse aus Amerika, Irland und England. In den siebziger Jahren entwickelten sich eine stattliche Anzahl hervorragender Folk-Gruppen wie zunächst die GAUGERS, THE CLUTHA, →HIGH LEVEL RANTERS, und von den neueren Formationen →SILLY WIZARD, →OSSIAN, →BATTLEFIELD, →TANNAHILL WEAVERS, FIVE HAND REEL, um nur einige zu nennen. Besonders erwähnenswert sind noch die →BOYS OF THE LOUGH mit größter internationaler Reputation, die →MACCALMANS als Meister des schottischen Entertainments und →Dick Gaughan, der als Sänger und Gitarrenvirtuose eine Ausnahmestellung genießt.

Das traditionelle schottische Instrumentarium hat ebenso wie der Gesang verschiedene regionale Eigenheiten. Der berühmte schottische →Dudelsack ist einmal als die kräftigen und lautstarken Highland Pipes vertreten – als exponiertester Vertreter wird John Burgess, «King of Highland Pipers» genannt – und zum anderen mit den Northumbrian Small Pipes, die von Colin Ross, einem Mitglied der HIGH LEVEL RANTERS, beherrscht werden. Die →Fiddle hat eine stattliche Anzahl hervorragender Interpreten und verschiedene Stile, von denen das Shetland Fiddling eine überragende Stellung einnimmt; Tom Anderson gilt als der herausragende Vertreter. Diese traditionellen schottischen Instrumente werden noch um englische und irische erwetert. Die Holzquerflöte aus Irland, deren Meister in Schottland der Ire Cathal McConnel (→BOYS OF THE LOUGH) ist, ist in vielen Folk-Gruppen vertreten, ebenso die Tin

Whistle. Ebenfalls Bestandteil der Folk Music sind →Melodeon, →Akkordeon und →Concertina, bei der Alistair Anderson besonders genannt werden muß. Komplett ist das Instrumentarium der Folk Formationen mit Gitarre, Banjo und Piano; letzteres kann in Northumberland auf eine längere Tradition zurückblicken.
1980 erschien bei Polygon Books «The Peoples Past», eine hervorragende Sammlung von Aufsätzen über die Geschichte der schottischen Folk Music, mit Beiträgen von Hamish Henderson, John Barrow, Norman Buchan, Edward J. Cowan u. a.

● Auf Topic: A Prospect of Scotland (TPS 169); English and Scottish Folk Ballads (12 T 103); Bonny Lass Come O'er the Burn (12 T 128); The Fisher Family (12 T 137); The Stewarts of Blair (12 T 138); Vagrant Songs of Scotland (12 T 151); Wild Rover No More (12 T 173); The Back O'Benachie (12 T 180); King of Highland Pipers (12 T 199); Jeannie Robertson (12 T 96); The Streets of Glasgow (12 T 226); The Clutha (12 TS 242); Scottish Instrumental Music (12 TS 266); The Music of Scott Skinner (12 TS 268); The Silver Bow (12 TS 281); Festival at Blairgowrie (12 T 181); Highland Fiddle (12 TS 347); The Caledonian Companion (12 TS 266); Shetland Folk Fiddling Vol 2 (12 TS 379) ... auf Tangent: Scottish Tradition Vol 1–7 (TAN 109/110/111/117/119/120/128) ... auf Transatlantic: Best of Scottish Folk (MTRA 2003)

Schwendter, Rolf. Der Mann mit der Kindertrommel, der wie kaum ein anderer eine Übereinstimmung seines theoretischen Konzepts und seiner praktischen Lebensweise herstellt, ist die vermutlich auffälligste Persönlichkeit in der deutschsprachigen Liedermacherszene der Nachkriegsgeschichte und hatte auf die Entwicklung des politischen Liedes Ende der sechziger Jahre den größtmöglichen Einfluß. Dabei ist seine wissenschaftliche Laufbahn, mit insgesamt drei Doktortiteln in Philosophie, Staatswissenschaft und Juristerei, für Rolf Schwendter nie ein Hindernis gewesen, seine künstlerische Identität zu wahren. Er stellt eine Ästhetik vor, die allen üblichen Gewohnheiten widerspricht und durch Stilmittel wie Plärren, Kreischen, bewußte grammatikalische «Schlampereien» und gezielter Falschsingen ihre eigenen Qualitäten entwickelt. So beispielsweise, wenn er die große Janis Joplin-Nummer *Mercedes Benz* in wienerischer Übersetzung vorträgt oder auf populäre Stücke der ROLLING STONES und der BEATLES zurückgreift und seinem Selbstverständnis unterordnet, ohne auf Kult und Verehrung zu achten. Seine Veröffentlichungen «Modelle zur Radikaldemokratie», «Theorie der Subkultur» u. a. gelten zudem als besonders wichtige und richtungweisende Arbeiten innerhalb der kulturellen Alternativen. «Schwendter ist es mit seiner Kritik der bürgerlichen Lebensweise ernst» (Thomas Rothschild).
Rolf Schwendter wurde als Rudolf Scheßwendter am 13. August 1939 in Wien, «genau in der Mitte zwischen Kleinbürgertum und Proletariat» (Schwendter) geboren, machte 1957 sein Abitur und betätigte sich anschließend als «Untergrundlyriker, Kellerschauspieler, Jazzsänger und Dramaturg» (Schwendter). Seinen ersten Doktortitel (Rechtswissenschaften) erwarb er 1962, gründete im selben Jahr den Wiener «Freundeskreis» und trat erstmals in dem Film «Am Rande» in die Öffentlichkeit. Nach einem weiteren Titel (1965, Politische Wissenschaften) siedelte er 1967 mit seinen Liedern zur Trommel in die BRD über und war im folgenden Jahr, in dem eine weitere Promotion in Philosophie folgte, einer der dominierenen Theoretiker der Burg →Waldeck. Über eine Stelle als Universitätsassistent in Heidelberg kam er als Professor an die

Gesamthochschule in Kassel und hat dort einen Lehrstuhl für Devianzforschung. Erwähnenswert ist, daß Rolf Schwendter 1970 eine LP für Polydor, «Lieder zur Kindertrommel», einspielte und sich bis auf den heutigen Tag auf öffentlichen Veranstaltungen unverblümt zu aktuellen Ereignissen äußert und bemerkenswerte Analysen liefert.

☐ Rolf Schwendter, Ich bin noch immer unbefriedigt (Rotbuch Verlag 1980); Theorie der Subkultur (Syndikat Verlag)

Scruggs, Earl. Bezeichnenderweise wird das Dreifingerspiel auf dem Five String Banjo oft als «Scruggs Picking Style» bezeichnet – obwohl es mit Sicherheit nicht seine Erfindung ist, sondern von Banjospielern der CAROLINA TAR HEELS und anderen der zwanziger Jahre stammt. Earl Scruggs ist allerdings derjenige Picker gewesen, der das Banjo zu einem gleichberechtigten Gruppen- und Soloinstrument gemacht hat. Durch seine Schnelligkeit und die gleichzeitige ideenreiche Virtuosität auf diesem sonst blechern harten Straßeninstrument hat er das Banjo vom Vorurteil der ländlichen Einfalt befreit und zu wahren Wettbewerben zwischen einzelnen Interpreten angeregt.
Earl Scruggs wurde am 6. Januar 1924 in Flint Hill, North Carolina, geboren. Er wuchs in einer musikalischen Familie auf, in der jeder Instrumente spielte – eine Tradition, die er später mit seinen eigenen Kindern in der EARL SCRUGGS REVUE fortsetzte. 1939 war er bei den MORRIS BROTHERS, einer der bekanntesten Gruppen im Südosten, dann mit Lost John Miller zusammen, und 1945 schloß er sich der damals einzigartigen →Bluegrass-Gruppe von →Bill Monroe an. Dort trug er wesentlich dazu bei, daß die BLUEGRASS BOYS zum Sinnbild für diesen Stil der Country Music wurden. 1948 verließ Scruggs Bill Monroe, zusammen mit Lester Flatt (g) und weiteren Musikern, und gründete die FOGGY MOUNTAIN BOYS, bei denen Mac Wiseman Sänger wurde. Sie spielten noch im selben Jahr ihre ersten Aufnahmen für Mercury ein und in den weiteren Jahren fast jeden existierenden Bluegrass-Klassiker, darunter die bekannteste Nummer *Roll in My Sweet Baby's Arms*. Die instrumentale Aufnahme *Foggy Mountain Breakdown* machte Scruggs endgültig zur County-Legende. Sehr viel später, 1967, nahm er diesen Titel zusammen mit Lester Flatt noch einmal für den Film «Bonnie and Clyde» auf. Spätestens damit wurde er als Banjospezialist weit über die Grenzen der Vereinigten Staaten hinaus bekannt.
Nach gleichbleibenden Erfolgen als Gruppenmitglied wie auch als Solist (u. a. Newport 1959 und 1960) trennte sich Scruggs schließlich 1969 von Lester Flatt. Er gründete die EARL SCRUGGS REVUE, mit der er neue Wege ging, wie er das zuvor bereits mit dem Saxophonisten King Curtis getan hatte und «anderen Leuten, die andere Arten von Musik spielen – und ich war aufgeregt über diese Möglichkeiten» (Earl Scruggs).

● Auf Mercury: 24 Country and Western Favorits (2 LPs, H 72 BX 206) ... auf Fontana: My Cabin in Carolina (6430034) ... auf Ariola: Banjoman (200242–34) ... auf Rounder: The Golden Era (RDR SS 05) ... auf Evasion: Flatt and Scruggs (EV 259) ... auf Columbia: Live at Kansas State (KC 31758); Dueling Banjos (C 32268); I Saw the Light with Some Help from My Friends (KC 31354); Rockin' Cross the Country (KC 32943); The Earl Scruggs Revue (KC 32426); Anniversary Special (PC 33416)

Seeger, Mike. Die Bedeutung von Mike Seeger liegt in seiner instrumentalen Vielseitigkeit, seiner besonderen

Fähigkeit, älteste Techniken mit besonderer Sorgfalt nachvollziehen zu können und das Ganze dabei, im Sinne der Seegers, nicht als eine rein schöngeistige Angelegenheit zu betreiben, sondern auch diese älteste Musik in ihrem sozialen Zusammenhang zu verstehen. Er ist ein Meister der →Autoharp und zählt nach Maybelle und Sara Carter zum wichtigsten Vertreter dieses Instruments aus den →Appalachen und beherrscht als einer der wenigen eine Fingerpicking-Technik darauf. Auf Gitarre und Banjo spielt er die Oldtime Mountain-Art in der Weise von →Sam McGee und →Uncle Dave Macon, ebenso wie er auf Mandoline und Fiddle die Ursprünge des →Bluegrass darstellen kann. Weitere Instrumente sind →Mundharmonika, →Dobro und →Dulcimer.

Mike Seeger, geboren am 15. August 1933 in New York City, war der zweite Sohn von Charles Louis Seeger, nachdem dieser Ruth Crawford, eine Klavierlehrerin, Komponistin und Herausgeberin von mehreren Volksliedsammlungen, geheiratet hatte. Als erstes Instrument lernte er die Autoharp näher kennen, nahm bald schon das Banjo dazu und spielte eine Zeitlang mit seiner jüngeren Schwester Peggy auf örtlichen Tanzveranstaltungen in der Nähe von Washington, wo sie 1935 hingezogen waren. 1954 kam er nach Baltimore, wo er einige Bluegrass-Musiker kennenlernte, sich dieser Musik verschrieb und 1958 mit John Cohen und Tom Payley die →NEW LOST CITY RAMBLERS gründete, welche eine der führenden Folk-Gruppen im aufkommenden Revival wurden und besonders durch ihre perfektionistische Darstellung der Oldtime String-Band Music große Anerkennung fanden. Ende der fünfziger Jahre machte Mike Seeger seine ersten Schallplattenaufnahmen für Folkways und unternahm im Auftrag der Firma einige authentische Einspielungen mit einem Field Team, davon die bedeutendste mit den McGee Brothers und Fiddlin' Arthur Smith. Nachdem Tom Paley die RAMBLERS 1962 verlassen hatte und Tracy Schwarz an seine Stelle trat, gründete Mike Seeger Ende der sechziger Jahre mit Alice Gerrard, Hazel Dickens und Lamar Grier, mit denen er seine ersten musikalischen Bluegrass-Erfahrungen gesammelt hatte, eine weitere Gruppe, die STRANGE CREEK SINGERS, welche es sich zur Aufgabe machte, bisher unbekanntes Material aus der Country Music vorzustellen.

Mike Seeger lebt seit 1970 in Pennsylvania und spielt abwechselnd mal als Solointerpret, bei den RAMBLERS und mit den STRANGE CREEK SINGERS.

● Auf Folkways: Old Time Country Music (FW 2325); Tipple, Loom & Rail (FH 5273) ... mit Peggy Seeger: Live at Carnegie Hall (FA 2512) ... auf Rounder: American Folk Songs for Children Vol 1 bis 3 (RDR 8001/02/03) ... auf Argo: Peggy'n Mike (ZFB 62) ... mit Pete Seeger auf Folkways: American Folk Songs Sung by the Seegers (FA 2005); Hootenanny at Carnegie Hall (FN 2512) ... vertreten auf: The Folk Music of the Newport Folk Festival Vol 1 (FA 2431) ... des weiteren →NEW LOST CITY RAMBLERS

Seeger, Peggy, verdeutlicht beispielhaft, inwieweit auch das britische →Folk Revival Impulse aus der amerikanischen Szenerie bedurfte und welche Auswirkungen diese Impulse auf die musikalischen und inhaltlichen Bewegungen innerhalb der Wiederbelebung der eigenen folkloristischen Tradition hatten. Seit ihrer Ehe mit →Ewan MacColl, welche oft als historische Verbindung zwischen Amerikas Folk-Familie Nr. 1 und einem der profiliertesten schottisch-englischen Folkloristen bezeichnet wurde, ist sie zunehmend als ein Anhängsel ihres Man-

nes betrachtet und in die Auseinandersetzungen um seine Person einbezogen worden. Unterschlagen wird dabei leider oft ihr eigenes musikalisches Profil, sowohl als Liederschreiberin politischer Couleur wie auch als ausgezeichnete Instrumentalistin, die viele englische Musiker durch amerikanische Techniken auf Gitarre, Five String Banjo und →Dulcimer beeinflußt hat. Außerdem gilt sie als eine Meisterin auf der →Autoharp, spielt →Konzertina und beherrscht verschiedene Gesangstechniken, bei denen sich die «Ausbildung» durch Ewan MacColl heraushören läßt.
Peggy Seeger wurde am 17. Juni 1935 in New York City als Tochter der zweiten Frau von Charles Louis Seeger, Ruth Crawford Seeger, geboren. Sie begann frühzeitig mit dem Piano, wechselte aber schon bald unter dem Einfluß der volksmusikalischen Beschäftigung in der Familie das Instrument, lernte Gitarre und Five String Banjo. Neben ihren Kontakten zu den Folk-Musikern der damaligen Zeit machte sie am Radcliff College eine klassische Ausbildung, hatte vereinzelte erste Auftritte und kam 1955 zum Studium an die Universität in Leiden, Holland. Auf dem Kontinent traf sie mit →Derroll Adams und →Alex Campbell zusammen und hatte die ersten Kontakte zu den Britischen Inseln, bevor sie 1956 nach London kam, auf Ewan MacColl traf und sich seiner Gruppe RAMBLERS anschloß. Nach einer kurzen Rückkehr in die Vereinigten Staaten ließ sie sich endgültig in England nieder, heiratete und wurde britische Staatsbürgerin. In der Folgezeit machte sie mit Ewan MacColl Forschungs- und Sammlungsreisen, hauptsächlich durch die Industriegebiete Englands, wo sie einen großen Teil der Industrial Ballads entdeckten, war an vielen Schallplattenprojekten, Radio- und Fernsehsendungen maßgeblich beteiligt, spielte aber auch über 30 Soloalben ein, auf denen sich vorwiegend traditionelle Lieder befinden, aber auch eigene Texte, die zeigen, daß Peggy Seeger innerhalb ihrer Familie den politisch radikalsten Ansatz vertritt.

● Auf Folkways: Different Therefore Equal (FS 8561); Folk Songs of Courting and Complaining (FA 2049) ... auf Rounder: Penelope Isn't Waiting Any More (RDR 4011); Peggy & Mike Seeger, Reverend Gary Davis & Others – Live at Carnegie Hall (FA 2512) ... mit Pete Seeger: American Folk Songs Sung by the Seegers (FA 2005) des weiteren →Mike Seeger, →Pete Seeger, →Ewan MacColl

Seeger, Pete, «dessen Gedanken über die menschlichen Lebensbedingungen eins werden mit seinen Aktivitäten und seiner Musik» (Folk Music Encyclopaedia), singt alte und neue →Folk Songs – «ich nenne sie alle Liebeslieder» – mit großer Ausstrahlung und Überzeugungskraft. Seine einfache Art des Vortrags, meist mit einer zurückhaltenden Banjobegleitung, ist gepaart mit der geradezu charismatischen Fähigkeit, seine Zuhörer in aktive Mitsänger zu verwandeln und so seine Veranstaltungen zu einer gemeinschaftlichen Erklärung der Menschenrechte werden zu lassen. «In unserem gemeinsamen Singen symbolisieren wir, was für alle Menschen in der Zukunft getan werden kann» (Seeger). Der «Big Daddy of →Hootenanny» (Roxon) kann seit Beginn seiner Tätigkeit als Gradmesser des politischen Klimas in den USA dienen und hatte durch sein konsequentes Eintreten für die Arbeiter und die Gewerkschaftsbewegung in der McCarthy-Ära die größten Schwierigkeiten. Er wurde vor den Ausschuß für unamerikanische Umtriebe (HUAC) geladen, stellte sich im August 1955 der Kommission zur Verfügung und wurde im Anschluß daran wegen Verächtlichmachung des Kongresses angeklagt. Seeger, «ein Musiker, der sich zu seinen Quellen bekennt» (Palmer), stand für insgesamt 17 Jahre auf der «Schwarzen Liste» und hatte in dieser Zeit keine offiziellen Rundfunk- oder Fernsehauftritte. Seine Einflußnahme auf die Entwicklung der amerikanischen Folk Music konnte das allerdings nicht beeinträchtigen.

Peter Seeger wurde am 3. Mai 1919 als Sohn des Musikwissenschaftlers Charles Louis und der Geigenlehrerin Constance de Clyver Seeger in New York City geboren. Nachdem er seinen Vater bei einer Forschungsreise durch North Carolina begleitet hatte und dabei erstmals die volksmusikalische Seite Amerikas wie auch seine Liebe zum Five String Banjo entdeckt hatte, studierte er von 1936 bis 1938 an der Harvard Universität Soziologie, um Journalist zu werden. Er bekam keinen Job und begleitete →Alan Lomax von 1939 bis 1940 auf verschiedenen Reisen für die Library of Congress. Dadurch kam er zu einem überaus großen Repertoire an traditionellen Volksliedern und machte seine ersten Auftritte, wobei «es mir wie Diebstahl erschien, für etwas Geld zu nehmen, was ich immer nur aus Spaß gemacht hatte» (Seeger). Angeregt durch →Woody Guthrie, den er 1940 kennenlernte, machte er seine erste eigenständige Reise, bei der er auf Gewerkschaftsveranstaltungen spielte. 1941 gründete er in New York mit Lee Hays und Millard Lampell die →ALMANAC SINGERS, zu denen einige Monate später auch Woody Guthrie gehörte. Bis zur Einberufung der Mitglieder im Jahre 1942 wurden die ALMANAC SINGERS durch ihre antifaschistischen Lieder (*Reuben James*) und die eindeutige Haltung zur Gewerkschaftsbewegung (*Which Side Are You On*) die erste populäre Musikgruppe der amerikanischen Arbeiterbewegung.

Während des Kriegs spielte Pete Seeger mit den RAINBOW BOYS für GI-Radiostationen und in Soldatenclubs. 1945 gründete er die erste Volksmusikerorganisation in New York, die Peoples Song hieß, «um sie deutlich von den gelehrten Volksmusikgesellschaften abzugrenzen» (Seeger). Von 1946 an gab er das erste Folk-Magazin heraus, «Peoples Song Bulletin», der Vorläufer von →Sing Out. 1946 wirkte Seeger in dem Spielfilm «To hear my Banjo play» mit, ein Jahr später war er bei der Produktion des Folk-Musicals «Dark of the Moon» dabei. Zur Zeit des Kalten Krieges wurden er und Woody Guthrie wegen ihrer Radikalität von großen Teilen der gewerkschaftlich organisierten Arbeiterbewegung ausgeschlossen, so daß sie nicht mehr auf den Massenveranstaltungen auftreten konnten, dafür vor kleinem Kreis auf den Hootenannies weitermachten.

1949 gründete Pete Seeger, nachdem er ein Jahr zuvor den demokratischen Präsidentschaftskandidaten Henry A. Wallace im Wahlkampf unterstützt hatte, mit Ronnie Gilbert, Lee Hays und Fred Hellermann die →WEAVERS, «die genausoviel Erfolg hatten wie sie Verfolgung wegen angeblich kommunistischer Umtriebe erleiden mußten» (Palmer). Mit dem →Leadbelly-Titel *Goodnight Irene* hatten sie den größten Erfolg, den ein Folk Song bis dahin je gehabt hatte. Von 1953 an spielte Seeger nur noch hin und wieder mit der Gruppe zusammen und verlagerte seine Haupttätigkeit auf das von ihm 1950 gegründete Folk-Magazin Sing Out. Er gab weiterhin Soloauftritte und spielte regelmäßig Langspielplatten für Folkways ein. In den Jahren seiner verordneten Abstinenz von den offiziellen Medien entwickelte er eine «kulturelle Guerillataktik» (Seeger) und sorgte durch rege Konzerttätigkeit für die Bekanntheit seiner Lieder. Viele dieser Songs wurden durch Künstler wie →PETER, PAUL & MARY oder das →KINGSTON TRIO übernommen und auf diesem Wege allgemein bekannt. 1959 rief Pete Seeger zusammen mit →Theodore Bikel, Georges Wein und Albert Grossmann das →Newport Folk Festival ins Leben. Er machte mit seiner Frau Toshi zusammen von 1963 bis 1964 eine Tournee rund um den Erdball und war einer der ersten, der sich in den sechziger Jahren für die entstehende Ökologiebewegung stark machte.

Seeger hat das vielleicht wichtigste Buch über die amerikanische Folk Music geschrieben, «The Incompleat Folk Singer» (1972). Weitere Buchveröffentlichungen sind «American Favorite Ballads» (1960), «The Bells of Rhymney» (1964), «How to play the Five String Banjo» (1965) und «Henscratches and Flyspecks» (1973). Die riesige Anzahl an Schallplatten, die Seeger in seiner musikalischen Schaffenszeit von bisher vier Jahrzehnten eingespielt hat, zeigt durch die Auswahl der Traditionals und Lieder aus eigener Feder (*Where Have All the Flowers Gone*) nur einen Teil seiner Persönlichkeit, denn der Folk-Sänger Pete Seeger ist viel zu lebendig, um sich ganz konservieren zu lassen. Auf diesen Umstand hat Folkways 1980 reagiert, indem sie die Plattenaufnahme eines zweistündigen Konzerts herausgab, um die Atmosphäre des Sing Along zu dokumentieren: «Pete Seeger: Sing Along. Demonstration Concert, Old Sanders Theater, Harvard Campus, Boston.»

● Auf Pläne: American Industrial Ballads (88161; Folkways 1956, Pläne 1979 mit deutscher Textbeilage).
Auf Folkways / Pläne: Darling Corey (FA 2003); The Pete Seeger Sampler (FA 2043); Goofing the Suite with Pete Seeger (FA 2045); Frontier Ballads, Vol 1 (FA 2175); Frontier Ballads, Vol 2 (FA 2176); Pete Seeger Sings American Ballads (FA 2319); Nonesuch and Other Folk Tunes (FA 2439); Pete Seeger at the Village Gate (FA 2450); Pete Seeger at the Village Gate. Vol. 2 (FA 2451); With Voices Together We Sing (FA 2452); Love Songs for Friends and Foes (FA 2453); The Rainbow Quest (FA 2454); Sing Out with Pete (FA 2455); Broadsides (FA 2456); Gazette Vol. 1, Pete Seeger Sings Topical Songs (FA 2501); Gazette Vol. 2, More Topical Songs Newsmakers World Events (FA 2502); Indian Summer. Film Music (FA 3851) Champlain Valley Songs (FH 5210); Songs of Struggle and Protest (FH 5233); Pete Seeger Sings Little Boxes and Other Broadside Ballads (FH 5302); The 12-String-Guitar als Played by Leadbelly (FH 8371); The Folksinger's Guitar Guide Vol. 1 (CBR 1); How to Play the 5-String-Banjo (CBR 2); Wimoweh and other Songs of Freedom and Protest (FTS 31018); Pete Seeger Sings Leadbelly (FTS 31022); Where Have All the Flowers Gone? (FTS 31026); American Folk Songs (FA 2005); Pete Seeger and Sonny Terry in Concert (FA 2412); The Folk Music of the Newport Folk Festival Vol. 1, P. u. M. Seeger (FA 2431); Sing Tonight. Live Concert of Meaningful Music (FA 2511); Folks and Blues: Pete Seeger, Big Bill Broonzy (FA 3864); Sing Out. Audience the Hooteneers and Seeger in Protest Songs (FA 2513) ...
auf Chant du Monde/Folkways/Pläne: American Favorite Ballads I (FWX 52320); American Favorite Ballads II (FWX 52321); American Favorite Ballads III (FWX 52322); American Favorite Ballads IV (FWX 52323); American Favorite Ballads V (FWX 52445); Banks of Marble (FWX 51040); Western Story – Frontier Ballads by Pete Seeger (FWX 55003); Pete Seeger at Paris (FWX 50102); Hootenanny with Pete Seeger (FWX 50103); Pete Seeger and Ed Renehan: Fifty Sails on Newburgh Bay (FWX 55257) ... auf Folkways: Traditional Christmas Carols (FA 2311); Pete Seeger Sings and Answers Questions at the Ford Forum Hall, Boston (FH 5702); American Games a. Activity Songs for Children (FH 7674); Pete Seeger Sings Woody Guthrie (FTS 31002) ... auf Embassy/CBS: Live Concert (EMB 31115); Greatest Hits (EMB 31642) ... auf CBS: (The World of Pete Seeger (CBS 68201) ... auf Bellaphon: Pete Seeger (BJS 4068) ... vertreten auf Folkways: Lonesome Valley (FA 2010); Washboard Band Country Dance Music (FA 2201); Moun-

tain Music Bluegrass Style (FA 2318); Old-time Fiddle Tunes (FS 3531); Talking Union (FH 5285); Broadside Ballads Vol. 1 (FH 5301); Songs of the Spanish Civil War Vol. 1 (FH 5436); Born to Live: Hiroshima (FH 5525); WNEW's Story of Selma (FH 5595); American History in Ballad and Song Vol. 1 (FH 5801); German Folk Songs (FH 6843); Folk Songs of Four Continents (FH 6911); Bantu Choral Folk Songs (FH 6912); Jewish Children's Songs and Games (FH 7224)

Servat, Gilles. Der Sänger Gilles Servat, der nicht in der bretonischen Kultur aufgewachsen ist und die meisten seiner Lieder in französischer Sprache vorträgt, zählt dennoch zu den wichtigsten Interpreten der neueren bretonischen Bewegung. Seine Texte liefern Analysen der Geschichte und Politik der Bretagne, der Beziehungen zwischen Frankreich und dieser Region und stellen das Bedürfnis nach Autonomie eindrucksvoll dar. In seinen Liedern geht er gleichzeitig auf den Zusammenhang zwischen Großkapital und der Situation des Proletariats im keltischen Sprachraum ein und zeichnet ein überzeugendes Bild der Unterdrückung einer ganzen kulturellen Einheit.

Gilles Servat wurde am 1. Februar 1945 in Tarbes geboren, wuchs in Nantes auf, hatte eine Ausbildung als Bildhauer, Maler und für den Holzstich an der Akademie der Schönen Künste zunächst in Angers und anschließend in Paris. 1967 begann er Lieder zu schreiben, hatte 1969 ein erstes längeres Engagement in Groix und trat nach seiner Rückkehr in Paris regelmäßig in einem bretonischen Restaurant auf, welches auch eine der wichtigsten Stationen für →Glenmore war. Inzwischen hatte er begonnen Bretonisch zu lernen, und so waren einige Titel in dieser Sprache auf seiner ersten LP «Les Bretons typiques» zu finden, die in Irland eingespielt wurde. Seine weiteren Alben nahm er in der Bretagne auf, und seine Mitgliedschaft in der U. D. B. (Bretonische Demokratische Union) zeitigt ein immer stärkeres Engagement für die Interessen der Bretagne (→Bretonische Folklore).

Shanty, das Arbeitslied der Seeleute, zählt zu den klassischen →Worksongs. Es gab den unterschiedlichen Tätigkeiten entsprechend verschiedene Arten der Shanties, die in der Regel in der englischen Sprache der Hochseeschiffer gesungen wurden und überwiegend aus dem letzten Jahrhundert stammen. Man unterscheidet die Shanties zum Straffen des Taus, Shanties zum längerwährenden Segelsetzen (Capstan-Shanties), Windlass-Shanties und Pumping-Shanties. Entsprechend dem Worksong wurde der eigentliche Text von einem Vorsänger gesungen, und die Mannschaft sang im Chor den Refrain. Die Shanties, die von den größtmöglichen Improvisationen lebten und ihre Kraft den oftmals harten Bedingungen der Seefahrt verdanken, werden heutzutage meist in einem folkloristischen Fernwehkostüm serviert und verlieren dadurch vollends ihren eigentlichen Charakter als eine der tatsächlichen volksmusikalischen Formen.

Siffer, Roger. «Ein Land ohne Zigeuner ist kein freies Land» (Siffer). – Der bekannteste Sänger des alemannischen Sprachraums, Roger Siffer aus dem Willertal im Elsaß, gilt als eine Schlüsselfigur innerhalb der Entwicklung einer regionalen Liedkultur, die auf der elsässischen Sprache beruht und inzwischen Ausdruck des erwachten Selbstbewußtseins in diesem Gebiet geworden ist. Die Initialzündung für diese Kultur ging dabei ohne Zweifel zum größten Teil von ihm aus, und

Roger Siffer zählt hinlänglich als der Wegbereiter für Liedermacher wie →François Brumbt, Francis Keck u. a., die sich allerdings in ihrer politischen Konsequenz wesentlich weiter entwickelten. Auch der Dichter André Weckmann, «die Stimme des Elsaß», der wesentlich älter ist als Siffer, fand endlich die nötige Plattform, die sich im Zusammenschluß der badisch-elsässischen Bürgerinitiativen äußerte und zu einer starken politischen wie kulturellen Bewegung im Dreieckland (Baden, Elsaß, nördliche Schweiz) geworden ist. Roger Siffer selber, der als Volksmusiker auf Dorffesten und auf der Kirmes erfolgreiche Auftritte hatte, ist innerhalb der Bewegung und bei den anderen Liedermachern äußerst umstritten. So hat er teilweise durch eigene sehr widersprüchliche Äußerungen und durch eine überspitzt chauvinistische Bühnenshow heftige Kritik einstecken müssen, bis hin zum Vorwurf, die elsässische Sache zu «verkaufen» («Elsaß im Ausverkauf» ist Titel einer LP von Siffer).

Roger Siffer wurde 1948 in Villé, Willertal, geboren, wuchs wie die meisten seiner Generation französischsprachig auf und kam 1969 als Sänger in eine der ersten elsässischen Rockgruppen mit François Brumbt und Gérard Brillanti. Über die englischsprachigen Texte in dieser Gruppe kam er ans →Chanson und entdeckte schließlich die elsässische Sprache zunächst als reizvolles neues Stilmittel. Sein erstes Album «Mine G'sang isch Follig Song» erschien wie alle weiteren LPs in eigener Produktion bei Prodisc. Seinen «kommerziellen» Durchbruch hatte er Mitte der siebziger Jahre mit Erscheinen seiner LP «Elsaß im Ausverkauf», die ihn zum populärsten Sänger aus seiner Region in ganz Frankreich machte: wochenlange Auftritte in Paris und im übrigen Land folgten. Ebenso wurde er in der BRD ein gefragter Interpret auf Festivals und war als *Roger Siffer en Groupe* regelmäßig hierzulande unterwegs.

1978 erschien die LP «Group Roger Siffer», und im folgenden Jahr spielte er sein erstes Album für Kinder, «Liedle fer Kleine un Grossi», ein, das 1980 bei Prodisc erschien.

● Auf Prodisc: Mine G'sang isch Follig Song; Elsassischer Follig Song; Kandiratong?; Elsaß im Ausverkauf; Grupp Roger Siffer; Liedle fer Kleini un Grossi (Prodisc, 19 Rue de Rhinau, 67100 Strasbourg, Frankreich)

Silly Wizard. Die Edinburgher Spitzenformation, deren Mitglieder zu den ausdauerndsten Sessionmusikern der schottischen Szene gehören und über ein unerschöpfliches Repertoire traditioneller Lieder und Tänze verfügen, zählt zu den populärsten Gruppen ihrer Region mit ansehnlicher internationaler Bedeutung. Die Gruppe hat eine Entwicklung vollzogen, die sie zu einer «großen musikalischen Kraft gemacht hat, die Gefühlvolles benutzt, wenn es nötig ist, ohne dies für billige Steigerungen zu verwenden, und die mit ernstzunehmendem Blick auf die Musik ihres Landes schaut, ohne das Unterhaltsame zu vergessen» (John Barrow).

Die Band wurde 1972 von John Cunningham, Gordon Jones und Bob Thomas gegründet. Sie spielte die beiden LPs «Silly Wizard» (1975) und «Caledonias Hardy Son's» (1978) ein, dann verließ Thomas die Gruppe aus familiären Gründen. Somit ergab sich erst 1978 die bis heute kontinuierliche Formation in folgender Besetzung: Phil Cunningham (acc, keyboards, fl), geb. am 27. Januar 1960, war als Sechzehnjähriger Scottish Junior Champion auf dem Akkordeon und ist einer der vielseitigsten Interpreten auf diesem Instrument. Sein Bruder John Cunningham (f, viola, bouzouki, mandolin, mandola), geb. am 27. August 1957, hat als Hauptinstrument die Fiddle, die ein wesentlicher Bestandteil der Tänze von SILLY WIZARD ist. Andy Stewart (voc, tbj, mandolin, mandola), geb. am 8. September 1952, gilt als Meistersänger der schottischen Tradition und stammt entsprechend vorbelastet aus der berühmten Tinker-Familie Stewart of Blair. Martin Hadden (b, harmonium, g), geb. am 23. Mai 1951, sorgt ebenso wie Gordon Jones (g, mandola, bouzouki, bodhran), geb. am 21. November 1947, für die Rhythmusgrundlage. – In dieser Besetzung spielte die Gruppe 1979 ihr Album «So Many Partings» ein, absolvierte ihre erste Tournee in der BRD und unternahm ausgiebige Konzertreisen u. a. in die USA, Kanada und Frankreich. 1980 waren sie gemeinsam mit →Alex Campbell auf dem Folk Festival auf der Domplatte in Köln zu hören, und im selben Jahr erschien das Soloalbum «Against the Storm» von den beiden Cunningham-Brüdern.

● Auf Highway: Caledonia's Hardy Sons (SHY 7004); So Many Partings (SHY 7010)

Sing Out →Zeitschriften der Folk Music

Sinti →Musik deutscher Zigeuner

Sitar. Die Sitar ist ein der →Laute verwandtes Instrument aus Indien, welches in seiner Heimat von außerordentlich großen regionalen Unterschieden bestimmt ist und seiner eigenen jahrhundertelangen Tradition entsprechend in seinem Aufbau und seinem musikalischen Ausdruck von den Besonderheiten der indischen Tonsysteme (Raga) lebt. In der zweiten Hälfte der siebziger Jahre wurde dieses exotisch wirkende Instrument von verschiedenen bekannten Gruppen wie den BEATLES und den ROLLING STONES popularisiert, und Ravi Shankar wurde zum Synonym für dieses äußerst schwer zu handhabende Tonwerkzeug. Innerhalb des →Folk Rock gab es bemerkenswerte Einsätze, beispielsweise von der →INCREDIBLE STRING BAND und →Alan Stivell. Allerdings zeigt sich nach wie vor die Unzulänglichkeit westlicher Interpreten.

□ Clem Alford, Sitar (EMI 1973); Alan Keesee, The Sitar Book (Oak 1968)

Skiffle. Die englische Skiffle-Musik läßt sich auf eine der frühen Interpretationsformen des Blues zurückführen. So gab es Anfang der dreißiger Jahre in den USA eine stattliche Anzahl vergleichbarer Jug- und Washboard-Bands, die im wesentlichen das Gesamtkonzept dieser Session-Musik mit einfachen Harmoniestrukturen und gängiger Rhythmik zu ausgefallenen, teilweise selbstgebauten Instrumenten wie Holzkistenbaß, umfunktionierten Ölfässern u. ä. vorwegnahmen. Selbstverständlich waren als Instrumente noch papierverkleidete Kämme, →Kazoo, Waschbrett, Gitarren und Banjos dabei.

Ein besonderer Stellenwert innerhalb der englischen Entwicklung kommt dem auch heute noch berühmtesten Vertreter Lonnie Donegan zu, der Mitglied der renommierten Oldtime Jazz Band von Chris Barber war und mit der Einspielung des Titels *Rock Island Line* (1954 auf LP und 1956 als Single) eine musikalische Revolution in England auslöste. Mitte 1956 gab es nach Angaben von Robin Denselow, einem Kenner der Szene, im Gebiet von Groß-London mehr als 600 Skiffle-Gruppen. Der Einfluß dieser Musik auf die englische Popmusik ist kaum zu hoch einzuschätzen, wenn man bedenkt, daß es sich bei zwei Mitgliedern einer Skiffle-Gruppe aus Liverpool, THE QUARRYMEEN, um John Lennon und Paul McCartney handelte. Die Bedeutung für die englische Bluesszene zeigt sich darin, daß Alexis Korner, der allgemein als «Vater» dieser Landschaft bezeichnet wird, ebenfalls von der Skiffle-Musik kommt. Außerdem leistete Skiffle einen Beitrag für die Popularisierung der Folk-Clubs, die zu dieser Zeit entstanden. In England selbst verlor dieser Stil schon nach einigen Jahren stark an Popularität und wurde erst Ende der siebziger Jahre mit stärkeren Rockeinschlägen teilweise wiederbelebt. Hierzulande kam es in diesem Jahrzehnt vor allem in Norddeutschland zu einer stattlichen Anzahl Skiffle-Gruppen, wie BOURBON SKIFFLE COMPANY, LEINEMANN, WORRIED MAN SKIFFLE GROUP, die diese Stimmungsmusik, welche in einer gelockerten Kneipen- und Partyatmosphäre zu Hause ist, vertreten. PETER, PAUL & BARMBEK verbinden ebenso wie H. C. MEYER PUMPE Skiffle mit politischen Inhalten.

Skip James, der sich selbst für ein Genie hält, ist einer der aufregendsten Gitarrenartisten aus dem →Mississippi-Delta. Es ist ungemein schwierig, in seinem einzigartigen Vortrag bestimmte Einflüsse anderer Bluesmusiker festzustellen oder regionale Eigenheiten zu erkennen. Seine «persönliche, höchst introvertierte Form des Blues mit einem außergewöhnlich hohen Falsett» (Oliver) räumt ihm eine Sonderstellung ein, die er für sich auch in Anspruch nimmt. «Skip ist dagewesen, wo du nie hinkommen wirst» (Skip James). Er ist ein exzellenter Gitarrist und entwickelte eine ungeheuerliche Schnelligkeit bei den von ihm gebrauchten Läufen. 1964 wurde er mit den legendären Bluesgestalten →Sleepy John Estes, Robert Pete Williams, →Mississippi John Hurt und Reverend Robert Wilkins auf dem →Newport Folk Festival vorgestellt und feierte, obwohl er seit Jahren nicht mehr gespielt hatte, einen gewaltigen Erfolg.
Nehemiah James wurde am 9. Juni 1902 in Bentonia, Yazoo County, Mississippi, in einer religiösen Familie geboren, bekam mit etwa zehn Jahren seine erste Gitarre und zog einige Jahre später nach Leona, Arkansas. Dort arbeitete er in einer Mühle und lernte von einem Pianisten, Willie Crabtree, einiges auf dem Piano. Nach seiner Rückkehr nach Bentonia verbesserte er sein Gitarrenspiel und trat verstärkt auf Country Dances und ähnlichen Veranstaltungen auf. Ende der zwanziger Jahre war er in Vicksburg und Jackson und wird mit ziemlicher Sicherheit auch einige der Musiker wie →Charley Patton, →Son House, Willie Brown und andere aus dem Delta getroffen haben, da diese regelmäßig in diesen Städten waren. Skip James redet nicht davon, um zu beweisen, daß er von keinem anderen beeinflußt worden ist. Im Februar 1931 kam es durch H. C. Spears zu seinen einzigen Aufnahmesessions für die Paramount-Gesellschaft in Grafton, Wisconsin, bei welchen er nach eigenen Angaben 26 Titel eingespielt hat, von denen allerdings nur 17 erschienen, darunter *Special Rider Blues, 22–20 Blues* (eine Entsprechung dazu, *32–30*, hat später →Robert Johnson aufgenommen), *Cherry Blues* und *I'm So Glad*, woraus die Rock Gruppe CREAM später einen großen Hit machte. – Durch die wirtschaftliche Depression wurde James' mögliche Karriere im Anbeginn unterbrochen. Er tourte zwar in den dreißi-

ger Jahren mit der religiösen Gruppe The Dallas Texas Jubilee Singers noch eine Zeitlang herum, zog sich aber, nachdem er geheiratet hatte, als Sharecropper (Teilpächter) ins Tunica County zurück. 1964 wurde er nach langer Suche von John Fahey, Bill Barth und Henry Vestine im Tunica County Hospital gefunden, wo er eine schwere Magenoperation hatte. Im selben Jahr war er in Newport, machte Schallplattenaufnahmen, unter anderem einen Blues aus dem Krankenhaus, *Sickbed Blues*, und bereiste 1967 mit dem →American Folk Blues Festival Europa. Skip James starb am 3. Oktober 1969 in Philadelphia nach einer langen Krankheit, und die 6000 Dollar Tantiemen aus dem Erfolg der Gruppe Cream reichten gerade aus, um seine Klinikkosten zu decken und die Beerdigung zu finanzieren.

● Auf Biograph: A Tribute to Skip James (BLP 12016); Early Blues Recordings (BLP 12029) ... auf Melodeon: Skip James (7321) ... auf Vanguard: Skip James Today (VRS 79219); Devil Got My Woman (VRS 79273) ... vertreten auf Origin: Really the Country Blues (OJL 2); The Mississippi Blues (OJL 5); Country Blues Encores (OJL 8); In the Spirit (OJL 12) ... auf Roots: Mississippi Blues Vol 1 und 2 (RL 302/03); Nearer My God to Thee (RL 304) ... auf Yazoo: Mississippi Blues 1927–1941 (L 1001); Mississippi Moaners (L 1009) ... auf Historical: They Sang the Blues (ASC 5829–22)

Sky, Patrick, bringt auf bemerkenswerte Weise irische Musik und amerikanische Volksmusik indianischer Herkunft zusammen. Der Creek-Indianer Sky geht dabei von der Einschätzung aus, daß sich das irische und das indianische Volk in einer ähnlichen geschichtlichen Situation befindet. Er ist stark von dem irischen Musiker Liam O'Flynn (→Planxty) beeinflußt, was sich auch darin äußert, daß eine seiner Lieblingsbeschäftigungen der Bau des irischen Dudelsacks geworden ist.

Patrick Sky wurde am 2. Oktober 1940 in der Nähe von Atlanta, Georgia, geboren, traf auf einer seiner ersten Reisen mit der Gitarre auf →Buffy Sainte-Marie und spielte die folgenden Jahre mit ihr zusammen, bevor sie Anfang der sechziger Jahre in →Greenwich Village ankamen. Er beteiligte sich an der ersten Schallplatteneinspielung von Sainte-Marie und nahm 1965 sein erstes Soloalbum «Patrick Sky» auf, dem ein Jahr später die Aufnahme «A Harvest of Gentle Clang», folgte. Nach zwei weiteren LPs entschloß er sich, nicht weiter professionell als Musiker zu arbeiten und hauptsächlich als Schreiber tätig zu sein. In den folgenden Jahren zog er sich von den großen Massenfestivals zurück und trat nur noch auf den vielen kleinen, überschaubaren Folk-Veranstaltungen auf, bei denen ein direkter Kontakt mit den Zuhörern noch möglich war und seine Berichterstattung über die Situation seines Volkes nicht im Massenkonsum unterging.

● Auf Adelphi: Songs That Made America Famous (AD–R 4101)

Slim Harpo (James Moore) ist als Mundharmonikaspieler ein Ausnahmefall: durch seine Herkunft bedingt hat er eine Technik entwickelt, die als Vermischung der →Country Blues-Elemente mit denen der →Cajun Music gilt. Aus dem Bestreben, das Akkordeonspiel von Clifton Chenier auf sein Instrument zu übertragen, verstärkte er verhältnismäßig früh seine Mundharmonika, um das Volumen des winzigen Instruments dem wesentlich intensiveren Akkordeon anzupassen und zusätzlich den verzerrten Sound der Musikboxen zu erreichen, der damals im Süden sehr populär war. James Moore wurde am 11. Januar 1924 in West Baton Rouge, Louisiana, geboren – ganz in der Nachbarschaft der Francokanadier, deren Volksmusik eine ganz besondere Stellung innerhalb der amerikanischen Kultur einnahm. Er war nach dem Tod seiner Eltern schon früh zu arbeiten gezwungen, sorgte zunächst als Packer in New Orleans, dann als Tagelöhner in der Umgebung für sein Auskommen. Nach gelegentlichen Auftritten in Bars und Clubs beschloß er, sich Harmonica Slim zu nennen und zog bis 1957 unter diesem Namen als Entertainer durch Louisiana. Als er erfuhr, daß es bereits einen anderen Musiker unter diesem Namen gab, benutzte er für seine ersten Aufnahmen im selben Jahr den Namen Slim Harpo. – «Mein Mann war so dünn wie eine Eisenbahnschiene» (Mrs. James Moore). Sein erster Titel war zugleich sein bekanntester, *I'm a King Bee*. Die ROLLING STONES sorgten später mit ihrer Version dafür, daß Slim Harpo bei Insidern auch in Europa bekannt wurde. Harpo war verpflichtet von einem der umstrittensten Produzenten der Blues-Szenerie, Jay Miller, der von sich behauptet, die meisten Lieder für Slim Harpo geschrieben zu haben. Harpo benutzte für alle weiteren Einspielungen eine billige Hohner Mundharmonika, aus der er erstaunliche Töne zauberte. Bei seinen Auftritten und Schallplattenaufnahmen wurde er von Willie Tomcat Parker (Tenor), James Johnson und Rudolph Richard (g), Geese August (b) und Sammy K. Brown (dr) begleitet. Bei seiner zweiten LP, «Baby, Scratch my Back» (1966), kam noch die schwergewichtige Katie Webster (p) hinzu. Slim Harpo war seit 1948 verheiratet, und Mrs. James Moore gibt an, die meisten Lieder für ihren Mann verfaßt zu haben. Die Tantiemen allerdings gingen an einen gewissen J. West, ein Pseudonym von Jay Miller. Slim Harpo spielte bis zu seinem Tod am 12. Februar 1970 in Nashville Tennesse einen aufregenden, authentischen Country Blues innerhalb einer Blueslandschaft, die ansonsten mehr von städtischen Impulsen lebte, und wurde somit seiner Ausnahmestellung immer gerecht.

● Auf Excello: Raining in My Heart (8003); Baby Scratch My Back (8005); Tip on in (8008); The Best of Slim Harpo (8010); Slim Harpo Knew the Blues (8013) ... vertreten auf: The Excello Story (8001) ... auf Intercord: The Blues Vol 1 (2 LPs, INT 158600)

Spiritual. Als Spiritual wird der Gesang der schwarzen nordamerikanischen Bevölkerung bezeichnet, der in der Sklavenzeit entstand und vermutlich die erste musikalische Vermischung von afrikanischen und europäischen Elementen gewesen ist, wobei der afrikanische Einfluß der dominierende war. In der gängigen Literatur wird der Spiritual als rein religiöser Gesang bezeichnet, wodurch diese Ausdrucksform aber nur unzureichend beschrieben wird. Vielmehr ist der Spiritual ebenso eine politische, bisweilen sogar kämpferische Liedform. Denn tatsächlich entwickelten die Schwarzen eine Art Geheimsprache in den Liedern; durch ihre Doppeldeutigkeit erschienen die Spirituals den Weißen als rein religiöse Lieder harmlos, hatten aber in vielen Fällen einen weltlichen Inhalt: «O Kanaan, süßes Kanaan / Mein Ziel ist das Land Kanaan» – gemeint waren die Nordstaaten, in denen die Sklaverei nicht bestand.

Mit besonderem Geschick übernahmen die Schwarzen die Hymnen der Weißen und formten sie um in ein afrikanisches «religiöses Tanzritual» mit Vorsänger und Gemeinde, schufen so ihre erste eigene Musik in der «neuen Heimat». Mit dem Ende des Bürgerkriegs war diese Entwicklung weitgehend abgeschlossen und zumindest die weltliche Form überflüssig geworden, da sich nun der →Blues entwickelte. Die religiöse Form blieb weiter bestehen und wird zu der einseitigen Darstellung des Spirituals beigetragen haben. Berichtigt werden konnte dieses Bild auch nicht durch →Paul Robeson, der sich durch sein politisches Selbstverständnis und seine Äußerungen von den üblichen Klischeevorstellungen erheblich unterschied. – Um 1930 wurde diese Form des religiösen Liedes in der Praxis weitgehend durch den →Gospel abgelöst und war fast ausschließlich nur noch auf konzertanter Ebene durch Interpreten wie Marian Anderson oder Roland Hayes zu hören. Bezeichnend für den anderen Typus dieser Ausdrucksform ist, daß in den Märschen der Bürgerrechtsbewegung der sechziger Jahre abgewandelte Spirituals den größten Bestandteil der Lieder bei diesen Auseinandersetzungen ergaben.

Stählin, Christof, der sprachliche Spielereien in der Art eines Jandl «in seinem Zirkus aus Worten» (Thomas Rothschild) vorträgt und durch instrumentale Fertigkeit auf Gitarre und Laute unterstützt, liefert frappierende und ideenreiche Beschreibungen der Wirklichkeit, die er durch geschickte textliche Anordnung und zusätzliche Übertragung in den visuellen Bereich in Szene setzt. Dabei zählt er zu den Interpreten, die den wesentlichen Teil der Erkenntnisse und Schlußfolgerungen aus ihren Liedern den Zuhörern überlassen und wird dadurch zu den besonders «anstrengenden» gerechnet. Christof Stählin wurde am 18. Juni 1942 in Mittelfranken geboren, kam 1956 nach München und genoß von 1957 bis 1960 eine Ausbildung in Liedgestaltung und Satztechnik auf der Laute bei Oscar Besemfelder. Nach seiner Bundeswehrzeit kam er zum Studium der vergleichenden Religionswissenschaften und Völkerkunde zunächst nach Marburg, dann nach Bonn und ließ sich schließlich 1967 in Tübingen nieder. Bereits 1963 hatte er begonnen, mit Michael Wachsmann gemeinsam aufzutreten, und war seit 1965 auf der →Waldeck vertreten. Sie stellten als Duo englische Lautenstükke, deutsche Renaissance- und Barocklieder und moderne deutsche und französische Chansons vor. Christof Stählin war erstmals auf der LP «Makaber macht lustig» zu hören, bespielte 1967 sein erstes komplettes Album «Privatlieder» ebenfalls für Xenophon und gründete 1976 sein eigenes Label Nomen + Omen, bei dem seine weiteren LPs in Eigenproduktion erschienen, sowie einen gleichnamigen Verlag. Nach «Lieder für andere» erschien ein Album mit Vertonungen des Barocklyrikers Johann Christian Günther («Johann Christian Günther, Lieder 1. Teil»), bei der er mit dem Trompeter Edward H. Tarr zusammenarbeitete. 1976 erhielt er den Deutschen Kleinkunstpreis, und 1980 erschien «Johann Christian Günther. Lieder 2. Teil», an der unter anderem Martin Bärenz beteiligt war.

● Auf Intercord: Privatlieder (INT 161 004) ... auf Nomen + Omen: Lieder für Andere (XOX A/B1); Johann Christian Günther – Lieder 1. Teil (XOX A/B2); Das Einhorn (XOZ A/B3); Johann Christian Günther – Lieder 2. Teil (XOZ A/B4)

Steeleye Span. Die wechselhafte und bewegte Geschichte der →Folk Rock-Gruppe STEELEYE SPAN dokumentiert in eindrucksvoller Weise die Verbindungen zwischen dem traditionell folkloristischen Hintergrund ihrer Musik und einer möglichen zeitgenössischen Interpretation davon. Kaum einer an-

deren Gruppe dieses Genres ist es gelungen, dabei eine gleichermaßen organische Verbindung zwischen der altenglischen Vortragsart und populärmusikalischen Fortentwicklungen zu schaffen. STEELEYE SPAN wurde Anfang 1970 von Ashley Hutchings (b), Gay Woods (concertina, voc), Terry Woods (g, voc), Maddy Prior (voc) und Tim Hart (g, voc) gegründet. Ashley Hutchings, der zur Erstbesetzung der →FAIRPORT CONVENTION gehört hatte, war bereits vorher mit den Brüdern Woods in der nur drei Wochen bestehenden REHEARSAL GROUP zusammengewesen, zu der noch Johnny Moynihan und →Andy Irvine gehörten, die ihrerseits zur legendären →PLANXTY wechselten. Maddy Prior und Tim Hart hatten als Folk-Duo beachtliche Erfolge zu verzeichnen, bevor sie die Erstbesetzung der STEELEYE SPAN ergänzten, welche allerdings keine öffentlichen Auftritte zu verzeichnen hat, sondern nur das Album «Hark, The Village Wait», erschienen 1970 bei RCA. Der erste Wechsel ergab sich, als Gay und Terry Woods die Gruppe verließen. Terry Woods hatte vor seiner Zeit bei der REHEARSAL GROUP mit Johnny Moynihan und Andy Irvine einer der damals profiliertesten Irischen Gruppen angehört, «SWEENEY'S MEN, die eine der typischen flexiblen Session-Groups war, und schloß sich nun mit seinem Bruder zunächst der DOCTOR STRANGELY STRANGE an, bevor sie 1972 die WOODS BAND gründeten.
Die zweite Besetzung der STEELEYE SPAN entstand durch den Zuwachs um Peter Knight (f) und →Martin Carthy, der damals bereits eine der renommiertesten Persönlichkeiten der englischen Folk-Szenerie war und vorher mit dem FAIRPORT CONVENTION-Mitglied Dave Swarbrick zusammengearbeitet hatte. Nachdem Ende 1971 Martin Carthy und Ashley Hutchings, der zur ALBION COUNTRY BAND wechselte, STEELEYE verließen, wurde die Gruppe voll elektrisch und um Rick Kemp (b) und Bob Johnson (g, voc) erweitert. Von 1973 bis 1977 hatte STEELEYE SPAN in dieser Besetzung und mit Nigel Pegrum (dr) ihre größten kommerziellen Erfolge, unter anderem auch den bekanntesten Titel *All Around My Hat*. Nachdem Peter Knight und Bob Johnson sich auf eigene Wege begaben, war Martin Carthy bis zur Auflösung 1978 wiederum Mitglied und spielte zusätzlich unterstützt von →John Kirkpatrick mit STEELEYE SPAN das letzte Album «Storm Force Ten» für Chrysalis ein. Nachdem sich die Mitglieder trennten, gingen sie in recht verschiedenen musikalischen Richtungen auf: Maddy Prior, Rick Kemp und Tim Hart mehr in Richtung Rockmusik und Martin Carthy und John Kirkpatrick weiter zurück in die eigene volksmusikalische Tradition.

● Auf RCA: Hark The Village Wait (SF 8113) ... auf Mooncrest: Please to See the King (CR 8); 10 Man Mop (CR 9) ... auf Chrysalis: Below the Salt (6307508); Parcel of Rogues (6307514); Now We Are Six (6307529); Commoners Crown (6307543); All Around My Hat (6307564); Rocket Cottage (CHR 1123); Storm Force Ten (6307615); Original Masters – Steeleye Span (2 LPs, 6641636); Live At Last (6307639)

Steel Guitar. Eine Gitarre ohne Korpus, die ausschließlich elektrisch verstärkt gespielt wird und entweder auf den Knien liegt oder auf einem speziellen Gestell angespielt wird. Dabei handelt es sich um eine →Bottleneckspielweise, die bei diesem Instrument in der Regel mit einem Metallstück ausgeführt wird. Teilweise wird die Steel Guitar von neueren →Bluegrass-Formationen benutzt und ist ein Bestandteil verschiedener →Country & Western-Gruppen.

Stivell, Alan. «Der erste Folk Superstar der siebziger Jahre» (Robin Denselow), der in Sachen bretonischer Kultur und Autonomie inzwischen der berühmteste Künstler aus dieser Region ist, gilt als Institution des klassischen →Folk Rock. Alan Stivell ist der bisherige Höhepunkt der neuen bretonischen Bewegung, die, von dem großen Barden →Glenmore eingeleitet, zu einer der musikalischen Sensationen geworden ist. Seine Verdienste um die Wiederbelebung der eigenen Tradition in der Bretagne sind dabei gleichbedeutend mit seinem Beitrag für die internationale Musikszene, die er um eine Qualität erweitert hat. Durch seine «moderne» Folk Music hat er sicherlich Interesse an den traditionellen Hintergründen geweckt. Mit geschickt angelegten Erklärungen macht Stivell, «ein wahrhaft seltenes und großartiges Talent» (Denselow), seine Konzerte zu einem Forum für die bretonische Problematik und liefert gleichzeitig als überzeugender Könner auf seinen Instrumenten lehrmeisterhaften Anschauungsunterricht. Ihm und seinem Vater ist die Renaissance der keltischen Harfe zu verdanken, als deren unumstrittener Meister er gilt, ebenso wie er den schottischen Dudelsack aus den Highlands beherrscht, die Tin Whistle, Bombarde und die Musik der Bagadou.

Alan Cochvelou wurde am 6. Januar 1944 in Riom, nicht in der Bretagne, geboren. Mit fünf Jahren begann er Klavier zu spielen, und nachdem sein Vater Jord Cochvelou in einjähriger Bauzeit die Wiedergeburt der keltischen Harfe, die ihren Höhepunkt im 8. Jahrhundert gehabt hatte und anschließend vollständig untergegangen war, einleitete, lernte er klassische und keltische Harfe von Denise Mégevand. 1953 stelle er im November im Maison de Bretagne erstmals dieses Instrument als Neunjähriger dem Publikum vor.

In Paris begann er zusammen mit dem Gitarristen Dan ar Brass zu arbeiten, der ihn durch fast alle Stationen seiner Laufbahn begleitete, gründete das BAGAD BLEIMOR, eine der typischen neueren bretonischen Bands, und schloß sich 1963 einer Folk-Gruppe an, die überwiegend amerikanische Folk Songs spielte. Nach seiner Rückkehr in die eigene Kultur spielt er ein instrumentales Album unter Alan Cochvelou ein, ist als Harfinist auf mehreren Singles der Sängerin Andrée Legouil vertreten und beginnt seine eigentliche Laufbahn als Alan Stivell (Stivell = Quelle) 1966 auf den vierzehntägigen Hootenannies im Centre Américain in Paris. Ende 1967 erschien seine erste Single bei Philips mit dem bezeichnenden Titelsong *Flower Power*, die gar nichts mit der bretonischen Kultur zu tun hatte, und erst 1970 kam es zur ersten bretonischen LP, «Reflets», auf der er außer Harfe, Bombarde und Whistle noch Cornemuse und Harmonika spielt. Die zweite LP, «Renaissance de la harp celtique», wurde eine Huldigung an dieses Instrument und eine der wertvollsten und wichtigsten Instrumentalplatten des Jahrzehnts. Im Erscheinungsmonat dieser LP, im Februar 1972, brachte ein triumphales Konzert im Olympia in Paris den endgültigen Durchbruch, und mit Erscheinen der Live-LP von diesem Auftritt wurde aus Alan Stivell endgültig ein Star. Im weiteren wurde er zu einem Markenzeichen weit über die Grenzen Frankreichs hinaus, spielte eine stattliche Anzahl LPs von gleichbleibender Qualität ein, war mehrfach erfolgreich auf Tournee in der BRD zu hören und ist Herausgeber einer vierzehntägigen bretonischen Zeitschrift. Sein bisher letztes Album erschien 1980, «La Symphonie Celtique», und ist ein avantgardistisches Meisterwerk voller Dramatik, «eine Symphonie, in der er es vermocht hat, Gedanken über weitere Dimensionen einzubringen und die Vorstellung eines anderen und besseren Universums» (L'escargot, Folk-Zeitung, 1980).

● Auf Fontana: Reflets (6399008); Renaissance of the Celtic Harp (64141406); Alan Stivell A l'Olympia (6325321); A Langonnet (6325332); From Celtic Roots (6325304); Le Disque d'Or (6325352); Alan Stivell (68 86168); Ian Morrison Reel (6436661) ... auf Fontana: Attention (6444–134) ... auf Metronome: In Dublin (0060045); Before Landing (010600 Un Dewezh – Barzh Ger (0060138); International Tour (0060200); Symphonie Celtique (2 LPs, 0080042)

Stockfisch →Schallplatten der Folk Music

Straßenmusik. In ihren «Asphaltkonzerten» setzen die Straßenmusiker heutzutage die Tradition der Bänkelsänger und Gassenhauer fort und produzieren Volkskultur im direkten Kontakt mit ihrer jeweiligen Zuhörerschaft, die sich aus der zufälligen Bekanntschaft ergibt. Daher hat der Straßenmusiker einen ungemein schweren Stand, um erfolgreich zu sein (was zumindest für die professionellen von existentieller Bedeutung ist). Die Akteure auf den Straßen, deren Saison abhängig ist von den Witterungsverhältnissen, sind dabei von unterschiedlichster Couleur, angefangen bei den zahllosen Interpreten amerikanischer Folk Songs zu Gitarre und Mundharmonika über Vertreter irischer und schottischer Sauflieder bis hin zu politischen Straßensängern, die durch Aktion und Musik Agitation an der Basis betreiben. Zu den bekanntesten Vertretern der letzteren Richtung zählen Klaus von Wrochem («der Geiger»), das 100 Blumen Strassenorchester und das Mobile Einsatz Orkester. Innerhalb der Entwicklung unserer Städte werden die Straßenmusiker zunehmend als Bereicherung des Stadtbildes betrachtet und im Gegensatz zu früheren Zeiten nicht mehr so häufig mit Bußgeldern und Ordnungsstrafen überschüttet. Bezeichnend für diese Entwicklung ist, daß eine der Langspielplatten über Straßenmusik, «Straßenmusikanten-Festival», von der Werbeabteilung eines Möbelkonzerns herausgegeben wurde. Weitere LPs sind beim Trikont Verlag erschienen, so unter anderem «Fuchs, du hast die Gans gestohlen, gib sie nicht mehr her – Radikale Lieder von Tommi» und «Arbeit macht frei» von Klaus dem Geiger.

Innerhalb der internationalen Szenerie ist erwähnenswert, daß viele der heute renommiertesten Folk-Sänger wesentliche Erfahrungen durch Straßenmusik machten. So wurde zunächst Paris zum ersten Zentrum und Treffpunkt der verschiedensten Musiker wie →Derroll Adams, →Alex Campbell, →Peggy Seeger, um nur einige zu nennen, die hier eine erste europäische Station der Straßenmusik kreierten. Die National 7 (N 7) von Paris an die Côte d'Azur, über die Alan Turnbridge ein gleichnamiges Stück verfaßte, wurde zum Synonym für die Musiker, die unterwegs waren in die lukrativen Städte am Mittelmeer. Daß auch sehr konzertante Folk-Musiker wie →David Qualey, →Werner Lämmerhirt, →Wizz Jones u. a. über diese Musik erwachsen geworden sind und auch →Franz Josef Degenhardt, →Hannes Wader u. v. m. dies als eine der wichtigsten Stationen in der Entwicklung ihrer musikalischen Persönlichkeit sehen, mag die Bedeutung der Asphaltkonzerte noch einmal unterstreichen.

● Auf Trikont: Straßenmusik (US 13); Fuchs, du hast die Gans gestohlen, gib sie nicht mehr her – Radikale Lieder von Tommi (US 15); Edles Gesindel (2 LPs, US 55)

Streichpsalter →Zither

Süverkrüp, Dieter, gilt als «Chansonnier und Kabarettist der ersten Stunde». Er ist bei seinen selbstgefertigten Liedern sprachlich ausgesprochen «intellektuell», ohne allerdings unverständlich zu werden. Der aktive Ostermarschierer ist dazu ein interessanter Gitarrentechniker, der seine unverwechselbare Spielart aus seiner jazzmusikalischen Vergangenheit entwikkelt hat.
Dieter Süverkrüp wurde am 30. Mai 1934 in Düsseldorf geboren, besuchte die Werkkunstschule, ließ sich als Graphiker nieder und begann in den frühen fünfziger Jahren mit einer örtlichen Jazzgruppe zu musizieren. 1956 traf er mit Gerd Semmer zusammen, der als Schriftsteller der ersten bundesdeutschen politischen Chansontexte gilt, und es ergab sich eine langwährende Zusammenarbeit, welche im wesentlichen das politische Lied bis 1965 bestimmte und deren Hauptthemen die Ostermarschbewegung und die geplante Wiederaufrüstung waren. 1961 gründete er mit Gerd Semmer, Arno Klönne und Frank Werkmeister den Pläne Verlag, eine der wichtigsten Institutionen für die zukünftigen Veröffentlichungen engagierter Musik. Seine erste kleine Langspielplatte spielte Dieter Süverkrüp 1958 ein, «Ça Ira», auf welcher sich Lieder aus der französischen Revolution in der Übersetzung von Gerd Semmer befinden. 1962 folgte «Ça Ira II». Im selben Jahr erschien «Warnung – Rattengift ausgelegt» und ein Jahr später «Ein Lied – drei, vier», auf welcher Texte von Semmer in der Vertonung von Süverkrüp zu hören sind. In der Folgezeit war er auf verschiedenen Samplern («Ostersongs») vertreten und spielte 1965 seine erste Langspielplatte mit eigenen Texten ein, «Fröhlich ißt du Wiener Schnitzel», eine Parodie auf die Verhaltensweisen des deutschen Michel. Auf seiner nächsten LP «Die widerborstigen Gesänge des Dieter Süverkrüp» befindet sich eines seiner Meisterwerke, *Erschröckliche Moritat vom Kryptokommunisten*, in welcher er trefflich die Vorurteile gegenüber politisch linksorientierten Zeitgenossen beschreibt.
In den Jahren nach 1968 schrieb Süverkrüp Lieder aus Aktionen und für Aktionen, so z. B. *Das Lied vom Roten Punkt* für die Demonstrationen gegen die Fahrpreiserhöhungen, die Anfang der siebziger Jahre zu einer bundesweiten Aktionseinheit geführt hatten. 1974 begann er hauptsächlich Kinderlieder zu schreiben. Aus seiner Feder stammt *Der Baggerführer Willibald*, welches zu den beliebtesten Kinderliedern gezählt wird und Anlaß von zwei Landtagsdebatten über die Verwendung eines «Hetzliedes gegen das private Hauseigentum» im Schulunterricht wurde. Im weiteren war er maßgeblich an einem Musical für Kinder beteiligt, «Das Auto Blubberbumm», bei welchem er mit Jazzmusikern wie Wolfgang Dauner, Volker Kriegel und Albert Mangelsdorff zusammenarbeitete, und er spielte die LP «Rotkäppchen» mit →F. J. Degenhardt, →H. D. Hüsch, →Fasia Jansen, Perry Friedmann, →Hannes Wader und Christiane & Fredrik ein. Anfang 1980 erschien ein weiteres Album von ihm, «So weit alles klar!», bei der sich seine jazzmusikalischen Ambitionen durch reichhaltige Instrumentierung und ausgefeilte Arrangements wiederum bestätigten und sich sein sprachliches Geschick zeigt, so als Beispiel in der lapi-

daren Feststellung: «Die Wegwerfgesellschaft ist und bleibt eine Wegwerfgesellschaft.»

● Auf Pläne: Fröhlich ißt du Wiener Schnitzel (S 22301); Die widerborstigen Gesänge des Dieter Süverkrüp (S 22302); Lieder der französischen Revolution (S 11101); Lieder der deutschen Revolution (S 11102); Süverkrüps Hitparade (S 22303); Zusammengesammelte Werke (S 0200); Süverkrüp Live, Lieder und Texte (S 22304); So weit alles klar? (88205) ... vertreten auf: Arbeiterliederfestival '70 (S 66201); Das Fest unserer Zeit (G 60168); Rotkäppchen (K 20905); Das Auto Blubberbum (K 20903); Die Leute von der Anno Straße (DK 009); Konzert für Chile (S 88113) ... EP Der Baggerführer Willibald (Peng 6)

T

Tambourin →Percussion

The Tannahill Weavers. Die Geschichte der TANNAHILL WEAVERS, heute eine der populärsten schottischen Gruppen im In- und Ausland, läßt sich bis 1969 zurückverfolgen und hat eine für die Folk Music besonders interessante Entwicklung genommen. 1969 gründeten fünf Schotten eine Gruppe, die sie nach dem Dichter Robert Tannahill benannten, der Gedichte und Melodien aus der Umgebung von Glasgow gesammelt hatte. Sie reproduzierten zunächst Stücke von →Dylan, →Donovan u. ä. Von den Gründungsmitgliedern ist heute keiner mehr in der Formation vertreten, da sich nach und nach eine stärkere Ausrichtung an die eigenen Traditionen durchsetzte und sich durch Besetzungswechsel diese Tendenz bestätigte. Als die Gruppe 1974 erstmals in die BRD kam, wurden die heutigen TANNAHILL WEAVERS Roy Gullane, Mike Ward und Hudson Swan noch von Dougie MacLean begleitet, und sie beschlossen nach ermutigenden Erfolgen, anschließend professionell zu werden. In dieser Besetzung waren die TANNAHILL WEAVERS 1976 an der Einspielung der LP «Big Daddy of Folk Music» von Alex Campbell in der BRD beteiligt. 1977 kam es für Plant Life zur ersten eigenen LP «Are Ye Sleeping Maggie» unter Beteiligung von Hudson Swan, Roy Gullane, Phil Smillie und Dougie MacLean.
Erst nach dieser Einspielung formierte sich die konstante Besetzung der TANNAHILL WEAVERS. Von den älteren Mitgliedern geblieben waren Roy Gullane (g, bj, voc) aus Glasgow, Hudson Swan (bouzouki, glockenspiel, organ, bass pedals, voc) aus Paisley und Phil Smillie (whistle, bodhran, fl, spoons, bones) aus Glasgow. Dazu kamen noch Mike Ward (f, g, voc) aus Rosyth, der bereits früher einmal dabei war und kurz in die Gruppe ALBA eingestiegen war, und der Jüngste der Gruppe, Alan MacLeod (highland

pipes, fl, whistle, spoons, bones, bodhran, voc) aus Balfon, der als 13jähriger seine erste Schallplatte mit dem großen schottischen Dudelsack eingespielt hatte und den traditionellen Bezug der jetzigen Besetzung noch einmal verdeutlichen kann. Der Stil, den die Gruppe nun entwickelte, war im wesentlichen von der Integration dieses ausgesprochen lauten Instruments geprägt, und die schwungvolle Vortragsart war auch einem Rock-Publikum akzeptabel, wie Tourneen mit →STEELEYE SPAN oder mit den DIRE STRAITS zeigen konnten. Dabei ist die traditionelle Komponente immer noch Träger ihrer Musik, was sich auf ihrer bisher letzten Tournee in der BRD im Dezember 1979 ebenso erwies wie auf der 1980 erschienenen LP «The Tannahill Weavers». Nach dieser Tour deutete sich ein weiterer Besetzungswechsel durch den Ausstieg von Mike Ward an.

● Auf Plant Life: Are Ye Sleeping Maggie (PLR 001); The Old Woman's Dance (PLR 010); The Tannahill Weavers (PLR 017) ... vertreten auf Antagon mit Alex Campbell: Big Daddy of Folk Music (3206) ... Alan Roberts und Dougie MacLean auf Plant Life: Caledonia (PLR 012) ... mit Alex Campbell auf Burlington: CRM (BURL 002)

Terry, Sonny, gilt hinlänglich als einer der exponiertesten Vertreter der Blues Harp und hat mit diesem wenige Zentimeter langen Instrument durch seine Virtuosität Triumphe in fast allen Kontinenten des Erdballs feiern können. Er wird zumeist in bezug zu →Brownie McGhee gesetzt, aber zu Unrecht bisweilen als ein Anhängsel von ihm betrachtet. Der Meister der ländlichen Mundharmonikaspielweise, von vielen als der aufregendste Harp-Spieler neben →Sonny Boy Williamson (Rice Miller) und Little Walter bezeichnet, der außerdem ein eindrucksvoller Blues Sänger ist, zählt zu den Personen, welche die neuere Bluesgeschichte im wesentlichen geprägt haben. «Sonny Terry blies und trieb, schlug, schwang und zähmte seine Mundharmonika, gurrte ihr zu wie eine Turteltaube aus den Bergen, schrie sie an wie ein verrückt gewordenes Weib, das seine verwirrten Gedanken loswerden will. Er blies es wie zwei Instrumente, mal wie eins, legte seine Lippe mal über, mal quer, und seine Zunge schickte den ganzen Wind in eine Öffnung, spannte die Harpzungen mit soviel Kraft und ließ es dadurch klingen, wie wenn es mehrere Töne daneben hätte und Töne, die dazwischen tanzen» (→Woody Guthrie).
Terry wurde als Saunders Terell am 24. Oktober 1911 in Greensboro, Georgia, geboren, kam mit seinem Vater als Dreijähriger nach Piedmonts Hills, North Carolina, und wurde bei einem Unfall auf einem Auge blind. Einige Jahre später wurde er von einem Metallstück am anderen Auge getroffen, was die völlige Blindheit zur Folge hatte. Mitte der zwanziger Jahre begann er seine Wanderschaft mit der Mundharmonika, angeregt durch den legendären Harp-Spieler De Fort Bailey aus Nashville. Er traf auf →Reverend Gary Davis, mit dem er eine Zeitlang spielte, bevor er mit →Blind Boy Fuller zusammenkam und ab 1934 mit diesem umherzog. 1938 trat er mit Bull City Reed im «Spirituals To Swing»-Konzert in New York auf. 1939 traf er Brownie McGhee, woraus sich eine für die Bluesgeschichte ungemein produktive Verbindung ergab. 1938 hatte er seine ersten Einspielungen für →Alan Lomax von der Library of Congress gemacht und in den nächsten Jahren folgten verschiedene Sessions, mit Woody Guthrie, →Leadbelly, natürlich Brownie McGhee u. v. a. In New York

lebte er eine Zeitlang mit Brownie McGhee und Leadbelly zusammen und traf in dieser Zeit →Pete Seeger, Lee Hays, Millard Lampell u. a. Nachdem er sich 1948 für kurze Zeit von Brownie McGhee getrennt hatte, um seine eigenen Wege zu gehen, trafen sie beim Leadbelly Memorial Concert am 28. Januar 1950 wieder zusammen und trafen die Vorbereitung für gemeinsame Aufnahmen, von denen die ersten 1952 eingespielt wurden. 1955 war er gemeinsam mit ihm in dem Film «Die Katze auf dem heißen Blechdach» zu sehen, und sie machten ausgiebige Tourneen, mehrfach mit dem →American Folk Blues Festival in Europa, eine Tournee durch Indien und Australien. Neben einer Unzahl LPs, die sie gemeinsam aufgenommen hatten, war Sonny Terry mit unzähligen anderen Musikern zusammen und spielte als Beispiel 1974 eine ausgezeichnete LP mit Bob Malenky (g, voc) und Michael Rura (p) ein, «Rob bin the Grave».

● Auf Folkways: Sonny Terry's Washboard Band (FA 2006); Sonny Terry – Harmonica (FA 2035); On the Road (FA 2369); Sonny Terry's New Sound (FS 3821) ... auf Stinson: Sonny Terry & His Mouthharp (SLP 55) ... auf Archieve of Folk Music: Sonny Terry (FS 206) ... vertreten auf Folkways: The Rural Blues (RF 202); Jazz Vol I (FJ 2801) ... auf Library of Congress: Afro American Blues & Game Songs (AAFS L 4) ... auf Blues Classics: Juke Joint Blues (BC 23) ... auf Roots: The great Harmonica Players (RL 321) ... auf Tradition: Legend of Leadbelly (2093) ... des weiteren →Brownie McGhee

Texas Blues. Texas gilt neben dem →Mississippi-Delta als zweite wichtige Region für die Entstehung des Blues. Dabei finden sich zwischen Houston im Süden und Dallas im Norden regionale Besonderheiten so unterschiedlicher Art, daß es unmöglich ist, vom Texas Blues als einheitlichem Stil zu sprechen; hinzu kommen noch Elemente aus dem angrenzenden Louisiana.
Somit läßt sich die Geschichte des Blues dieser Region am ehesten an den Musikern darstellen, die die verschiedenen Elemente miteinander verbunden haben. Als frühester Vertreter gilt Henry Thomas («Ragtime Texas»); ihm folgt →Blind Lemon Jefferson, eine der bedeutendsten Gestalten der Bluesgeschichte überhaupt. →Texas Alger Alexander gilt mit seinem besonders expressiven Gesang als die Verkörperung der kräftigen und urwüchsigen Elemente der texanischen Region. Der große religiöse Sänger Blind Willie Johnson steht stilistisch in etwa zwischen dieser Interpretationsweise und dem ausgearbeiteten und durchdachten Blues von Blind Lemon. Zum letzten Glied in dieser Kette zählt →Lightnin' Hopkins, von dem gesagt wird, daß er die meisten Blues überhaupt auf Platte eingespielt hat. Weitere Namen sind Alex Moore, Little Hat Jones, Ramblin' Thomas und Mance Lipscomb, um nur noch einige weitere Vertreter des Texas Blues zu nennen.

Theodorakis, Mikis, dem in politischer Hinsicht gleichgroße Bedeutung zukommt wie in musikalischer, gilt als Begründer einer griechischen Volksmusik, die über regionale Eigenheiten hinausgeht und ein für alle verständliches und verbindendes Medium geworden ist. Der Musiker Theodorakis ist dabei eins mit dem Widerstandskämpfer und dem demokratischen Aktivisten, und seine Person bedeutet in gewisser Weise die Zusammenfassung der verschiedenen kulturellen Einflüsse seiner Heimat. In beispielloser Weise, vergleichbar allenfalls mit →Victor Jara aus Lateinamerika, stellt er mit

Texas Blues: Blind Lemon Jefferson.

seiner Person und seinem Schaffen die Geschichte seines Volkes dar, welches sich in seinen Musiken wiederfindet. Seine Popularität in Griechenland läßt sich an sechzigtausend begeisterten Zuhörern 1974 im Karaiskakis-Stadion in Athen ablesen, wo Theodorakis bemeinsam mit →Maria Farantouri nach

seiner Rückkehr aus dem Exil eines der denkwürdigsten Konzerte der neueren Geschichte gab.
Mikis Theodorakis wurde 1925 auf Kreta geboren, nahm aktiv am Widerstandskampf im und nach dem Zweiten Weltkrieg teil und begann ein Musikstudium am Konservatorium in Athen. 1947 wurde er auf die Insel Ikaria verbannt und ging nach seiner Entlassung aus dem KZ Makronissos 1949 zum Studium nach Paris. Hier schrieb er erste Kompositionen für Film, Theater und Ballett, begann aber sein großes musikalisches Schaffen erst nach der Rückkehr in seine Heimat. Er griff den von Hadzidakis gemachten Anfang einer griechischen Volksmusik auf, die er in der zweiten Hälfte der fünfziger Jahre zur Blüte brachte. Mit Vertonungen von Gedichten der großartigen griechischen Lyriker Yannis Ritsos, Kostas Varnalis, Giorgios Seferis und Odysseas Elytis schuf er das halb rezitierte, halb gesungene Lied, das in der neugriechischen Sprache (Dimoniki) allen verständlich war. Mit seinem Ensemble wurde er in kurzer Zeit der populärste Musiker in seinem Land und erhielt 1962 mit dem Anschluß von Maria Farantouri an das Ensemble die kongeniale Interpretin dieser Lieder. Nach der Ermordung des Abgeordneten Gregorios Lambrakis (Einheitliche Demokratische Linke, EDA) 1963 gründete er eine gemeinsame Aktion griechischer Arbeiter, Künstler, Wissenschaftler und Studenten, die «Demokratische Jugend Lambrakis». Theodorakis war seit 1964 Abgeordneter der EDA und zog mit seinem Ensemble durch das ganze Land, um auf politischen Versammlungen, Aktionen und Veranstaltungen aufzutreten. Nach dem Militärputsch vom 21. April 1967 wurde er verhaftet, und Maria Farantouri übernahm aus dem Exil in London die Leitung des Ensembles, mit dem sie in über 650 Konzerten auf die Situation in Griechenland und die von Mikis Theodorakis hinweisen konnte. Unter dem internationalen Druck wurde Theodorakis 1970 freigelassen, ging ebenfalls ins Exil und übernahm wieder sein Ensemble. 1974 kehrte er gemeinsam mit Maria Farantouri nach Griechenland zurück, wo er seitdem als Komponist, Dirigent und Sänger lebt und arbeitet. Zu seinen bekanntesten Werken zählen die Filmmusik *Alexis Zorbas,* die Vertonung des *Canto General* von Pablo Neruda, *Der lächelnde Junge* nach einem Gedicht von Brendan Behan, die Musiken zu *Romiossini* (Griechentum) und *Wenn sie die Fäuste ballen* von Yannis Ritsos, um nur einige zu nennen.

● Auf RCA: Canto General: (2 LPs, 2628134); Balladen von Anagnostakis (30018); Lieder im Exil (30017) ... auf Metronome: Mikis Theodorakis – Gold (60001); Greek Popular Music Vol 1 und 2 (200171, 201004); 18 kleine Lieder der bitteren Heimat (15548); Mikis Theodorakis in Concert (60095); Theodorakis singt (60130); Theodorakis Instrumental (60125) ... auf Karussell: La Grèce des temps heureux (2435605) ... auf Pläne: Ich rufe zum Kampf (S 55110) ... auf Polydor: Marche de l'esprit (2490101); Theodorakis dirige Theodorakis (2675037); Mikis Theodorakis (3 LPs, 2675187) ... auf Ariola: Star Edition (2 LPs, 80020) ... auf CBS: Mikis Theodorakis Komponist Epitafios Nr 2–5 (3 LPs, 77355)

Tin Whistle →Flöte

Tiple. Eine Schalmeienart aus Katalonien, die einer der wesentlichen Träger der Sardanas in dieser spanischen Region ist. Durch ihr ausgereiftes Klappensystem ist sie ein besonders weit entwickeltes Tonwerkzeug dieser Instrumentenfamilie. Sie ist verwandt mit →Bombarde und Piffaro.

Titi Winterstein Quintett. Nach dem Entschluß von →Häns'che Weiss im

Mai 1978, sich für kurze Zeit von der Musikerbühne zurückzuziehen, übernahm Titi Winterstein die Leitung seines Ensembles und hat inzwischen mit dem TITI WINTERSTEIN QUINTETT eine führende Position auf diesem Gebiet erlangt. Die →Musik deutscher Zigeuner erfuhr mit Gründung dieser Formation eine Fortsetzung der Django Reinhardt-Tradition ebenso wie der Zigeunerfolklore aus Deutschland, Ungarn und Rußland, darüber hinaus eine musikalische Erweiterung der HOT CLUB DE FRANCE-Tradition um das Klavier durch Silvano Lagrene. Im weiteren setzen sich die Mitglieder aus der ehemaligen Besetzung um Häns'che Weiss zusammen: Der Sologitarrist Lulu Reinhardt, der Rhythmusgitarrist Ziroli Winterstein und der Bassist Hojok Merstein, der seit Gründung des →SCHNUCKENACK REINHARDT QUINTETTS 1967 als exponiertester Bassist der Zigeunermusik gilt. Titi Wintersteins erstes Album «Saitenstraßen» (Intercord) erschien 1978 und brachte außer dem traditionellen Sinti-Swing eine neue Variation durch die Gastrolle des amerikanischen Mundharmonikaspielers Lee Reed, der bei einigen Bluestiteln zu hören ist. 1980 erschien ein weiteres Album, «I Raisa» (Die Reise), mit einem interessanten Akkordeoneinsatz durch Enzo Biordi.

● Auf Intercord: Saitenstraßen (INT 160117); I Raisa (Die Reise) (INT 160134)

Topical Song ist ein Begriff, der auf recht unterschiedliche Weise verwendet wird. Fast alle Musiker des amerikanischen →Folk-Revivals Anfang der 60er Jahre, die eigene Texte und Lieder machten und «aktuelle Mißstände im Sinn einer konstruktiven, gemeinschaftsbezogenen Kritik in Angriff nahmen» (Tibor Kneif), galten als Interpreten von Topical Songs – so →Phil Ochs, →Tom Paxton oder →Bob Dylan. Ihren Höhepunkt fand diese Form, die irreführend oft mit «Protestlied» übersetzt wurde, in der Bewegung gegen den Vietnamkrieg. →Pete Seeger ist der Ansicht, daß jeder gute Folk Song ein Topical Song ist, da er sich im Folk Process den Veränderungen der Umwelt entsprechend immer wieder aktualisiert.
Das «aktuelle Lied» gibt meist persönliche Erfahrungen wieder, bisweilen aus dem ganz privaten Bereich des Sängers, häufiger aber aus dem sozialen Umfeld heraus. So macht beispielsweise →Peter La Farge fast ausschließlich Lieder über die Situation seines indianischen Volkes. Auch die →ALMANAC SINGERS (1941) verstanden ihre Lieder im Sinne von Topical Songs. Eine Entsprechung in der Bundesrepublik waren die sozialkritischen Lieder Ende der sechziger Jahre, und die Flugblattlieder von →Walter Moßmann sind eine direkte Weiterentwicklung der Topical Songs.

Travis, Merle, ist in der musikalisch oftmals mittelmäßigen Szenerie der →Grand Ole Opry eine wohltuende Ausnahme. Der ausgezeichnete Gitarrist, der mit der →Country Blues-Gitarre großgeworden ist und in einem Atemzug mit →Big Bill Broonzy und →Brownie McGhee genannt wird, ist im Vergleich zu anderen Country-Veteranen seiner Popularität von einer fast schon bescheidenen Zurückhaltung.
Merle Travis wurde am 29. November 1917 in Rosewood, Muhlenberg County, Kentucky, geboren. Als Achtzehnjähriger begann er seine musikalische Laufbahn in Indiana bei den TENNESSEE TOMCATS und ging schon bald zu der ein wenig bekannteren Gruppe in

dieser Gegend, den Georgia Wildcats. Er bekam ein Hillbilly-Radioprogramm in Cincinatti, war im Zweiten Weltkrieg bei der Marine und ging dann nach Kalifornien, wo er den für einen Country-Musiker ungewöhnlichen Kontakt zu Earl Robinson hatte. Robinson beeinflußte ihn dahingehend, die Musik nicht nur unter kommerziellen Erwägungen zu sehen, sondern die Inhalte der älteren Folk Music zu finden und weiterzuvermitteln. Unter diesem Eindruck produzierte Travis seine erste LP, «Folk Songs of the Hills». →Pete Seeger beschreibt, daß die Firma Capitol sich auf diese Produktion nur zögernd eingelassen hatte und dann auch jedes Engagement für den Verkauf vermissen ließ, so daß die Platte nur wenige Abnehmer fand. Erst später wurden zwei der Titel dieser LP, *Dark as a Dungeon* und *Sixteen Tons*, zu Merle Travis-Standards, und die Interpretation von *Sixteen Tons* durch Tennessee Ernie Ford wurde sogar der zweite Titel aus der amerikanischen Folk Music, der in die Hitlisten kam (die ersten waren die Weavers mit *Goodnight Irene*). Der Text beschreibt einen armen Hund, der Sankt Peter erklären muß, daß er nicht in den Himmel kann, weil seine Seele seinem Arbeitgeber gehört.
Merle Travis kam Mitte der sechziger Jahre nach Nashville, wo er sich niedergelassen hat und nach wie vor Konzerte gibt und Lieder schreibt.

● Auf Capitol Records: Merle Travis and Joe Maphis – Country Guitar Giants (CMH 9017) ... vertreten auf United Artists: Will the Circle be Unbroken (UAS 2946-3 XE)

Triangel →Percussion

Trikont →Schallplatten der Folk Music

Triple Harp →Harfe

U

Uillean Pipes →Dudelsack

Ukulele. Die Ukulele ist ein gitarrenähnliches Instrument, bespannt mit vier Saiten, für die es unterschiedliche Stimmweisen gibt. Sie ist von einem portugiesischen Saiteninstrument abgeleitet und seit dem letzten Jahrhundert in Hawaii belegt. Dabei ist die Popularität, welche die Ukulele im →Folk Revival der USA genoß, wohl mehr auf ihre Winzigkeit zurückzuführen denn auf die musikalischen Möglichkeiten, obwohl interessante Einsätze sich beispielsweise bei →Peter, Paul & Mary und als Ergänzung zu anderen Saiteninstrumenten finden lassen.

☐ Fred Artmeier, Kleine Schule für Ukulele (Edition Dux 1963); Alan Randall, Playing the Ukulele and the Ukulele Banjo (Clifford Essex)

V

Van Ronck, Dave, gilt als ausgesprochen umstrittener →«Blues»-Musiker. Durch sein Auftreten und seine Spielweise hat er immer wieder aufs neue die Frage nach dem «weißen Blues» gestellt. Unbestritten sind seine technischen Fähigkeiten auf der Gitarre, die ihn zu einem ausgezeichneten Lehrmeister für viele Musiker seit Beginn der sechziger Jahre machten. So ist seine Wohnung in →Greenwich Village seit dieser Zeit ein Treffpunkt für Folk-Musiker jeder Schattierung gewesen. →Bob Dylan hat hier seine ersten Gehversuche unternommen, Tips und Hilfe erhalten, ebenso wie andere bereits erfahrenere Musiker ihr Wissen über Folk und Blues bei ihm weitergaben.

Dave van Ronk wurde am 30. Juni 1936 in Brooklyn, New York, geboren, genoß eine gutbürgerliche Erziehung, hatte die ersten musikalischen Kontakte zum Jazz und spielte in seiner Studienzeit bei verschiedenen Jazzgruppen. Zunächst als Schlagzeuger, dann als Gitarrist war er in der BRUTE FORCE JAZZ BAND. Er entwikkelte seine Technik auf dem Instrument nach Schallplatten von →Furry Lewis und →Leadbelly, wodurch sich seine musikalische Intention immer deutlicher dem →Folk Blues näherte. Persönliche Kontakte zu →Brownie McGhee und →Reverend Gary Davis, zwei besonders exponierten Vertretern dieser Interpretationsweise, bestärkten den stilistischen Wandel, obwohl van Ronk weiterhin dem traditionellen Jazz verbunden blieb, wie die LP «In the Tradition» (1964) zu zeigen vermag. Auf diesem Album findet sich ein Gemisch aus Jazz, Blues und Folk – nicht miteinander verbunden, sondern die einzelnen Stücke der jeweiligen Stilrichtung unabhängig voneinander.

Ein ganz anderer Dave van Ronk zeigt sich auf den ersten Einspielungen bei Folkways 1959, wo er seine lebendige und ausgesprochen abwechslungsreiche Gitarrentechnik an populären Folk Songs demonstrierte: «Dave van Ronk Sings Earthly Ballads and Blues» und «Black Mountain Blues». Nach einem beachtlichen Erfolg auf dem →Newport Folk Festival 1963 spielte er zwei weitere Alben für das Prestige Label ein, darunter der erwähnte Mischversuch. Im folgenden Jahr wechselte er erneut die Plattenfirma und veröffentlichte im März mit den RAGTIME JUG STOMPERS – einer eigens für diese Produktion gegründeten Gruppe – ein weiteres Album, «Dave van Ronk and the Ragtime Jug Stompers». Danach folgte wieder ein Solo. Dieser ständige Wechsel zwischen Gruppen- und Einzelmusik läßt sich auch weiter verfolgen, und Dave van Ronk hat sich dabei nie auf eine Gruppe festgelegt.

● Auf Folkways: Dave van Ronk Sings Earthly Ballads and Blues (FA 2383); Dave van Ronk Blues (FS 3818); Black Mountain Blues (FTS 31020) ... auf Prestige: Dave van Ronk – Folksinger (14001); In the Tradition (140012) ... auf Verve/Folkways: No Dirty Names (3009) ... auf Verve/Forecast: Dave van Ronk and the Hudson Dusters (FTS 3041) ... auf Fantasy: Dave van Ronk (F 24710) ... auf Cadet: Songs for Aging Children (50044) ... auf Philo: Sunday Street (PH 1036) ... vertreten auf Vanguard: Blues at the Newport Folk Festival 1963 (VRS 79145)

Vargas, Eva, «die Sängerin aus dem Lumpenparadies», deren Wohnung in ihrem Zigeunerwohnwagen zeitweise zu ihrem Markenzeichen geworden ist

und deren Lieder und Texte ebenso unkonventionell sind wie ihr Wohnort, liefert makaber überspitzte Beschreibungen des Alltags, ohne damit in ihrer langwährenden musikalischen Tätigkeit jemals über einen kleinen Kreis hinaus bekannt geworden zu sein. Nur Ende der sechziger Jahre kam es durch mehrere Schallplattenveröffentlichungen zu einer gewissen Popularität.
Eva Vargas wurde am 20. September 1930 in Freiburg geboren, wuchs im Schwarzwald auf und kam nach dem Abitur nach Heidelberg, um Germanistik zu studieren. Nach einer mehrjährigen Beschäftigung als Journalistin und einer kurzen Ehe begann ihre Zeit unterwegs, die sie zunächst nach Italien und Frankreich führte. Ihre erste Schallplatte «Salzbrot und Marzipan» (1966) produzierte sie privat, und ein weiteres Album, «Lieder aus dem Lumpenparadies», erschien bei Da Camera. In den folgenden Jahren folgten zwei LPs bei Electrola, und es gab bis zum Ende des Jahrzehnts noch weitere Einspielungen mit vielsagenden Titeln wie *Fallobst vom Liederbaum*, *Schüsse aus dem Lumpenparadies* und *Rummelplatzlied*. In den siebziger Jahren wurde es stiller um Eva Vargas, und es erschien nur noch eine weitere LP bei Intercord, «Wenn Tristan kommt». 1979 erschien eine Textsammlung von ihr bei Trikont, «Streichel-Haft», die ihre sprachlichen Qualitäten zu verdeutlichen mag.

● Auf Cantate: Das neue Lied (CAN 656014) ... auf Trikont: Bis die Steine blüh'n (US 56)

Viglietti, Daniel, der Gitarrist, Sänger und Komponist, kann in seiner politischen Einstellung das erwachende Bewußtsein Lateinamerikas symbolisieren: er fühlt sich nicht an Ländergrenzen gebunden, sondern sieht den ganzen Kontinent mit seinen gleichen sozialen und ökonomischen Problemen. So ist Daniel Viglietti durch seine Nationalität sicherlich in erster Linie ein Volksmusiker Uruguays, gleichzeitig aber ein wichtiger Vertreter der Bewegung des neuen lateinamerikanischen Liedes und genießt weit über die Grenzen seines Landes hinaus große Popularität in ganz Südamerika.
Daniel Viglietti wurde am 24. Juli 1939 in Montevideo geboren und hatte in seinem Elternhaus erste musikalische Erfahrungen – seine Mutter ist Pianistin, der Vater Gitarrist. Seine Ausbildung wurde vervollkommnet durch die Lehrer Atilio Rapat und Abel Carlevaro, beides große Musikerpersönlichkeiten in Uruguay, und ein Studium am Nationalen Musikkonservatorium der Universität von Montevideo machte ihn schließlich zu einem der größten Instrumentalisten auf der Gitarre, der nur noch verglichen werden kann mit →Atahualpa Yupanqui. 1960 begann er mit Kompositionen, deren Ergebnis auf seiner ersten LP «Seis Impresiones para canto y guitarra» (Sechs Impressionen für Gesang und Gitarre) festgehalten wurde, die 1963 erschien. Zur Zeit der großen Studentenunruhen, in der auch sein politischer Standpunkt wesentlich verdeutlicht wurde, entstand 1968 sein drittes Album «Canciones para el hombre nuevo» (Lieder für den neuen Menschen), in welchem er ein Repertoire vorstellte, das sich eindeutig am Kampf der lateinamerikanischen Völker für ihre Befreiung orientierte. In der Folgezeit wurde er ein Pendler zwischen Kuba und seiner Heimat, machte Tourneen durch Europa, die erste war bereits 1967 gewesen, und durch die Nachbarländer auf seinem Kontinent. 1970 gründete er ein Zentrum für Musikausbildung und schrieb in dieser Zeit für mehrere Zeitschriften. Nach der Machtübernahme

von Bordaberry in Uruguay wurde er im Mai 1972 verhaftet, gefoltert, aber auf öffentlichen Druck wieder freigelassen. Anschließend ging Daniel Viglietti ins Exil und lebt seit 1973 in Paris. 1975 erschien die erste LP von ihm in der Bundesrepublik, «Uruguay» (Pläne Verlag), «Eine solche Einheit von Lied, Literatur, Poesie und der einfachsten musikalischen Verwirklichung, der Gitarre gelegentlich mit Flöte und Violine, ist nur auf dem Hintergrund einer durch politisches Engagement entstandenen Leidensgeschichte ganz zu begreifen» (Frankfurter Rundschau).

● Auf Chant du Monde/Pläne: Uruguay (S 88122); Canciones Chuecas (LDX 74584); Tropicos (LDX 74560); Daniel Viglietti (LDX 74707) ... auf Dicap/Eigelstein: Canciones Par Mi America (ES 546)

Volkslied. Der Begriff des Volksliedes hat im Verlauf der Geschichte dermaßen viele unterschiedliche und widersprüchliche Bewertungen und Anwendungen gefunden, daß er nahezu unbrauchbar geworden ist. Innerhalb der bürgerlichen Volksliedforschung ebenso wie in der Schulliteratur gilt das Volkslied nach wie vor als «Lied der Grundschichten» (Walter Wiora), welches folgende Voraussetzungen zu seiner Entstehung benötigt: «Geist und Liebe, Religiosität und Moral im Volke.» Aus diesem Ansatz heraus läßt auch die Forschung nur bestimmte Lieder als Volkslieder gelten, andere hingegen nicht. 1950 erschien eine Arbeit von einem dieser Forscher unter dem bezeichnenden Titel «Das echte Volkslied», ganz im Sinne der Frage aus dem Zupfgeigenhansl von 1908, «Wo ist das Schlichte, Innigste, Liebenswürdige geblieben?» Wesentlich schwerwiegender wirkte sich ein solcher Ansatz schon bei der Sammlertätigkeit im letzten Jahrhundert durch Arnim Achim und Clemens von Brentano («Des Knaben Wunderhorn»), Ludwig Erk, Herder u. a. aus, da große Teile der «Volkslieder» von diesen nicht akzeptiert wurden und dadurch einfach verschwanden. Eine leichte Korrektur lieferte die Arbeit von Friedrich Freiherr von Ditfurth, die als eine der wesentlichen Quellen für die im Volk gesungenen Lieder gelten kann. In ihrer Vielfalt wurden diese Lieder letztlich durch Wolfgang Steinitz, «Deutsche Volkslieder demokratischen Charakters aus sechs Jahrhunderten» (1954/1962) bekannt gemacht. Die vermutlich älteste Veröffentlichung, das Lochamer Liederbuch, eine handschriftliche Liedersammlung aus Nürnberg, stammt aus dem Jahre 1460. Die Städte Nürnberg und Heidelberg werden hinlänglich als die ersten Zentren des Volksliedes bezeichnet, da der größte Teil der Sammlungen und die folgenden Drucke aus diesen Regionen stammen. So die Heidelberger Liederhandschrift; Bergkreyen, Liederbuch in vier Drucken; Georg Forster, Frische Teutsche Liedlein in fünf Teilen, u. a.

Erwähnenswert ist, daß sich ein großer Teil der Gebrauchslieder auf wenige Melodien, welche als «Thon» bezeichnet wurden, beschränkte: «Zu Singen im Thon des *Lindenschmid*» oder *Der Neidhartd*, um nur die beiden berühmtesten zu nennen. Dabei waren die Strophen so angeordnet, daß ein Vorsänger, zumeist ein fahrender Geselle, eine Geschichte erzählte und die Zuhörer die letzte Zeile als Bestätigung ihrer Anteilnahme wiederholten. Durch die Veränderung der Feudalstrukturen und die Übernahme von Volksmelodien durch bürgerliche Komponisten sowie durch die Zunahme komponierter Lieder hatte sich das offizielle Volkslied bis etwa 1800 in ei-

Amerikanische Volksmusik: Bergarbeiterstreik in den Appalachen.
Foto aus: Kuhnke/Miller/Schulze, Geschichte der Pop-Musik.

ne moralische und sittliche Institution gewandelt, die von den Ideologen und staatlichen Institutionen überwacht wurde. Zu dieser Zeit war aber auf der anderen Seite eine Volksliedform entstanden, die hauptsächlich im damaligen Preußen bekannt war, das oppositionelle Soldatenlied, in dem sich Unzufriedenheit und Widerstand manifestierten. Diese Lieder werden von vielen als Ausgangspunkt für die sich entwickelnde Kultur demokratischer Volksgesänge in der ersten bürgerlichen Revolution von 1848 angesehen, obwohl erwähnt werden muß, daß es vor den Soldatenliedern bereits Bauernlieder gab, die sich unverblümt mit den Herrschaftsverhältnissen auseinandersetzten. Im 19. Jahrhundert entstand eine ungeheure Sammeltätigkeit, aus der sich zahllose Veröffentlichungen ergaben, welche in der Regel nach den beschriebenen Kriterien zusammengestellt wurden und von denen Ludwig Erks «Deutscher Liederhort Band I–III» (1856) mit ungefähr 2000 Volksliedern die umfassendste ist. Zu den Sammlern und Sammlungen anderer Couleur gehörten unter anderem auch Karl Marx, der für seine Braut ein Volksliederbüchlein zusammenstellte, sowie wertvolle regionale Zusammenstellungen wie Ernst H. Wolframs «Nassauische Volkslieder» oder Hoffmann von Fallerslebens «Schlesische Volkslieder».

Eine ganz besondere Stellung nimmt Hans Ostwald ein, der sich vorwiegend mit erotischen Volksliedern und Gassenhauern beschäftigte und um die Jahrhundertwende mehrere Liederbücher zusammenstellte und dessen «Lieder aus dem Rinnstein» ein wesentlicher Beitrag sind. Mit Aufkommen der Wandervogelbewegung, die nach Herderschen Idealvorstellungen ihre Volkslieder zur Klampfe darbot, erschien 1908, von Hans Breuer herausgegeben, «Der Zupfgeigenhansl» mit Noten und Gitarrenakkorden, der bereits 1913 seine 10. Auflage erreichen konnte. Bezeichnend ist, daß in der Wiederbelebung der Volkslieder in den siebziger Jahren dieses Buch mehrfach nachgedruckt wurde und sich eine der bekanntesten aktiven Gruppen in der BRD danach benannt hat. Diese Gruppe selbst hat allerdings eine Sammlung veröffentlicht, die nicht aus dieser einseitigen Auswahl besteht, sondern die Vielfalt, mit allen demokratischen Ansätzen, deutlich macht: «Es wollt ein Bauer früh aufstehn.» Aus der Unzahl an Neuveröffentlichungen ließen sich noch hervorheben: →Hein und Oss Kröher, «Das sind unsere Lieder», und Annemarie Stern, «Lieder gegen den Tritt».

Musikalisch bekannte Vertreter der Gegenwart sind →Fiedel Michel, →Zupfgeigenhansel, →Liederjan, →Ougenweide, →Tom Kannmacher, →Jürgen Schöntges, um nur einige zu nennen. (Siehe auch →Folk Song, →Volkstanz, →Arbeitervolkslied, →Folklore, →Politisches Lied)

Volkstanz. Der Volkstanz wird in der Regel als Gegensatz zum Gesellschaftstanz betrachtet, und man unterscheidet zwischen dem Paartanz und dem gemeinschaftlichen Tanz einer größeren Gruppe. Er ist einer der wesentlichen Bestandteile der verschiedenen Volksmusiken. Die vielfältigen Tänze verdeutlichen den überragenden unterhaltenden Charakter dieser Musik und zeigen durch das gemeinsame körperliche Erlebnis einen einzigartigen Prozeß der Kommunikation innerhalb der Volkskultur. In den bekannten organisierten Folkloredarbietungen, die mit Trachten und Disziplin zu touristischen Attraktionen herange-

wachsen sind, wird teilweise im Widerspruch zu den lebenslustigen Manifestationen einer gemeinsamen Kultur ein trostloses Bild des Volkstanzes geliefert. Erst mit dem →Folk Revival wurden auch hierzulande alte Tänze wieder vorgestellt. In diesem Zusammenhang ist die Münsteraner Gruppe →FIEDEL MICHEL erwähnenswert, die bereits in den frühen siebziger Jahren auf diesem Gebiet ausgezeichnete Arbeit leistete. Ebenfalls aus Münster stammt die Tanzgruppe MAURITIUS, die regelmäßige Tanzworkshops organisierte, und auch das Duo →SCHNAPPSACK tat sich auf diesem Sektor hervor. In der neueren Entwicklung gibt es etliche kompetente Musikgruppen dieser Art, wie HAMPELMUSE aus Berlin, die im wesentlichen Tänze aus Süddeutschland und Frankreich anbieten, TÄÖTENDIECK, in ihrem norddeutschen Einschlag vergleichbar mit der Gruppe →MOIN, →LINNENZWORCH und die Göttinger →LILIENTHAL, die sich der Tanzmusik aus der Renaissance verschrieben haben.
An Tänzen stellen diese Gruppen Polkas, Kontras, Walzer, Kreistänze, Reigen und Figurentänze vor mit Namen wie *Schwitzemann*, *Pferdereigen*, *Schüttel de büx*, *Schnitzkapolka* u.v.m. Eine besonders verbreitete Tanzform sind noch der Zwiefache, in dem sich ein Wechsel zwischen 2er und 3er Takt befindet, und die sogenannten Wechselhupftänze. (Siehe auch übergreifende Darstellungen für England, Schottland, Irland, Bretagne, Lateinamerika, Katalonien)

Vomacka, Sammy, der Wahlberliner aus der Tschechoslowakei, ist einer der fingerfertigsten Gitarristen der bundesdeutschen Szene. Er ist besonders als Ragtime-Gitarrist bekannt geworden, bei allen technischen Fähigkeiten aber nie über ausgezeichnete Reproduktionen vorliegender Stücke hinausgewachsen. Das wirkt sich bei den streng komponierten Piano-Rags, die er auf die Gitarre überträgt, durchaus günstig aus, da kaum ein anderer in der Lage ist, diese schwierigen Figuren so getreu nachzuzeichnen, während bei Blues-Stücken und anderen Folk Songs die Technik sich eher als störend und emotionslos bemerkbar macht. Hier findet sich die Ausnahme im kräftigen →Bottleneckspiel von Vomacka, bei der es ausgezeichnete Interpretationen von Stücken →Robert Johnsons und anderer →Blues-Musiker aus dem →Mississippi Delta gibt.
Sammy Vomacka wurde am 17. August 1946 (andere Angaben treffen nicht zu) in der Nähe von Prag geboren, lernte noch in seiner Heimat Gitarre spielen und ließ sich Anfang der siebziger Jahre in West-Berlin nieder, wo er heute noch lebt. Seine erste Tournee machte er 1971 und überraschte das Publikum mit einer damals fast vollständig unbekannten Ragtime-Gitarrentechnik, die ihm in kürzester Zeit einen Stammplatz in der Festival- und Clublandschaft sicherte. Mitte 1976 erschien sein erstes Album «Ragtime Guitar» (Stockfisch) mit unter anderem *The Entertainer* und einem rasanten *Dallas Rag*. Im selben Jahr veröffentlichte er bereits seine zweite LP «Come to My Kitchen», auf der er sich als Folk- und Bluessänger zeigt. Erwähnenswert ist noch seine Teilnahme an der Tournee «Gitarre 76» mit →David Qualey, K. M. Krause, Frank Stukenbrock, Klaus Weiland und →Werner Lämmerhirt. Auf Lämmerhirts «Session»-LP (1977) war Vomakka auch einer der beteiligten Gastmusiker. Ein weiteres Album «Rags &

Tunes» erschien in eigener Produktion und brachte im wesentlichen keine Neuigkeiten von ihm, zeigte aber wiederum seine technischen Fertigkeiten.

● Auf Stockfisch: Ragtime Guitar (SF 5002); Come to My Kitchen (SF 8002) ... auf Vomakka Produktion: Rags & Tunes (VO 7701) ... vertreten auf Stockfisch: Gitarre 76 (SF 8003); Werner Lämmerhirt-Session (SF 8001)

W

Wader, Hannes, gilt seit seinen großen Erfolgen in den siebziger Jahren als der Folk-Sänger, der, weit über Insiderkreise hinaus bekannt geworden, volksmusikalische Formen und Inhalte auch denen zu vermitteln vermag, die dieser Musikrichtung ansonsten eher gleichgültig gegenüberstehen. Er hat so manchen Zeitgenossen ermuntert, selber aktiv zu werden. Der in seinem Wirkungsgrad vielleicht bedeutendste Folk-Sänger in der BRD zeichnet sich durch eine verständliche und nicht überzogene Gitarrentechnik aus, die sich am →Folk Blues orientiert, zu dessen Verbreitung hierzulande er wesentlich beigetragen hat. Wader zeichnet mit seinen Texten in einer «Konzeption einer lebenswerten Welt» als radikaler Demokrat wahrhaftig empfundene Bilder der tatsächlichen und möglichen Verhältnisse. Dabei ist seine Entwicklung von einem sozialkritischen Chansonnier der →Waldeck-Ära zu einem politischen Liedermacher, der seine jetzige Heimat in der DKP gefunden hat, nicht immer ohne Kritik geblieben, aber in sich schlüssig.

Hans Eckard Wader wurde am 23. Juni 1942 in Hoberge Uerentrop bei Bielefeld/Westfalen geboren, wuchs auf «zwischen Kartoffeln und Blumenkohl» (Wader), machte eine Lehre als Dekorateur und kam Anfang der 60er Jahre an die Werkkunstschule in Berlin. Innerhalb der Berliner Chanson-Szenerie traf er auf Reinhard Mey, Ingo Insterburg, Katja Epstein u. a. und begann selber mit ersten Auftritten in Kneipen und Clubs. 1966 trat er erstmals auf der Burg Waldeck auf und war mit zwei Songs auf der LP «Makaber macht lustig» vertreten. 1969 erschien seine erste eigene LP bei Philips, «Hannes Wader singt ...», mit unter anderem *Das Bier in dieser Kneipe*, *Viel zu schade für mich*, *Frau Klotzke*, *Die gute Tat*. Zwei Jahre später stellte sich dann ein musikalisch vollständig veränderter Wader mit der LP «Ich hatte mir noch soviel vorgenommen» vor, auf der die Beeinflussung durch amerikanische Folk Music bei seiner neuen Art der Gitarrenbegleitung deutlich zu spüren war und im wesentlichen dafür sorgte, daß seine Songs wie *Monika*, *Arschkriecher-Ballade*, *Charley* rhythmisch «losgingen». Auf seinen folgenden Tourneen wurde

dies durch die gitarristische Unterstützung von →Werner Lämmerhirt, der auch an der vorangegangenen LP beteiligt gewesen war, zu einem bis dahin nicht gekannten folkmusikalischen Feuerwerk. 1972 spielte er zusammen mit Lämmerhirt, Tom Cunningham und Mohammad Tahmasebi «Sieben Lieder» ein, mit seinen bekanntesten aber umstrittensten Titeln *Kokain* und dem Talking Blues *Tanker König*, der ihn in den Verdacht der Terrorismussympathie brachte und ihm einiges an Unannehmlichkeiten verursachte. Nach dem Erscheinen von «Der Rattenfänger», auf welchem der erzählende Charakter seiner Texte weitergeführt wurde, und den «Plattdeutschen Liedern» mit traditionellen Volksliedern im Dialekt erschien 1975 «Hannes Wader: ‹Volkssänger›». Diese im «Unterhaus» in Mainz live aufgenommene LP enthielt, für viele Wader-Freunde überraschend, ältere politische Volkslieder wie *Das Bürgerlied*, *König von Preußen*, *Wo soll ich mich hinwenden*, aber auch *Wie schön blüht uns der Maien* oder *Der Winter ist vergangen*. Die Hinwendung zu diesem Liedgut fand dabei die unterschiedlichsten Bewertungen, von «dem fällt nichts mehr ein» bis dahin, daß Hannes Wader endlich seine Identität gefunden habe und auf das Material hinweise, aus welchem zeitgenössische politische Lieder abgeleitet werden müßten. Aus dieser Einstellung erklärt sich auch, nachdem er noch sein «Kleines Testament» aufgenommen hatte, das Erscheinen der LP «Hannes Wader singt Arbeiterlieder», auf dem UZ-Pressefest eingespielt. Ende 1979 erschien, es hatte zwischendurch noch ein «Porträt» und eine LP mit «Shanties» gegeben, seine von vielen mit Spannung erwartete erste Aufnahme beim Pläne Verlag «Wieder Unterwegs» mit sieben neuen Liedern, bei welchen er von →Martin Kolbe (g), Ralf Illenberger (g), Eberhard Weber (b), Jörg Suckow (c) und dem Geiger Lutz Berger von →Bernie's Autobahn Band über weite Strecken unterstützt wird. Besonders auffällig ist der Titelsong dieser Langspielplatte, in welchem er eine Irrfahrt durch die bundesdeutsche politische Landschaft mit Phantasie und hintergründiger, überzogener Satire in der Manier eines frühen →Bob Dylan beschreibt. Er fällt dabei Neonazis in die Hände, wird von einer Alternativ-Fee vor dem Erschießen gerettet, erlebt einen Über-Nacht-AKW-Bau und bringt schließlich eine gehörige Portion Selbstironie: «Stimme kurz das Instrument. Dazu brauch ich eine Stunde.»
Hannes Wader ist neben den bereits erwähnten LPs auf «Folk Friends», einer der angenehmsten Einspielungen der letzten Jahre, vertreten. Das Album wurde mit Musikern wie →Derroll Adams, Davey Arthur, →Alex Campbell, → Guy und Candie Caravan, →Finbar Furey, →Wizz Jones, →Werner Lämmerhirt u. a. 1978 in Waders Mühle in Struckum/Nordfriesland aufgenommen. – Im Herbst 1980 erschien ein Album mit Liedern aus seiner Hoberger Kindheit und einer deutschen Version von Eric Bogles Song *Four Green Fields of France*, gleichzeitig das Titellied der LP «Es ist an der Zeit». Auffällig ist die Besetzung mit Werner Lämmerhirt, Lydie Slopianka-Auvray, die mit ihrem Musette-Akkordeon für Spannung sorgt, und Danny Thompson, dem Ex →Pentangle-Baßmann, mit einfühlsamen Baßfiguren.

● Auf Philips: Hannes Wader singt (5844360); Ich hatte mir noch so viel vorgenommen ...(6305082); 7 Lieder (6305165); Der Rattenfänger (6305207); Plattdeutsche Lieder (6305218); Volkssänger (6305254); Hannes

Wader Porträt (6305313); Kleines Testament (6305319); Hannes Wader singt Arbeiterlieder (6305342); Hannes Wader singt Shanties (6305352) ... auf Pläne: Wieder Unterwegs (88173) ... Es ist an der Zeit (88227) vertreten auf: Trotz alledem (S 66701); Das Fest unserer Zeit (G 60168); Rotkäppchen (K 20905) ... auf Folk Freak: Folk Friends (2 LPs, FF 3001/02) ... auf Intercord: Eddie & Finbar Furey – The Farewell Album (2 LPs, INT 181010); Derroll Adams Movin' On (INT 161014); Colin Wilkie and Friends, Autumn Is Knocking at Our Door (INT 160130)

Waldeck. Die Festivals auf der Burg Waldeck waren die vermutlich wichtigsten Daten in der Geschichte der bundesdeutschen Folk-Bewegung. Nach der Konzeption der Festivalmacher handelte es sich *auch* um eine politische Entscheidung, eine Folk-Landschaft zu etablieren, die ihren Ausgangspunkt in der Tradition der Bündischen Jugend und sonstiger Singbewegungen sieht, aber zusätzlich aus der demokratischen Liedkultur des eigenen Landes kommt und sich international an gewachsenen Folk-Szenerien im Ausland orientiert. Die Burg Waldeck wurde von vielen als das bundesdeutsche →Newport bezeichnet. Im Verlauf der Entwicklung kam es zu teilweise gewalttätigen Auseinandersetzungen mit dem Nerother Wandervogel, einer Organisation der Bündischen, die sich zuweilen im Umfeld des Rechtsradikalismus bewegte. Das oftmals als harmlose «Treffen der tausend Gitarren» bezeichnete Waldeck-Festival wurde in der Tat ein brisantes politisches Forum seiner Zeit, auf welchem sich die Positionen der Liedermacher und Folk-Sänger kristallisieren sollten und wo Maßstäbe gesetzt wurden, die es innerhalb der bundesrepublikanischen Szenerie möglich machten, ein politisch bewußtes Lied zu etablieren.

1964 veranstaltete der «Arbeitskreis Burg Waldeck» (→Hein und Oss Kröher, →Peter Rohland, Diethart Kerbs u. a.) das erste Festival «Chanson Folklore International». Die meisten Mitglieder dieses Arbeitskreises kamen direkt aus der Bündischen Bewegung, vor allem aus deren fortschrittlichem, demokratisch orientiertem Teil. – Beim zweiten Festival dann konnte die politische Konzeption, die weit über Newport hinausging, deutliche Akzente setzen und einen soliden Grundstein für die folgenden Jahre legen. Nach dieser Konsolidierungsphase, in welcher der Arbeitskreis 1965 um politisch orientierte Leute wie Arno Klönne, Tom Schroeder, Eckard Holler u. a. erweitert worden war, kam es 1966 zum möglicherweise wichtigsten Festival auf der Waldeck. Diesmal waren es bereits 3000 Zuhörer, welche die Waldeck bevölkerten, die Medien berichteten recht ausgiebig, und innerhalb der bundesdeutschen Presselandschaft kam es zu den unterschiedlichsten Berichten und Meinungen, die von «destruktive Papperlapapper» über «Gammlertreffen auf der Burg Waldeck» bis zu «Es gibt wieder eine Generation» reichten. Auf der Bühne hatte sich die komplette Elite der damaligen Chanson-Sänger und Liedermacher eingefunden, u. a. →Franz Josef Degenhardt, Christofer und Michael, Schobert Schulz, →Hein und Oss Kröher und →Dieter Süverkrüp. →Walter Moßmann wurde zur «Entdeckung des Jahres» erklärt, auf der kabarettistischen Seite waren →Hans Dieter Hüsch und →Walter Hedemann vertreten, und →Hannes Wader hatte seinen ersten Waldeck-Auftritt.

Im folgenden Jahr trafen sich vom 24. bis 28. Mai zum vierten Mal die Folklorebegeisterten, diesmal unter der Thematik «Das engagierte Lied», und es wurde ein eindeutiges Zeichen der Politisierung dieser Landschaft gesetzt,

Auf dem Weg zur eigenen Liedkultur: Peter Rohland.

was sich auch in der zunehmenden Gewalt durch rechte Störtrupps zeigte, die Autoreifen und Kabel zerschnitten, die Zufahrtswege zu versperren suchten und die Leitungen für Rundfunk und Fernsehen beschädigten.
1968 fand die letzte Burg Waldeck als Festival statt. Sie verstärkte die politischen Ansätze des Vorjahrs und wurde von den Teilnehmern, Sängern und Organisatoren ausgesprochen unterschiedlich bewertet. Einige waren erst gar nicht gekommen, (z. B. Walter Hedemann), andere (wie Hein und Oss Kröher) traten angesichts massiver Störaktionen in den Singstreik, während dritte sich bereitwillig auf Diskussionen einließen, wie Moßmann, Süverkrüp und andere, was einer von der «Basisgruppe Waldeck 1968» aufgestellten Forderung entsprach: «Stellt die Gitarren in die Ecke und diskutiert!» – Zu einer der zentralen Figuren in diesen Tagen wurde →Rolf Schwendter («Theorie der Subkultur») mit seiner Kindertrommel, der symbolisch die Ablösung des ästhetischen Konzepts darstellen könnte. Ohne Zweifel war dieses Festival im Prozeß der Selbstfindung politischer Volksmusik eine wichtige Station, die zwar das Ende der heute «legendären Waldeck-Ära» bedeutete, aber ausgesprochen fragwürdige folkloristische Entwicklungen wie z. B. bei Reinhard Mey aufzeigen konnte.
Im folgenden Jahr traf sich der Arbeitskreis zu einer großen Diskussionsveranstaltung, die vom Republikanischen Club Mainz organisiert worden war und unter dem Titel «Gegenkultur» lief. In den Siebzigern wurde die Waldeck zum Treffpunkt für verschiedene Arbeitskreise und Workshops, auf denen sich unter anderem →Jürgen Schöntges und →Tom Kannmacher 1974 zum ersten einflußreichen Folk Duo dieses Jahrzehnts zusammenschlossen.

Waldzither →Cister

Waschbrett →Percussion

The Watersons setzen die Tradition des englischen Familiengesangs auf öffentlicher Ebene fort und haben innerhalb des →Folk-Revivals den →a capella-Gesang auf professionelle Art zu konzertanter Perfektion ausgebaut. Dabei sind in ihren Arrangements bei der Musik ohne Instrumente die Wärme eines heimischen und häuslichen Gesangs neben der ausgefeilten und bearbeiteten Interpretation alter Volkslieder deutlich zu spüren. Bei der übermäßigen Bedeutung des Gesangs innerhalb der englischen Tradition dürfte die Wichtigkeit der WATERSONS im Revival nicht erst seit der Einheirat und Beteiligung von →Martin Carthy, dem in den siebziger Jahren wirkungsvollsten Folk-Musiker der Insel, erkennbar sein.
Die Geschichte der Gruppe begann, als Norma, geb. am 15. August 1939, Mike, geb. am 17. Januar 1941, und Lal Waterson, geb. am 15. Februar 1943, alle in Hull, Yorkshire, dort einen Folk-Club und die Formation THE MARINERS gründeten. Sie wurden zeitweise unterstützt von einem weiteren Verwandten, John Harrison. Bereits 1964 waren sie mit fünf Titeln auf dem Sampler «New Voices» (Topic) vertreten und spielten, durch diesen Erfolg bedingt, kurz darauf ihr erstes eigenes Album «Frost and Fire» ein. Bis 1968 nahmen die WATERSONS noch zwei weitere Alben auf und trennten sich aus persönlichen Gründen in diesem Jahr. Mike und Lal Waterson machten sich als Duo einen Namen, kamen 1972 wieder mit ihrer Schwester zu-

sammen und traten gemeinsam mit Martin Carthy auf. 1975 erschien «For Pence & Spicey Ale», das vom Melody Maker und vom New Musical Express zum Folk-Album des Jahres gewählt wurde. Außer einem weiteren Album der Familie, «Sound, Sound Your Instruments of Joy», sind die Mitglieder auch in anderer Besetzung und als Solointerpreten zu hören – z. B. Lal und Norma Waterson mit Maria Waterson zusammen auf «A True Hearted Girl» und Mike Waterson, der zu den ausdrucksstärksten Sängern Englands gezählt wird, auf «Mike Waterson» (1977).

● Auf Topic: Frost and Fire (12 T 136); The Watersons (12 T 142); A Yorkshire Garland (12 T 167); Sound, Sound Your Instruments of Joy (12 TS 346); For Pence and Spicey Ale (12 TS 265) ... Lal & Norma Waterson: A True Hearted Girl (12 TS 331) ... Mike Waterson: Mike Waterson (12 TS 332) ... The Watersons vertreten auf: Folk Songs Topic Samler No 3, 6, 7, (TPS 166/201205) ... Lal & Norma Waterson auf Leader: Bright Phoebus (LER 2076) ... des weiteren →Martin Carthy

Watson, «Doc», ist unter den →Bluegrass- und →Country-Gitarristen eine bedeutende Ausnahme: er entwickelte das Flatpicking (Plectrumspiel) zu konzertanter Perfektion und hat damit neue Maßstäbe für die Bluegrass-Gitarre gesetzt.

Doc Watson wurde am 2. März 1923 in Deep Gap, North Carolina, geboren, wuchs auf der kleinen Farm seiner sehr religiösen Eltern auf und hörte in seiner frühen Jugend die Musik der →CARTER FAMILY, →Ashley Clarence Tom, →Jimmie Rodgers u. a., die zu dieser Zeit von den Country Sendern ausgestrahlt wurden. Doc Watson war von Geburt an blind und machte dadurch bedingt musikalisch wesentlich mehr Erfahrungen als andere Country-Musiker, da er auf der Blindenschule auch mit klassischer Musik, mit Jazz und mit Django Reinhardt konfrontiert wurde. «Doc ist ein musikalischer Mischling, aber ein Mischling von besonderer Art» (Ralph Rinzler), der neben all diesen Einflüssen auch noch von schwarzen Blues-Gitarristen gelernt hat. Er machte schon früh seine Erfahrungen mit der elektrischen Gitarre, indem er in einer Rockabilly-Gruppe eine Zeitlang auf Tanzveranstaltungen spielte. Erst mit dem →Folk Revival stieg er ganz auf akustische Gitarre um und arbeitete sehr lange mit Ashley Clarence Tom zusammen, bevor er sein erstes Soloalbum machte. Seine Auftritte in →Greenwich Village, wo er Kontakte zu einer ganz anderen Szenerie hatte als die meisten Country-Musiker, machten ihn offener gegenüber den kritischen Folk-Sängern (→Joan Baez u. a.), obwohl er der konservativen Einstellung seiner Familie immer verhaftet blieb. Viele seiner Schallplatten hat er mit seinem Sohn Merle (nach →Merle Travis benannt) eingespielt, und sie unterscheiden sich von den sonstigen amerikanischen «Familienmusiken» durch Ideenreichtum und instrumentales Können. Zusätzlichen Reiz erhalten die Aufnahmen durch die angenehme Baritonstimme von Doc Watson.

● Auf Folkways: Doc Watson & Family (FA 2366) ... auf Topic: The Watson Family Tradition (12 TS 336) ... auf Poppy: Then and Now (LA 022–F); Two Days in November (LA 210–G) ... auf Vanguard: Doc Watson & Son (VRS 79170); Ballads from Deep Gap (VRS 6576) ... vertreten auf Folkways: Old Time Music at Clarence Ashley's Vol 1 und 2 (FA 2355/2359); Friends of Old Time Music (FA 2390); Jean Ritchie and Doc Watson at Folk City (FA 2426)

The Weavers waren «die erste große Folk-Gruppe, die über die Folk-Insider hinaus kam» (Roxon) und in den fünfziger Jahren an Bedeutung kaum zu übertreffen. Ihr Einfluß reichte weit ins →Folk Revival der sechziger Jahre hinein, und sie stellten die Weichen für Gruppen wie das →Kingston Trio und →Peter, Paul & Mary. Die Weavers «verflochten geschickt die ländlichen Ursprünge mit zeitgenössischen städtischen Einflüssen» (Folk Music Encyclopaedia).

The Weavers wurden in der Nachfolge und Tradition der →Almanac Singers 1949 von →Pete Seeger, Lee Hays (beides Mitglieder der früheren Almanacs), Ronnie Gilbert und Fred Hellerman in →Greenwich Village gegründet. Ursprünglich war ein Ensemble mit sechs Mitgliedern geplant, aber dann wurde es ein Quartett mit zwei tiefen Baritonstimmen, einer brillanten Altstimme und einem kräftigen Tenor. Die Lieder von →Leadbelly machten einen großen Teil des Repertoires aus, und die Weavers konnten diesen Stücken die nötige Wärme und Ausgeglichenheit geben, um auch in den Medien und der Schallplattenindustrie gefragt zu sein. 1950 wurden die Weavers von Decca unter Vertrag genommen und spielten mit *Good Night Irene* den ersten Folk-Hit der Geschichte ein. Der Titel wurde zwei Millionen Mal verkauft und war dreizehn Wochen lang die Nummer Eins in den amerikanischen Charts – ein Jahr nach Leadbelly's Tod. Die Gruppe hatte noch weitere Titel in der Hitparade, die →Woody Guthrie geschrieben hatte – *So long It's Been Good to Know You*, *On Top of Old Smokey* und *Wimoweh*. Mitte 1950 hatten die Weavers bereits einen solchen Ruf, daß ihnen eine wöchentliche Fernsehshow angeboten wurde, die aber von offizieller Seite verhindert wurde. 1952 ging die Gruppe auseinander – bedingt durch personelle Probleme, aber mehr noch durch die Stimmung im Lande, die geprägt war durch die Kommunistenverfolgung durch McCarthy, Verhöre und Schwarze Listen. 1955 wurde die Gruppe durch Harold Leventhal zu einem legendären Weihnachtskonzert in der Carnegie Hall wieder zusammengebracht. In dieser etwas befreiteren Atmosphäre wurden die Arrangements der Weavers wesentlich lockerer, ließen Raum für Improvisation, waren aber nach wie vor an der Folk-Tradition orientiert. 1958 verließ Pete Seeger die Gruppe, und es kam zu Neubesetzungen mit Eric Darling, Frank Hamilton und Bernie Krause. Mit diesen Musikern zusammen gab die Gruppe 1963 in der ursprünglichen Formation ein letztes Konzert in der Carnegie Hall und löste sich anschließend endgültig auf.

● Auf Chrystal: The Greatest Songs (2 LPs, 134 CRY 62291/2)

Wecker, Konstantin, «die wohl bedeutendste Liedermacher-Begabung der neuen Generation» (Thomas Rothschild), hat einen Vortragsstil von unvergleichlicher Intensität entwickelt und liefert in seinen Texten sprachliche Meisterwerke, deren Inhalte die unverblümte und aufrichtige Beschreibung der aktuellen Zeitereignisse sind und «zwischen Lust und fehlender Befriedigung» (Folk Magazin) liegen. Seine hochgradige Musikalität vermischt sich mit seiner poetischen Fertigkeit zu einem Ereignis, das den Zuhörern tatsächlich die Sprache verschlägt. Sein erfolgreichstes und bekanntestes Lied *Willy*, welches, 1977 auf seiner fünften LP veröffentlicht, seinen sensationellen Durchbruch brachte, kann dabei als eindrucksvolles Beispiel der Konzeption dienen, Privates und Öffentliches zu verbinden, und stellt gleichzeitig eine der erschütterndsten Beschreibungen des

aufkommenden Neofaschismus dar: Willy protestiert lautstark gegen das *Horst Wessel Lied*, als es in einer Kneipe angestimmt wird, und wird mit einem zerbrochenen Glas erschlagen. Konstantin Wecker, der seither mit allen erdenklichen Superlativen der Musikkritiker bedacht worden ist, hat sich von da an als einfallsreicher Komponist gezeigt und ist in seiner musikalischen Vielseitigkeit auf Gitarre und Klavier schwerlich vergleichbar.
Konstantin Amadeus Wecker wurde am 1. Juni 1947 in München als Sohn eines Opernsängers geboren, hatte seit dem sechsten Lebensjahr Klavierunterricht, machte mehrere Ausreißversuche, jobbte als Rockmusiker durch Kneipen und landete schließlich in U-Haft, nachdem er einen Safe geleert hatte. 1967, zu Beginn der Studentenunruhen, begann er ein Studium an der Musikhochschule, im weiteren Philosophie und Psychologie an der Universität in München, und spielte 1972 seine erste LP «Die sadopoetischen Gesänge des Konstantin Amadeus Wecker» für Ariola ein. Auf diesem Album, «makaber und mit einer peinlichen Vorzeige-Erotik ausgestattet, sind diese Liedchen auch musikalisch von einer langweiligen Monotonie» (Thomas Rothschild), findet sich nicht einmal der Ansatz für die später gerühmten Qualitäten. Auf den folgenden LPs deutete sich langsam ein neuer, schöpferischer Wecker an, der schließlich 1977 mit dem Album «Genug ist nicht genug» an die Öffentlichkeit trat und im selben Jahr den «Deutschen Kleinkunstpreis» verliehen bekam. Ein Jahr zuvor hatte er bereits in Eching eine bemerkenswerte Firma, die Team Musikon GmbH, mit eigenem Tonstudio gegründet, die eine gewisse Unabhängigkeit der beteiligten Musiker von den großen kommerziellen Unternehmen gewährleisten soll. Außer weiteren LPs erschien 1978 die Textsammlung «Ich will noch eine ganze Menge Leben», und 1979 war Konstantin Wecker zuständig für die Zwischenmusiken auf dem Album «Hagenbuch hat jetzt zugegeben» von seinem großen «Lehrmeister» →Hans Dieter Hüsch.

● Auf Ariola: Die sadopoetischen Gesänge des Konstantin Amadeus Wecker (86625 IU) ... auf Polydor: Ich lebe immer am Strand (2371522); Ich singe weil ich ein Lied hab (2371575); Weckerleuchten (2371677); Genug ist nicht genug (2371677); Eine ganze Menge Leben (2371900); Liederbuch (2 LPs, 2664224); Live (2 LPs, 2264239)

Wegner, Bettina, die bisher einzige gesamtdeutsche Liedermacherin aus der DDR – «ich singe also – für die DDR, für den Sozialismus» (Bettina Wegner 1979), beschreibt in ihren Texten private und öffentliche Unzulänglichkeiten aus beiden Teilen Deutschlands. Mit Liedern «die unter die Haut gehen» hat sie sich mit den Schwierigkeiten kritischer Sozialisten im anderen Teil Deutschlands zurechtzufinden, ebenso wie sie mit den üblichen Vermarktungs- und Vereinnahmungsstrategien der bundesdeutschen Medien und der bürgerlichen Presse konfrontiert wird. Ihre konsequente Haltung gegenüber der Situation hierzulande zeigt sie beispielsweise in ihrem analytischen Lied *Für Vera Kamenko*, in dem sie die Geschichte einer jugoslawischen Gastarbeiterin beschreibt, die schließlich nach bitteren Erfahrungen im Traumland desillusioniert in ihre Heimat zurückkehrt und anschließend feststellt: «Manchmal denkt sie an Deutschland und sehnt sich nicht zurück / Sie hat es aufgegeben, die Suche nach dem Glück.» Mit «leidenschaftlicher Poesie» zeigt Wegner ihre Persönlichkeit auch in den Kinderliedern für Erwachsene, die ihre Popularität hierzulande begründeten, oder in ihren Titeln zur Frauenbewegung und zur deutsch-deutschen Problematik: «Du, mein Land vor hundert Jahren / Du lebst nur noch im Archiv» (*Du, mein Land*, 1980).

Bettina Wegner, gegen ihren Willen oft als «weiblicher →Biermann» bezeichnet, wurde am 4. November 1947 in West-Berlin geboren. 1949 zogen ihre Eltern aus Überzeugung in den östlichen Teil der Stadt. Nach einer Ausbildung an der Deutschen Staatsbibliothek zur Bibliotheksfacharbeiterin entschloß sie sich für ein Studium an der Staatlichen Schauspielschule. Nach einer ersten deutlichen politischen Äußerung zum Einmarsch der Truppen des Warschauer Pakts 1968 in die ČSSR wurde sie verhaftet, anschließend vom Studium ausgeschlossen, arbeitete dann als Siebdruckerin am Fließband in der Fabrik «EAW Treptow». Ab 1969 wurde sie in der offiziellen Singbewegung der DDR aktiv, war maßgeblich am Aufbau des Oktoberclubs beteiligt und entschloß sich, die Abendschule zu besuchen, um ihr Abitur nachzuholen. Anschließend absolvierte sie ein Studium am «Zentralen Studio für Unterhaltungskunst» und wurde 1972 als «professionell» entlassen. In der Zusammenarbeit mit Literaten und Schauspielern entstand ein Kulturkreis «Eintopp», der 1975 verboten wurde und unter dem Titel «Kramladen» eine kurze Wiederbelebung bis ins folgende Jahr fand. In dieser Zeit hatte sie zunehmend begonnen, Lieder zu verfassen und Texte lateinamerikanischer Autoren in deutschsprachigen Nachdichtungen vorzustellen. Ihr Auftritt auf den Berliner internationalen Literaturtagen im Juni 1978 in West-Berlin führte nach Empfehlung durch Wolf Biermann zu Kontakten mit CBS, so daß schließlich im Februar 1979 ihr erstes Album «Sind so kleine Hände» in Westdeutschland erschien. Im selben Jahr folgte eine Textsammlung «Wenn meine Lieder nicht mehr stimmen» beim Rowohlt Verlag und zur allgemeinen Überraschung im Herbst ein auf drei Jahre befristetes flexibles Visum für Auftritte in der BRD. Nach erfolgreichen Tourneen folgte 1980 ein weiteres Album, benannt nach dem Buchtitel, auf dem sich zu den leisen Tönen der ersten Einspielung neue und frechere Dimensionen der Wegner zeigen.

● Auf CBS: Sind so kleine Hände (83507); Wenn meine Lieder nicht mehr stimmen (84523)

□ Wenn meine Lieder nicht mehr stimmen, Rowohlt, Reinbek 1979

Weiss, Häns'che →Häns'che Weiss

West, Hedy, setzt eine langwährende und über Jahrzehnte gewachsene folkloristische Tradition ihrer Familie fort, indem sie älteres ihr überliefertes Liedmaterial verwendet, dieses aber «aus dem sozialen Umfeld» (Hedy West) versteht, und gleichzeitig neue Lieder schreibt, →Topical Songs, die sich mit ihren eigenen direkten Erfahrungen beschäftigen. – «Die Country Songs handeln nicht in der Supermarkt-Welt, sondern entstehen durch echte, oftmals tiefe Erfahrungen. Sie sind ein Lebensmittel für die Leute, die es leid sind, künstlich ernährt zu werden» (Hedy West).

Hedy West wurde am 6. April 1938 in Cartersville, Georgia, geboren. Von ihrem Vater Don West, einem aktiven Gewerkschafter und recht bekannten Dichter im Süden der USA, hauptsächlich aber von ihrer Großmutter lernte sie alte englische Balladen und Kinderlieder. 1959 kam sie nach New York, um Musik zu studieren und hatte, durch →Pete Seeger gefördert, bald viele Einladungen zu Konzerten. 1962 war ihr erster großer Auftritt beim Sing Out Hootenanny in der Carnegie Hall. Nachdem sie 1961 auf einem Sammelalbum mit vertreten war, folgten zwei Solo-LPs bei Vanguard. Hedy West zog für einige Jahre nach England und war in dieser Zeit auch oft in der Bundesrepublik unterwegs – 1966 war sie auf der Burg →Waldeck vertreten, und sie spielte je eine LP für Folk Variety Records und Bear Family ein. 1970 kehrte sie nach einer sehr erfolgreichen Zeit in England in die USA zurück und lebt dort in Stony Brook, Long Island. Hedy West begleitet sich in einer recht einfachen Art auf dem Banjo, in der Regel in der Frailing-Technik, und ist darüber hinaus eine Meisterin des →a capella-Gesangs. Die «Banjo-Lady» hat einen festen Platz innerhalb der Szene in den USA, leitet seit Jahren das renommierte Folk-Festival in Pipestam und hat 1979 gemeinsam mit →Alan Lomax eine Anthologie amerikanischer Volkslieder herausgegeben. Im selben Jahr war sie beim Open Ohr Festival in Mainz und an einem Fernsehfilm im Südwestfunk beteiligt.

● Auf Bear Family Records: Love, Hell and Biscuits (BF 15003); Hedy West and Bill Clifton – Getting Folk out of the Country (BF 15008) ... auf Topic: Old Times and Hard Times (12 T 117); Pretty Saro (12 T 146); Ballads (12 T 163)

White, Bukka, ein Bluessänger von «gewaltiger Kraft» und ein außergewöhnlicher Gitarrist von besonderer Individualität, ist eines der wichtigen lebenden Bindeglieder zwischen dem →Mississippi-Delta und dem →Chicago Blues und war im Revival eine der legendären Größen, die den authentischen →Blues einer größeren Öffentlichkeit vorstellen konnten.

Booker T. Washington White wurde am 12. November 1909 in Houstin, Mississippi, als eines von acht Kindern geboren, lernte von seinem Vater in seiner Kindheit das Gitarrespielen und religiöse Lieder innerhalb einer Baptistengemeinde. Etwa mit 15 Jahren begann er seine Wanderschaft, zunächst im Delta, und wurde, wie er selbst sagt, stark von →Charley Patton, «Founder of Delta Blues», beeinflußt. In Memphis traf er auf Frank Stokes, lernte in dieser Zeit Piano und hatte am 26. Mai 1930 seine erste Aufnahmesession für Victor, bei der er mit einem unbekannten Gitarristen Napoleon Hairiston 14 Titel einspielte, von welchen allerdings nur zwei Blues und zwei Gospel Songs von Okeh veröffentlicht wurden. Der Erfolg blieb aus, und es kam erst 1937 in Chicago zu einer weiteren Session, *Pinebluff Arkansas* und *Shake 'Em On Down*, diesmal für ARC und mit größerer Resonanz. Im selben Jahr wurde er ins Staatsgefängnis von Mississippi auf die «Parchman Farm» gebracht, weil er angeblich einen Mann erschossen hatte. Wie er selbst behauptet, ging es ihm dort ganz ausgezeichnet, was schier undenkbar scheint und sich in seinem *Parchman Farm Blues* folgendermaßen anhört: «Hört all ihr Männer / ich gönne keinem was Schlechtes / aber wenn ihr euch was Gutes tun wollt / dann bleibt ihr besser weg von der Parchman-Farm.» Anfang 1939 zeichnete →Alan Lomax auf der «Farm» zwei seiner Titel für die Library of Congress auf. Nachdem White im selben Jahr entlassen worden war, spielte er 1940 insgesamt 12 Blues mit einem unbekannten Washboard-Spieler ein. Dabei waren seine bekanntesten Titel *Sleepy Man Blues*, *Aberdeen Mississippi Blues* und *Fixin' to Die*, einen Titel, den →Bob Dylan auf seiner ersten LP interpretierte. Erst nach seiner Wiederentdekkung durch John Fahey und Ed Denson (1963) begann seine eigentliche Schallplattenkarriere, obwohl er selbst behauptet, noch bis 1952 Aufnahmen gemacht zu haben. Bukka White wurde zu einer gefragten Person im Revival, war 1967 und 1970 mit dem →American Folk Blues Festival in Europa, spielte eine große Anzahl LPs ein, von denen einige in der BRD produziert wurden, und war letztmals 1975 auf einer Deutschlandreise. Bukka White starb 1977.

● Auf Arhoolie: Sky Songs Vol 1 und 2 (F 1019/20) ... auf Biograph: Big Daddy (BLP 12049) ... auf Sonet: Bukka White (SNTF 609) ... auf CBS/Sony: Parchman Farm (S0PJ 96) ... vertreten auf Folkways: The Country Blues Vol 1 (RF 1); Vol 2 (RF 9); Blues Rediscoveries (RF 11); The Rural Blues (RF 202) ... auf Roots: Mississippi Blues Vol 2 (RL 303) ... auf Origin: The Mississippi Blues (OJL 5); In the Spirit Vol 1 und 2 (OJL 12/13) ... auf Arhoolie: Bad Luck 'n Trouble (F 1018); The Roots of American Music (2 LPs, R 2001/02)

White, Josh, ist als einer der «kultiviertesten» Blues-Sänger für Insider eine ausgesprochen umstrittene Persönlichkeit. Ohne Zweifel ist er für jeden Unerfahrenen ein optimaler Einstieg in den →Blues, ein fingerfertiger Gitarrentechniker, der die verschiedensten Elemente beherrscht und durch seine Tätigkeit als Blindenführer für etliche wichtige Musiker wie →Blind Lemon Jefferson, →Blind Blake, Blind Archie Jackson, ein außerordentlich wichtiger Informant innerhalb der Blues-Historie war.
Joshua Daniel White wurde am 11. Februar 1908 in Greenville, North Carolina, in einer sehr religiösen Familie geboren und hatte den entsprechenden Einfluß durch die religiöse Musik seiner Umgebung. Mit etwa acht Jahren machte er sich erstmals auf den Weg als Blindenführer und begleitete einen Gitarristen mit Namen Blind Man (John Henry) Arnold. In den folgenden Jahren wurde er ein gefragter Blindenführer bei Musikern, erhielt dadurch einen Überblick über die Lieder aller möglichen Blues-Leute und konnte sich ungemein viele Techniken auf der Gitarre aneignen. Andererseits entstand dadurch für ihn die Schwierigkeit, seinen eigenen, individuellen Stil zu entwickeln. 1932 kam Josh White mit Blind Joe Taggard nach New York und machte dort seine ersten Aufnahmen für Paramount, *Black and Evil Blues* und *Lazy Black Snake Blues*, denen in den dreißiger Jahren mehrere Aufnahmesessions folgten, bei welchen er verschiedene Namen benutzte, Tall Tom, Tippy Barton, Pinewood Tom und für seine Einspielungen von Gospel Songs The Singing Christian. Anfang der vierziger Jahre war er ein wichtiges Bindeglied zwischen der schwarzen und weißen Volksmusik innerhalb der New Yorker Szenerie, war zeitweise Mitglied der →ALMANAC SINGERS (→Woody Guthrie, →Pete Seeger) und bis zum Beginn der McCarthy-Zeit ein sehr aktiver schwarzer Folk-Musiker, der hauptsächlich vor weißem Publikum spielte. Erst Anfang der sechziger Jahre wuchs in Amerika wieder das Interesse an Josh White – er hatte inzwischen als einer der ersten schwarzen Musiker zwei Tourneen in Europa unternommen (1951 und 1956) –, und er wurde ein gefragter Musiker innerhalb des Revivals. Durch mehrere Herzattacken und durch einen schweren Autounfall unterbrochen, entwickelte er noch einmal eine rege Konzert- und

Aufnahmetätigkeit, bevor er am 6. September 1969 in New York starb.

● Auf Storyville: Blues Singer and Balladeer (SLP 175)

Wild Geese sind eine der bekanntesten irischen Gruppen in der BRD und durch umfangreiche Tourneen ein fester Bestandteil der hiesigen Szenerie geworden. Von den Puristen nicht immer ohne Kritik betrachtet, sind die WILD GEESE ausgezeichnete Einzelmusiker, die (bei allen Zugeständnissen an die Wünsche eines kontinentalen Publikums, das oft immer noch von den →DUBLINERS geprägt scheint) ihren Ursprung nicht verleugnen und geschichtsbewußt einen großen Bestandteil ihres Programms den Widerstandsliedern gegen die englische Vorherrschaft und Unterdrükkung widmen. Die ersten 34000 «Wild Geese» (Wilden Gänse) hatte es bereits 1652 zu Zeiten Cromwells gegeben; sie organisierten nach der Kapitulation der Iren in Kilkenny den Widerstand aus dem Ausland und wurden fortan Träger der irischen Freiheitsbewegung.
Die Gruppe wurde 1974 von Peadar OhUallaigh (fl, whistle, concertina, voc) aus Sligo, Norman King (bodhran, voc) aus Dublin und Tony Small (g, voc) aus Galway gegründet. Zu diesen dreien, die auch heute noch Mitglieder der WILD GEESE sind, gesellte sich der Fiddler Steve Power (f, mandolin, g, bj) dazu, und die Formation machte im Frühjahr ihre erste Tournee durch die BRD. Sie trat auf verschiedenen Folk-Festivals hierzulande erfolgreich auf, so daß bereits ein Jahr später bei den hiesigen Joke Records ihr erstes Album «The Quays of Galway Town» erschien. Bis 1978 waren die WILD GEESE in dieser Besetzung zusammen, und ihre übermäßige, aufreibende Konzertreisetätigkeit wird sicherlich ein Grund zur kurzzeitigen Auflösung gewesen sein. Im Herbst 1978 stellten sich die drei Gründungsmitglieder in einem neuen Quintett wieder ein. Hinzugekommen waren Eoin O Duigneain (uillean pipes, whistle) aus Dundrum und Mick Ryan (f, mandolin) aus Edenderry, mit denen sich die WILD GEESE 1979 erstaunlich frisch auf ihrer bislang zweiten LP «Flight 2» vorstellten.

● Auf Joke: Wild Geese (JLP 201); Flight 2 (JLP 207)

Wilkie, Colin & Hart, Shirley, die «wandering troubadours», gelten als eines der einflußreichsten Duos zu Beginn des →Folk Revival in Europa, ebenso wie sie zu den Trägern der frühen Folk-Bewegung in England gezählt werden. Von ganz besonderer Bedeutung ist ihr Einfluß auf die bundesdeutsche Entwicklung, da sie zu den ersten Interpreten aus dem angloamerikanischen Bereich gehörten, die in der entstehenden Szene den stärker von der französischen Chansontradition geprägten Musikern Anregungen aus ihrem kulturellen Bereich liefern konnten. In der wichtigen Zeit der →Waldeck-Festivals (1964–1968) waren Colin Wilkie und Shirley Hart bereits ein Bestandteil der Folk-Landschaft hierzulande und gewährleisteten einen frühzeitigen musikalischen Informationsaustausch zwischen den Musikern der ersten Stunde wie →Franz Josef Degenhardt, →Hein und Oss Kröher oder etwas später →Hannes Wader einerseits und einer zu dieser Zeit bereits bestehenden Szenerie auf den Britischen Inseln. Das Folk-Duo Shirley und Colin, das sich «von der Straße ins Theater» sang, ist zudem in seinem politischen Selbstverständnis (Beteiligung an Ostermär-

Impulse von den Britischen Inseln: Colin Wilkie, Folk Sänger der ersten Stunde.

schen u. a.) überaus glaubwürdig in der Auswahl der traditionellen Themen, ebenso wie in den zeitgenössischen Liedern aus der Feder von Colin Wilkie, einem herausragenden Songpoeten.
Shirley Hart, geb. am 8. Dezember 1933, die als Solistin vorwiegend irische Lieder sang, und Colin Wilkie, geb. am 9. Mai 1934, beide in London, trafen sich erstmals auf einer Veranstaltung im März 1961. Colin Wilkie hatte vorher ebenfalls einige Soloerfahrungen gemacht und war über Umwege als Schlagzeuger in Tanz- und Jazz-Bands an die ersten Folkclubs in London geraten. Von dieser Zeit an spielten sie zusammen, zogen 1962 gemeinsam auf die Straße, und die N 7 von Paris über das Rhonetal in den Süden wurde ihr erstes Zuhause. Die «National 7», über die Alan Turnbridge sein gleichnamiges Lied schrieb, war der Beginn einer längeren Reise, bei der sie im selben Jahr auf Einladung von Siegfried Maeker erstmals in der BRD zu hören waren. Ebenfalls in diesem Jahr erschien die erste LP in Frankreich, «Les Landsmen» (Columbia), der weitere Aufnahmen in England und Holland folgten. Ein Jahr zuvor waren sie bereits auf einem Sampler «Welcome to the Festival» in England vertreten gewesen. 1966 wurden sie vom Württembergischen Staatstheater in Stuttgart für das Schauspiel «Leben und leben lassen» engagiert, um in der erfolgreichen Inszenierung Lieder vorzutragen, deren Texte Franz Josef Degenhardt nach dem Original von John Arden übertragen hatte. Da gleichzeitig ihre erste LP in der BRD erschien, «We Travel the Road» (Polydor), und ihre Auftrittsmöglichkeiten hierzulande sehr gut waren, ließen sie sich 1968 in der Nähe von Heilbronn nieder.
Seit dieser Zeit leben Shirley und Colin mit ihrem 1969 geborenen Sohn Vincent in der BRD, haben von hier aus Tourneen in ihre Heimat unternommen und waren besonders häufig in der Schweiz und in Österreich zu hören, wo Colin Wilkie bis heute eine der beständigsten Rundfunksendungen über Folk Music moderiert, «Colin's Folk-Club». Sein bekanntestes selbstverfaßtes Lied *One More City* wurde Mitte der siebziger Jahre zu einem der Standards in der Folk-Szene und fand in dem Titel *Manche Stadt* durch Hannes Wader eine deutschsprachige Interpretation. Ende 1976 zog sich Shirley Hart von der aktiven Szene zurück, und auch Colin Wilkie war seitdem kaum als Folk-Sänger zu hören und verlegte seinen Schwerpunkt auf die Arbeiten über Musik und aufs Liederschreiben. Zu Beginn 1980 präsentierte er das Ergebnis auf seiner ersten Solo-LP «Autumn Is Knocking at Our Door» (Intercord), bei der er von Erich Schmeckenbecher, Jörg Suckow, Lutz Berger, Bernie Conrads, Bruno Schaab, Monika Marie Domin und Hannes Wader unterstützt wird. Das Album besticht durch seine ruhige, «englische» Ausgewogenheit und enthält neben autobiografischen Texten auch traditionelle Lieder, so z. B. eine hervorragende Interpretation von *Robin Hood and the Bishop of Hereford*.

● Auf Pläne: Outside the City (S 15 F 500); Morning (S 88107) ... vertreten auf Song Festival '73 (S 13 F 300); Folklore International (2 LPs, S 0500/01) ... Soloalbum Colin Wilkie auf Intercord: Autumn Is Knocking at Our Door (INT 160130)

Williams, «Big» Joe, in einer Großfamilie am 16. Oktober 1903 in Crawford, Mississippi, geboren, baute sich in seiner Kindheit ein erstes gitarrenähnliches Saiteninstrument und kam

Ende der zwanziger Jahre zu den Rabbit Foot Minstrels und an die Birmingham Jug Band. Um 1930 war er angeblich eine Zeitlang mit Bessie Smith liiert und kam einige Jahre später nach Chicago, wo er im Februar 1935 seine erste Aufnahmesession hatte, aus der sich eine ungewöhnlich kontinuierliche Aufnahmetätigkeit ergab, ohne große Unterbrechungen, ohne große Sensationen, ohne Legenden, aber mit einer Beständigkeit, die in der Bluesgeschichte ihresgleichen sucht. Ohne Zweifel liegt die Bedeutung von Big Joe Williams in seiner vermittelnden Funktion zwischen den einzelnen Bluesgenerationen, die er erlebt hat. Er ist immer wieder der Anlaufpunkt gewesen für Informationen über die Unzahl von Musikern, mit denen er zusammengespielt oder die er gekannt hat, und zählt dabei als eine der zuverlässigsten Quellen. Dabei ist sein Wirkungsgrad ungemein gefächert gewesen, ob er nun dazu beigetragen hat, daß →Sleepy John Estes wiederentdeckt worden ist, oder in St. Louis in seinem «Charlie Jordan Club» Bluesdebutanten die Türen öffnete, oder den Einstieg für →Bob Dylan (1961) in →Greenwich besorgte, indem er ihn zu einer Session einlud.

1935 nahm Big Joe Williams *Little Leg Woman* und *49 Highway Blues* auf. Bis in die siebziger Jahre waren bei seinen Einspielungen Titel wie *Please Don't Go*, *Drop down Blues*, *Delta Blues*, *Levee Camp Blues*, *So Soon*, *King Biscuit Stomp*. Wieviel Material er liefern konnte, zeigt ein Ausschnitt der Bluesmusiker, mit denen zusammen er Platten gemacht hat: Henry Townsend, →Sonny Boy Williamson Nr. 1, Larry Johnson, Willie Dixon, →Lightnin' Hopkins, →Brownie McGhee, →Sonny Terry u. v. a. Es wundert nicht, daß er Anfang der sechziger Jahre zu einem ausgesprochen gefragten Musiker im Revival wurde und überaus oft in Europa zu hören war – hierzulande mit dem →American Folk Blues Festival 1963 und '68 und noch mehrmals auf eigenständigen Tourneen durch die hiesige Clublandschaft.

● Auf Folkways: Mississippi's Big Joe Williams and His 9 String Guitar (FS 3820); Hell Bound and Heaven Sent (FTS 31004) ... auf Teldec: Blues Roots (6.23702) ... auf Testament: Back to the Country (T 2205) ... auf Delmark: Blues on Highway 49 (DL 604); Stavin Chain Blues (DL 609); Nine String Guitar Blues (DL 627) ... auf Storyville: Porträts in Blues Vol 7 (SLP 163) ... auf Milestone: Classic Delta Blues (MLP 3001) ... auf Archieve of Folk Music: Big Joe Williams (FS 218) ... auf Arhoolie: Tough Times (F 1002); Thinking of What They did to Me (ST 1053) ... auf Blues Classics: Big Joe Williams with Sonny Boy Williamson (BC 21) ... vertreten auf Folkways: Blues Rediscoveries (RF 11); Blues Roots/Mississippi (RF 14) ... auf Blues Classics: Country Blues Classics Vol 2 (BC 6) ... auf Adelphi: Really Chicago Blues (AD 1005) ... auf Storyville: Guitar Blues (SLP 166); Mississippi Blues (SLP 180); Blues all around My Bed (SLP 181); Best of the Blues (SLP 188) ... auf Testament: The Sound of the Delta (T 2209) ... auf Spivey: Three Kings and a Queen, mit Bob Dylan (1004); Encore for Chicago Blues (1009) ... auf Arhoolie: Blues 'n Trouble (F 1006); Vol 2 (F 1012); The Roots of American Music (2 LPs, R 2001/02)

Williams, Hank. Als Hank Williams am 1. Januar 1953 starb, hinterließ er «fünfzehn Millionen trauernder Hillbilly-Fans, ein beachtenswertes Glück, eine Frau, eine Exfrau, zwei Kinder und eine ihm ergebene Mutter» (Eli Waldron). Sie alle stritten sich anschließend um das Recht, die «einzig wahren Trauernden» um ihn zu sein, um den «abgehärmten Farmboy aus Alabama, der mit dem Schnaps, mit seinen Frauen und mit seinem plötzlichen Reichtum nicht umgehen konnte» (Paul Hemphill).

Die Lebensgeschichte von Hiram Hank Williams, geb. am 17. September 1923 in Mount Olive, Alabama, liest sich wie eine getünchte Plattencover-Biographie. Mit fünf Jahren kam er nach Georgiana und verdiente sich dort Geld mit Verkauf von Erdnüssen und mit Schuhputzen. Nebenbei lernte er von einem schwarzen Straßensänger mit Namen Teetot das Gitarrenspiel und gewann mit zwölf Jahren einen Nachwuchswettbewerb in Montgomery. Von da an spielte er in Honky Tonks und Medicine Shows. Mit dreizehn Jahren gründete er seine erste eigene Band, die DRIFTING COWBOYS, mit der er bereits ein Jahr später die ersten Radiosendungen beim lokalen WSFA-Sender hatte. Mit 17 heiratete er Audrey Shephers, die er kennengelernt hatte, als er mit einer Medicine Show unterwegs war. 1946 kam er mit 23 Jahren nach →Nashville, machte noch im selben Jahr seine ersten Schallplatten für die winzige Firma Sterling Records, die allerdings keinen Erfolg brachten, und unterschrieb 1948 einen Vertrag bei Rose & Acuff Publications (→Roy Acuff). Damit war die finanzielle Existenz sowohl der Firma wie auch von Hank Williams für alle Zeiten gesichert. 1949 hatte er seinen ersten Hit mit einer neuen Version des *Lovesick Blues* (bereits 1926 schon eingespielt) und wurde prompt für die nächsten Jahre der Star der →Grand Ole Opry. Er schrieb in dieser Zeit weit über hundert Titel, von denen die meisten Hits wurden, und es «verging kaum eine Woche, in der er nicht ein Lied unter den Top Ten» (Eli Waldron) in Amerika hatte. Ein großer Teil seiner Lieder war religiös geprägt (*I Saw the Light*), beschäftigte sich mit der Mutterliebe (*Last Night I Heard You Crying in Your Sleep*) oder beschrieb die Situation der Fahrenden bei den Honky Tonks wie im *Honky Tonk Blues*, der später in der Popmusik viele neue Interpretationen gefunden hat.

Im September 1952 wurde er aus der Opry wegen dauernder Trunkenheit und Streitsüchtigkeit entlassen – er hatte wild in der Gegend herumgeschossen, herumgebrüllt und Geldbündel auf den Fußboden geschmissen und in vollkommener Raserei darauf herumgetrampelt. Wenig später starb er an Herzversagen, und seine beiden Frauen waren gleichzeitig und unabhängig voneinander sofort dabei, sich in «Cowgirls» zu verwandeln, um als Mrs. Hank Williams auf Tour zu gehen und die Hinterbliebenen und Trauernden im Lande mit ein paar «Liedern des Verschiedenen» zu trösten. Sein Sohn Hank Williams jr. hat es sogar geschafft, über ein Hank Williams Senior-Potpourri, bei dem die Bühne verdunkelt wird und das Gesicht seines Vaters auf einer Leinwand erscheint, einer der erfolgreichsten Country-Sänger zu werden.

Auf der ersten Langspielplatte nach dem Tod von Hank Williams schreibt Frank Walker, Generaldirektor der MGM Records einen Brief an «Mr. Hank Williams, c/o Songwriters Paradise: ... Du wirst jetzt auch für die allergrößten Sänger schreiben, die Engel, sie sind so wundervoll – ich weiß, daß sie wollten, daß du bei ihnen mitmachst.»

● Auf DG/MGM: 24 Greatest Hits Vol. 2 (2 LPs, 2642013)

Williamson, «Sonny Boy» John Lee, auch Sonny Boy Williamson Nr. 1 genannt, der als Blues Harp-Spieler den Einsatz der Mundharmonika im Blues wesentlich geprägt hat und nach Big Bill Broonzy «gleichzeitig blasen und singen» konnte, war in seiner Wirkungszeit in den vierziger Jahren bei den Aufnahmesessions in den Studios Chicagos der gefragteste und beliebteste Harp-Spieler und wird als der «er-

ste große Harmonikavirtuose» bezeichnet.
John Lee Williamson wurde vermutlich zwischen 1912 und 1916 in Jackson, Tennessee, geboren, kam Ende der zwanziger Jahre nach Memphis, wo er als Musiker bekannt wurde, und ließ sich 1934 in Chicago nieder. 1937 kam es zu seiner ersten Aufnahmesession, *Good Morning Little School Girl*, *Blue Bird Blues* u. a., der weitere regelmäßige Sessions folgten, bei denen er insgesamt etwa 120 Bluestitel einspielte – *Collector Man*, *Sonny Boys Jump*, *Hoodoo Hoodoo*, *Bad Luck Blues*, *Shake The Boogie*, um nur einige zu nennen. In der Regel arbeitete er dabei mit den Pianisten →Blind John Davis oder →Eddie Boyd zusammen, war aber auch mit Joshua Altheimer, Big Maceo, →Big Bill Broonzy u. a. zu hören. Seine letzte Session fand am 12. November 1947 in Chicago statt, mit Blind John Davis (p), Willie Lacy (g), Ramson Knowling (b) und Judge Riley (dr), bei welcher noch einmal acht Titel von ihm eingespielt wurden.
John Lee Williamson starb am 1. Juni 1948. Über seine Todesursache gab es die verschiedensten Versionen, bis 1967 das Chicago Department of Police folgende Erklärung gab: «Er starb an einer Schädelfraktur und einer Gehirnblutung infolge eines schweren Raubüberfalls, der sich in der Nähe der 31. Straße um ungefähr 2.30 Uhr am 1. Juni 1948 ereignete.»

● Auf Blues Classics: Sonny Boy Williamson Vol 1–3 (BC 3/20/21) ... vertreten auf Folkways: Blues Roots/Mississippi (RF 14) ... auf Roots: The Great Harmonica Players (RL 321)

Williamson, Sonny Boy Willie «Rice» Miller, als Blues-Sänger und Mundharmonikavirtuose von größtem Einfluß, hat viel Zeit seines Lebens damit verbracht, seine Authentizität als der «eine und einzige» Sonny Boy unter Beweis zu stellen. Dabei hinterließ er ein biographisches Desaster aus Widersprüchen und Halbwahrheiten.
«Sonny Boy Williamson Nr. 2» wurde als Willie Miller irgendwann um die Jahrhundertwende in Glendora, Mississippi, geboren. Er selbst gibt verschiedene Daten zwischen 1890 und 1901 als Geburtsjahr an, sein Paß vermerkt den 7. April 1909. Über seine Kindheit und Jugend schweigt sich Willie Miller aus, und es gibt auch sonst keine Angaben darüber. Er behauptet, 1929 für Vocalion seine ersten Aufnahmen gemacht zu haben – wohl um zu beweisen, daß er lange vor Williamson Nr. 1 aktiv war. Dadurch verschaffte er den Bluesforschern eine gehörige Portion Arbeit bei der Suche nach diesen Titeln, die niemals aufgetaucht sind. Wahrscheinlicher ist es schon, daß er in den dreißiger Jahren mit Musikern wie Jim Jackson, →Big Joe Williams und →Robert Johnson zusammengearbeitet hat. Ab 1938 war er in Helena, Arkansas, regelmäßig in der täglich ausgestrahlten Radiosendung «Sonny Boy's Corn Meal and King Biscuit Flour» zu hören; bis auf eine kurze Unterbrechung in den fünfziger Jahren blieb er diesem Programm bis kurz vor seinem Tod treu. 1951 begann seine Schallplattenkarriere, und er spielte mit seiner elektrisch verstärkten Mundharmonika zunächst für Trumpet, anschließend für Chess, das führende Blues-Label in Chicago, über hundert Titel ein – darunter *Stop Crying*, *Red Hot Kisses*, *Trust Me Baby*, *Santa Claus*, *The Goat* und *Open Road*. 1963 war er mit dem →American Folk Blues Festival erstmals in Europa, spielte im selben Jahr eine Live-LP mit der Rockgruppe YARDBIRDS

ein, kehrte ein Jahr später nochmals nach Europa zurück und erspielte sich in England und auf dem Kontinent einen ausgesprochen großen Namen als Inbegriff der Blues-Harp des →Rhythm&Blues. Eine weitere LP mit Rockmusikern machte er mit den Animals, und in Chicago hatte er Sessions mit B. B. King, Muddy Waters, →Jimmy Rogers, Memphis Slim und Buddy Guy, um nur einige zu nennen. Sonny Boy Williamson Nr. 2 starb am 25. April 1965 in Helena, Arkansas.

● Auf Blues Classics: The Original Sonny Boy Williamson (BC 9) ... auf Storyville: Portraits in Blues Vol. 4 (SLP 158); The Blues of Sonny Boy Williamson (SLP 170) ... auf Teldec: Blues Roots Vol. 10 (6.23709)

Worksong. Als Worksong wird das Arbeitslied, dessen bekannteste Form die →Shanties sind, in den USA bezeichnet. Es unterstützt funktional die jeweilige Tätigkeit, als Beispiele: *Pick a Bale of Cotton* bei der Feldarbeit, oder *Take this Hammer* im Bergwerk. Als Liedform abhängig von den Arbeitsbedingungen verschwindet der Worksong mit zunehmender Industrialisierung, findet sich aber als Element in Musikformen wie Jazz und →Blues wieder. Ihren längsten Bestand hatten die Worksongs in den Gefängnissen der Südstaaten, in denen →Alan Lomax für die Library of Congress eindrucksvolle Beispiele aufnehmen konnte.

Worschech, Werner, macht Musik aus und innerhalb seiner direkten Umgebung, in welcher er seine «Heimat» hat, und gilt mit →Frank Baier als der wichtigste kulturelle Vertreter jener Liedermacherszenerie des Ruhrgebiets, die sich direkt mit ihrer Umwelt auseinandersetzt. Deutlich zeigt sich seine Betroffenheit über die Probleme dieses riesigen industriellen Gebiets in einer ernsthaften Beschäftigung mit der Entwicklungsgeschichte im Revier, vorwiegend im Bergbau. Daher rührt sein Interesse an alten Bergmannsliedern, wobei er sich besondere Verdienste erworben hat durch die Wiederbelebung der Dichtung von Heinrich Kämpchen, des bedeutendsten Literaten der frühen Bergarbeitergeschichte, dessen Texte er in einem neuen, musikalisch zeitgemäßen Gewand vorstellt. Außerdem hat Worschech ausgezeichnete biographische und historische Arbeit über Kämpchen geleistet.

Werner Worschech wurde am 6. September 1951 in Bayern geboren, kam 1960 mit seinen Eltern ins Ruhrgebiet, hatte seine ersten musikalischen Aktivitäten in einer Beatgruppe und begann Anfang der siebziger Jahre Texte von Tucholsky, Kästner u. a. zu vertonen und eigene Lieder zu verfassen. Nach Auftritten ab 1972 mit Liedern aus «Alltagssituationen» zog er sich schon bald aus der Öffentlichkeit zurück, lernte über Walter Köpping und Josef Büscher, Mitgliedern im Werkkreis Literatur der Arbeitswelt, den Dichter Kämpchen kennen, arbeitete zwei Jahre an der Vertonung seiner Texte und an einer Dokumentation über ihn, bevor er 1978 für Folk Freak die LP «Kohlengräberland» einspielte. Seitdem sind seine Auftritte wieder regelmäßiger geworden, und er stellt auch eigene Texte vor, deren Inhalte die Beschreibung seiner Umwelt sind. *Im Revier* z. B. erzählt die Geschichte seiner Jugend und die fortwährende Zerstörung dieses Lebensraums, die auch die Menschen zusehends verhärtet, aber dennoch hoffen läßt – «in Wirklichkeit ham die Leut im Revier viel Wiese tief in sich drin' / drum reißt de Mauern ein und dann setzen wir uns alle in'd Grüne hin».

● Auf Folk Freak: Kohlengräberland (FF 2001) ... vertreten auf Pläne: Mein Vater war Bergmann (88158) ... auf Vorwärts Verlag: Lieder aus dem Ruhrgebiet – Vom und Vonne Maloche

Y

Yupanqui, Atahualpa, der renommierteste und bekannteste Vertreter der Andengitarre aus Argentinien, hat auf seinem Instrument die höchstmögliche Sensibilität erreicht und «zur Gitarre eine freundschaftliche Beziehung». Er liefert kunstvolle, durchdachte und aufregende musikalische Gemälde der Weiten Argentiniens, der Schönheit seines Landes ebenso, wie seine Lieder Anklage gegen Diktatur und Unterdrückung in Lateinamerika erheben. In seinen etwa 500 Liedern stellt er persönliche Erfahrungen mit den verschiedenen Volksmusiken Argentiniens vor, bleibt dabei nicht bei den Romantizismen einer Gauchoherrlichkeit oder einer Touristenexotik stehen, sondern verarbeitet die sozialen Bedingungen, die seinen Melodien einen gewissen Stempel der Trauer aufdrücken. «Und doch ist all dies mehr als bloße Traurigkeit, es ist eine Kraft und eine Schönheit, die Resignation verhindert und das Bewußtsein von einem menschenwürdigen Leben ausdrückt» (Manfred Bonson, Covertext von «Basta Ya»).

Hector Bohento Chavero wurde etwa 1906 im Gebiet Pergamino, im Nordosten der Provinz Buenos Aires geboren. Sein Vater, ein Eisenbahnarbeiter, brachte ihn früh in Kontakt mit der Gitarre, und «als ich noch nicht acht Jahre alt war, trat ich ein für allemal in die Welt der Gitarre ein» (Atahualpa Yupanqui). Nach dem frühen Tod seines Vaters nahm er die verschiedensten Jobs an, spielte außer Liedern aus Argentinien auch klassische Stücke auf der Gitarre und machte sich 1917 auf in den argentinischen Norden nach Tucuman, wo er begann, die Volksmusik der Indios zu studieren und zu sammeln. Ständig auf Wanderschaft kam er mit 18 Jahren nach Buenos Aires, schrieb sein erstes Lied *Camino del Indio* (Der Weg des Indio), eines seiner berühmtesten Stücke, und nannte sich Atahualpa nach dem letzten Inkaführer und Yupanqui nach einem Ehrentitel aus dem Inkareich. Ab 1940 hatte er regelmäßig Veröffentlichungen, in jenem Jahr seine erste Gedichtsammlung «Einsamer Stein», sang mit mäßigem Erfolg, aber doch mit so viel Bedeutung, daß er vom Rundfunk zensiert wurde. Ende der vierziger Jahre entschloß er sich deshalb, nach Paris zu gehen und hatte dort 1950 an der Seite von Edith Piaf seine ersten großen Erfolge. 1953 zog es ihn wieder nach Argentinien, «kehre in mein Land zurück, wenn ich spüre, daß mein Lebensbaum Wasser braucht» (Yupanqui), und er brachte dort sein dichterisch-musikalisches Hauptwerk als Buch und LP heraus, «El payador perseguido» (Der verfolgte Sänger). Unter dem großen politischen Druck in seiner Heimat ließ er sich endgültig in Paris nieder. Atahualpa Yupanqui hat inzwischen eine stattliche Anzahl LPs für Chant du Monde eingespielt, die von Pläne für die BRD aufgelegt worden sind.

● Auf Chant du Monde/Pläne: Soy Libre! Soy Bueno! (LDX -S- 74371); Duerme Negrito/Campesinos (LDX -S- 74394); Preguntitas sobre Dios (LDX 74415); El Payador Perseguido (LDX 74506); Cancìon Para Pablo Neruda (LDX 74540); Camino Del Indio (LDX 74631); Tupac Amaru – Cantate (LDX 74661); Basta Ya (55801); Vidala del Silencio (LDX 74679); Die Andengitarre (10101)

Z

Zampona →Panflöte

Zeitschriften der Folk Music. Die Fachpresse für Folk Music erscheint vor allem in der BRD fast ausnahmslos in kleinen Auflagen und ist durch nicht-professionelle Mitarbeiter geprägt. Diesem Umstand entsprechend gibt es vielerlei Schwankungen in der Qualität, aber dennoch eine stattliche Anzahl informativer Blätter, die sich als Kommunikationsorgane der Szene verstehen.

BRD

Folk Magazin, die bis heute beständigste deutschsprachige Zeitschrift, erscheint seit dem April 1974 und wird von Helga und Heinz Mees in der Edition Venceremos in Rüsselsheim herausgegeben. Seit 1969 hatten beide begonnen, das Song Archiv Mees aufzubauen, und gaben als Vorläufer des Folk Magazins die Zeitschrift Sing In heraus, an der sich Wilhelm Gustav Reinheimer beteiligte, der auch heute zum Team der Edition gehört. Inhaltlich versteht sich die Zeitschrift, die seit 1979 im internationalen Magazinformat zweimonatlich erscheint, als offenes, nicht puristisches Forum der Folk-Szene hierzulande mit internationaler Berichterstattung. «Folk wird von der Redaktion nicht nur als traditionelle Folklore verstanden, sondern als Begriff, der auch die politischen, satirischen, sozialkritischen und demokratischen Lieder der Gegenwart umfaßt.» (Selbstdarstellung) – Verlag Edition Venceremos, Heinrichstr. 15, 6090 Rüsselsheim.

Michel, die Folk-Zeitung aus Bonn, die von Michael Kamp herausgegeben wird, erscheint seit November 1977 im zweimonatlichen Turnus und versteht sich als Organ für «die traditionelle Musik Europas und besonders der Musik Deutschlands». Unterstützt von Bernhard Hanneken, Angela Piluris u. a. bringt der Michel eine Mischung aus Interviews, Analysen, Porträts, Neuigkeiten, Rezensionen und eine wichtige Übersicht über Termine verschiedener Folk-Clubs und Festivals. Mit der eigentlich geringen Auflage von etwa 900 Exemplaren genießt der Michel bei Folk Freunden einen ausgesprochen guten Ruf, nicht zuletzt deshalb, weil es auch ausgezeichnete Beiträge über unbekanntere Volksmusiken (beispielsweise die Musik der Balkanländer) zu lesen gibt. – Michel, Rheinaustr. 229, 5300 Bonn-Beuel.

Oos Urjelschesma, die Zeitschrift des Siegener Folk-Clubs, existiert seit Mai 1979 und erscheint dreimal jährlich. Inzwischen hat dieses Amateurblatt, das zunächst als Informationsschrift für die Mitglieder des Clubs gedacht war, einen bemerkenswerten Leserstamm und liefert mit einer besonderen Vorliebe für England, Schottland und Irland sachlich fundierte Beiträge auch über diese Kulturbereiche hinaus. Das Blättchen mag stellvertretend sein für die vielen kleinen regionalen Programmblätter u. ä. der Folk-Szene, die teilweise ausgezeichnete Hintergrundinformationen anbieten. – Michael und Ulrike Bonté, Höhenweg 18, 5900 Siegen 1.

Das Musikblatt aus Göttingen, das seit 1974 erscheint und das an Seiten umfangreichste Fachorgan ist, wird von Wieland Ulrichs herausgegeben und ist vor allem im Norddeutschen Raum verbreitet, aber auch darüber hinaus bei Folk-Spezialisten bekannt. Es ist das offizielle Informationsorgan verschiedener Arbeitskreise, so des Musa e. V. aus Göttingen oder der Arbeitsgemeinschaft Musik-Initiativen in Niedersachsen. Es erscheint monatlich außer Januar und Juli. – Musikwerkstatt Verlag und Büro Wieland Ulrichs, Weender Str. 58, 3400 Göttingen.

Eiserne Lerche ist das Verlagsorgan von Pläne und wird von Mitarbeitern der Firma herausgegeben. Entsprechend der Pläne-Konzeption beschäftigt sich diese Zeitschrift, die vierteljährlich erscheint, mit der Analyse und Einordnung politischer Lieder und Musiker.

Info des German Blues Circle. Dieses monatlich erscheinende Info des Vereins zur Förderung des Blues e. V. versteht sich als Mitteilungsblatt für alle Mitglieder, die sich im German Blues Circle zusammengeschlossen haben. Das Blatt, von F. Heinze, F. Marschall und H. Pehl betreut, ist einerseits Kommunikationsorgan für die Mitglieder untereinander, liefert aber darüber hinaus mit umfangreichen Tourneedaten allgemeinwichtige Informationen für alle Blues-Freunde. Rezensionen, Porträts und fachlich fundierte Artikel machen das Info zu einem wertvollen Fachorgan. – Postfach 180212, 6000 Frankfurt 18.

Weitere Zeitschriften. Ein weiteres deutschsprachiges Blues-Magazin sind die Blues Notes aus Österreich, herausgegeben von Günther W. Trübswasser, die seit 1968 erscheinen und auch dem Jazzinteressierten dienlich sein können. Entsprechend beinhaltet das Jazz Podium Informationen auch über Blues. Erwähnenswert sind noch die Spuren als Zeitschrift für alternative Kultur, eine deutschsprachige Flamenco-Zeitschrift «Flamenco» und Sounds, die zwar überwiegend rockmusikalische Bereiche vorstellt, aber gelegentlich besonders populäre Folk-Musiken (Folk Rock) beleuchtet. Einen besonderen Stellenwert besitzen die Anschläge aus dem Archiv für po-

puläre Musik in Bremen und das *Jahrbuch für Volksliedforschung* aus dem Deutschen Volksliedarchiv in Freiburg (→Archive).
USA
Sing Out. Nach ihrem Vorläufer Peoples Song Bulletin, dem Organ der ersten Volksmusikervereinigung, ist Sing Out die früheste Folk-Zeitschrift und Vorbild für eine große Anzahl ähnlicher Publikationen. In der Zeit ihres Bestehens bis heute hat Sing Out das wohl umfassendste Bild der Bewegung innerhalb der US-amerikanischen Folk Music gezeichnet und gilt vielen als das wichtigste volksmusikalische Organ der westlichen Welt. Seit 1950 erscheint es in zweimonatlichem Turnus und bringt eine Vermischung von Liedern, Aufsätzen, Besprechungen und Kommentaren. Nach ihrem ausdrücklichen Selbstverständnis betrachtet diese Publikation Volksmusik im Bezug zum sozialen und ökonomischen Umfeld. Sing Out wird von Alan Senauke herausgegeben, hat als regelmäßige Autoren namhafte Folk-Musiker (→Pete Seeger, Michael Cooney u. a.) und hat nichts zu tun mit der gleichnamigen konservativen Singbewegung in Amerika.
Broadside erscheint unregelmäßig, es werden überwiegend Texte und Lieder abgedruckt. – Im übrigen wird die Folk Music teilweise in den unzähligen Rock- und Popzeitschriften berücksichtigt.
Britische Inseln
Zunächst sind die Folk News erwähnenswert, die allerdings derzeit nicht erscheinen und von Karl Dalles herausgegeben wurden. In sehr populärer Aufmachung, vergleichbar mit New Musical Express oder Melody Maker, stellten die Folk News eine Verbindung zwischen Tradition und Moderne dar. Ebenfalls von Karl Dalles erscheint die Acoustic Music, mit mehr analytischen Qualitäten. Die Folk Review, über Jahre die dominierende Englische Fachzeitschrift, erscheint nach Rückzug des Herausgebers Fred Woods derzeit nicht. Ein unregelmäßig erscheinendes Blatt Traditional Music wird von Alan Ward herausgegeben, und das offizielle Organ der Englisch Folk Dance and Song Society heißt English Dance and Song und ist das Sprachrohr der konservativen Seite der englischen Folklore. Die älteste zeitschriftenähnliche Publikation ist Sandy Bell's Broadsheet, die Hauszeitung der berühmten «Sandy Bell's Bar» in Edinburgh (Schottland). Sie erscheint vierzehntägig und ist das führende Organ im Norden der Insel.
Aus Irland ist Treoir die offizielle Zeitung der Comhaltas Ceoltoiri Eireann. Frankreich bietet mit L'Escargot ein Blatt mit professioneller Aufmachung.

Zigeuner →Musik deutscher Zigeuner

Zimmerman, Tucker, der in keine der üblichen folkloristischen Schubladen paßt, gleichwohl einer der schöpferischsten Texter und Komponisten dieser Szenerie ist, dazu ein Musiker mit viel Gespür, versucht als Songpoet seine subjektiven Erfahrungen bei gleichem Stellenwert von Text und Musik auszudrücken. Der sensible und fast scheue Wahlbelgier aus den USA fordert dabei in seinen Konzerten von jedem Publikum überaus viel Konzentration und schafft sich dadurch die ihm nötige Atmosphäre für seine poetischen Träumereien ebenso wie für seine Reflexionen über die Ungereimtheiten der äußeren Geschehnisse. Durch seine Kontinuität hat er sich in den über zehn Jahren seiner musikalischen Tätigkeit in Europa einen großen Freundeskreis erwerben können,

ohne dabei im eigentlichen Sinne «populär» zu werden.
Tucker Zimmerman wurde am 14. Februar 1941 in San Francisco, Kalifornien, geboren, begann mit vier Jahren Geige zu spielen, war als Sechzehnjähriger aktiv in einer Rockband und machte eine gründliche klassische Ausbildung in Kompositionslehre. Nach ausgezeichneten Examen kam er über die Fulbright Stiftung 1966 zum weiteren Studium nach Rom und begann im selben Jahr auf einer zwölfsaitigen Zematis-Gitarre zu spielen. Während seines zweijährigen Aufenthalts in Rom schrieb er zunehmend Lieder, ging anschließend nach London, um die Popmusik-Szene kennenzulernen, und spielte 1969 seine erste LP in England für Regal Zonophone ein, «10 Songs by Tucker Zimmerman». Nach Ablauf seines Visums kam er 1970 nach Belgien, machte im selben Jahr seine erste Tour durch die Bundesrepublik und hatte erst 1971 in seiner Wahlheimat Belgien, wo er heute noch lebt, Kontakte zur dortigen Folk-Szenerie über →Derroll Adams. Ebenfalls 1971 erschien bei Autogram sein erstes Album in der BRD, «Tukker Zimmerman». Diese LP nahm er auf einem einfachen Tonbandgerät in seiner Wohnung auf, und die Qualität läßt noch einiges zu wünschen übrig. Bei späteren Produktionen verbesserte er seine Aufnahmemöglichkeiten wesentlich, und bereits bei der folgenden LP «Foot Tap» (bei Musikiste) ist die technische Qualität ausgezeichnet. Die Textbeilagen sind bei allen seinen Schallplatten selbstverständlich und vermitteln noch einmal die sprachlichen Stärken von Zimmerman, der bei seinen Aufnahmen von seiner Frau Marie Claire und des öfteren von Michel Jeurissen begleitet wird. Im Herbst 1980 erschien eine weitere LP, «Square Dance», welche die lebensfrohe Seite von Tucker Zimmerman zeigt.

● Auf Autogram: Songpoet (ALLP 177) ... auf Musikiste: Foot Tap (M 60-6-301); Square Dance (M 60 -6- 306)

Zither. Die Zither umfaßt eine Instrumentengroßfamilie mit langwährender Tradition in den verschiedensten Kulturen. Hierzulande steht der Name Zither lediglich für ein in den österreichischen und bayrischen Alpen weit verbreitetes Volksinstrument. Diese weit entwickelte Zither wird abgeleitet von einfachen Tonwerkzeugen aus dem Orient, deren Prinzip es ist, den Resonanzkörper (meist ein flacher Holzkasten) als einzigen Träger der Saiten zu benutzen. Bei der berühmten Salzburger Zither beispielsweise sind über den länglich geformten Kasten bis zu 37 Begleitsaiten und 5 Melodiesaiten gespannt, wobei die Melodiesaiten aus Metall sind und mit einem Plectrum oder einem Schlagring angespielt werden, während die Begleitsaiten aus Darm oder Kunststoff gezupft werden. Zu den bekannteren Instrumenten aus dieser Gruppe zählt das Psalterium, in Trapez- oder Schweinskopfform, bei dem die Saiten mit Zupfstäbchen zum Erklingen gebracht werden. Eine Abart hiervon wird mit dem Bogen angespielt und heißt Streichpsalter. Ebenfalls verwandt ist das Kielklavier (Clavicembalo), das →Hackbrett, der →Dulcimer und die →Autoharp. Erwähnenswert sind noch die Kantele, das finnische Nationalinstrument, die langen und schmalen Wölbbrettzithern aus dem Fernen Osten (wie Koto aus Japan, Kayakeum aus Korea), und im weitesten Sinne zählt auch die indische Vina dazu, bei der allerdings der Resonanzkörper aus zwei Kalebassen besteht und die oftmals mit der indischen Sitar verwechselt wird. – Die verschiedenen Zitherarten wurden im →Folk Revival von Gruppen wie →Fiedel Michel, →Linnenzworch und →Lilienthal eingesetzt.

Zupfgeigenhansel, das Volkslied-Duo Erich Schmeckenbecher und Thomas Friz aus dem «Muschderländle» Schwaben, zählt zu den erfolgreichsten und bekanntesten Vertretern traditioneller Lieder aus dem deutschen Sprachraum. Seine Bedeutung liegt zweifellos darin, demokratische Liedkultur breiten Kreisen eröffnet zu haben und durch gründliche Archivarbeit eine der wichtigsten Buchveröffentlichungen auf diesem Sektor zusammengestellt zu haben, die inzwischen durch den Umfang des angebotenen Liedmaterials zu einem Standardwerk geworden ist: «Es wollt ein Bauer früh aufstehn.» Von vielen als die Erneuerer und Entdecker des deutschen Volksliedes hochstilisiert (was, ohne die Bedeutung von Zupfgeigenhansel abzuschwächen, nicht zutreffend ist), fanden die beiden exzellenten Musiker zu Beginn ihrer Karriere ein durch das Revival bedingtes gewaltiges Interesse am eigenen Kulturgut vor und konnten durch ihre Bearbeitungen in kürzester Zeit zum Markenzeichen für eine ehrliche Interpretation traditioneller deutschsprachiger Lieder werden. Besondere Bedeutung kommt dabei dem Mandolinenspiel von Erich Schmeckenbecher zu, der zum renommiertesten Vertreter hierzulande avancierte

Liederliches Volksvermögen: Die Zupfis. Foto: Michael Meyborg.

und durch seine einzigartig schwungvolle Spielweise maßgeblich am Revival dieses Instruments beteiligt ist. Erich Schmeckenbecher, am 31. März 1953 geboren, kam über Akkordeon und Gitarre 1969 als E-Gitarrist, später als Baßmann an eine Popgruppe und begann sich Anfang der siebziger Jahre mit internationaler Folk Music und auch deutschen Volksliedern zu beschäftigen. Thomas Friz, geboren am 5. März 1950, begann nach Abbruch seines Theologiestudiums 1970 in Tübingen mit ersten Auftritten, bei denen er Vertonungen von Heine, Herwegh und Fallersleben vorstellte, und traf 1973 auf Erich Schmeckenbecher. 1975 kam es zu den ersten Auftritten von ZUPFGEIGENHANSEL, und bereits im folgenden Jahr erschien die erste LP «Volkslieder 1» bei Pläne, auf der sich einer ihrer «Hits», *Es wollt ein Bauer früh aufstehn*, befand und im übrigen eine gut ausgewogene Mischung politischer Lieder und derb-erotischer Stücke. Dieses Konzept setzte sich auf dem Album «Volkslieder 2» (1977) fort, und die ZUPFGEIGENHANSEL ersangen sich internationale Reputation in Helsinki und Bregenz. 1978, im erfolgreichsten Jahr des Duos, erschien die dritte LP, «Im Krug zum grünen Kranze», bei der sich Erich Schmeckenbecher als Multiinstrumentalist zeigte: Gitarre, Mandoline, Akkordeon, Flöte, Trommel, Synthesizer, Eselskinnbacke. Im selben Jahr erhielten die beiden den deutschen Schallplattenpreis und veröffentlichten das Liederbuch «Es wollt ein Bauer früh aufstehn» mit 222 Volksliedern – eine hervorragende Materialsammlung, von der bis Mitte 1980 annähernd 40000 Exemplare verkauft worden waren. 1979 erschien das Album «'ch hob gehert sogn», auf dem die «Zupfis» mit Unterstützung von Lutz Berger (f) und Bruno Schaab (kontrab), beide von BERNIE'S AUTOBAHN BAND, →Jiddische Lieder vorstellen. Die Platte ist mit einer hervorragenden Textbeilage versehen, und die Gruppe präsentiert sich «unverkrampft, spielfreudig, voller Musikalität» (Folk Magazin).

● Auf Pläne: Volkslieder 1 (S 19 F 901); Volkslieder 2 (S 19 F 902); Im Krug zum grünen Kranze (GF 0074); Jiddische Lieder – 'ch hob gehert sogn (88141) ... vertreten auf: Das Fest unserer Zeit (G 60168); Folklore International (2 LPs, S 0500/01) ... Erich Schmeckenbecher mit Colin Wilkie auf Intercord: Autumn is Knocking at Our Door (INT 160130)

□ Thomas Friz u. Erich Schmeckenbecher, Es wollt ein Bauer früh aufstehn – 222 Volkslieder (Pläne 1978)

Literaturverzeichnis

Aus der Fülle an Literatur, die in der Bibliographie aufgelistet wird, habe ich eine kleine kommentierte Handbibliothek der verschiedenen behandelten Kulturen zusammengestellt, die den ersten Einstieg erleichtern soll und besonders wichtige Bücher beinhaltet. (Diese Titel tauchen in der Auflistung dann nicht mehr auf.)

Sachbücher Bundesrepublik
Kuhnke, Klaus/Miller, Manfred/Schulze, Peter: Geschichte der Popmusik, Band I. Eres Edition und Archiv für Populäre Musik, Lilienthal/Bremen 1976 (Dieses einzigartige Werk ist zum Verständnis der neueren Musikgeschichte die zuverlässigste Informationsquelle)
Moßmann, Walter/Schleuning, Peter: Alte und neue politische Lieder. Rowohlt, Reinbek 1978 (Eine Analyse deutschsprachiger politischer Lieder mit sehr viel Hintergrundwissen und treffenden Beschreibungen)
Rothschild, Thomas: Liedermacher. Fischer, Frankfurt 1980 (23 hervorragende Porträts von Liedermachern, die den Stellenwert dieser Musiker innerhalb der bundesdeutschen Szene nachweisen)
Steinitz, Wolfgang: Deutsche Volkslieder demokratischen Charakters aus sechs Jahrhunderten. Akademie Verlag, Berlin 1954/62; 2001 Verlag, Frankfurt 1979. (Das Standardwerk der demokratischen Tradition deutscher Volkslieder mit Kommentaren, Noten und Texten sollte, nachdem es preiswert in einem Band bei 2001 verlegt worden ist, in keiner Bibliothek fehlen)

Liederbücher
Friz, Thomas/Schmeckenbecher, Erich: Es wollt ein Bauer früh aufstehn. Pläne Verlag, Dortmund 1978 (Die denkbar beste Zusammenstellung traditioneller deutscher Volkslieder)
Stern, Annemarie (Hg.): Lieder aus dem Schlaraffenland. Asso Ver-

lag, Oberhausen 1976 (Eine Zusammenstellung politischer Lieder der Nachkriegsgeschichte mit ihren jeweiligen Themen, die gleichzeitig die Entwicklung der BRD dokumentieren kann)

USA

Lomax, John A. and Alan: Folk Song USA. Signet, New York 1966 (Umfangreiches Material an amerikanischen Folk Songs mit fachlichen Kommentaren)
Seeger, Pete: The Incompleat Folksinger. Simon & Schuster, New York 1972 (Eine Zusammenstellung von Aufsätzen, Berichten und Kommentaren der Zeitschrift Sing Out, die eine Übersicht über das Folk Revival in den USA geben kann)
Carawan, Guy and Candie: Freedom is a Constant Struggle. Songs of the Freedom Movement. Oak, New York 1968 (Der beste Überblick der Musik in der amerikanischen Bürgerrechtsbewegung)
Sandburg, Carl: The American Songbag. Hartcourt Brace, New York 1927 (Als Standardsammlung amerikanischer Folk Songs eine großartige Materialzusammenstellung)

Blues

Charters, Samuel B.: The Country Blues. Rinehart, New York 1959; Deutsch: Die Story vom Blues, Nymphenburger, München 1962 (Bei allen Abstrichen an die Übersetzung ein lesenswertes und informatives Buch über die Musik der Schwarzen Nordamerikas)
Courlander, Harold: Negro Folk Music USA. Columbia University Press, 1963 (Gilt hinlänglich als bahnbrechende Arbeit auf dem Bluessektor)
Leadbitter, Mike: Nothing but the Blues. Hanover, London 1971 (Eine Sammlung von Aufsätzen, Kommentaren, Interviews und Berichten, die in jeder Hinsicht ein lebendiges Bild der Blues-Szene liefert)

England, Schottland, Irland

Henderson, Hamish: The Peoples Past. Polygon Books, Edinburgh 1980 (Ein ausgezeichnetes Buch, das sowohl die Tradition berücksichtigt wie auch die zeitgenössische Bewegung Schottlands)
Woods, Fred: Folk Revival, The Rediscovery of a National Music. Poole, London 1979 (Das erste Buch, das sich zusammenfassend mit Geschichte und Hintergrund der englischen Szene auseinandersetzt)
Laing, Dave/Dallas, Karl/Denselow, Robin/Shelton, Robert: The Electric Muse – The Story of Folk into Rock. Methuen Ltd., London 1975 (Auf diesem Sektor ohne Vergleiche – trotz einiger sachlicher Fehler)

Kennedy, Peter: Folk Songs of Britain and Ireland. Cassel and Company, London 1975. (Die umfangreichste englisch-irische Liedersammlung in der neueren Zeit)

Portugal

Bergmann, Heidi/Offenhäuser, Dieter (Hg.): Eh, Zeca Afonso! Druckwerkstatt im Grün, Freiburg 1980 (Texte von José Afonso in portugiesisch/deutsch)

Lateinamerika

Rincón, Carlos/Schattenberg-Rincón, Gerda (Hg.): Cantaré – Songs aus Lateinamerika. Weltkreis Verlag, Berlin/Dortmund 1978

Katalonien

Stegmann, Tilbert Diego (Hg.): Diguem no – Sagen wir Nein! – Lieder aus Katalonien. Rotbuch Verlag, Berlin 1979

Schweiz

Horststettler, Urs/Bundi, Stephan: Anderi Lieder. Zytglogge Verlag, Gümlingen 1979

Nachschlagewerke

Baggelaar, Kristin/Milton, Donald: The Folk Music Encyclopaedia. Omnibus Press, New York 1976

Bogaert, Karel: Blues Lexikon. Scriptoria, Antwerpen 1971 (Niederländisch)

Kneif, Tibor: Sachlexikon Rock Musik. Rowohlt, Reinbek 1978

Deutsche Phono Akademie (Hg.): Lexikon Pop. Breitkopf + Härtel, Wiesbaden 1977

Roxon, Lillian: Rock Encyclopaedia. Grosset & Dunlap. New York 1969

Schmidt-Joos, Siegfried/Graves, Barry: Rock Lexikon. Rowohlt, Reinbek 1973; aktualisierte und erweiterte Auflage 1975

Shestack, Melvin: The Country Music Encyclopaedia. Omnibus Press, New York 1974

Sachbücher Bundesrepublik

Arnold, Heinz Ludwig: Wolf Biermann. Edition Text + Kritik, München 1975

Arnold, Heinz Ludwig: Väterchen Franz. Rowohlt, Reinbek 1975

Brednich, Rolf Wilhelm/Röhrich, Lutz/Suppan, Wolfgang (Hg.): Handbuch des Volksliedes, 2 Bde. Wilhelm Finck Verlag, München 1973/75

Frey, Jürgen (Hg.): Das haben wir draus gelernt. Neue politische Musik zum Leben und Überleben. Rowohlt, Reinbek 1979

Kaiser, Rolf Ulrich: Das Songbuch. Damokles Verlag, Ahrensburg–Paris 1967

Klusen, Ernst: Volkslied. Fund und Erfindung. Köln 1969

Kröher, Hein & Oss: Rotgraue Raben – Vom Volkslied zum Folksong. Südmark Verlag, Heidenheim 1969

Maske, Adelheid und Ulrich: Das werden wir schon ändern. Weltkreis Verlag, Dortmund 1977

Meier, John: Volksliedstudien. Trübner, Straßburg 1917

Meier, John: Balladen-Reihe, Das deutsche Volkslied. 2 Bde. Leipzig 1935/36

Roos, Peter (Hg.): Exil. Kiepenheuer & Witsch, Köln 1977

Suppan, Wolfgang: Volkslied. Seine Sammlung und Erforschung. Metzler, Stuttgart 1966

Liederbücher und Textsammlungen

Biermann, Wolf: Nachlaß 1. Kiepenheuer & Witsch, Köln 1977

Biermann, Wolf: Preußischer Ikarus. Kiepenheuer & Witsch, Köln 1978

Breuer, Hans (Hg.): Zupfgeigenhansl. Schott, Heidelberg 1908

Buhmann, Heide/Haeseler, Hanspeter: Das kleine dicke Liederbuch. Marburg 1980. Eigenverlag (Heide Buhmann, Bessunger Str. 90. 6100 Darmstadt.

Bund Deutscher Pfadfinder: Liederbuch. Verlag Jugend und Politik, Frankfurt 1976

Degenhardt, Franz Josef: Spiel nicht mit den Schmuddelkindern. Rowohlt, Reinbek 1969

Degenhardt, Franz Josef: Im Jahr der Schweine. Rowohlt, Reinbek 1970

Degenhardt, Franz Josef: Laßt nicht die roten Hähne flattern, ehe der Habicht schreit. Bertelsmann, Gütersloh 1974

Degenhardt, Franz Josef: Kommt an den Tisch unter Pflaumenbäumen. Bertelsmann, Gütersloh, 1979

Erk, Ludwig/Böhme, Franz M.: Der deutsche Liederhort. 3 Bde., Berlin 1856

Freund, Michael (Hg.): Dem Morgenrot entgegen. Weltkreis Verlag, Dortmund 1976
Frank, Ekkes: Lieder zum Anfassen. Asso Verlag, Oberhausen 1978
Hetmann, Frederik (Hg.): Protest-Lieder aus aller Welt. Fischer, Frankfurt 1967
Kittner, Dietrich: Der gesammelte Kittner, 3 Bde. Verlag Atelier im Bauernhaus, Fischerhude 1978/79
Klusen, Ernst (Hg.): Volkslieder aus 500 Jahren. Fischer, Frankfurt 1978
Klusen, Ernst/Heimann, Walter (Hg.): Kritische Lieder der siebziger Jahre. Fischer, Frankfurt 1978
Kröher, Hein & Oss (Hg): Das sind unsere Lieder. Büchergilde Gutenberg, Frankfurt 1977
Kuhnke, Klaus (Hg.): Die alten bösen Lieder – Lieder und Gedichte der Revolution von 1848. Damokles Verlag, Ahrensburg–Paris 1969
Lammel, Inge: Das Arbeiterlied. Urania Verlag, Leipzig, Jena, Berlin 1962
Lammel, Inge: Das Arbeiterlied. Röderberg, Frankfurt 1973
Latz, Inge (Hg.): Frauen-Lieder. Fischer, Frankfurt 1980
Meier, John: Deutsche Volkslieder mit ihren Melodien. Balladen. 4 Bde., Berlin 1935
Schwendter, Rolf: Ich bin noch immer unbefriedigt. Rotbuch Verlag, Berlin 1980
Stern, Annemarie (Hg.): Lieder gegen den Tritt. Asso Verlag, Oberhausen 1972
Strobach, Hermann: Lieder aus dem Bauernkrieg. Akademie Verlag, Berlin 1964
Vargas, Eva: Streichelhaft. Trikont, München 1979
Wecker, Konstantin: Eine ganze Menge Leben. Ehrenwirth Verlag, München 1978

Sachbücher USA

Abrahams, Roger D./Foss, George: Anglo American Folk Song Style. Prentice Hall, Englewood Cliffs, New Jersey 1965
Ames, Russell: The Story of American Folksong. Grosset & Dunlap, New York 1960
DeTurk, David A. Poulin A.: The American Folk Scene: Dimensions of the Folk Song Revival. Dell, New York 1967
Greenaway, John: American Folk Songs of Protest. University of Pennsylvania Press, 1953
Hemphill, Paul: The Nashville Sound. Simon & Schuster, New York

1970. Deutsch: Nashville Sound. Rainer Wunderlich Verlag, Tübingen/Stuttgart 1971
Lomax John A.: Adventures of a Ballad Hunter. Macmillan, New York 1947
Malone, Bill C.: Country Music USA. University of Texas Press, Houston 1967
Shelton, R. and Goldblatt, B.: Country Music Story. Bobbs-Merrill, New York 1966

Liederbücher und Textsammlungen USA
Asch, Moses/Dunson, Josh/Raim, Ethel (Hg.): Anthology of American Folk Music. Oak, New York 1973
Carawan, Guy and Candie: We shall overcome. Oak, New York 1963
Lomax, Alan: The Folk Songs of North America. Doubleday & Co., New York 1960
Lomax, Alan: The Penguin Book of American Folk Songs. Penguin, London 1964
Lomax, John A. und Alan: American Ballads and Folk Songs. Macmillan, New York 1934
Lomax, John A. und Alan: Cowboy Songs. Macmillan, New York 1938
Lomax, John A. und Alan: Our Singing Country. Macmillan, New York 1941
Lomax, John A. und Alan: The Leadbelly Legend. Folkways, New York 1959
Ritchie, Jean (Hg.): The Newport Festival Songbook. Alfred Music, New York 1965
Sackheim, Eric: The Blues Line – A Collection of Blues Lyrics. Grossman, New York 1969
Seeger, Pete: American Favourite Ballads. Oak, New York 1961
Traum, Happy: The Blues Bag. Consolidated, New York 1968

Blues
Berendt, Joachim Ernst: Blues. Nymphenburger, München 1957
Berendt, Joachim Ernst: Die Story des Jazz. Rowohlt, Reinbek 1978
Broonzy, Big Bill & Bruynoghe, Yannick: Big Bill Blues. Oak, New York 1964
Charters, Samuel B.: The Bluesmen. Oak, New York 1967
Charters, Samuel B.: The Poetry of the Blues. Oak, New York 1963
Cone, James H.: The Spiritual & Blues. Seabury, New York 1972. Deutsch: Ich bin der Blues und mein Leben ist ein Spiritual. Kaiser, München 1973

Courlander, Harold: Negro Songs from Alabama. Oak, New York 1960
Engbarth, Gerhard: Der Blues vom Blues. Edition Venceremos, Rüsselsheim 1977
Hansen, Kurt Heinrich: Go down Moses. Furche, Hamburg 1963
Jahn, Jahnheinz: Blues und Worksongs. Fischer, Frankfurt 1964
Jahn, Jahnheinz: Negro Spirituals. Fischer, Frankfurt 1962
Jones, LeRoi: Black Music. Morrow, New York 1967. Deutsch: Schwarze Musik. März, Frankfurt 1970
Jones, LeRoi: Blues People. Morrow, New York 1963. Deutsch: Blues People. Melzer, Darmstadt 1969
Lomax, Alan: Mister Jelly Roll. Cassell, London 1952
Lomax, John A.: Negro Folk Songs as Sung by Leadbelly. Macmillan, New York 1937
Napier, Simon: Black Woods Blues. Blues Unlimited, Bexhill on Sea 1968
Oliver, Paul: The Meaning of the Blues. Collier, New York 1963
Oliver, Paul: Conversation with the Blues. Cassell, London 1965
Oliver, Paul: Screening the Blues. Cassell, London 1968
Oliver, Paul: The Story of the Blues. Barrie & Jenkins, London 1969. Deutsch: Die Story des Blues. Rowohlt, Reinbek 1978
Palmer, Tony: All You need is love. Grossman/Viking, New York 1976. Deutsch: Droemer Knaur, München 1977
Shaw, Arnold: The World of Soul. Cowles, New York 1970. Deutsch: Soul. Rowohlt, Reinbek 1979
Strachwitz, Chris & Welding, Pete: The American Folk Music Occasional. Oak, New York 1970
White, Newman I.: American Negro Folk Songs. Folklore Associates, Detroit 1965

England, Schottland, Irland

Buchan, Norman/Hall, Peter: The Scottish Folksinger. Collins Publ., London/Glasgow 1973
Child, Francis James: English and Scottish Popular Ballads. 10 Bde., Cambridge/Massachusetts 1882/1898. 5 Bde., New York 1965
Galvin, Patrick: Irish Songs of Resistance. Oak Publ., New York 1962
Haines, Nigel (Hg.): Steeleye Span Songbook. Wise Publ., London/New York/Sydney 1974
Kinsley, J.: Burns – Poems and Songs. Oxford University Press, London 1971
Lloydt, A. L.: Folk Song in England. Lawrence and Wishart, London 1967.

MacColl Ewan: Scotland sings. Workers Music Assosiation
MacColl Ewan/Seeger, Peggy: The Singing Island. Mills Music
MacColl Ewan/Seeger, Peggy: I'm a freeborn man. Oak Publ.
Percy, Thomas: Reliques of Ancient English Poetry. London 1765
Renbourne, John: Songs for Guitar. Oak Publ., London 1976
Scott, Sir Walter: Minstrelsy of the Scottish Border. Edinburgh 1802/03
Sharp, Cecil J.: English Folk Songs from the Southern Appalachians, 2 Bde., Oxford 1932
Sharp, Cecil J.: English Country Folk Songs. Oxford 1961
Traum, Happy (Hg.): The Incredible String Band. Music Sales, London/ New York.
Williams, Ralph Vaughan/Lloydt A. L.: The Penguin Book of English Folk Songs. London 1959
Winter, Eric: The Dubliners Songbook. Musik Sales, London 1974

Register